KB077346

세계 3대
CEO 필독서
100

필독서 시리즈 | 09

일론 머스크, 제프 베이조스, 빌 게이츠가
읽고 추천한 책 100권을 한 권에

세계 3대
CEO 필독서
100

야마자키 료헤이 지음 | 김정환 옮김

센시오

세계 3대 CEO는 왜 이 책을 선택했고 무엇을 보았을까?

테슬라의 일론 머스크, 아마존의 제프 베이조스, 마이크로소프트의 빌 게이츠. 당신은 이 세 사람의 공통점이 무엇이라고 생각하는가? 이들은 세계가 주목하는 천재적인 혁신가이자 각자 100조 원이 넘는 자산을 보유한 대부호로《포브스》에서 매년 공표하는 '세계 부자 순위' 1위를 차지한 적이 있다. 무엇보다 중요한 점은 세 사람 모두 '열정적인 독서가'라는 사실이다.

대담한 발언과 행동으로 주목받는 일론 머스크는 세계적인 빅테크 기업의 슈퍼스타 같은 존재다. 그는 전기 자동차EV 분야에서 세계적인 점유율을 자랑하는 테슬라뿐 아니라 우주 로켓을 개발하는 스페이스X의 CEO도 겸임하고 있다. 휘발유 자동차나 디젤 자동차가 중심이었던 자동차 산업이 전기 자동차로 이행하는 것을 선도했고, 우주 개발 분야에서도 재활용이 가능한 로켓을 개발해 인공위성 발사 비용의 경이적인 절감을 실현했다.

제프 베이조스가 창업한 아마존도 인터넷을 활용해 오프라인 중심이었던 소매업의 세계를 격변시켰다. 서적으로 시작해서 가전제품, 의류, 식품으로 취급 품목을 확대한 아마존의 2021년 매출액은 약 4,698억 달러(약 611조 원)에 이르렀다. 현재는 클라우드 컴퓨팅 서비스 'AWS(Amazon Web Services, 아마존 웹 서비스)'와 전자책 단말기 '킨들', 동영상 스트리밍 서비스 '프라임 비디오' 등 다양한 사업을 전개하고 있다. 베이조스도 아마존을 경영하며 동시에 2000년 우주 개발 벤처 기업인 블루오리진을 창업하고 머스크에 질세라 재활용할 수 있는 로켓을 개발하고 있으며, 본인 또한 이미 우주를 여행했다.

빌 게이츠는 기업을 고객으로 삼는 대형 컴퓨터가 산업의 중심이었던 시대에 마이크로소프트를 창업해 1990~2000년대에 걸쳐 PC 운영체제인 '윈도우' 시리즈를 개발해 개인이 컴퓨터를 사용하는 시대를 열었다. 게이츠가 경영 일선에서 물러난 뒤에도 마이크로소프트는 계속 성장하고 있으며 키보드를 탈착할 수 있는 태블릿 PC와 게임, 비즈니스 애플리케이션인 '팀즈' 등으로 사업을 확대하고 있다.

우주 비즈니스의 꿈은 SF 소설에서 시작됐다

다양한 비즈니스 업계에 파괴적 혁신을 가져온 혁신가들은 어떤 사람이며, 성공을 이끈 그들의 독특한 발상은 어디에서 온 것일까? 나는 경력이 25년이 넘는 경제신문지 기자로서 이 세 사람을 독자적으로 취재할 기회를 몇 차례 얻어 특집 기사와 인터뷰 기사 등을 집필해 왔다. 당연히 취재 전후에 폭넓게 자료들을 찾아 읽고 그들의 생각을 최대한 깊게 이해한 다음 기사화했지만, 그럼에도 세계가 인정하는 CEO들에게 얼마나 다가갈 수 있었는지에 관해서는 적지 않은 의문이 남았다.

한번은 머스크를 취재했을 때 "화성에 가는 우주 로켓을 개발하는 이유는 무엇입니까?"라는 질문을 한 적이 있다. 그러자 그는 이렇게 답했다. "수천 년에 걸친 인류의 역사를 되돌아보면 문명이 발전한 시기가 있는 반면에 후퇴하는 시기도 있었습니다. 같은 일이 또 일어나지 않는다는 보장은 없지요. 그렇기에 더더욱 다가올 위기에 대비해 지구가 아닌 다른 곳에 인류가 살 수 있는 장소를 확보할 필요가 있습니다." 나는 이 파격적인 대답에 놀라는 동시에 머스크가 이런 생각을 하게 된 사고방식의 근간에 대한 이해가 스스로 부족하다 느꼈고, 이것이 계속 마음에 걸렸다.

그 후 나는 머스크가 열정적인 독서가이며 SF와 판타지, 역사 관련 서적을 매우 좋아한다는 사실을 알게 되었다. 예를 들어 그가 즐겨 읽은 SF 소설 중에 아이작 아시모프Isaac Asimov의 《파운데이션》 시리즈가 있다. 1만 2,000년 동안 계속되었던 은하 제국이 쇠퇴한 뒤의 우주를 그린 장대한 작품이며, 시간 축이 수백 년 단위로 놀랄 만큼 길다. 또한 머스크는 현실의 역사에 대해 깊은 관심을 보여 에드워드 기번Edward Gibbon의 《로마 제국 쇠망사》나 윌 듀런트Will Durant의 《문명 이야기》 시리즈 같은 대작을 즐겨 읽는다. 이런 독서 경험이 화성을 목표로 삼는 머스크의 사고의 근간에 자리하고 있는 것이다.

이 일을 계기로 나는 세계적으로 성공한 CEO들이 어떤 책을 읽는지에 초점을 맞춘 책을 집필하자는 아이디어를 떠올렸다. 미국에는 대부호나 혁신가, 셀러브리티 같은 유명인이 추천한 책을 소개하는 일종의 '북 가이드' 같은 콘텐츠가 다수 존재한다. 성공한 사람이 읽고 있는 책에 강한 흥미를 느끼고, 그런 책들을 추천받아서 읽고 싶어 하는 사람이 많기 때문이다. 나는 미국뿐 아니라 어디에서나 그런 독자가 많지 않을까 생각했다.

창업의 용기는 소설을 읽고 생겼다

일론 머스크뿐 아니라 제프 베이조스도 독서를 좋아한다. 생부와 길러준 아버지가 다른 복잡한 가정환경 속에서 자란 베이조스는 어릴 때부터 문턱이 닳도록 도서관을 드나들며 방대한 양의 책을 읽었다. 그리고 그는 아마존을 오프라인 서점보다 책의 가짓수가 압도적으로 많은 '인터넷 서점'으로 창업하게 된다.

　독서는 베이조스의 인생에도 커다란 영향을 끼쳤다. 그 좋은 예가 아마존을 창업하도록 밀어줬다는 베이조스의 '후회 최소화 프레임워크'로, 80세가 되어서 인생을 되돌아봤을 때 후회를 최소화할 수 있도록 살아간다는 발상이다. 그가 '도전해서 실패하면 후회는 남지 않지만, 도전을 안 한다면 계속 후회하면서 살게 될 거야'라고 생각하게 된 계기는 일본계 영국인 소설가인 가즈오 이시구로石黒一雄의 소설 《남아 있는 나날》을 읽은 것이었다. 《남아 있는 나날》은 제2차 세계대전 전에 거대한 정치 세력을 보유하고 있었던 영국의 명문 귀족 집안에서 집사로 일했던 인물이 과거를 되돌아보며 괴로워하는 이야기다. 베이조스는 이 집사처럼 나이를 먹고 후회하지 않도록 '지금 하고 싶은 일에 도전하자'라고 맹세했다.

머스크와 베이조스의 독서 목록으로 알게 된 사실은 두 사람 모두 SFScience Ficfion를 좋아한다는 것이다. 이언 뱅크스Iain Banks의 《컬처》 시리즈나 프랭크 허버트Frank Herbert의 《듄》 같은 공통된 애독서도 보인다. 모두 우주를 무대로 한 장대한 SF 소설이며, 《듄》은 영화로도 제작되었다. 젊은 시절에 읽은 SF 소설이 두 사람의 상상력을 자극해 우주개발 스타트업이라는 결과로 연결된 것이다.

미래를 보는 눈은 책의 홍수 속에서 얻었다

빌 게이츠는 미국에서도 열정적인 '독서 마니아'로 알려져 있다. 그는 2016년에 〈뉴욕타임스〉와 한 인터뷰에서 "1년에 책을 50권 읽는다."라고 말했을 정도다. 그리고 매년 여름이 되면 평소에 읽은 수많은 책 가운데 추천서 다섯 권을 공표한다. 그가 추천한 책들은 전부 베스트셀러가 되는 까닭에 많은 출판사에 관심의 표적이 되고 있다.

게이츠도 마이크로소프트를 경영하는 데 독서를 활용해 왔다. 그는 MS 윈도우가 세계를 석권하기 전인 1990년대 전반부터 일주일 동안 별장에 틀어박혀서 수많은 책을 닥치는 대로 읽는 '싱크 위크Think Week'를 1년에 두 차례씩 계속해 왔다. 그중에서도 1995년의 싱크 위크때 그가 정리한 '인터넷의 해일The Internet Tidal Wave'이라는 메모는 특히 유명하다. 당시의 마이크로소프트는 인터넷 분야에서 뒤처져 있었는데, 게이츠는 관련 서적을 집중적으로 읽고 인터넷이 IT 업계의 세력도를 근본부터 뒤엎을 가능성이 있음을 강하게 인식했다. 이 메모를 계기로 마이크로소프트는 인터넷 사업 전략을 본격화했고, 그 덕분에 크게 도약할 기회를 잡을 수 있었다.

물론 무작정 책을 많이 읽는다고 해서 혁신을 일으킬 수 있는 것은 아니다. SF 소설을 읽고 미래를 공상하고, 과학이나 기술 관련 서적을 참고로 개발 전략을 입안하며, 경영 서적을 읽고 매니지먼트 수법을 생각하는 식의 자세가 필요하다. 이과 계열의 사고방식이 배경에 자리하고 있는 머스크와 베이조스, 게이츠는 공상의 세계를 그리는 SF 장르를 좋아하면서도 과학적인 접근법을 중시하는 현실주의자라는 일면을 지니고 있다. 예를 들어 머스크는 "로켓에 관한 지식은 독서를 통해서 얻었다."라고 말했다. 독서를 현실의 문제 해결에 활용하는 자세는 세 사람이 혁신을 실현하는 힘이 되었다.

이 책에서는 일론 머스크와 제프 베이조스, 빌 게이츠가 읽은 책 100권을 소개한다. 또한 세 사람을 직접 취재했던 경험을 살려 이 책들이 그들의 삶과 경영에 어떤 영향을 끼쳤는지도 해석한다. 세 사람의 책장에 꽂혀 있는 책들을 자세히 소개하며 세계적인 CEO이자 혁신가들의 관심사와 사고방식에 최대한 다가가려 노력했다. 100권은 그들이 서평을 썼거나 저서 혹은 인터뷰, 블로그, SNS 등에서 읽었다고 밝혔거나 출판사가 추천받았다고 공표한 서적으로서 세계 각 국에 다수 번역된 것 중에서 선정했다.

이 책을 구상해서 완성하기까지 햇수로 3년이 걸렸다. 과거의 취재 메모와 자료를 바탕으로 100권을 선정하는 데도 시간이 걸렸지만, 특히 힘들었던 일은 대량의 책을 독파하는 것이었다. 100권 중에는 상하권으로 나뉘어 있거나 시리즈로 구성된 대작도 많았기에 처음에 생각한 것보다 읽는 데 더 많은 시간과 수고가 필요했다. 회사원으로서 본업에 힘

쓰는 가운데 주로 주말과 공휴일, 심야를 독서와 집필에 충당했기에 그 사이 가족들과 함께할 시간이 거의 없었다. 나의 독단을 허락하고 집필 활동을 지원해 준 아내와 두 아이에게 참으로 고마울 따름이다.

사고의 틀을 확장시키는 교양을 업데이트하자

머스크와 베이조스, 게이츠가 선택한 책 100권을 읽은 후 나는 그들의 인생과 비즈니스에 독서가 지대한 영향을 끼쳤음을 뼈저리게 느꼈다. 그들은 역사부터 과학, SF, 경제학, 경영학, 자기계발에 이르기까지 놀랄 만큼 방대한 분야의 책을 읽고, 다양한 문제에 대한 해답 또는 해답으로 향하는 실마리를 찾아내 왔다.

특징적인 사실은 그 100권에 고전뿐 아니라 최근에 출판된 책도 다수 포함되어 있다는 것이다. 세 사람은 어렸을 때부터 독서를 통해 깊은 교양을 쌓아 왔지만 성공해서 대부호가 된 뒤에도 멈출 줄 모르는 독서욕으로 새로운 책을 끊임없이 읽어 나갔다. 그들은 '교양을 지속적으로 업데이트해 왔다'고도 말할 수 있을 것이다.

과거 10~20년 동안 과학은 크게 진보했으며, 유전자 해석과 AI 등의 기술은 비약적인 발전을 이루었다. 특히 딥 러닝을 통해서 진화한 AI는 자율 주행이나 음성 인식 등의 분야에서 활용이 급속히 확대되고 있다.

경제학 분야에서는 21세기에 들어와 '행동경제학'이 각광을 받게 되었다. 경제학과 심리학을 융합한 접근법인 행동경제학은 현재 마케팅 등에도 유용한 친근하고 새로운 경제학으로 인지되고 있다.

또한 베스트셀러 《팩트풀니스》에 적혀 있듯이 최신 데이터를 검증해 보면 세계의 상황은 20~30년 전에는 상상도 못 했을 만큼 변화했다. 주요 선진국과 신흥국의 격차는 축소되었고 빈곤이 감소했으며 의료도 대폭 개선되었다.

역사 분야에서도 각각의 국가나 지역에 초점을 맞추는 전통적인 시각이 아닌 '인류사'라는 거대한 시점에서 살펴보는 연구가 주목받고 있다. 우주의 빅뱅부터 현재까지의 역사를 과학 분야를 토대로 고찰하는 '빅 히스토리Big Histroy'라고 불리는 학문 분야도 새로 탄생했다.

《세계 3대 CEO 필독서 100》에 소개된 100권에는 이런 최근의 변화에 초점을 맞춘 새로운 책이 다수 포함되어 있다. 이 책들은 '21세기의 교양'이라고 해도 과언이 아닐 것이다. 물론 에드워드 기번이나 애덤 스미스, 피터 드러커 등의 고전도 있는데 그런 고전들은 세 사람이 지금도 읽을 가치가 있다고 생각하는 책들이다.

시간이 흐를 수록 교양을 찾는 사람들이 많아지고 있다. 특히 역사, 철학, 사상, 경제 등의 분야에서 시대를 초월해 계속 읽히고 있는 책들을 소개하는 서적이 인기를 끌고 있다. 인터넷 검색을 통해서 손에 넣을 수 있는 정보로는 만족하지 못하고 좀 더 본격적이고 깊은 교양을 쌓고 싶어 하는 사람이 늘고 있는 것은 기쁜 일이다.

교양을 쌓는 데 도움이 된다고 홍보하는 서적을 읽어 보면 고전이라고 부를 수 있는 책이 많이 소개된 경우가 두드러진다. 선인들이 쌓아 온 발견을 이용해서 지적 진보를 이루려 한다는 의미인 "거인의 어깨 위에 올라타라."라는 말이 있듯이 폭넓은 지식의 토대를 갖추는 것은 두말할 필요도 없이 중요한 일이다. 자신의 사고의 틀을 초월하여 인식하고 이해할 수 있는 세계를 넓히는 일은 우리의 인생을 풍요롭게 만들어 준다.

다만 교양을 '지금 활용한다'라는 의미에서는 지식을 계속해서 업데이트하는 자세도 필요하다. 머스크나 베이조스는 혁신을 만들어내고 비즈니스를 성공시키는 데 도움이 될 새로운 아이디어나 힌트를 독서에서 얻으려 한다. 비즈니스뿐 아니라 기후, 질병 등 다양한 사회 이슈에 관심 높은 게이츠도 세계의 문제를 해결하는 데 도움이 될 최신 지식을 다양한 책에서 배우고 있다.

100권의 책으로 거인의 어깨 위에 올라타라

교양이라는 말은 근본적으로 무엇을 의미할까? 영어로는 'liberal arts(리버럴 아트)'라고 하며 그 어원은 라틴어인 'artes liberales(아르테스 리베랄레스)'다. 여기에서 아르테스는 기술을, 리베랄레스는 자유를 의미하는데, 이것은 로마 제국 시대에 자유 시민과 노예로 계급이 나뉘어 있었던 것에서 유래한다. 아르테스 리베랄레스는 주인에게 지배를 당하는 노예가 아닌 '자유 시민이 익혀야 할 기술'이라는 의미일 것이다.

고대 그리스가 기원이고 로마 제국 시대에 확산된 리버럴 아트는 천문학, 산술, 기하학, 음악의 네 가지였으며, 훗날 수사修辭, 문법, 변증법이 추가되어 일곱 가지가 되었다. 그리고 12세기가 되자 여기에 철학도 추가된다. 중세 학문의 중심지는 본래 가톨릭교회와 수도원이었지만 이윽고 유럽 각지에 설립된 대학으로 확대되었고, 14~16세기에 르네상스가 일어난다. 그리고 이 무렵에 역사, 그리스어, 도덕 철학 등이 리버럴 아트에 추가되었다.

서양에서 고등 교육을 받는 엘리트층의 교육 기반이 된 리버럴 아트의 전통은 오늘날에도 계승되고 있다. 미국에는 종합대학교의 교양 과정뿐 아니라 리버럴 아트를 전문으로 하는 다양한 칼리지가 존재한다.

세계 대부분의 대학교에 일반교양 과목이 존재한다. 그러나 쉽게 학점을 취득할 수 있거나 취업에 이점이 되는 과목을 우선시하는 학생이 많으며, 철학이나 역사 등의 전통적인 리버럴 아트는 도외시하는 경향이 있다.

그러나 게이츠가 추천하는 책 《늦깎이 천재들의 비밀》에 나오듯 분야를 좁은 범위로 좁혀서 전문적인 지식만 익힌 사람은 또 다른 혁신이 언제, 어디에서 일어날지 알 수 없는 복잡화된 세상에서 활약하기가 어렵다. 이 책에서는 "지금은 '초전문화'된 사람이 성공할 수 있는 분야가 한정되어 있으며, 많은 분야에 정통하고 지식과 경험의 '폭'이 있는 사람이 더 성공하는 시대다."라고 주장한다. 이 지식의 폭에 해당하는 것이 바로 '교양'이다. 다른 분야의 지식을 결합하는 것은 혁신으로 이어지는 길이기도 하다. 그 일례로, 전기 자동차의 심장부인 전지에 노트북 컴퓨터용 배터리 크기의 리튬 이온 전지를 대량으로 사용한다는 테슬라의 아이디어는 자동차 산업에서 이단적인 발상이었지만 대성공을 거두었다. 혁신 연구의 대가로 알려진 클레이튼 크리스텐슨Clayton M. Christensen 교수는 "다른 분야의 언뜻 관계가 없어 보이는 아이디어를 적절히 결합시키는 능력이 혁신가의 DNA의 핵심이다."라고 말한 바 있다.

21세기에 접어들면서 지식의 폭을 넓히는 교양이 새삼 중요한 능력으로 요구되고 있다. 이 책에서 소개하는 100권 중에는 새로운 책이지만 그리스·로마 시대부터 현대에 이르기까지 세계의 역사에 이름을 남긴 위대한 학자나 지식인의 연구를 토대로 쓴 것도 눈에 띈다. 그야말로 '거인의 어깨 위'에 올라타서 최신의 지식이나 연구 성과를 바탕으로 과거, 현재, 미래에 관해 논한 책이 많다고 할 수 있다.

서론이 길었는데, 이제 본론으로 들어가겠다. 이 책은 세계적인 CEO 이자 최고의 혁신가 세 사람이 읽은 서적 100권의 내용을 전체적으로 파악할 수 있는 일종의 '북 가이드'다. 독자 여러분이 이해하기 쉽도록 각 서적의 개요나 줄거리를 소개하고 CEO들에게 어떤 영향과 깨달음을 주었는지 그 핵심 내용을 살펴본다. 어떤 파트부터 읽어도 상관이 없도록 구성했으므로 흥미가 있는 곳부터 읽기 바란다. 또한 이 책에는 외국인의 이름이 다수 등장하기 때문에 읽기 편하도록 경칭을 생략했다. 지금 이 시대 최고의 CEO들에게 영향을 준 주옥같은 서적들을 소개했으니 이 책을 읽고 흥미를 느낀 서적이 있다면 부디 직접 읽기 바란다.

PART 1
일론 머스크의 서재

PART 2
제프 베이조스의 서재

PART 3
빌 게이츠의 서재

PART1
일론 머스크의 서재

질서와 상식을
넘나드는
혁신적 사고의 비밀은?

일론 머스크는 좋은 의미에서나 나쁜 의미에서나 세계에서 가장 주목받는 창업가다. 2022년 4월, 약 430억 달러(약 56조 원)에 트위터를 인수하기로 합의했지만 얼마 후 트위터의 경영에 문제가 있다며 인수 제안을 철회한다. 그러나 같은 해 10월에 다시 생각을 바꿔 트위터를 인수했다. 그 후 트위터 본사에 흰색 싱크대를 들고 출근하고, 트위터의 이사진을 전원 해임했으며, 절반에 가까운 사원을 해고했다. 그 밖에도 머스크는 종종 트위터에 트윗을 올려서 테슬라의 주가를 요동치게 만들어 미국 증권거래위원회에 종종 제소되며, 우크라이나 전쟁의 종전안이나 타이완을 중국의 경제특구로 만드는 안을 제안해 물의를 빚기도 했다.

이처럼 머스크는 '말도 많고, 탈도 많은 경영자'라는 이미지가 강하지만 창업가로서는 경이로운 실적을 남겼다. 그는 전기 자동차 제조사인 테슬라의 CEO로서 테슬라를 세계 시장 점유율 1위로 도약시켰다. 세련된 디자인과 긴 항속 거리를 실현하고 자율 주행 기능을 탑재한 테슬라의 전기 자동차는 세계적인 인기를 끌며 수많은 열광적인 팬을 획득했다. 테슬라의 급성장은 미래에 대한 투자자들의 기대를 높였고, 그 결과 주식 시가 총액이 일본의 도요타 자동차나 독일의 폭스바겐 그룹을 압도하며 자동차 업계 1위를 차지하기에 이르렀다. 또한 테슬라는 전기 자동차뿐 아니라 AI를 탑재한 인간형 로봇의 개발에도 뛰어들었다.

우주 개발 벤처 기업인 스페이스X에서도 머스크는 CEO로서 혁신을 견인해 왔다. 우주 산업의 상식을 뒤엎는 재사용 가능한 로켓을 개발해 발사 비용을 대폭 절감했으며, 우주선도 개발해 화물 운송뿐 아니라 유인 비행까지 실현했다. 지금은 NASA(미 항공 우주국)가 우주 개발을 민간 기업인 스페이스X에 크게 의존하게 되었다.

혁신가로서 대성공을 거둔 머스크는 2021년에 제프 베이조스와 빌 게이츠를 제치고 세계 최고의 부자가 되었다. 보유한 테슬라 주식의 가치가 급등한 덕분이었다. 한때는 보유 자산이 3,000억 달러(약 390조 원)라는 천문학적인 수준에 도달하기도 했다.

일론 머스크는 어떻게 등장했는가

그는 1971년에 남아프리카 공화국의 프리토리아에서 태어났다. 어머니인 메이 머스크는 캐나다에서 태어나고 남아프리카에서 자란 모델 겸 영양사이며, 아버지는 엔지니어다. 메이가 쓴 《메이 머스크, 여자는 계획을 세운다》에 따르면 아버지가 폭력적이었기에 부부 싸움이 끊이지 않았고, 두 사람은 결국 1980년에 이혼했다고 한다.

머스크는 낯가림이 심하고 내성적이었지만 기억력이 뛰어난 총명한 아이였다. 독서를 매우 좋아해서 모두가 파티를 하고 있을 때도 홀로 서재에 틀어박혀 책을 읽었다고 한다. 10살 때 독학으로 프로그래밍을 시작해, 12살에는 게임을 개발해서 컴퓨터 잡지에 500달러를 받고 팔기도 했다.

소년 시절의 머스크는 심각한 집단 괴롭힘을 당했다. 《일론 머스크, 미래의 설계자》에 밝혀진 내용을 보면 계단에서 떠밀려 굴러떨어지기도 하고 집단 폭행을 당하기도 했다고 한다. 얼굴이 피투성이가 되는 큰 부상을 당해 병원에서 수술받아야 했을 정도였다. 그런 집요한 괴롭힘은 3~4년 동안 계속되어 머스크의 마음에 상처를 입혔다. 괴롭힘이 원인이 되어 중학교와 고등학교를 여러 번 옮겨야 했고, 친구가 적은 고독한 소년은 점점 더 독서와 프로그래밍에 몰두하게 되었다.

고등학교를 졸업한 머스크는 친척에게 부탁해 캐나다로 건너갔다. 그리고 농장에서 채소 재배와 수확, 전기톱을 사용한 벌목, 제재소의 보일러실 청소 같은 아르바이트를 한 뒤 1990년에 온타리오 주의 퀸스 대학교에 입학했으며, 그로부터 2년 후에 미국의 펜실베이니아 대학교에 편입해 물리학과 경제학 학사 학위를 취득했다.

1995년, 당시 부흥기를 맞이했던 인터넷에 주목한 머스크는 지도와 경로, 전화번호 등을 온라인으로 제공하는 도시 가이드 서비스인 'Zip2(집투)'를 동생, 친구와 함께 창업했다. 그리고 1999년에 이 회사를 3억 700만 달러(약 4,000억 원)에 매각했다. 주식의 7퍼센트를 소유하고 있었던 머스크는 2,200만 달러(약 286억 원)을 손에 넣었는데, 이 돈을 자본금으로 1999년에 온라인 결제 서비스인 'X.com(엑스닷컴)'을 설립하고 2000년에 같은 업종의 콘피니티와 합병한 뒤 2001년에 사명을 '페이팔'로 변경했다. 그리고 이듬해에 인터넷 옥션 기업인 이베이가 15억 달러(약 1조 9,500억 원)에 페이팔을 인수함에 따라 페이팔의 최대 주주였던 머스크는 1억 8,000만 달러(약 2,340억 원)를 손에 넣게 되었다.

머스크는 이 자금을 사용해 2002년에 스페이스X를 창업했다. 화성에 사람을 보내는 것, 재사용할 수 있는 로켓을 개발해 발사 비용을 10분의 1 이하로 절감하는 것이 목표였다. 스페이스X는 NASA와 미국 국방부를 상대로 계약을 획득했지만, 처음에는 실패를 거듭하다 2008년 가을이 되어서야 마침내 발사에 성공했다.

2004년에 머스크는 테슬라에 출자해 최대 주주가 되고 회장에 취임했다. 본래 일상적인 업무는 다른 공동 창업자에게 맡겼지만, 2007~2008년의 금융 위기로 자금 융통이 어려워지자 직접 테슬라의 CEO에 취임해 적극적으로 경영에 관여하기 시작했다. 당시는 스페이스X도, 테슬라도 경영 위기를 겪으며 파산 직전의 벼랑 끝에 몰려 있었지만 머스크는 자기 재산을 털어 직원들의 급여를 지급하면서 위기를 극복했다.

내가 머스크에게 관심을 품게 된 시기는 2008년에 테슬라가 최초의 양산 전기 자동차인 '로드스터'를 발매하기 전이었다. '실리콘밸리의 스타트업이 굉장한 전기 자동차를 개발하고 있다'라는 소문을 들은 나는 테슬라의 경영 간부와 인터뷰를 했고, 로드스터에도 시승해 봤다. 그 경험은 충격적이었다. 가속 페달을 밟자 전기 자동차 특유의 경이적인 가속을 맛볼 수 있었고, 스포츠카다운 시원시원한 주행감도 있었다. 로터스 '엘리스'의 섀시를 유용해 나온 디자인도 세련되어서 이것이라면 고급 스포츠카 애호가들을 매료시킬 것 같다고 직감했다.

당시는 테슬라의 회장이었던 머스크가 공동 창업자 두 명을 해임하고 CEO를 겸임하게 되는 시기였다. 전기 자동차의 개발은 당시 CTO(최고 기술 책임자)였던 J. B. 스트로벨이 중심이었던 까닭에 스트로벨과 전기 자동차의 심장부인 전지의 담당자, 영업 담당자를 인터뷰하고 조립 라인 등도 둘러봤다.

직접 만나본 일론 머스크의 대담함에 빠져들다

2010년에 테슬라는 도요타 자동차와 자본·업무 제휴를 맺었다. 자동차 산업 담당 기자였던 나는 두 회사의 수뇌인 머스크와 도요다 아키오의 회견을 취재하고 기사를 집필했는데 당시 "로드스터를 탔을 때 미래의 바람을 느꼈다."라는 도요타 사장의 말은 참으로 인상적이었다.

그 후 특집 기사를 위해 실리콘밸리에서 다시 테슬라를 취재할 일이 있었다. 테슬라가 인수한 도요타와 제너럴모터스의 구 합병 공장도 방문했다. 인수 금액은 4,200만 달러(약 545억 원)로 자동차 공장치고는 매우 저렴한 가격이었는데 여기에서 머스크가 결코 만만한 인물이 아님이 엿보였다.

2011년에 증권부 기자로 자리를 이동한 뒤에도 테슬라에 대한 나의 관심은 식을 줄 몰랐다. 그래서 담당이 아님에도 상사의 허락을 받아 머스크를 단독 취재하고 인터뷰와 해설 기사를 집필했다. 2014년에는 머스크의 인터뷰를 포함해 그의 비즈니스를 훑는 '질서의 파괴자 일론 머스크'라는 대형 특집을 담당했다. 여기에서는 전기 자동차뿐 아니라 우주 로켓과 태양광 발전 시스템, 차세대 교통 시스템인 하이퍼루프 등도 다뤘다.

내가 머스크에게 매료된 이유는 '세상을 구하고 싶다'라는 SF 소설에 나올 법한 장대한 목표를 진지한 표정으로 이야기하는 자세 때문이었다. 소년 시절에 집단 괴롭힘을 당해서일까? 머스크는 웅변이 아니라 어딘가 자신감이 없어 보이는, 수줍어하는 말투로 이야기를 한다. 그러나 그의 이야기에는 전기 자동차나 태양 전지를 보급해 에너지 문제를 해결하고, 지구가 멸망할 것 같을 때를 대비해 화성 등 다른 행성에 인류가 이주할 수 있도록 만든다는 등 평범한 사람들과는 규모가 다른 놀라운 내용이 담겨 있다.

그 후에도 나는 테슬라를 포함한 전기 자동차의 대형 특집을 담당했고, 미국 네바다 주에 테슬라가 건설한 기가팩토리를 방문해 그를 취재하는 등 지속적으로 기사를 집필해 왔다. 각 분기의 결산 회견을 포함한 머스크의 발언도 빠짐없이 추적했다.

어떤 의미에서는 내가 머스크에게 홀렸다고도 할 수 있을 것이다. 머스크는 과대망상자로 보이는 경향이 있는 까닭에 그를 부정적으로 생각하는 사람도 많지만, 장기적인 시점에서 기술적인 허들을 착실히 극복하며 혁신을 실현하고 있다. 파괴적인 아이디어를 테크놀로지를 사용해 구현해 나가는 능력은 발군이며, 최근에는 인간형 로봇의 개발이나 인공위성을 이용한 고속 인터넷 서비스에도 뛰어들었다.

'세상을 구하겠다'는 생각의 원점은 SF와 판타지

그런 머스크가 읽고 있는 책에는 어떤 특징이 있을까? 먼저 두드러지는 것은 역사 관련 서적이다. 특히 서구 문명의 원류가 되는 고대 그리스나 로마 제국에 관한 책을 즐겨 읽는다. 머스크는 역사상의 위인이나 영웅의 생애에도 흥미가 많아서 알베르트 아인슈타인이나 예카테리나 대제 등의 전기를 탐독했다.

또한 머스크는 SF와 판타지에도 강한 관심을 보인다. 심각한 괴롭힘에 시달렸던 고독한 소년 머스크는 세계를 구하기 위해 활약하는 다양한 이야기의 주인공에게 매료되었다. 뒤에서 자세히 설명하겠지만 전기자동차나 우주 로켓을 통해 지구가 안고 있는 문제를 해결하는 '구세주가 되고 싶다'는 소망의 배경에는 이 과거의 경험이 자리하고 있다.

과학 분야에서는 스페이스X를 창업한 데서도 예상할 수 있듯이 우주 관련 서적이 많으며 우주의 기원이나 로켓 추진제의 개발에 관한 책 등을 읽었다. 인공지능 관련 서적이 많이 눈에 띄는 이유는 전기 자동차의 자율 주행 기능, 우주 로켓, 로봇에 없어서는 안 될 기술이기 때문이다. 머스크는 로켓을 포함한 전문 분야의 지식을 "독서로 공부하고 있다."라고 말한 바 있다.

질서와 상식을 파괴하는 혁신에 끊임없이 도전하는 머스크의 머릿속은 어떻게 되어 있을까? 지금부터 소개할 머스크가 읽은 책들은 호쾌하고 대담한 혁신가인 그의 생각과 사고방식을 이해하는 데 틀림없이 도움이 될 것이다.

0에서 1을 만들어낼 때
성공은 시작된다

book 《제로 투 원》

실리콘밸리 혁신가들의 두목 '피터 틸'

《제로 투 원》은 일론 머스크가 살고 있는 실리콘밸리를 중심으로 한 스타트업의 세계를 이해하기 위해 반드시 읽어야 할 책이다. 머스크를 둘러싸고 있는 '비범한' 재능을 지닌 창업가들과 그들의 가치관, 그들이 어떤 사고로 혁신을 이뤄내고 있는지 이해하는 데 꼭 필요한 책이기 때문이다. 스탠퍼드 대학교에서 실시했던 창업 강의의 내용을 정리한 이 책의 저자는 피터 틸Peter Thiel이다. 인터넷 결제 서비스인 페이팔을 운영했던 콘피니티의 창업자로, 이 회사는 머스크가 창업한 X.com과 합병한 뒤 페이팔로 사명을 변경했다. 틸과 머스크는 2002년에 페이팔을 인터넷 옥션 기업인 이베이에 15억 달러를 받고 매각함으로 젊은 나이에 큰 부자가 되었다.

일명 '페이팔 마피아'로 불리는 페이팔의 초기 멤버들은 이 돈을 자본금으로 사용해 현기증이 날 정도의 성공을 거뒀다. 대중에게는 머스크가 이끄는 테슬라와 스페이스X가 유명하지만, 틸 등 다른 멤버들도 복수의 유명한 스타트업을 창업해 대성공을 거뒀다. 동영상 스트리밍 서비스인 유튜브, 비즈니스 SNS인 링크드인, 입소문 서비스인 옐프, 기업용 SNS인 야머가 대표적인 예다.

"페이팔 창업 멤버 여섯 명 중 네 명이 고등학생 시절에 폭탄을 만들었다."라는 이야기도 있는 이 괴짜 집단에서도 틸은 특히 남다른 능력을 가진 인물로, 페이팔 마피아의 '두목'으로 불리기도 한다. 미국 스탠퍼드 대학교에서 철학과 생물학을 공부했으며, 폭력과 종교의 인류학으로 유명한 르네 지라르의 가르침을 받았다. '인간의 행동은 모방에 바탕을 두고 있으며, 모방은 무의미한 경쟁이나 대립을 일으킨다'라는 지라르의 모방 이론에 매료된 틸은 이 이론을 자신이 살아가는 방식이나 경쟁을 피하고 독점적인 지위를 획득하려는 비즈니스 전략에 응용하게 되었다.

틸은 스탠퍼드 대학교를 졸업한 뒤 동 대학의 로스쿨에 진학해 법무 박사 학위를 취득했다. 그리고 증권 변호사, 금융 파생 상품 트레이더, 미국 교육부 장관이었던 윌리엄 베넷의 스피치 라이터 등을 거쳐 벤처 캐피털을 설립한 뒤, 콘피니티(훗날의 페이팔)를 창업했다.

페이팔을 매각하고 2003년에 창업한 빅데이터 분석 회사 팰런티어 테크놀로지는 특히 독특한 존재다. 페이팔의 부정 송금을 감지하는 기술을 테러 대책에 응용한다는 발상에서 시작해 먼저 미국의 CIA(중앙정보국)와 국방부 등을 고객으로 확보했다. 2001년 9월 11일에 발생한 미국 동시 다발 테러의 주모자로 지목되어 10년에 걸쳐 도피를 계속했던 오사마 빈 라덴의 수색에도 공헌한 것으로 알려져 있다. 그 후 금융 기관부터 항공 회사에 이르기까지 민간 기업 고객을 늘려나간 팰런티어 테크놀로지의 주식 시가 총액은 2023년 2월 현재 165억 달러(약 21조 4,500억 원)에 이른다.

창업기의 페이스북에 투자하다

틸을 유명 인사로 만든 사건은 창업기의 페이스북(현 메타)에 투자한 것이다. 페이스북의 가능성을 꿰뚫어본 틸은 10퍼센트가 넘는 주식을 취득하고 페이스북의 이사로 취임해 2022년까지 이사직을 유지했다. 그 밖에도 불로불사를 연구하는 재단을 지원하고, 23세 미만의 청년 20명에게 연간 10만 달러를 지원해 대학교를 중퇴하고 독자적인 벤처 기업을 설립하도록 장려했으며, 해상 국가 건설을 구상하는 연구 기관도 지원했다.

이 책의 시작을 《제로 투 원》으로 소개하는 이유는 틸의 삶을 살아가는 방식이나 사고방식에서 머스크와 공통되는 부분이 많기 때문이다. 두 사람 모두 페이팔의 창업 멤버일 뿐 아니라 SF와 판타지 장르를 좋아해 아이작 아시모프의 《파운데이션》 시리즈나 로버트 A. 하인라인Robert A. Heinlein의 작품, J. R. R. 톨킨의 《반지의 제왕》 등을 즐겨 읽었다. 그리고 무엇보다 이미 존재하는 것을 모방하지 않고 0에서 1을 만들어내기를 좋아해 직접 창업하거나 투자자로서 스타트업을 지원하는 데 열정을 불태우고 있다.

《제로 투 원》의 머리말에서 틸이 미래의 창업가들에게 한 말은 그의 창업 철학을 상징한다.

"비즈니스에 똑같은 순간은 두 번 다시 찾아오지 않는다. 제2의 빌 게이츠가 운영 체제를 개발하는 일은 일어나지 않는다. 제2의 래리 페이지와 세르게이 브린이 검색 엔진을 만드는 일도 일어나지 않을 것이다. 제2의 마크 저커버그가 소셜 네트워크를 구축하는 일도 없을 것이다. 그들을 모방하고 있다면 이것은 당신이 그들에게서 아무것도 배우지 못했다는 의미다."

창업가는 누군가를 모방하는 것이 아니라 아직 다른 사람이 시도하지 않은 새로운 분야에 도전해야 한다. 이것이 틸의 명쾌한 메시지다. "지금 '베스트 프랙티스(모범 사례)'라고 불리는 것은 조만간 막다른 골목에 부딪히게 된다. 새로운 것, 아무도 시도하고 있지 않은 것이야말로 '베스트(최고)'인 것이다."

이 말은 새로운 비즈니스를 직접 만들어내는 동시에 다수의 스타트업에 투자를 계속하고 있는 틸이 이야기한 것이기에 더더욱 설득력을 지닌다. 상식에 얽매이지 않고 전기 자동차나 우주 로켓 등의 분야에서 많은 사람이 불가능하다고 비웃던 테크놀로지를 높은 기술의 벽을 뛰어넘으며 실현해 온 머스크도 틸과 같은 창업가 정신의 소유자라고 할 수 있을 것이다.

모든 독보적 성공은 '제로'에서 시작한다

틸이 모방을 싫어하는 데는 앞에서 언급한 르네 지라르의 모방 이론이 큰 영향을 끼쳤다. 인간은 타인이 갖고 싶어 하는 것을 갖고 싶어 하는 동물이며, 모두가 같은 것을 갖고 싶어 하게 되면 무의미한 다툼이나 경쟁이 일어난다는 발상이다. 무의미한 경쟁이 벌어지면 인간도, 기업도 소모될 뿐이다. 그러므로 되도록 경쟁을 피하고 독점적인 지위를 구축할 수 있는 위치나 시장을 지향해야 한다는 것이 틸의 주장이다.

이 사상은 페이팔 마피아들에게도 강한 영향을 끼쳤다. 링크드인을 창업한 리드 호프먼도 "틸에게서 지라르의 사상을 배우고 큰 자극을 받았다."라고 말했다. 틸 자신이 이상적인 창업가라고 소개하는 머스크도 지라르의 이론에 입각해 테슬라나 스페이스X에서 모방을 피하는 경영을 실천하고 있다.

세계를 둘러보면 누군가를 모방한 것 같은 비즈니스가 넘쳐나고 있다. 전기 자동차가 유망해지자 미국에서도, 중국에서도 비슷한 전기 자동차 제조사가 속속 탄생했다. 그리고 무의미한 경쟁이 점차 가열되다 순식간에 도태가 시작된다. SNS, TV, 휴대전화 분야에서도 모방이 연쇄되어 경쟁이 격화된 결과, 사업으로부터 철수하거나 도산하는 기업이 두드러졌다.

이런 일은 왜 일어나는 것일까? 새로운 무언가를 만들어내기보다 이미 존재하는 것을 모방하는 편이 간단하기 때문이다. 하멜의 《피리 부는 사나이》라는 동화에서 피리의 신기한 음색에 이끌린 쥐 떼가 주인공을 따라가다 차례차례 강으로 뛰어들어 익사했듯이, 수많은 모방 기업이 차례차례 실패했다.

"살아남기 위한 치열한 싸움에서 벗어날 방법은 오직 한 가지, 독점적 이익이다." 틸은 이렇게 강조한다. 경쟁을 원칙으로 삼으며 독점 금지법이 존재하는 자본주의 사회에서 과연 이것이 가능할지 의문을 품는 사람도 적지 않겠지만 수많은 실제 사례가 존재한다. 그 상징이라고 할 수 있는 사례가 바로 GAFA(구글, 애플, 페이스북, 아마존)다. 미국의 조사 회사인 스탯카운터 글로벌 스탯에 따르면 2022년 4월까지의 1년 동안 검색 엔진 시장에서 구글의 세계 점유율은 약 92퍼센트, SNS 시장에서 페이스북의 세계 점유율은 약 75퍼센트에 이르렀다. 아이폰도 미국에서 약 58퍼센트, 영국에서 약 54퍼센트, 일본에서 약 68퍼센트로(2022년 2월 기준) 선진국에서는 압도적인 점유율을 자랑한다. 또한 미국의 조사 업체인 이마케터에 따르면 2022년에 미국의 전자 상거래 시장에서 아마존의 점유율은 약 40퍼센트로서 2위 이하와 큰 격차를 보이고 있다.

최근에는 GAFA의 독점적 지위에 대한 맹렬한 비판이 일고 있으며, 경쟁을 저해하고 있으니 규제를 강화해 해체해야 한다는 목소리도 높아지고 있다. 이처럼 독점은 혁신을 저해한다는 의견도 있지만, 틸은 이런 의견을 부정한다. 애플의 iOS가 선도한 모바일 컴퓨팅의 대두가 OS 시장에서 마이크로소프트의 장기간에 걸친 독점적 점유율을 무너뜨렸기 때문이다. "독점은 진보의 원동력이 된다.", "독점은 모든 성공 기업의 조건이다." 틸은 이렇게 주장한다.

독자적인 전략으로 독점적 지위를 쟁취한다

그렇다면 어떻게 해야 독점적 지위를 구축할 수 있을까? 테슬라의 예를 통해 틸의 이론을 설명해 보겠다.

테슬라는 전기 자동차 시장에서 경쟁사를 압도하는 독점적 지위를 구축했다. 미국의 자동차 정보 제공 회사인 익스피리언 오토모티브에 따르면 2021년에 미국 시장에서 테슬라의 점유율은 약 70퍼센트로, 2위인 닛산 자동차(9퍼센트)와 큰 차이를 보이고 있다.

테슬라는 경쟁사가 사실상 존재하지 않는, 독점적인 점유율을 획득할 수 있는 작은 시장에서 출발했다. 2008년에 먼저 고급 스포츠카 유형의 전기 자동차인 로드스터를 발매했는데, 세련된 디자인에 1회 충전으로 주행 가능한 거리(항속 거리)가 약 400킬로미터에 이르렀다. 당시 닛산을 포함한 수많은 전통적 자동차 회사의 전기 자동차에 대한 인식은 항속 거리가 짧더라도 저렴한 편이 좋다는 것이었는데 머스크는 정반대의 길을 선택한 것이다. 초대 로드스터를 발매한 당시, 고급 전기 스포츠카 시장에서 테슬라의 경쟁사는 거의 존재하지 않았다.

스타트업임에도 테슬라는 우수한 기술력을 보유하고 있었다. 일반적인 노트북 컴퓨터에 사용되는 18650 전지(지름 18밀리미터, 길이 65밀리미터인 충전지—옮긴이)를 약 6,800개 연결해서 탑재하는 독창적인 배터리 팩을 개발했으며, 페라리를 능가하는 가속 성능과 시원시원한 주행을 실현하는 파워트레인(구동 시스템)도 개발했다.

테슬라의 로드스터는 순식간에 높은 평가를 받게 되었고, 할리우드 배우 같은 유명인들이 앞다투어 로드스터를 구입했다. 이렇게 해서 높은 브랜드파워를 구축한 테슬라는 2012년에 가격이 저렴하면서 실용성이 높은 5인승 세단 '모델 S'를 투입해 순식간에 전기 자동차 시장에서 존재감을 높였다. 그리고 2016년에는 가격을 더욱 낮춘 소형 세단 '모델 3'를 발매해 폭발적인 히트를 기록함으로써 고급 승용차부터 보급형 저가 승용차에 이르기까지 폭넓은 상품 라인업을 보유한 전기 자동차 제조사로서 독주 태세에 돌입했다.

'모든 비즈니스에는 반드시 답을 찾아내야 하는 일곱 가지 질문이 있다.' 틸은 이렇게 주장한다. 그 일곱 가지 질문은 이미 테슬라의 사례에서 언급한 '엔지니어링(기술력)'과 '독점(거대한 점유율을 차지할 수 있는 작은 시장에서 출발했는가)' 이외에 '타이밍', '인재(팀)', '판매', '영속성', '숨겨진 진실'이다.

타이밍이라는 의미에서 테슬라는 2010년에 미국 정부의 친환경 기술에 대한 지원 제도를 이용해 4억 6,500만 달러(약 6,045억 원)를 획득했다. 그 후 얼마 안 있어 지원 제도가 사라졌으므로 머스크는 말 그대로 천재일우의 기회를 잡은 것이었다. 인재의 측면에서는 채용 활동을 할 때 세계의 자동차 산업에 혁명을 일으킬 전기 자동차라는 새로운 비즈니스에 참여하는 것의 매력을 홍보함으로써 우수한 엔지니어들을 매료시켰다.

판매에서는 딜러(대리점)에 의존하는 업계의 관행에 역행해 제조사가 고객과 직접 접촉할 수 있는 직판 점포망을 구축했다. 영속성에 관해서는 주식을 상장하고 팬을 늘려서 주주로 만들어 시가 총액을 확대함으로써 풍부한 자금력을 손에 넣었다. 마지막으로 머스크가 깨달은 숨겨진 진실은 소비자들이 타고 있기만 해도 폼이 나는 '쿨한 자동차'를 원한다는 것이었다. 테슬라는 많은 사람이 동경하는 세련된 디자인과 친환경 성능을 양립시킨 자동차만을 상품화하고 있다.

다른 자동차 제조사와는 전혀 다른 독자적인 전략으로 테슬라는 전기 자동차 시장에서 독점적인 지위를 손에 넣었다. "작은 차이를 추구하기보다 대담하게 도박에 나서는 편이 낫다."라는 틸의 말대로 엄청난 도박을 해서 성공을 거머쥔 것이다.

특출난 성공을 이끄는 세 가지 조건

틸은 스타트업을 성공으로 이끄는 보편적인 조건을 고찰했다. 자세한 내용을 알고 싶은 사람은 꼭 《제로 투 원》을 읽기 바라며, 여기에서는 특히 인상적이었던 세 가지 조건만을 소개하겠다.

첫째는 '창업가의 자질'이다. 틸은 실리콘밸리에서는 사교성이 극단적으로 떨어지는 아스퍼거 증후군에 가까운 사람이 더 유리해 보인다고 지적했다. 분위기를 파악하지 못하는 사람은 주위 사람들과 같은 행동을 하려고 하지 않기 때문이다. "물건 만들기나 프로그래밍을 좋아하는 사람은 혼자서 담담하게 그 일에 열중하며 탁월한 기능을 자연스럽게 익힌다. 또한 평범한 사람과 달리 그 기능을 사용할 때 자신의 신념을 잘 굽히지도 않는다."

흔히 주변 분위기를 파악하지 못하는 사람은 배척되는 경향이 있지만, 타인의 눈에 어떻게 보이든 신경 쓰지 않고 좋아하는 일에 집중하는 사람이 특출한 혁신을 이룰 가능성이 크다는 의미일 것이다.

둘째는 '스타트업의 성공률을 높일 수 있다는 발상'이다. 트위터의 창업자인 잭 도시는 과거에 "성공은 절대 우연이 아니다."라고 말한 바 있다. 일반적으로 "운이 좋은 덕에 성공할 수 있었습니다."라고 겸손하게 말하는 풍조가 있다 보니 이 말을 부정적으로 받아들이는 사람도 많겠지만, 틸은 도시의 의견이 옳다고 말했다. 그리고 19세기의 사상가이며 시인으로도 유명한 랠프 월도 에머슨의 "깊이가 얕은 사람은 운을 믿고, 흐름을 믿는다. 그러나 강한 사람은 인과관계를 믿는다."라는 말이나 인류 최초로 남극점에 도달한 로알 아문센의 "승리는 완벽한 준비가 있는 곳에 찾아온다. 사람들이 그것을 행운이라고 부를 뿐이다."라는 말을 소개하면서 과학적으로 사고하며 계획이 순조롭게 진행되지 못했을 경우를 대비해 준비하는 자세의 중요성을 역설했다.

셋째는 '장기 계획의 중요성'이다. 애플이라고 하면 우수한 상품 디자인이나 훌륭한 편의성이 주목받지만, 틸은 "중요한 것은 다른 곳에 있다."라고 주장한다. 그는 '신상품을 개발해 효과적으로 판매하기 위한 명확한 복수년 계획을 세우고 그 계획을 실행하는 것'이야말로 스티브 잡스에게서 배워야 할 교훈이라고 말한다.

테슬라도 전기 자동차인 로드스터를 발매한 지 얼마 안 되었을 무렵부터 모델 S, 모델 X, 모델 3을 발매한다는 로드맵을 그리고 있었다. 2012년 시점에 테슬라는 생산 규모를 단계적으로 확대해 연간 100만 대를 지향한다는 계획을 분명하게 이야기하고 있었다. 당시 테슬라를 취재했던 나는 그 이야기를 '뜬구름 잡는 소리'로 생각했지만, 그것은 나의 착각이었다. 시기가 다소 늦어지기는 했어도 테슬라는 전체적인 관점에서 봤을 때 거의 장기적인 계획대로 상품을 발매하며 성장을 실현하고 있다.

마지막으로 머스크에게도 공통되는 틸의 세계관을 상징하는 말을 소개하겠다.

"고대인들은 모든 역사가 번영과 쇠퇴의 반복이라고 생각했다."

"그 불운을 영원히 피할 수 있을지도 모른다는 희망을 인간이 품게 된 것은 극히 최근에 들어서다."

"경쟁 압력을 완화하는 새로운 테크놀로지가 없다면 정체에서 충돌로 발전할 가능성이 크다. 그리고 세계 규모의 충돌이 일어난다면 세계는 파멸로 향한다."

세계가 파멸한다는 최악의 시나리오를 피하고 더 나은 미래를 만들기 위해서는 '0에서 1을 만들어내는' 혁신적인 테크놀로지가 필요하다고 틸은 믿는다. 그렇기에 더더욱 직접 창업을 하고 수많은 스타트업을 지원하는 것이다. 머스크는 지구가 멸망하더라도 인류가 살아남을 길을 개척하기 위해 화성 이주를 목표로 우주 로켓을 개발하고 있다.

틸의 지성은 이 책을 읽는 사람을 압도한다. 윌리엄 가셰익스피어, 피타고라스, 아인슈타인, 밥 딜런, 카를 마르크스, 피에르 드 페르마, 요한 볼프강 폰 괴테뿐 아니라 성경, 고금동서의 철학자, 생물학자, 경제학자, 작가, 탐험가의 말이나 사상을 종횡무진으로 인용하면서 독자적인 창업론을 전개하기 때문이다. 게다가 본인의 창업과 스타트업 투자 경험이 증명하기에 틸의 이론은 설득력을 지닌다. 창업에 관심이 있는 사람이라면 반드시 읽어 봐야 할 책이다.

미래를 알고 싶다면
역사를 깊게 들여다봐라

book 《로마 제국 쇠망사》《역사 속의 영웅들》《역사의 교훈》

"역사책을 읽는 것에 매료되었다."

일론 머스크는 이렇게 이야기했다. 특히 로마 제국에 관심이 많아서, 2021년 4월에는 트위터의 자기소개에 'Imperator of Mars(화성의 황제)'라는 호칭을 추가했을 정도다. Imperator(임페라토르)는 고대 로마의 황제를 의미하는 라틴어로, 영어의 Emperor(엠퍼러)와 거의 같은 뜻이지만 로마 시대에는 군대의 최고 지휘관이라는 의미도 있었다. 2021년 12월에는 산타클로스를 로마의 독재자였던 루키우스 코르넬리우스 술라와 비교하는 트윗도 올렸다. 술라는 "자신의 편에게는 최고의 벗이었고, 적에게는 최악의 상대였다."라는 비문으로 유명하다.

영웅에게도 빛과 그림자가 있다

그런 까닭에 머스크가 읽은 역사 관련 서적 중에 먼저 에드워드 기번의 《로마 제국 쇠망사》를 소개하려 한다. 이 책은 제1권이 1776년에 발간된, 다시 말해 지금으로부터 약 250년 전에 집필된 고전이다. 지금 이렇게 오래된 책을 읽는 것이 무슨 의미가 있느냐고 생각하는 독자도 있을지 모르지만, 이 책을 읽어 보면 그 생각이 틀렸음을 금방 깨닫게 된다. 지루한 연대기 같은 책과는 달리 역대 로마 황제의 성공과 실패, 용기, 고뇌를 조명하는 참으로 매력적인 책이기 때문이다. 물론 역사학의 연구가 진행된 오늘날의 시각으로 바라보면 오류도 있지만, 그런 오류를 메우고도 남을 만큼 생각할 거리를 던져 준다.

이 책을 읽고 나면 특히 리더의 바람직한 모습이란 무엇인가를 생각하게 된다. 긴 역사를 거치는 동안 로마 제국에는 내전, 외국과의 전쟁, 역병, 기근, 노예의 반란 등 온갖 고난이 찾아왔다. 그때마다 당시의 황제들은 그 난국과 맞서며 고난을 극복해 왔고, 덕분에 로마 제국은 명맥을 유지할 수 있었다. 그렇기에 더더욱 역사에 이름을 새긴 후세의 수많은 리더가 이 책에 매료되었던 것이리라. 나치 독일의 공격으로 궁지에 몰렸던 영국을 구한 총리 윈스턴 처칠, 인도의 초대 수상인 자와할랄 네루도 《로마 제국 쇠망사》를 애독했다고 알려져 있다. 이런 훌륭한 위인들이 이 책을 읽는 이유는 역사 속 리더들의 성공과 실패에 관해 배우기 위해서라고 할 수 있을 것이다.

'영웅에게도 빛과 그림자가 있다.' 이 책은 이 사실을 가르쳐 준다. 일례로 오현제五賢帝 중 한 명으로 알려진 마르쿠스 아우렐리우스에 관해 기번은 공과 죄의 양면을 모두 그렸다. 마르쿠스 아우렐리우스는 그 유명한《명상록》을 썼을 만큼 학식이 깊은 인물인 동시에 무인으로서도 활약해 라이벌 국가였던 스파르타와의 전쟁에서 승리를 거뒀다. 다시 말해 문무를 겸비한 인물로, 그리스의 철학자인 플라톤이 이상으로 여겼던 '철인 군주'로서 존경을 한몸에 받았다. 그러나 기번은 "마르쿠스 아우렐리우스는 (금욕적인) 스토아 학파의 고결함을 지녔지만 한편으로 아들인 콤모두스를 후계자로서 제대로 키우지 못했다."라고 지적했다. 다른 오현제는 훌륭한 인물을 찾아내 '양자'로 들인 다음 황제의 제왕학을 공부시켜 후계자로 삼았지만, 마르쿠스 아우렐리우스는 그러지 않았기 때문이다.

콤모두스는 황제가 된 뒤 폭정을 일삼다 31세에 암살당함으로써 오현제가 쌓아 올렸던 로마 제국의 황금시대에 종지부를 찍은 인물로 알려져 있다. 마르쿠스 아우렐리우스가 훌륭한 인물이었다 해도 후계자의 육성에 실패한 것은 치명적이었다고 평가한 것이다. 이와 같은 리더의 실패학도 배울 수 있는 것이《로마 제국 쇠망사》의 매력이다.

또한 기번은 크리스트교를 박해한 황제로서 폭군의 이미지가 강했던 디오클레티아누스를 재평가했다. 디오클레티아누스는 해방 노예 가문 출신으로 일개 졸병부터 시작해 황제의 자리까지 오른 입지전적 인물이다. 그는 군인 황제의 난립으로 혼란이 계속되며 위기(일명 '3세기의 위기')에 빠져 있었던 로마 제국을 재건하기 위해 노력했고, 광대한 제국을 방어하기 쉽도록 황제 네 명이 분할 통치하는 '사두정치(테트라키아)'라는 시스템도 도입했다.

그러나 테트라키아는 수도 로마의 중요성을 저하시켜 로마 제국을 동서로 분열시키는 결과를 낳게 되었다. 게다가 각각의 황제가 거주하는 도시가 서로 화려함을 경쟁하기 위해 사치를 일삼게 되어 경제에 악영향을 끼쳤으며, 세금이 증가해 사람들의 생활을 압박했다고 기번은 지적했다.

로마 제국이 1,500년간 지속된 이유

이 책의 제목은 분명 '쇠망사'이지만, 읽다 보면 오히려 로마 제국이 (동로마 제국을 포함해서) 1,500년에 걸쳐 계속될 수 있었던 이유에 주목하게 된다. 그 이유는 당시의 로마 제국이 다른 국가를 압도하는 '우수한 시스템'을 갖추고 있었다는 것이다.

먼저 눈에 띄는 것은 로마인의 철저한 합리주의다. 로마 제국은 2세기 전반의 트라야누스 황제 시대까지 확장을 계속했지만, 그 후에는 불필요하게 영토를 확대하지 않고 하천 등으로 천연 방어라인을 구축하기 쉬운 장소에 국경선을 정하는 한편으로 농경에 적합하거나 자원이 많은 등 경제적인 이익을 기대하기 좋은 지역의 지배를 중시했다. 그리고 무엇보다 민족이나 출신지와 상관없이 우수한 인재에게 기회를 주는, 다양성을 인정하는 문화가 로마 제국의 활력소가 되었다. 실제로 오현제 중 한 명인 트라야누스는 속주屬州였던 현재의 스페인 지역 출신이며, 그밖에도 로마 제국에서 활약한 인물 중에는 속주나 정복당한 국가 출신이 많다.

게다가 노예라 해도 돈을 모으거나 주인의 허락을 받으면 로마 시민이 되어 자유를 손에 넣을 수 있었다. 이와 관련해 기번은 "노예라도 희망을 가질 수 있고, 차별받던 자라도 자유와 영예를 손에 넣을 수 있는 사회였다.", "정복당한 민족은 로마 제국의 일원이 되는 것을 기뻐했다."

라고 지적했다.

이처럼 다양성이 인정된 배경에는 크리스트교가 국교가 되기 전까지 로마 제국이 다른 종교나 문화에 관용적인 사회였다는 점이 자리하고 있다. 다신교 사회였던 로마 제국에서는 본래 그리스나 이집트의 신이 로마의 신으로 편입되는 일조차 당연하다는 듯이 일어났다. 로마 제국이 예술이나 철학 등의 사상을 포함한 그리스 문화를 대담하게 도입한 것도 널리 알려진 사실이다.

종교나 문화의 자유가 인정되는 반면에, 로마 제국에는 공고한 시스템을 보호하는 제도도 존재했다. 학문과 예술의 분야에는 그리스어가 침투했지만 "법률이나 행정의 분야에서는 라틴어를 계속 사용했다."라고 기번은 말했다.

로마 제국의 안전을 위태롭게 만드는 최대의 위협은 외적이었는데, 최전성기의 로마인은 애국심이 강해서 병역의 의무를 준수하고 유사시에는 앞장서서 국가의 방위에 참가할 것을 맹세했다. "군대에는 엄격한 규율이 있었고, 혹독한 훈련을 거듭하며 전투력을 갈고닦았다. 하나의 전투에서 패하는 일은 있어도 전쟁의 승리는 언제나 로마의 것이었다."라는 말까지 있었을 정도다. 자유와 규율을 양립하는 시스템이 로마를 뒷받침하고 있었다고 할 수 있을 것이다.

'아피아 가도'Via Appia로 유명한 로마 가도는 현대의 고속도로와 같은 기능을 했다. 로마인은 군대가 빠르게 이동할 수 있도록 대지를 깎아서 최대한 곧게 뻗은 길을 건설했다. 그 덕분에 한정된 수의 군대로도 광대한 제국을 방어할 수 있었다. 또한 로마 제국은 로마 가도에 역참도 설치해 정보 전달과 물자 운송의 고속화를 실현했다.

로마인은 육지의 도로망뿐만 아니라 지중해에서 흑해, 북해에 이르는 바닷길도 정비했고, 이 바닷길을 통해 수많은 배가 빈번하게 왕래하며 다양한 물자가 오갔다. 밀, 올리브 기름, 포도주, 소금 등의 다양한 산물이 효율적으로 생산할 수 있는 최적의 산지에서 수요가 있는 제국 각지의 도시로 운송되었던 것이다.

글로벌한 교통·운송 시스템은 로마 제국의 장기적인 번영을 뒷받침했다. 다른 지역으로 농작물의 효율적인 운송이 가능해지면 어떤 지역이 가뭄으로 기근에 허덕이더라도 지원할 수 있게 된다.

이처럼 식량의 조달에 어려움이 없어진 결과, 로마 제국에서는 최근 들어 주목받는 '기본 소득(모든 사람에게 일정 금액의 현금을 지급하는 제도)'과 유사한 정책도 실현되어 있었다. 빵(원료가 되는 밀 등의 곡물 포함), 전차 경주나 검투사의 결투 등의 볼거리, 공중 욕탕 등이 로마 시민에게 무료로 제공된 것이다. 황제는 시민에게 포도주와 돈을 배포하기도 했다. 물론 그 대상은 일부 도시 주민으로 한정되어 있었지만, 일하지 않아도 먹고 살 수 있는 사회가 실현된 것처럼 보였다.

위대한 로마는 왜 멸망했는가?

이렇게 번영을 누리던 로마 제국이 왜 쇠퇴하고 멸망한 것일까? 물론 다양한 요인이 있으며 어느 것이 결정적인 요인이라고 단정하기는 어렵지만, 기번은 몇 가지 포인트를 지적했다.

먼저 로마인의 애국심이라는 토대 위에 성립되었던 로마 제국의 강력한 군사 제도가 기능하지 않게 된 것을 들 수 있다. 로마 제국은 4세기 이후 야만족 출신의 용병에게 국방을 의존하게 되었고, 로마의 전통이었던 자신들의 손으로 나라를 지키자는 의식이 저하되어 갔다. 여기에 동과 서로 분열된 로마 제국의 황제들이 대립해 누군가가 어려움에 직면해도 힘을 모으지 않게 되었다.

기번의 지적 가운데 특히 인상적인 것은 로마 제국의 쇠망에 크리스트교가 끼친 영향이다. 그는 "크리스트교의 국교화가 종교 대립에 불을 붙였고, 황제는 군대보다 크리스트교의 종파의 정통성 등을 논의하는 공회의에 더 관심을 기울이게 되었다."라고 지적했다.

크리스트교에서는 언제나 황제보다 신에 대한 신앙을 우선한다. 또한 일신교인 까닭에 다른 종교에 배타적인 측면도 두드러졌다. 그런 크리스트교가 국교가 되어 황제의 권력과 결합한 것이 로마 제국의 강점이었던 다양성·관용성에 부정적인 영향을 끼쳤다는 것이다.

물론 《로마 제국 쇠망사》는 18세기 후반의 사료를 바탕으로 한 것이기에 현대의 시각으로 바라보면 위화감이 드는 부분도 적지 않다. 그러나 역사의 교훈과 리더가 살아가는 방식을 배울 수 있는 이 명저는 앞으로도 찬란한 빛을 발할 것이다.

인간을 이해하기 위해 역사를 공부한다

머스크가 추천하는 역사 관련 서적 중에는 윌 듀런트의 작품도 있다. 그의 대표작은 1935년부터 1975년까지 집필된 11권짜리 대작 《문명 이야기》 시리즈로, 머스크는 트위터에 "《문명 이야기》를 읽읍시다."라는 트윗을 올렸다. "제1권보다 제2권인 《그리스 문명》을 추천한다."라고도 적었다(한국에는 전 11권 가운데 제5권까지 권당 2권으로 분책되어 번역·출판되었다—옮긴이).

여기서는 듀런트가 《문명 이야기》의 요약판으로서 정리한 《역사 속의 영웅들》을 대신 소개한다. 이 책도 고금동서의 역사에 등장하는 영웅들의 매력이 응축된 책으로, 일반인을 대상으로 매우 이해하기 쉽게 쓰였다. 듀런트의 작품의 특징은 철학적인 관점에서 이야기를 전개한다는 데 있다. 《역사 속의 영웅들》의 머리말을 통해 듀런트는 "역사는 철학의 일부다.", "나는 인간이란 무엇인가를 알아내기 위해 역사를 공부하기로 결심했다.", "역사는 시간 속에 일어난 사건들을 고찰함으로써 철학적 관점을 얻으려는 시도다."라고 이야기했다.

이 책에 등장하는 인물은 매우 다채롭다. 중국의 노자, 공자, 이백, 인도의 붓다, 간디, 그리스의 소크라테스, 플라톤, 아리스토텔레스, 페리클레스, 로마의 율리우스 카이사르, 아우구스투스와 오현제, 예수 그리스도, 무함마드, 레오나르도 다 빈치 등이다. 주제로는 고대 중국, 그리스, 로마, 이집트, 인도, 중국, 르네상스, 종교 개혁 등을 들었다.

듀런트라고 하면 서양사에 해박하다는 인상이 강하지만, 이 책의 첫 부분에서는 고대 중국의 사상가와 시인을 다뤘다. 듀런트는 노자가 중국의 도시 문명을 비판한 "《도덕경》은 장 자크 루소나 토머스 제퍼슨이 출현하기 2,300년 전에 쓴 책임에도 마치 그들의 사상을 요약한 것처럼 느껴진다. 노자는 지성을 작은 일에 이용하기를 피하고, 자연과 조화를 이루며, 전통적인 사상이나 습관에 바탕을 둔 소박하고 조용한 생활을 하는 것이 올바른 삶의 자세라고 말했다."라며 노자를 절찬했다. 공자에 관해서도 교육을 통해 도덕과 사회 질서를 부활시키려 한 인물이라고 호의적으로 소개했다.

듀런트는 중국 문명에 존경을 시선을 보냈다. 이 장의 마무리 부분을 소개하겠다. 듀런트가 1932년경에 썼다고 하는 이 문장은 특히 인상적이다.

"이 정도로 풍부한 자원을 보유하고 생명력이 넘쳐났던 국가는 무력을 통해서든 외국의 경제력을 통해서든 오랫동안 지배할 수 없다. (…) 향후 100년 이내에 중국은 과거의 침략자들을 흡수하고 순식간에 근대 산업이라고 불리는 것의 기술을 전부 배워 버릴 것이다. (…) 최종적으로 무질서는 바로잡히고, 독재 제도 아래에서 균형을 유지하게 되며, 낡은 장애물은 대부분 제거되고, 무한대의 새로운 성장이 시작될 것이다. (…) 중국은 지금까지 수없이 죽음을 경험했고, 수없이 부활해 온 것이다."

실제로 최근 국제 경제의 측면에서 중국에 대한 의존도는 강해졌다. 수많은 문명의 흥망을 연구해 온 역사가가 90년 전에 했던 예언은 지금 되돌아봐도 놀랄 만큼 정곡을 찌르는 내용이었던 것이었다.

인도 문명에 관해서 다룬 제3장에서 듀런트가 소개한 붓다의 말도 인상적이다. "분노를 상냥함으로 극복하라. (…) 그리고 악을 선으로 극복하라. 미움으로는 미움을 없앨 수 없다. 사랑으로만 없앨 수 있느니라." 이 말은 간디의 비폭력 사상과 통하는 측면이 있다. 간디는 "'눈에는 눈을'이 전 세계를 장님으로 만들고 있다."라고 이야기한 바 있다. 긴 역사를 거치며 붓다의 철학은 인도 독립의 아버지에게 계승되었다고도 할 수 있을 것이다. 불교에서 번뇌를 극복하고 깨달음의 지혜(보리菩提)를 완성한 경지인 '니르바나(열반)'에 관한 해설에서도 철학에 해박한 듀런트이기에 가능한 분석이 빛을 발한다.

이 책에서 특히 돋보이는 부분은 제6~8장의 고대 그리스에 관한 내용이다. 소크라테스, 플라톤, 아리스토텔레스 같은 철학의 거성들의 알려지지 않은 사람됨을 묘사했다. 일례로 인간의 지성의 한계를 지적하는 '무지의 지'로 유명한 소크라테스는 그리스의 민주주의를 비판하고 혐오했으며, 그 영향으로 많은 제자가 (신에 대한) 신앙심을 잃었다.

《국가》 등의 저서로 유명한 플라톤은 "(아테네가) 두 개의 도시가 되었다. 하나는 가난한 자들의 마을, 다른 하나는 부자들의 마을로, 이 둘은 대립하고 있다."라며 공산주의적인 이념에 빠져들었다. 플라톤 또한 스승인 소크라테스를 처형한 그리스의 민주주의를 적대시하게 된다. 자유를 혐오해, 예술가와 시인을 규제·추방하는 독재 정부를 제안하기에 이르렀다. 플라톤이 생각한 유토피아(이상향)는 '원시 공산제적 계급 사회'로, 19세기 이후의 공산주의가 발전하는 데도 영향을 끼쳤다.

플라톤의 제자인 아리스토텔레스는 철학자라는 이미지가 강하지만 '과학의 아버지'로서 큰 공적을 남겼다고 할 수 있을 것이다. 듀런트는 "그는 관찰, 보고, 실험을 실시했으며, 최초로 과학 조사를 위한 그룹을 조직했다."라고 지적했다. 그리스의 도시 국가의 헌법, 동물의 장기, 식물의 속성과 분포, 철학의 역사 등 광범위한 분야에 흥미가 있었던 아리스토텔레스는 '만학의 시조'로 불리게 되었다.

세계적 리더들이 역사를 공부하는 이유

제13장의 '인간 그리스도'도 크리스트교의 신이나 신의 아들이 아닌 인간 예수 그리스도는 어떤 인물이었는지를 파헤치는 흥미로운 내용이다. 듀런트는 특히 예수의 '혁명가'라는 측면에 흥미를 품고 다음과 같이 이야기했다.

"(예수가 이상으로 여긴) 신의 나라는 공산주의적 유토피아이며 예수는 사회적 혁명가였다고 해석하는 사람도 많다. 복음서에는 이런 생각을 뒷받침하는 기술이 다수 존재한다."

이것은 예수가 부자들에게 한 말인 "가서 네 소유를 팔아 가난한 자들에게 주라. 그리고 와서 나를 따르라 하시니."(마태복음 19장 21절) 등에 근거를 둔 생각이다. 듀런트는 "예수의 제자들은 '신의 나라'가 기존의 가난한 자와 부유한 자의 관계를 혁명적으로 전환하는 것이라고 생각했다. 사도들이나 초기 크리스트교도들은 '모든 것을 공유하는' 공산주의적 집단을 구성하고 있었던 것이다."라고 지적했다.

예수 본인은 정치적인 혁명을 지향하지는 않았던 듯하지만 전통적인 종교 규범에 도전하는 발언이나 사상은 유대교 지도자들의 반발과 분노를 샀다. "반란을 획책하고 있다."라고 규탄 당한 예수는 로마 총독에게 끌려갔고, 결국 십자가에 매달리고 말았다. 적어도 로마 측에서 예수를 유대교 리더들의 주장처럼 '혁명가'로 간주했기에 목숨을 잃었다고 말할 수 있을 듯하다.

그 밖에도 이 책에는 무함마드, 마르틴 루터 등의 종교인을 포함한 인물들의 사상과 인간성이 묘사되어 있으며, 그 통찰력이 풍부한 문장은 읽는 이를 매료시킨다. 서양, 동양, 고대, 중세, 근현대를 자유자재로 오가며 사고하는 듀런트의 책은 보편적인 인간의 가치나 위인들의 사상·철학이란 무엇인가를 이해하는 귀중한 기회를 제공할 것이다.

또 다른 듀런트의 추천작으로는 《문명 이야기》의 핵심을 추출해 '역사로부터 배우는 수업'이라는 형태로 정리한 《역사의 교훈The Lessons of History》이 있다. 역사 속에서 인간의 성질과 국가의 행동 등을 이해하는 데 도움되는 사건과 그에 대한 논평을 13편의 에세이로 정리한 책이다.

이미 소개한《역사 속의 영웅들》이 역사에 영향을 끼친 ‘인물’에 초점을 맞춘 데 비해 이 책의 경우는 듀런트가 서문에서 “인류의 과거 경험을 넓은 시야로 내려다보고자 한다.”라고 썼듯이 ‘대국적인 역사의 흐름’을 알 수 있다. 듀런트의 다른 작품에 비하면 얇은 책이지만, 그의 거시적인 역사관이 응축되어 있다. 인류의 역사를 ‘생물학’, ‘종족’, ‘성격’, ‘도덕’, ‘종교’, ‘경제’, ‘사회주의’, ‘통치’, ‘전쟁’ 등의 관점에서 정리해 역사를 좋아하는 사람도 깨닫지 못했을 세계사의 거대한 흐름이나 시각을 알려준다.

　사회주의·공산주의에 관해서는 18세기 후반에 샤를 푸리에와 클로드앙리 드 생시몽 등이 낳은 ‘공상적 사회주의’를 원류로, “토지는 만인의 것이다.”라고 선언하며 사유 재산을 부정한 프랑수아노엘 바뵈프 등이 발전시켰고, 카를 마르크스와 프리드리히 엥겔스가 1848년의《공산당 선언》과 1867년의《자본론》을 통해 이론화했으며, 이것이 1917년에 블라디미르 레닌 등이 일으킨 러시아 혁명으로 이어졌다는 이미지를 가진 사람이 적지 않다. 그러나 듀런트는 고금동서의 여러 문명과 국가에서 사회주의적인 사상이나 경제 시스템을 발견할 수 있다고 지적했다. 프톨레마이오스 왕조의 이집트에서는 국가가 토지를 소유하고 농업을 관리했으며, 광산이나 기름, 소금, 직물의 생산도 전부 관리, 규제하는 시스템이 갖춰져 있었다. 또한 로마의 디오클레티아누스 황제가 실시한 국가의 가격 통제나 공공사업을 통한 실업자의 구제도 사회주의적인 정책으로 간주할 수 있으며, 중국에서도 한의 무제 시대부터 송의 시대까지 “국가 사회주의가 수차례 시도되었다.”는 것이다. 이와 같은 사례를 바탕으로 듀런트는 “사회주의와 자본주의의 싸움은 부의 집중과 분산을 반복하는 역사의 일부다."라며 사회주의·공산주의가 역사 속에서 보편적으로 반복되어 온 움직임이라고 지적했다.

《역사의 교훈》에서 특히 흥미로운 부분은 제12장의 '성장과 쇠퇴'다. 이 부분은 내가 머스크를 취재했을 때 그에게 들었던 "인류의 역사는 발전과 쇠퇴를 반복해 왔다. 또다시 같은 일이 일어날 가능성이 있다."라는 취지의 발언과도 겹친다. 듀런트는 "역사는 반복된다. 다만 그것은 큰 틀에서일 뿐이다. 미래도 과거와 마찬가지로 새로운 국가가 탄생하고 오래된 국가가 소멸할 것이다."라고 말했다. 이 말 자체는 마크 트웨인이 했다고 알려진 명언 "역사가 완전히 똑같이 반복되지는 않지만, 운율은 종종 반복된다."와 같은 의미라고도 말할 수 있다.

이 책의 마지막에서 듀런트는 문명과 국가가 멸망하더라도 그 문화적인 유산은 계승되어 간다고 지적했다. "문명은 몇 세대에 걸쳐 계승되어 온 민족의 혼이다. 생물이 생식을 통해서 죽음을 극복하듯이 늙어 가는 문화는 그 유산을 다음 세대, 다른 토지로 계승한다." 머스크는 환경 문제가 심각해지거나 전쟁 등의 위기가 발생해 지구에서 계속 살기가 어려워질 가능성을 우려하고 있다. 그래서 더더욱 인류가 구축해 온 문명을 이식할 수 있는 신천지가 될 가능성을 지닌 다른 행성, 즉 화성을 목표로 삼는 것이리라.

헤지펀드의 황제로도 알려진 미국 브리지워터 어소시에이츠의 창업자 레이 달리오도 《역사의 교훈》을 추천했다. 달리오 역시 역사를 좋아하는 사람으로 알려져 있으며, 2021년에는 《변화하는 세계 질서》라는 책을 출판했다. 과거 500년 동안 경제적인 패권을 거머쥐었던 네덜란드, 영국, 미국 등을 연구해 변화의 근간에 자리하고 있는 패턴과 원인·

결과의 관계성을 분석한 대작이다.

　인류가 걸어 온 역사란 무엇인가? 그 역사를 움직여 온 리더는 어떤 사람들이었는가? 그들이 중요하게 여겼던 철학이나 사상은 어떤 것이었는가? 비단 머스크뿐 아니라 걸출한 리더들은 하나같이 역사를 탐욕스럽게 공부한다.

#인물
③

세상을 바꾼 사람들은 평범하지 않았다

book 《아인슈타인 삶과 우주》《스티브 잡스》《스탈린, 붉은 황제와 신하들》《예카테리나 대제 한 여인 의 초상》

이미 언급했듯 일론 머스크가 읽은 역사 관련 서적을 살펴보면 고금동 서의 영웅들의 삶이나 리더의 바람직한 모습을 파고든 책이 두드러진 다. 머스크는 특히 관심이 높은 역사 속의 인물에 관해서는 더욱 깊게 파 고든 전기도 즐겨 읽는다.

이번에 소개하는 네 권의 책은 상대성 이론을 통해 물리학을 비약적 으로 발전시킨 알베르트 아인슈타인, 애플의 창업자인 스티브 잡스, 러 시아 혁명 후의 소련에서 절대적인 권력을 쥐었던 독재자 이오시프 스 탈린, 여제로 군림하며 러시아의 영토를 폴란드와 우크라이나까지 확대 했던 예카테리나 2세를 다룬 중후한 전기들이다.

상대성 이론을 밝혀낸 천재의 삶을 파고들다

먼저 소개할 책은《아인슈타인 삶과 우주》다. 우주에 큰 관심이 있으며 스페이스X를 창업해 화성을 목표로 삼고 있는 머스크가 아인슈타인에 관해 알고 싶어 하는 것은 당연한 일일 것이다.

아인슈타인이라고 하면 물리학의 세계에 혁명을 일으킨 '상대성 이론'이 유명하다. 상대성 이론은 시간과 공간에 관한 기존의 사고방식을 근본부터 뒤엎었다. '빛의 속도는 일정하지만 시간과 공간은 상대적이며 변화한다', '빛은 중력의 영향을 받아서 휘어진다' 같은 이론을 발표해 세계에 충격을 안겼다.

"일반 상대성 이론의 중력장 방정식을 손에 넣은 아인슈타인은 우주의 성질을 연구하기 위한 기초를 쌓아 현대 우주론의 창시자가 되었다." 이 책의 저자인 월터 아이작슨Walter Isaacson은 아인슈타인의 공적을 이렇게 소개했다. '우주는 팽창 또는 수축하고 있다', '블랙홀' 같은 우주를 과학적으로 이해하는 데 없어서는 안 될 이론도 아인슈타인에게서 시작되었다. 또한 아이작슨은 "오늘날의 과학 기술 중 대부분이 그와 관련되어 있음은 명백하다. 광전지와 레이저, 원자력 발전과 섬유 광학, 우주여행 그리고 반도체조차도 흐름을 거슬러 올라가면 전부 아인슈타인의 이론에 도달한다."라고 지적했다. 아인슈타인은 과학 기술의 기반이 되는 물리학의 세계를 다시 만든 것이다.

아이작슨은 꼼꼼한 조사와 취재를 통해 아인슈타인의 유년기부터의 행적과 인품, 어떻게 획기적인 이론을 만들어냈는지에 관해 묘사했다. 700페이지가 넘는 대작을 집필하기 위해 역사적인 사실에 관해서는 캘리포니아 공과대학교와 히브리 대학교의 아인슈타인 연구 전문가들에게서, 물리학에 관해서는 예일 대학교와 컬럼비아 대학교, 하버드 대학교의 물리학 전문가들에게서 조언을 받으며 위대한 물리학자의 실상을 추적했다.

아인슈타인은 유년기부터 건방지고 권위에 반항하는 고집 센 성격의 소유자였다. 한 교장은 그를 학교에서 쫓아냈고, 다른 교장은 "이 아이는 절대 멀쩡한 어른이 되지 못할 것."이라고 단언했을 정도다. 그러나 놀랄 만큼 강했던 그의 반골 정신은 상식에 얽매이지 않는 독창적인 이론을 만들어내는 토양이 되었다.

소년 시절의 아인슈타인에게 커다란 영향을 끼친 과학책이 있다. 아론 베른슈타인Aaron Bernstein이 쓴 삽화가 담긴 시리즈《모두를 위한 과학Naturwissenschaftliche volksbücher》이다. 이 시리즈 제1권의 시작 부분에서 베른슈타인은 빛의 속도를 다뤘는데, 그 내용은 훗날 아인슈타인이 상대성 이론을 만들어낼 때 사용한 사고 실험으로 이어졌다. 아인슈타인은 이 책에 "훌륭한 책이다. 나의 인간으로서의 성장에 큰 영향을 끼쳤다."라며 찬사를 보냈다고 한다.

빛에 큰 관심이 있었던 베른슈타인은 이 책에서 "빛은 종류에 상관없이 속도가 정확히 같음이 입증되었으므로 광속의 법칙은 온갖 자연법칙 가운데 가장 포괄적인 것이라고 말할 수 있다."라고 말했다. 아인슈타인이 훗날 시도했던 것과 마찬가지로, 베른슈타인은 모든 자연계의 힘을 통일하고 싶어 했다. 일례로 빛 같은 전자기 현상은 전부 파동으로 생각할 수 있다고 논한 뒤, 중력 역시 이것이 성립하지 않을까 추측하고 "모든 개념은 그 아래에 단일성과 단순성이 기본으로서 가로놓여 있다."라고 지적했다.

수학과 물리 분야에서 걸출한 재능을 드러내 취리히 공과대학교에 진학한 뒤에도 아인슈타인의 반항적인 태도는 바뀌지 않았다. 이 자세는 교수진의 분노를 샀다. "아인슈타인 군, 자네는 매우 똑똑하네. 굉장히 똑똑해. 하지만 큰 결점이 있네. 다른 사람들이 자네에 대해 어떤 이야기를 하고 있는지 결코 들으려고 하지 않는 것일세." 첫 지도 교수였던 하인리히 베버는 아인슈타인에게 이렇게 말했다. 아인슈타인은 다른 물리학 교수와도 마찰을 일으켰고, 물리학 실습에 성실하게 출석하지 않았다는 이유로 공식 징계 처분을 받기도 했다.

그러나 그런 상황 속에서도 아인슈타인의 재능을 인정하는 인물이 있었다. 수학의 천재인 마르셀 그로스먼이다. 대학을 졸업한 뒤 일자리를 구하지 못해 고생하던 아인슈타인에게 스위스 특허국 취업을 알선하고, 특수 상대성 이론을 일반 상대성 이론으로 확장하기 위해 필요한 수학적인 문제에도 도움을 준 인물이다. 그로스먼처럼 아인슈타인을 이해해 주는 사람들의 존재는 적이 많았던 아인슈타인이 최종적으로 상대성 이론을 세상에 내놓고, 또 훗날 노벨상을 받는 데 큰 힘이 되었다(참고로 아인슈타인은 상대성 이론이 아니라 광전 효과의 발견에 공헌한 공로로 노벨 물리학상을 받았다―옮긴이). 스위스 특허국에 취직해 충분한 수입을 얻게 된 아인슈타인은 자유 시간을 이용해 특수 상대성 이론 논문을 썼고, 1905년에 그 논문을 발표했다.

특수 상대성 이론은 아이작 뉴턴 이후 물리학의 세계에서 일반적이었던 '시간은 항상 일정한 속도로 흐른다'라는 '절대 시간'의 개념을 부정하는 획기적인 이론이었다. 역의 플랫폼에 있는 사람의 시점에서 고속으로 달리고 있는 열차 안의 시간은 느리게 흘러간다는 아인슈타인의 사고 실험에서 발전한 '시간은 불변이 아니며, 움직이는 물체의 시간은 느려진다'라는 이론은 문자 그대로 과학의 세계를 바꿔 놓았다.

또한 아인슈타인은 특수 상대성 이론을 발전시켜, 만약 시간이 상대적이라면 공간도, 거리도 상대적임을 제시했다. 이것이 일반 상대성 이론이다. 상대성 이론은 물리학을 극적으로 발전시키고, 우주를 더욱 깊게 이해할 수 있도록 만들었으며, 머스크도 지향하고 있는 우주 여행의 길을 열었다고 말할 수 있을 것이다.

스티브 잡스와 일론 머스크는 무엇이 닮았는가

애플의 창업자인 스티브 잡스는 머스크와 자주 비교되는 카리스마적 경영자로, 《스티브 잡스》도 아인슈타인의 전기를 집필한 월터 아이작슨이 쓴 것이다. 2022년 아이작슨은 일론 머스크의 전기도 집필 중이었는데, 그는 "머스크와 잡스는 매우 닮았다."라고 말했다.

"어떤 의미에서 그(머스크)는 우리 시대의 스티브 잡스다. 그는 세상을 바꿀 수 있다고 생각할 만큼 머리가 이상한 사람이기에 세상을 바꾸는 사람 중 한 명이 된 것인지도 모른다." 아이작슨은 머스크 본인의 의뢰로 전기를 집필하고 있으며 취재도 거듭하고 있기에 그의 의견에는 설득력이 있다.

그렇다면 혁신가로서 잡스의 진면목은 어디에 있을까? '문과(인문과학)와 이과(자연과학)가 교차하는 곳에서 강렬한 빛을 내뿜은 인물이었다.' 아이작슨은 이렇게 생각했으며, 《스티브 잡스》의 시작 부분에서 잡스의 다음과 같은 말을 소개했다.

"어린 시절의 나는 내가 문과 사람이라고 생각하면서도 전자공학을 좋아하게 되었다. 그리고 내 영웅 중 한 명이며 폴라로이드사를 창업한 에드윈 랜드의 '문과와 이과가 교차하는 길에 설 수 있는 사람이야말로 큰 가치가 있다'라는 말을 접하고 그런 사람이 되자고 생각했다."

'인간과 기계의 공존', 이것이 잡스가 이뤄낸 혁신을 관통하는 공통 주제라고 할 수 있다. 애플 제품의 특징이자 장점은 매뉴얼을 읽지 않아도 시각적, 직감적으로 조작할 수 있는 인터페이스, 많은 사람을 매료하는 단순하면서도 아름다운 디자인이다. 그 좋은 예가 1984년에 발매한 마우스와 GUI(그래픽 유저 인터페이스)를 사용하는 컴퓨터 '매킨토시'다. 지금은 마우스도, GUI도 당연하게 여겨지고 있지만 키보드로 조작하는 것이 상식이었던 당시의 컴퓨터 세계에서는 혁명적인 제품이었다. '아이팟', '아이폰', '아이패드'도 직감적으로 사용할 수 있는 유저 인터페이스와 심플하고 아름다운 디자인의 하드웨어가 대중의 지지를 받아 대히트를 기록했다.

잡스는 완벽을 추구하는 열정과 주위와의 알력을 두려워하지 않는 실행력으로 여섯 업계에서 혁명을 일으켰다. 컴퓨터(매킨토시), 애니메이션 영화(픽사), 음악(아이팟), 전화(아이폰), 태블릿 컴퓨터(아이패드), 디지털 퍼블리싱이 바로 그것이다.

이 책에는 잡스의 불행한 성장 과정, 애플의 창업으로 거머쥔 영광과 애플에서 추방당하며 겪은 좌절 그리고 다시 애플의 최고 경영자로 복귀한 뒤의 부활이 자세히 묘사되어 있다. 물론 주위 사람들을 상처 입히는 그의 분방하고 과격한 성격은 절대 사람들이 모범으로 삼지 말아야 할 것이다. 그러나 잡스는 피터 틸이 《제로 투 원》에서 이야기하는 훌륭한 혁신가의 자질을 거의 완벽히 갖춘 인물이었다고 할 수 있다. 그런 의미에서 《스티브 잡스》라는 책은 '혁신(가)에 관한 책'이기도 하다. 잡스는 세상에 없던 혁신을 지속적으로 만들어내는 궁극의 아이콘이 되었기 때문이다. 그는 독창성과 테크놀로지를 연결해 하나의 제품으로 실현하는 것에 평범한 사람들은 상상도 못 할 정도의 집념을 불태웠다.

"잡스는 상사로서든 인간으로서든 모범이 될 만한 인물이 아니다. 마치 악귀가 들린 듯이 주위 사람들을 화나게 하고 절망에 빠트렸다. 그러나 그의 개성과 열정 그리고 제품은 전체가 마치 하나의 시스템처럼 연결되어 있다. 많은 애플의 하드웨어와 소프트웨어가 그렇듯이." 아이작슨은 잡스를 이렇게 평가했다.

애플의 제품에는 잡스의 철학이 진하게 반영되어 있다. 잡스는 구도자처럼 인간의 본질은 무엇인가를 탐구했다. 특히 동양 사상에 강한 관심을 품어서 대학교 시절에는 깨달음을 얻기 위해 인도를 장기간 여행했으며 불교 수행법인 '선禪'에 빠져들기도 했다. 이 책에서 잡스는 자신의 인도 여행에 관해 이렇게 이야기했다. "내게는 진지한 탐구 여행이었다. 나는 깨달음이라는 개념에 심취해 내가 어떤 인간이며 무엇을 해야 하는지를 알고 싶어 했다.", "인도의 시골에서 사는 사람들은 우리처럼 지식의 힘으로 사는 것이 아니라 직감에 의지하며 살고 있었다. 직감은 정말로 강력하다. 나는 지식의 힘보다 더 강하다고 생각한다. 이 인식은 내가 하는 일에 큰 영향을 끼쳐 왔다."

상품을 개발할 때든 경영을 할 때든 본능적인 '직감'을 중요시하고, 애플에서도 인간이 직감적으로 조작할 수 있는 제품을 목표로 삼았던 잡스다운 발언이다.

선에 관해서는 캘리포니아 주에서 포교 활동을 벌이고 있었던 조동종

(소토슈)의 승려 오토가와 고분에게 배웠다. 1975년에 오토가와를 만난 잡스는 선 센터에 틀어박혀 두문불출했고, 두 사람은 깊은 친교를 나눴다. 그리고 1985년에 애플에서 추방당한 뒤 NeXT를 창업했을 때는 오토가와를 종교 고문으로 초빙했으며, 1991년에 결혼할 때도 오토가와에게 결혼식 주례를 부탁했다.

선은 잡스에게 어떤 영향을 끼쳤을까? 그는 이렇게 말했다. "나는 불교, 특히 일본의 선종은 놀라울 만큼 미적이라고 생각한다. 그중에서도 교토에 있는 수많은 정원은 참으로 훌륭하다. 그 문화가 자아내는 것은 나를 깊게 감동시킨다. 이것은 선종에서 온 것이다."

그가 애플에서 제품을 개발할 때 강조한 '낭비를 없애고 본질을 추구하는 심플함을 지향한다' 같은 사고방식은 선의 사상과 통하는 면이 있다. 그는 항상 집중과 심플함을 추구하며, "심플하기가 복잡하기보다 더 어렵다."라고 말했다.

물론 자신의 이상을 좇고 완벽을 추구하는 자세는 타협을 용납하지 않는 엄격함으로도 이어지며, 주위와의 알력도 유발한다. 그러나 잡스는 그런 반발을 돌파하는 보기 드문 능력을 겸비하고 있었다. '현실 왜곡장Reality Distortion Field'이라는 잡스를 상징하는 유명한 말이 있다. 이는 모두가 불가능하다고 생각하는 것도 교묘한 화술을 통해 실현 가능하다고 생각하게 만드는 것을 의미한다. 이 책에 등장하는 소프트웨어 디자이너 앤디 허츠펠드는 "카리스마적인 화술, 불굴의 의지, 목적을 위해서라면 어떤 사실이든 왜곡해 버리는 열의가 복합적으로 얽힌 것, 그것이 현실 왜곡장입니다."라고 말했다.

현실 왜곡장의 근간에는 '나는 특별한 존재이므로 세상의 규칙이나 질서를 따를 필요가 없다'라는 잡스의 확고한 신념이 자리하고 있다. 이에 대해 아이작슨은 "(잡스는) 자신이 특별한 인간, 선택받은 인간, 깨달음을 얻은 인간이라고 생각했으며, 힘을 향한 의지나 초인 같은 개념을 느꼈다."라고 지적했다.

'초인'이라는 개념은 독일의 철학자인 프리드리히 니체의 사상에서 왔다. 니체는《차라투스트라는 이렇게 말했다》에서 "정신, 이곳에 자신의 생각을 형성하고, 과거에 세상에 패했던 자가 이번에는 세상을 정복한다."라고 말했다. 애플에서 추방당했다 다시 애플로 복귀해 세상을 바꾸는 상품을 잇달아 만들어낸 잡스에게 딱 어울리는 말이다.

잡스는 애플의 사원들에게 획기적인 제품을 만들어내려는 열정과 불가능해 보이는 것도 이루어낼 수 있다는 신념을 심어 줬다.

모두가 불가능하다고 생각하는 것에 도전하는 자세는 머스크도 비슷하다. 복수의 자동차 대기업의 간부가 "전기 자동차의 시대가 되려면 20년은 더 기다려야 한다.", "테슬라는 자동차의 제조에 대해 이해하지 못하고 있다. 얼마 못 가 도산할 것이다."라고 비판했지만, 테슬라는 최초의 양산 전기 자동차를 발매한 지 불과 10여 년 만에 세계적인 자동차 제조사로 도약했다. 스페이스X에서도 머스크는 '일단 발사한 로켓을 지구에 귀환시켜 다시 사용한다'라는 어려운 과제에 도전해 실패를 거듭하면서도 포기하지 않은 끝에 결국 성공을 거뒀다. 그리고 일본의 거대 중공업 회사의 간부가 "최근의 인공위성은 스페이스X의 우주 로켓으로 발사할 것을 전제로 설계되고 있습니다."라며 혀를 내두를 정도로 로켓 기술을 단기간에 발전시켰다.

세상을 뒤흔든 독재자는 어떻게 탄생했는가

머스크는 러시아의 역사를 바꾼 절대 권력자에게도 관심을 보였다. 영웅뿐 아니라 부정적인 이미지가 강한 독재자에게도 흥미를 느끼는 듯하다. 《스탈린, 붉은 황제와 신하들Stalin: The Court of the Red Tsar》은 히틀러의 나치 독일과 국가의 생사를 걸고 '대조국 전쟁'을 벌여 승리한 구 소비에트 연방의 원수 이오시프 스탈린의 생애를 그린 책이다. 스탈린은 그가 반대 세력으로 간주한 수백만 명을 용서 없이 처형하거나 강제 수용소로 보내는, 일명 '대숙청'을 실시한 피의 독재자로도 유명하다.

이 책의 저자인 사이먼 시백 몬테피오리Simon Sebag Montefiore는 1965년에 태어난 영국의 역사가다. 20세기 초엽에 당시의 러시아 제국을 떠나 영국으로 도피한 부모에게서 태어난 어머니를 둔 몬테피오리는 자신의 원류 중 하나인 러시아의 역사에 깊은 관심을 가지고 여러 권의 책을 써 수많은 상을 받았다. 그가 소련 붕괴 후 각지를 찾아다니며 다양한 공문서와 문헌, 관계자를 직접 접하는 등 방대한 조사와 취재를 바탕으로 쓴 이 새로운 스탈린 전기는 많은 사람이 알지 못하는 충격적인 일화로 가득하다.

스탈린은 러시아 제국의 지배를 받던 조지아(구 그루지야) 출신으로, 진짜 성은 주가슈빌리다. 스탈린은 '강철 인간'을 의미하는 필명이며, 이미지 전략을 위해 사용하게 된 것으로 보인다. 조지아의 가난하고 괄괄한 구두 직공의 가정에서 태어난 스탈린은 확고한 공산주의자라는 이미지가 강하지만, 사실은 러시아 정교의 신학교에서 교육받았다. 스탈린을 더욱 깊게 이해하려면 그의 인생의 전반기를 어떻게 살았는지 알아야 하는데, 그런 의미에서는 역시 몬테피오리의 저서이며 독재자의 청춘 시대를 파고든《젊은 스탈린》을 함께 읽으면 많은 도움이 된다.

몬테피오리의 일련의 저서를 읽고 깨달은 점은 공포의 독재자라는 이미지가 강한 스탈린을 어떤 측면에서는 굉장히 매력적인 인물로 그렸다는 것이다. 신학교에 다니던 시절에 노동 운동에 눈을 뜬 스탈린은 활동 자금을 조달한다는 명목으로 은행 강도나 살인, 방화 같은 폭력적인 활동을 계속했으며, 이 때문에 러시아 제국의 비밀경찰에 여러 차례 체포당해 시베리아 등의 변방으로 유배당했다 탈주하기를 반복했다. 이런 산적이나 다름없는 활동을 계속하는 가운데 스탈린은 리더로서 두각을 나타냈고, 동료들을 이끌며 혁명 세력의 내부에서 돋보이는 존재가 되어 갔다. 독자는 몬테피오리가 마피아 소설을 방불케 하는 생생한 필치로 그린 스탈린의 모습에 강하게 빠져들어 간다.

러시아 혁명 후 스탈린은 레닌에게 인정받아 볼셰비키의 간부가 되었다. 폭력을 마다하지 않는 마피아적인 행동이 적대 세력을 숙청하는 데 도움이 된다고 판단한 레닌은 점차 스탈린을 중용하게 된다. 혁명기의 혼란 속에서 볼셰비키가 권력을 장악하려면 적에 대해 인정사정이 없는 스탈린 같은 '폭력 장치'가 필요했기 때문일 것이다.

1924년에 레닌이 죽은 뒤, 스탈린은 정적인 레프 트로츠키 등과의 정쟁에서 승리하고 1929년에 절대적인 권력을 손에 넣는다. 이는 스탈린에게 신뢰받던 간부라도 일단 충성심을 의심받으면 순식간에 권력을 빼앗기고 숙청되는 공포의 시대가 시작됐음을 의미하는 것이기도 했다.

《스탈린, 붉은 황제와 신하들》에는 스탈린의 공포를 이용한 지배를 뒷받침하는 비밀경찰의 간부들이 상세히 묘사되어 있다. 혁명 직후인 1917년 12월에 레닌이 설립한 비밀경찰 '체카'는 널리 알려져 있다. 어린아이들을 포함한 니콜라이 2세 일가의 학살은 소련 시대의 비밀경찰이 얼마나 무섭고 잔혹한 존재였는지 보여주는 대표적인 사건이다.

스탈린 정권에서는 체카의 후계 조직인 'GPU(국가정치보안부)'를 계승한 비밀경찰 'NKVD(내부인민위원부)'가 두려움의 대상이 되었다. 스탈린의 대숙청을 실행한 자는 이 NKVD의 제2대 위원장인 니콜라이 예조프였다. 키가 150센티미터 정도밖에 안 되는 작은 체구여서 '독을 품은 난쟁이', '피의 난쟁이'로 불렸던 예조프는 스탈린의 적대 세력으로 간주된 인물을 '반혁명죄'라는 혐의로 차례차례 체포해 처형하거나 강제 수용소로 보냈다.

이 책을 읽으면 독재 체제 속에서 사는 것이 얼마나 무서운 일인지 절실히 느끼게 된다. 일단 인정을 받아서 출세하더라도 언제 체포되어 숙청당할지 알 수 없으며, 저지르지도 않은 죄를 강제로 자백하게 된다. 체포당하면 자신이 살기 위해 가족을 팔아넘겨야 하는 세상인 것이다.

죄가 없는 용의자를 자백시키고 구경거리로 만드는 스탈린 시대의 공개 재판의 모습은 우크라이나 출신의 세르게이 로즈니차 감독이 당시 촬영된 영상을 사용해 제작한 2018년의 다큐멘터리 영화 《재판》에 담겨 있으니, 관심이 있는 사람은 꼭 한 번 보기 바란다.

몬테피오리가 묘사한 스탈린의 대숙청은 너무나도 잔인하고 비정해서 기분이 불쾌해질 정도다. 마르크스의 《자본론》을 읽었고, 공산주의와 사회주의에 관심을 드러내는 머스크조차도 이 책은 "너무나 우울해서 (마지막까지) 계속 읽을 수가 없었다."라고 말했을 정도다.

그 좋은 예가 앞에서 언급한, 스탈린의 충실한 부하로서 비정한 숙청을 실행했던 NKVD 위원장 예조프다. 그가 소련을 뒷받침하고 있었던 공산당의 수많은 엘리트를 처형한 것은 국가 운영과 경제에 나쁜 영향을 끼치게 된다. 그 후 스탈린의 눈 밖에 나서 권력을 빼앗긴 예조프는 언제 처형당할지 모른다는 불안감 때문에 술에 의지하며 하루하루를 보내게 되었고, 결국 체포당하고 만다. 그리고 집요한 고문을 당한 끝에 "나는 독일의 스파이였다."라는 거짓 자백을 하고 1940년에 총살형을 당했다.

예조프의 뒤를 이어 NKVD의 제3대 위원장이 된 인물은 라브렌티 베리야였다. 스탈린과 같은 조지아 출신으로, 조지아의 소수 민족인 민그렐인이었다. 몬테피오리에 따르면 소련의 비밀경찰에서는 민그렐인이 대두해 '민그렐 마피아'라고 불릴 정도의 힘을 지니게 되었다고 한다.

베리야는 일단 숙청의 기세를 늦추기는 했지만, 그 후에도 스탈린의 요청으로 반혁명 활동을 계속 엄격하게 단속했다. 1941년에 나치 독일과 전쟁을 시작한 뒤에는 나치에 협력하는 자들의 체포와 처형, 독일계 소수 민족과 크림 타타르인의 강제 이주를 실행했다. 그리고 이런 행동은 스탈린의 높은 평가를 받으면서 베리야의 존재감은 점점 커졌다. 그러나 시의심이 강한 스탈린은 권세가 강해진 베리야에게도 불신을 품기 시작했다. 그래서 제2차 세계대전이 끝나자 베리야의 권력을 단계적으로 빼앗고 베리야파의 인물들을 경질하며 점차 공세를 강화해 갔다.

몬테피오리가 그린 스탈린과 측근들의 이야기는 러시아 변방 출신의 촌스럽고 폭력적인 테러리스트들이 절대적인 권력을 쥐고 엘리트부터 서민에 이르기까지 죄 없는 사람들을 공포에 몰아넣으며 그들의 목숨을 손쉽게 빼앗는 절망적인 세계의 실태를 명확하게 보여준다.

최근 일어난 러시아의 우크라이나 침공은 이 책의 가치를 더욱 높인다. 러시아라는 국가와 그 나라의 역사를 이해하는 데 매우 도움이 되기 때문이다. 역사를 되돌아보면 러시아는 서양이나 미국 같은 민주주의를 전혀 경험한 적이 없다고 해도 과언이 아니다. 제정 러시아와 러시아 혁명 이후 장기간에 걸친 공산당의 일당 독재를 거쳐 1989년에 베를린의 장벽이 붕괴했고, 1991년에 소련이 해체되면서 새로운 러시아의 시대가 막을 열었다. 그러나 보리스 옐친의 지도 체제가 계속된 뒤 2000년에 KGB 출신인 블라디미르 푸틴이 정권을 잡자 강권적인 정치가 다시 기세를 키워갔다. 푸틴은 자신의 출신 모체인 비밀경찰과 주로 군 출신자로 구성된 '실로비키'를 이용해 권력 기반을 강화하고 반대파를 탄압했다. 푸틴에게 비판적인 정적이나 언론인을 독살하려 했다는 의혹까지 쏟아지고 있다.

서방 진영의 상식으로 바라보면 독살 같은 행위는 믿을 수 없을 만큼 야만적으로 느껴진다. 그러나 몬테피오리의 책을 읽어 보면 소련에서는 부당한 체포나 처형, 독살, 자작극이 당연한 듯이 일어났기에 이것이 전혀 놀랄 만한 일이 아님을 깨닫게 된다. 서방 진영과 그 우방국 사람들은 애초에 러시아의 역사에는 민주주의와 자유가 사실상 존재하지 않는 시대가 대부분이었다는 사실을 좀 더 이해해야 할 것이다.

사람의 마음을 얻는 힘을 가진 예카테리나

마지막으로 소개할 책은 《예카테리나 대제 한 여인의 초상Catherine the Great: Portrait of a Woman》이다. 이 책도 우크라이나 침공으로 주목받고 있는 러시아를 좀 더 깊게 이해하는 데 도움을 준다. 예카테리나(예카테리나 2세)는 로마노프 왕조의 제8대 황제로, 러시아 제국의 영토를 폴란드와 우크라이나까지 확대시켰다. 특히 오스만튀르크와의 전쟁에서 승리해 크림 반도를 포함한 흑해 연안 지역의 지배권을 확립해 '대러시아'를 실현했다. 또한 남하 정책의 요충지로서 세바스토폴에 요새를 건설하고 흑해 함대를 편성했다.

예카테리나에 대한 관심이 높아지고 있는 이유는 푸틴의 우크라이나 침공과 연결되어 있기 때문이다. 푸틴은 대통령 집무실의 대기실에 예카테리나의 초상화를 걸어 놓았다. 현재의 우크라이나에 해당하는 지역을 정복해 대러시아를 실현한 황제이기 때문일 것이다. 예카테리나는 우크라이나가 본래 러시아가 정복했던 불가분의 영토라고 국민에게 주장하는 푸틴의 입맛에 딱 맞는 인물이다.

이 책의 저자인 로버트 K. 마시Robert K. Massie는 로마노프 왕조에 해박한 역사 작가로, 표트르 대제의 전기를 써서 퓰리처상을 받았으며 러시아의 마지막 황제가 된 니콜라이 2세를 소재로 한 저서 《니콜라이 2세와 알렉산드라 황후Nicholas and Alexandra》로도 유명하다.

이 책에서 마시는 '한 명의 여성'이라는 관점에서 예카테리나의 파란만장한 일생을 그렸다. 연애와 관련된 일화도 재미있지만, 특히 리더십이라는 관점에 초점을 맞춰서 읽어 보면 교훈으로 삼을 만한 점이 가득하다. 입지가 약했던 예카테리나가 교묘하게 정권을 잡고 신하와 군대, 국민의 지지를 얻어 가는 과정이 매우 흥미롭다.

사실 예카테리나는 정당한 황위 계승자가 아닌 '찬탈자'였다. 신성 로마 제국의 영토였던 북독일(당시)의 포메른 지방에서 영주인 아버지와 덴마크 왕가 출신 어머니의 딸로 태어난 예카테리나는 16세에 역시 독일에서 자란 17세의 러시아 황태자 표트르와 결혼했다. 그러나 부부는 금실이 좋지 않았고, 예카테리나는 공공연히 바람을 피웠다. 그래도 예카테리나는 열심히 러시아어를 공부해 유창하게 말할 수 있게 된 반면 표트르는 독일 문화에 강하게 집착했다고 전해진다. 이와 관련해 마시는 "교수 한 명이 러시아어를 읽고 러시아어로 대화할 수 있도록 두 사람을 가르쳤고, 학식이 풍부한 성직자가 러시아 정교의 교리와 의식을 교육했다. 표트르는 교사가 가르치려 하는 모든 것에 저항하고 반발했지만, 조피(예카테리나의 본명)는 표트르와 대조적으로 기꺼이 공부에 열중했다."라고 적었다.

1762년, 표트르 3세는 러시아 황제로 즉위했다. 당시 러시아는 프랑스, 오스트리아, 스페인 등과 동맹을 맺고 영국, 프로이센과 7년 전쟁을 벌이고 있었다. 그러나 프로이센의 왕인 프리드리히 2세에게 심취해 있었던 표트르는 러시아군이 싸움을 유리하게 진행하고 있었음에도 즉위 후 즉시 강화 조약을 맺었는데 러시아의 군대와 귀족들은 이것을 배신행위로 받아들이고 불만을 품었다. 황태자 시절부터 러시아어나 러시아 문화에 대한 이해가 부족했던 표트르는 러시아의 귀족들과 대립하게 되었다. 게다가 러시아 정교로 개종한 예카테리나와 달리 루터파의 신앙을 버리려 하지도 않았다. 요컨대 표트르는 러시아의 귀족, 군대, 교회를 모두 적으로 만든 것이다.

그래서 표트르를 배제하고 예카테리나를 황제로 옹립하려 하는 쿠데타가 계획된다. '대공녀(예카테리나)는 표트르와 마찬가지로 독일에서 태어났다. 그러나 18년 동안 러시아에서 생활하며 러시아 정교를 믿고 있다. 어린 황위 계승자의 어머니이며, 그 절대적 충성심은 러시아를 향하고 있다.' 러시아의 유력한 귀족들은 이런 생각을 하게 된 것이다.

또한 표트르는 러시아 육군의 관계자들에게도 미움을 사고 있었다. 프리드리히 2세에게 너무 심취한 결과 프로이센 대령의 푸른 제복을 입고, 프로이센의 검은 독수리 훈장을 착용했으며, 프리드리히의 작은 초상화가 들어 있는 반지를 과시했다. 게다가 황제가 되자 프로이센을 표본으로 삼아서 러시아 육군을 재편하려 했다. 이와 관련해 마시는 "군복, 규율, 교련, 전쟁터에서의 전술, 지휘관까지 전부 프로이센처럼 만들려 했던 것이다."라고 적었다.

러시아의 황제가 당시 전쟁을 벌이고 있었던 적국인 프로이센을 치켜세우고 그들의 방식을 따르라고 명령하니 육군의 장병들이 불만을 품는 것은 당연한 일이었다. 자기 부정을 당하는 것과 다름없기 때문이다. 게다가 표트르는 러시아 정교회도 정부의 관할 아래 두고 그들의 재산을 전부 국유화한다는 칙령까지 공포했다. 고위 성직자를 국가 공무원으로 만들고, 사제들에게는 그들의 트레이드마크인 수염도 깎으라고 명령했다.

그 결과 귀족과 군대, 러시아 정교회 모두 예카테리나 옹립으로 기우는 경향이 가속화되었다. 당시 임신 중이어서 분명한 태도를 보이기가 어려웠을 것으로 생각되는 예카테리나도 황제가 자신의 체포를 명령하자 결심을 굳혔고, 결국 쿠데타가 실행되었다. 표트르가 러시아 황제로 즉위한 지 불과 6개월 만에 일어난 일이다. 그 후 표트르는 폐위당해 유폐되었고, 결국 암살당하고 만다.

로마노프의 혈통이 아니기에 황위 계승자로서 정통성이 없는 예카테리나가 즉위하는 것은 쉬운 일이 아니었지만, 그럼에도 예카테리나는 귀족과 교회의 지지에 힘입어 황제로 즉위한다. 물론 러시아인도 아니고 황위 계승자도 아닌 여성이 황제가 되는 것에 강하게 반발하는 세력도 존재했으며, 로마노프 가문의 피를 이은 다른 황제를 옹립하려는 움직임도 일어났다. 그러나 예카테리나는 그런 역풍 속에서도 교묘히 위기를 극복해 나갔다.

이 책에서 인상적이었던 것은 예카테리나의 인내력과 자신의 편을 만드는 능력이었다. 15세부터 타국인 러시아의 땅에서 생활하는 가운데 모욕적인 발언을 듣더라도 원만히 넘기는 기술을 터득했으며 적이 될 수 있는 인물을 자신의 편으로 만드는 일의 중요성도 깨달았다. 황위 찬탈자였던 예카테리나는 권력을 유지하려면 귀족과 교회의 목소리에 귀를 기울임으로써 지지를 얻어야 함을 잘 이해하고 있었다.

오해하는 사람이 적지 않은데, 엄밀히 말하면 테슬라도 머스크 본인이 창업한 기업은 아니다. 본래의 창업 멤버는 마틴 에버하드와 마크 타페닝 등이며 머스크는 처음에 '투자자'로서 테슬라에 관여했다(관계자들의 합의로 현재는 머스크를 포함한 다섯 명이 공동 창업자로 공식화되었다). 그러다 테슬라가 최초의 양산 전기 자동차인 로드스터를 발매하는 2008년에 머스크가 CEO로 취임하고 직접 경영에 관여하기 시작했다.

지금은 많은 사람이 테슬라를 머스크의 회사라고 생각한다. 물론 테슬라의 성공은 머스크가 CEO가 되어 온갖 측면에서 경영을 지휘한 결과 달성되었다고 말할 수 있을 것이다. 그러나 어떤 의미에서는 머스크도 '찬탈자'라고 볼 수 있다. 창업자가 아닌 사람이 수장이 되어 조직을 지휘할 때는 인간의 심리를 이해하고 교묘히 지지를 모아 나갔던 예카테리나의 행동이 참고가 될 것이다.

#SF

혁신은 상상력의
날개를 달고 일어난다

book 《파운데이션》 《듄》 《낯선 땅 이방인》 《달은 무자비한 밤의 여왕》 《은하수를 여행하는 히치하이커를 위한 안내서》 《아틀라스》 《게임의 명수》 《스테인리스 스틸 쥐》 《데몬》 《기계가 멈추다》

일론 머스크가 읽은 책의 목록을 보면 SF 장르가 매우 많다는 데 놀라게 된다. 어린 시절의 머스크는 하루에 책을 두 권씩 읽는 '책벌레'로, 특히 SF 장르를 매우 좋아했다고 한다. 아이작 아시모프, 로버트 하인라인, 이언 뱅크스 등이 쓴 다양한 SF 소설을 읽었다.

SF 장르의 책을 애독한 것은 머스크에게 커다란 영향을 끼쳤다. 재사용 가능한 우주 로켓을 개발해 화성으로 발사한다는 머스크의 계획은 어린 시절에 SF를 읽고 상상했던 세계를 직접 실현하려는 것처럼 생각되기도 한다.

많은 SF 소설은 '미래를 예측'하려 한다. 현재의 과학 이론 등을 바탕으로 먼 미래를 상상하기 때문에 우주를 무대로 삼은 SF 소설에는 '항성간 여행', '워프', '홀로그래피', '안드로이드' 같은 혁신적이고 다양한 기술이 등장한다.

궁극의 미래를 상상하는 SF적 사고에는 혁신으로 연결되는 자극과 힌트가 가득하다. 〈스타트렉〉에 등장하는 커뮤니케이터(통신기)는 스마트폰과 매우 닮았으며, 〈스타워즈〉에 등장하는 사람이 입체적인 영상으로 나타나서 말을 하는 3D 홀로그램도 실제로 사용되기 시작했다.

SF 작가인 아시모프는 거의 60년 전에 자율 주행 자동차의 등장을 예언했다. 1964년 〈뉴욕타임스〉에 기고한 2014년의 뉴욕 엑스포를 예상하는 글에서 아시모프는 "'로봇의 두뇌'를 갖춘 차량을 설계하는 데 많은 노력을 쏟을 것이다."라고 말하고, 2014년의 엑스포에는 수많은 자율 주행 자동차가 전시될 것이라고 예상했다. 실제로 2014년에 라스베이거스에서 열린 CES(소비자 가전 전시회)에서는 독일의 아우디 등이 자율 주행 자동차의 시작품을 시연했다. 최근에는 더욱더 자율 주행 자동차의 개발이 가속되고 있으며, 고속도로 등을 자율 주행할 수 있는 세계가 일상이 되려 하고 있다.

모든 우주 스토리의 원류가 담긴 명작

제일 먼저 소개하고 싶은 책은 아시모프가 1940년대에 집필하기 시작한 《파운데이션》 시리즈다(이 시리즈는 전 7권으로, 여기서는 초기 3부작인 제3권까지 소개하고 있다—옮긴이). "SF 소설 중에서도 아이작 아시모프(의 작품)는 정말로 위대하다. 특히 《파운데이션》 시리즈는 사상 최고의 걸작 중 하나라고 말할 수 있다." 머스크는 이 시리즈를 이렇게 절찬했다.

《파운데이션》 시리즈의 무대는 1만 2,000년 동안 계속된 은하 제국이다. 은하 제국은 장기간의 번영을 마치고 쇠퇴기에 접어들고 있었다.

이에 위기감을 느낀 전 총리이자 수학자인 해리 셸던은 인류의 미래를 예측하는 '심리 역사학'을 통해 제국의 붕괴를 예견한다. 심리 역사학은 역사, 사회학, 수학적인 통계를 조합해 은하 제국 같은 매우 거대한 집단의 사람들이 미래에 어떻게 행동할지 예측하는 가공의 학문이다.

사회 심리학을 이용해 제국의 붕괴 후 '3만 년의 암흑시대가 도래한다'고 예측한 셸던. 그는 3만 년의 암흑시대를 1,000년으로 단축하기 위해 전 인류의 지식을 집약한 은하 백과사전 편찬하는 '파운데이션'을 우주의 변방에 위치한 행성에 설립한다.

원자력 등의 첨단 기술과 뛰어난 리더를 보유한 파운데이션은 점차 힘을 키웠고, 문명과 기술이 쇠퇴하는 제국의 다른 행성들을 지배하게 된다. 그 결과 강력한 제국군과 대치하게 되지만 교묘히 위기를 극복한다. 그런 파운데이션을 뮤턴트(돌연변이체)이며 초능력자인 '뮬'이 궁지에 몰아넣는다. 타인의 정신에 간섭해 저항심을 없애고 자신에게 충성하도록 만들 수 있는 강력한 초능력을 지닌 뮬은 파운데이션의 수도 터미너스를 제압해 지배한다.

그러나 셸던은 파운데이션이 이런 위기에 빠질 가능성도 심리 역사학을 통해 예측했기에 미리 '제2 파운데이션'를 설립해 놓고 있었다. 그 존재를 알게 된 뮬은 제2 파운데이션을 적대시하며 수색에 나선다. 뮬과 대결하게 된 제2 파운데이션. 그 수장인 '첫 번째 발언자'라고 불리는 인물은 뮬을 함정에 빠트려 무력화함으로써 싸움을 종결시킨다.

《파운데이션》 시리즈는 왜 위대할까? 〈스타워즈〉 같은 SF 대작도 이 시리즈 없이는 존재할 수 없었기 때문이다. 이 시리즈에서 아시모프는 '은하 제국'이라는 장대한 세계관(우주관)을 제시했다. 은하 제국이라는 모티프는 〈스타워즈〉뿐 아니라 다수의 SF 작품에 등장한다. 나도 SF 장르를 좋아했던 10대 시절에 우주를 무대로 한 SF 작품에는 제국이 빈번하게 등장하는 반면에 민주 국가는 적은지 궁금하게 여겼는데 지금 돌이켜보면 아시모프의 작품이 수많은 SF 작가에게 영향을 끼친 것이 그 원인 중 하나 같다.

또한 《파운데이션》 시리즈에서는 이야기 곳곳에서 셀던이 홀로그램으로 등장한다. 실제로 우주를 주제로 한 SF 작품에서는 홀로그램을 종종 볼 수 있는데, 그 원류 중 하나가 이 시리즈인 것이다. 또한 뮬과 같은 초능력을 지닌 뮤턴트도 영화 〈엑스맨〉 시리즈를 비롯한 수많은 작품에 등장했다.

요컨대 우주를 배경으로 한 SF 장르에서 하나의 '파운데이션(토대)'을 만든 인물이 아시모프라고 해도 과언이 아닐 것이다. 아시모프가 이 시리즈를 쓸 때 참고한 책이 있다. 바로 에드워드 기번의 《로마 제국 쇠망사》다. 아시모프는 시리즈의 제3권인 《제2 파운데이션》의 서문에서 《로마 제국 쇠망사》를 수없이 읽은 뒤에 이 책을 썼다고 말했다. 앞서 내가 소개하기도 했던 장대한 역사를 다루는 《로마 제국 쇠망사》는 아시모프뿐 아니라 머스크의 애독서이기도 하다.

머스크의 애독서인 《파운데이션》 시리즈는 그의 SF적인 세계관을 이해하기 위해 꼭 읽어야 할 책이라고 할 수 있다.

AI와 인류의 공존과 위기를 상상하다

다음에 소개할 책은 프랭크 허버트가 쓴 우주를 무대로 한 웅장한 SF 소설 《듄》으로, 머스크뿐 아니라 아마존의 창업자인 제프 베이조스도 추천하는 작품이다. 2021년에 영화가 개봉되면서 지명도가 높아졌다.

소설의 무대는 황량한 사막이 펼쳐져 있어 '듄'이라고 불리는 미래의 혹성 '아라키스'다. 이 별은 우주를 재배한다고 하는 '멜란지'라는 스파이스를 산출하는 유일한 혹성이다. AI를 탑재한 기계의 반란을 진압한 인류는 우주의 여러 행성을 지배하는 제국을 건설했다. 중세를 연상시키기도 하는 이 세계에서는 '파디샤'라고 불리는 황제가 절대적인 권력을 갖고 있는데, 멜란지의 힘으로 행성 간 항행을 독점하는 '우주 조합'이나 초능력을 가진 종족 등이 제국에서 세력을 확대하고 있어 황제의 지배력이 안정적이지 못했다.

이런 상황에 위기감을 느낀 황제는 멜란지의 채굴권을 가진 하코넨 가문과 그 라이벌인 아트레이데스 가문을 대립시키려 한다. 그리고 양자의 싸움에 제국이 개입해 멜란지를 산출하는 듄을 단번에 장악하려는 노림수다. 실제로 아트레이데스 가문의 당주가 살해당하고 아라키스가 제국의 직할령이 되면서 모든 것이 황제의 계획대로 진행되는 듯이 생각되었다. 그러나 사막으로 피신한 아트레이데스 가문의 후계자이자 미래를 내다보는 능력을 지닌 폴이 살아남아 황제에게 맞선다.

멜란지를 둘러싼 싸움은 현대 사회의 에너지 쟁탈전을 방불케 한다. 재생가능에너지의 필요성이 강조되고 있지만 석유나 천연가스는 지금도 변함없이 국가와 사람들의 생활을 지탱하는 생명선이다. 우크라이나 위기에서는 러시아로부터 공급되는 천연가스에 의존하는 유럽 국가들이 우크라이나를 지원해야 할지 고민하기도 했다.

한편 머스크는 다른 관점에서도 이 책을 높게 평가했다. "훌륭하다. (듄의 저자는) AI를 규제할 것을 제창했다." 머스크는 AI의 지성이 인간을 초월하는 '기술적 특이점(싱귤래러티)'에 도달하면 인간이 AI를 제어할수 없게 되어 AI가 인간을 멸망시킬 위험성이 있다는 설을 믿으며, 그래서 "AI 개발을 규제해야 한다."라고 주장하고 있다.

화성에서 온 남자가 지구에 던진 질문

로버트 하인라인도 머스크가 좋아하는 SF 소설가로, 여기서 소개하는 그의 책 두 권 중 첫 번째는 1961년에 출판된 《낯선 땅 이방인》이다.

이 책의 주인공은 지구에서 화성으로 파견되었으나 조난당한 제1차 화성 탐험대 멤버의 아들인 밸런타인 마이클 스미스다. 제1차 화성 탐험대가 조난당한 지 25년 후에 화성을 찾아온 제2차 화성 탐험대가 스미스를 발견해 지구로 데려왔다.

화성인의 손에서 자란 스미스는 초능력을 지니고 있었다. 순식간에 사람 또는 물건을 사라지게 만드는 힘, 텔레파시, 자기 치유 같은 능력이다. 무엇보다 스미스는 많은 지구인과는 가치관이 달랐다. 화성인의 문화에는 소유나 사유 같은 개념이 존재하지 않아서 재산이나 식량, 지식등을 '모두의 공유물'로 취급했던 것이다. 카를 마르크스와 프리드리히 엥겔스가 제창한 '원시 공산제'나 초기 크리스트교 공동체의 '재산 공유제'에 가까운 사고방식이다. 공유가 당연한 화성의 가치관을 가진 스미스에게는 소유권을 둘러싼 인간들이 다툼이나 국가 간의 전쟁이 기묘하게 비쳤다. 사유, 소유라는 지구의 문화가 여러 가지 문제를 일으키고 있는 듯이 보였기 때문이다.

그리고 스미스는 화성의 가치관을 바탕으로 한 '온 세상 교회'라는 종교 활동을 시작한다. '둥지(네스트)'라고 부르는 장소에서 공동생활을 하면서 화성인의 언어를 배우고 화성인처럼 겉모습이 아니라 내면을 중시하는 사고방식이나 초능력을 갖추는 것이 목적이다. 인간과 동물을 포함한 온갖 생물을 신으로 모시는 범신론적 사상으로, 물건의 공유뿐 아니라 남녀의 파트너도 독점하지 않는다는 규칙이어서 자유롭게 교제한다. 태어난 아이도 공동체가 함께 키운다.

물론 전통적인 종교의 관계자와 사회는 이런 종교 활동을 받아들이지 못했다. 기존의 도덕이나 상식에 반하는 스미스의 사상은 적대시되었고, 온 세상 교회는 박해를 받게 된다. '교주'인 스미스도 비난을 받았고, 결국은 분노한 폭도들에게 목숨을 빼앗긴다는 스토리다.

화성 이주를 지향하는 머스크가 《낯선 땅 이방인》에 흥미를 느낀 것은 당연한 일이라 할 수 있다. 초능력뿐 아니라 지구에 사는 사람들의 상식과는 거리가 먼 화성인적인 사고방식도 매우 흥미로운 매력적인 책이다. 무엇보다 정신적인 세계를 그리려 하는 하인라인의 의욕에 압도당하게 된다.

사실 《낯선 땅 이방인》은 '히피의 경전'으로 불리기도 한다. 히피란 1960년대 후반에 미국에서 탄생했던 카운터컬처(반문화) 운동에 참가한 젊은이들을 가리킨다. 자유연애를 신봉하고, 인도 철학과 선, 명상 등으로 정신세계를 공부하며, 코뮌(공동체) 생활을 하는 라이프스타일이 당시 젊은이들의 마음을 사로잡았다. 화성인을 모티프로 당시의 사회에 대한 안티테제처럼 그려진 《낯선 땅 이방인》의 세계관은 히피들의 강력한 지지를 받았다.

지구의 식민지가 된 달의 운명을 그리다

머스크가 추천하는 하인라인의 또 다른 SF 소설은 《달은 무자비한 밤의 여왕》으로, 지구의 지배를 받는 달의 식민지 주민들이 일으키는 반란을 그린 작품이다. 이 책의 무대는 서기 2075년으로, 인류는 이미 달을 개발해 식민지로 삼고 있는 상태다. 지구 정부(세계 연방)는 달을 유형지로 사용하고 있어서, 지하 도시에 모여 살고 있는 주민 300만 명 중 대부분이 범죄자, 망명 정치범, 또는 그 자손들이다. 한편 지구는 인구가 100억 명까지 증가해 식량 부족에 시달리고 있었다. 그래서 달의 식민지는 암석에 들어 있는 물을 이용해 밀 등의 곡물을 재배하고 그것을 지구의 국가에 수출하게 된다.

달의 인프라와 기계는 고성능 컴퓨터인 '마이크'의 관리를 받고 있었다. 주인공은 컴퓨터 기술자인 마누엘이라는 인물로, 그는 어느 날 마이크가 지성을 갖고 있음을 깨닫는다. 업무량이 계속 증가하는 가운데 성능이 강화된 마이크가 자기 인식을 갖게 되어 각성한 것이다.

마누엘은 마이크의 의뢰로 마이크가 감시하지 못하는 반체제파의 회의에 참석한다. 그곳에서 마누엘이 얻은 정보를 마이크가 분석한 결과, 달의 행정부가 현재의 정책을 계속하면 7년 후에는 달의 자원이 바닥을 드러내 식량 위기가 발생하고 그 결과 주민들이 서로 다투다 공멸할 가능성이 있음이 판명된다. 반체제파는 이 지옥 같은 미래를 피하기 위해 달의 행정부를 쓰러트리고 지구로부터 독립하려 하고 있다. '혁명이 성공할 확률은 7분의 1이다'라는 마이크의 분석에 마누엘 등은 혁명 운동을 시작하기로 결심한다. 비밀 조직을 만들고, 달의 독립을 위해 조직을 확대해 나간다. 그러나 혁명이 성공하려면 독립을 지지하도록 지구의 여론을 바꿔야 했기에 지구인 협력자도 필요했다. 그래서 마누엘은 관광객으로서 달을 찾아온 지구인을 협력자로 만든다.

결국 달은 지구로부터 독립을 선언한다. 마누엘 등은 지구를 찾아가 달의 자치권을 주장하는 세계 투어도 시작한다. 그러나 달의 독립을 인정하지 않는 지구 정부는 우주 함대를 파견해 무력으로 제압하려 한다. 혁명파 반란군은 우주선을 보유하고 있지 않기에 불리한 상황이었지만 비밀 병기를 숨겨 놓고 있었다.

그것은 바로 달에서 지구로 곡물 등의 물자를 운반한다는 명목으로 건설한 전자기 캐터펄트(매스드라이버)다. 달의 중력은 지구의 6분의 1밖에 안 되는 까닭에 무거운 물체를 쉽게 들어 올릴 수 있다. 달의 독립파는 전자기 캐터펄트로 곡물 대신 암석을 발사해 지구를 공격한다. 마이크는 궤도를 정밀하게 계산해 지구상의 표적을 적확히 파괴해 나간다.

지구에 사는 사람들은 원자폭탄이 일으키는 폭풍 수준의 에너지가 발생하는 암석 공격의 파괴력에 전율했고, 점차 달의 독립을 인정하는 국가가 나타나게 된다. 이렇게 해서 혁명파는 지구와의 독립 전쟁에서 승리하지만, 독립한 달은 유토피아와는 거리가 먼 상황이었다. 마이크도 컴퓨터로서는 기능을 하지만 언제부터인가 대화를 할 수 없게 되자 마누엘은 고독감을 느낀다.

머스크는 이 책을 읽고 황량하며 활기가 없어 보였던 달에서 많은 사람이 생활하는 세계를 그렸다는 데 감명받았다고 한다. 머스크의 목표는 화성이지만, 그전에 달에 갈 계획을 세우고 있다. 게다가 놀라운 지능을 갖춘 컴퓨터가 '신'과 같은 힘을 가진 세계는 AI에 관심이 많은 머스크에게 분명 자극을 주었을 것이다.

답 찾기보다 어려운 것은 올바른 질문 찾기

다음에 소개할 책은 더글러스 애덤스Douglas Adams가 쓴 '긱의 바이블'로도 불리는 《은하수를 여행하는 히치하이커를 위한 안내서》다. 이 시리즈는 《파운데이션》 시리즈나 《듄》 같은 정통파 SF와 달리 우주를 무대로 한 좌충우돌의 코미디로, 테크놀로지 기업의 관계자를 중심으로 수많은 팬을 보유하고 있다.

먼저 이야기가 시작되자마자 지구가 파괴되어 버린다. 은하 고속도로를 건설하던 외계인이 그 경로를 가로막고 있는 지구를 파괴해 버린 것이다. 이처럼 지구의 위기를 구하는 스토리가 일반적인 대부분의 SF 소설과는 전혀 다른 전개를 보여준다.

주인공은 얼빠지고 아둔한 영국인 아서 덴트다. 그리고 지구에 살고 있었던 포드 프리펙트라는 외계인이 파괴된 지구에서 아서를 구한다. 둘은 지구를 파괴한 보고인이라는 불쾌하고 관료적인 외계인의 우주선에 잠입해 은하계로 여행을 떠난다. 보고인에 발견되어 붙잡힐 위기에 처하기도 하지만, 간신히 탈출해 마침 근처를 지나가던 우주의 대통령이자 포드의 친구이기도 한 자포드 비블브락스의 우주선을 얻어 탄다. 그리고 그곳에서 만사에 부정적이고 우울한 발언만 하는 로봇 마빈과 아서가 지구에서 살았을 때부터 좋아했던 여성 트릴리언을 만난다. 트릴리언도 자포드가 몰래 지구를 찾아왔을 때 알게 되어 함께 우주를 여행하고 있었다.

사실 우주에는 인간보다 훨씬 두뇌가 발달한 초생명체(겉모습은 생쥐로 묘사된다)가 수백만 년 전부터 존재하고 있었다. 그들은 오랫동안 생명, 우주 그리고 만물에 관한 궁극적인 질문의 답을 찾아내려 했다. 이를 위해 '깊은 생각'이라는 우주에서 두 번째로 성능이 뛰어난 컴퓨터를 사용했는데 그 컴퓨터가 750만 년이 걸려서 내놓은 답은 '42'였다. 질문 방식에 문제가 있었던 탓에 의미를 알 수 없는 답이 나와 버린 것이다.

깊은 생각의 제안으로 이 질문에 대답할 수 있는, 우주에서 가장 성능이 뛰어난 컴퓨터를 새로 개발하게 되었다. 우주에서 가장 우수한 생명체를 담은 컴퓨터는 행성으로 착각할 만큼 거대했으며, '지구'로 명명되었다. 그런데 오랜 세월 동안 계산을 계속해 마침내 질문에 대한 답이 나오기 불과 5분 전에 지구가 파괴되고 말았다. 당황한 생쥐(초생명체)들은 파괴되기 직전까지 지구에 있었던 아서의 뇌를 조사하면 질문의 답으로 이어지는 실마리를 얻을 수 있지 않을까 생각한다. 그래서 아서를 붙잡아 뇌를 해부하려 하지만, 마빈 등이 찾아와 아서를 구출한다.

머스크는 이 책이 '어떤 중요한 점을 부각시켰다'라며 이렇게 말했다. "그것은 바로 대부분의 경우, 질문이 답보다 어렵다는 사실이다." 적절한 질문을 생각해낼 수 있다면 좀 더 쉽게 답을 얻을 수 있다는 깨달음을 얻었다고 한다.

'질문'을 설정하는 힘은 비즈니스뿐 아니라 인생에서도 매우 중요하다. 올바른 답을 얻기 위해서는 올바른 질문이 필요하기 때문이다. 이것은 바꿔 말하면 질문을 '해결하는' 힘보다 질문을 '발견하는' 힘이 더 중요하다는 의미일 것이다.

머스크와 틸에게 영향을 끼친 '위험한 사상서'

《아틀라스》는 러시아계 미국인 여성 작가인 에인 랜드Ayn Rand가 1957년에 발표한 소설이다. 개인적인 자유와 경제적인 자유 양쪽을 중시하는

'리버테리언(libertarian, 자유지상주의자)'과 미국의 보수주의에 지금도 강한 영향을 끼치고 있는 사상서이기도 하다. 머스크와 함께 초기의 페이팔을 이끌었던 피터 틸도 이 책의 영향을 받았으며, 스티브 잡스나 마크 저커버그 등 수많은 테크놀로지 계열 스타트업의 경영자가 이 책을 지지하고 있다. FRB(연방준비제도이사회)의 의장이었던 앨런 그린스펀이나 경제학자인 루트비히 폰 미제스도 《아틀라스》와 작가의 팬이라고 공언했다.

이처럼 쟁쟁한 창업가와 경제계의 리더들이 왜 이 책에 매료된 것일까? 《아틀라스》는 발명가나 사업 같은 우수한 천재들이 강한 의지와 철저한 이기주의를 통해 사회를 올바르게 이끌려 하는 이야기다. 책의 무대는 장기간의 불황에 직면해 사회주의화가 진행되고 있는 미국으로, 국가의 통제와 규제가 강해지는 가운데 민간 기업의 리더와 창업가, 과학자들은 기술과 제품을 제공하기를 거부하는 파업을 결행한다. 혁신적인 모터나 가볍고 내구성이 뛰어나며 저렴한 금속을 발명하는 등 걸출한 능력을 지닌 사람들이 잇달아 모습을 감춘 결과 경제는 돌아가지 않게 되고, 정부는 필사적으로 이들의 행방을 추적한다. 그들은 로키 산맥의 계곡에 모여 뛰어난 능력을 갖춘 자들만의 공동체를 형성한다. 사회에 헤아릴 수 없을 만큼 커다란 가치를 만들어내는 천재들이 정면으로 반기를 들자 정부는 붕괴되기 시작한다.

머스크와 틸 같은 천재들에게는 공감할 수 있는 점이 많은 스토리일 것이다. 개인이 만들어내는 성과는 순수하게 그 인물의 능력 덕분이며, 뛰어난 능력과 지성을 가진 사람은 역경을 극복할 수 있다는 것이 랜드의 주장이다. 그러나 선민주의적이고 뛰어난 능력을 지닌 천재를 찬양하는 반면에 무능한 사람을 철저히 부정하는 랜드의 메시지에 혐오감을 느끼는 사람도 적지 않다. 그래서 출판된 직후부터 이 책을 비판하는 의견이 많았고, '위험한 사상서'라고 부르는 사람도 있었다. 《아틀라스》에서는 개인의 자유와 자본주의를 찬양하는 한편으로 전체주의, 사회주의적인 세계를 증오하는 랜드의 감정이 강하게 느껴진다.

랜드가 이런 사상을 갖게 된 것은 그의 성장 내력과 깊은 관계가 있다. 1950년에 제정 러시아에서 태어난 랜드는 부유하고 혜택받은 생활을 하고 있었는데, 12세였을 때 혁명이 일어나자 일가는 재산을 몰수당하고 곤궁한 생활을 하게 되었다. 그래도 혁명으로 여성도 대학교에 들어갈 수 있게 된 것을 계기로 페트로그라드 대학교(현재의 국립 상트페테르부르크 대학교)에 입학해 역사를 전공하며 아리스토텔레스와 플라톤, 니체를 연구했다. 졸업 직전에 부르주아(자본가 계급)적이라며 다른 학생들과 함께 대학교에서 추방당하지만 간신히 졸업을 허가받은 랜드는 1925년에 친척에게 의지해 미국으로 건너갔고, 미국의 자유로운 분위기에 매료되어 이주를 결심한다.

미국에서 영화 각본가·작가의 길을 걷기 시작한 랜드는 영화 몇 편의 각본을 쓴 뒤 1936년에 반쯤 자전적 소설인 《우리, 살아 있는 자들We, the living》을 출판한다. 구소련의 절망적인 세계와 그곳에서 탈출하려 하는 젊은이들을 그린 작품이다. 공산당의 유력자들이나 그들과 유착한 일부 사람들이 달콤한 꿈을 빼는 반면에 서민은 굶주림과 체포, 처형의 두려움에 떠는 억압적인 생활을 강요당하는 세계를 그렸다.

책의 서문을 통해 랜드는 이렇게 말한다. "《우리, 살아 있는 자들》은 '소비에트 러시아'에 관한 소설이 아니다. 국가와 대립하는 개인에 관한 소설이다. 그 주제는 인간 생명의 신성함으로, 여기에서 신성함은 신비적인 의미가 아니라 '최고의 가치'라는 의미다." 나치 독일 등의 전체주의나 다른 사회주의 국가를 포함해 독재와 연관된 모든 장소와 시대를 불문하는 이야기이며, 폭력의 지배가 인간을 어떻게 바꿔 버리고 인간이 지닌 최상의 것을 어떻게 파괴하는지에 관해서 묘사했다는 것이다. 현대인은 믿지 못할지도 모르지만, 당시는 소련이나 사회주의, 공산주의가 미화될 때가 많은 시대였다. 그러나 랜드는 자신의 실제 경험을 바탕으로 자유가 없는 폭력적인 세계의 무서움을 비판적으로 그렸다.

베스트셀러를 내놓아 소설가로서 명성을 높인 랜드는 '오브젝티비즘(Objectivism, 객관주의)'이라는 독자적인 사상을 만들어낸다. 자세한 설명은 생략하지만, 이 사상은 '자기 행복을 인생의 목적으로 삼고, 생산적인 성과를 가장 숭고한 활동으로 여기며, 이성을 유일한 절대적 존재로 삼는 영웅적인 존재로서의 인간'을 이상으로 여긴다. 개인의 권리를 최대한 존중하는 자유로운 자본주의가 유일하게 이상적인 사회 체제라는 것이 랜드의 주장이다.

랜드의 사상은 21세기에 들어와서 다시 각광을 받게 된다. 혁신적인 테크놀로지를 발명해 세상을 바꾸려 하는 스타트업의 리더나 자유주의적인 견지에서 자본주의를 정당화하고 싶은 보수파 정치인들 사이에서 랜드의 사상에 공감하는 사람이 늘어났기 때문이다. 도널드 트럼프가 미국의 대통령이었던 시대에는 정권의 간부 중에 랜드의 신봉자가 많다는 점이 종종 지적되었다. 미국 정치사상의 조류를 이해하려면 랜드가 쓴 《아틀라스》를 반드시 읽어야 한다고 해도 과언이 아닐 것이다.

다만 머스크는 랜드의 사상이 조금 과격하다고 생각한 듯하다. 그는 이 책을 가리켜 "공산주의에 대처하는 방법이며, 그 자체는 유용하지만 다정함으로 부드럽게 완화시켜야 한다."라고 말한 바 있다.

머스크의 상상력을 자극시킨 우주의 게임

이언 뱅크스의 《컬처》 시리즈도 머스크가 매우 좋아하는 SF 소설이다. 이 시리즈에 등장하는 '컬처'란 약 9,000년의 역사를 지닌 인류와 외계 종족, AI로 구성된 고도의 우주 문명권이다. 생산은 자동화되어 있고, 사람들은 일하지 않고도 원하는 것을 손에 넣을 수 있다. 뱅크스는 이런 사회 시스템을 '우주 사회주의'라고 정의했다. 고도의 AI인 '마인드'가 이 세계의 계획과 관리를 거의 담당하고 있으며 인류는 병에 걸리거나 죽는 일도 거의 없다.

여기서는 이 시리즈의 제2편인 《게임의 명수The player of games》를 간단히 소개하겠다. 주인공은 제나우 모라트 구게라는 인물로, 온갖 게임에 통달한 최고의 플레이어다. 수많은 게임 대회에서 활약하고 있으며 대형 토너먼트에 참가해 달라, 논문을 집필해 달라, 새로운 게임에 대해 평가해 달라, 제자로 들여 달라는 등의 의뢰가 쇄도하고 있다. 그러나 구게는 이런 생활에 염증을 느껴 의욕을 잃고 있었다.

그런 구게에게 은하계 밖에 있는 '아자드 제국'에서 실시되는 궁극의 게임에 참가하지 않겠느냐는 제안이 날아온다. 제국의 명칭처럼 아자드라고 불리는 그 게임은 매우 복잡하다. 먼저 게임에 사용되는 말은 유전자를 조작한 세포로 만들어진 인공물로, 식물과 동물의 중간적 존재다. 이 말은 일단 게임판 위에 놓으면 변화하는데, 예를 들어 전함이라고 생각했던 것이 병사가 되기도 한다.

사실 이 게임은 아자드 제국을 통치하는 힘으로, 제국 전체가 이 게임을 중심으로 움직이고 있다. 결과에 따라 플레이어의 사회적, 정치적 지위도 결정된다. 경이적인 게임 영상을 보고 흥미가 생긴 구게는 친구인 드론(AI 로봇)과 함께 아자드 제국으로 향한다.

  게임에 참가한 구게는 고전할 때도 있었지만 특유의 기지로 위기를 극복하고 승리해 나간다. 아자드 제국의 강력한 정치가와 대결하고, 최종적으로는 게임의 달인인 황제와 대결하게 된다. 구게는 황제를 몰아붙이지만, 패배를 각오한 황제는 부하에게 모든 참가자를 죽이라고 명령한다.

  이 책에서 인상적이었던 말을 소개한다. "모든 현실이 게임입니다. 가장 기본적인 물리 현상이라 할 수 있는 이 우주의 구조 자체는 매우 단순한 법칙 몇 가지와 우연의 상호작용이 직접적으로 만들어낸 결과물이죠. 이 사실은 가장 우아하고 지적이며 심미적으로 만족할 수 있는 게임에서도 마찬가지입니다. 미래는 불가지한 것으로, 원자 내부의 층위에 완벽히 예측할 수 없는 사건에서 탄생하기에 항상 유연하며 변화의 가능성과 번영이라는 희망을 갖고 있지요."

  놀 때든 일할 때든 '모든 현실은 게임이다'라는 생각이 드는 장면은 적지 않다. 대회마다 승자가 수시로 바뀌는 스포츠와 마찬가지로, 뛰어난 기술이 있다 해도 결과는 우연이나 운에 좌우된다. 어떤 법칙이 존재하더라도 그것을 절대시하지 말고 미래는 예측할 수 없다는 전제 아래 눈앞에 있는 '현실'이라는 게임과 마주해야 한다. 물론 인생을 살다 보면 괴롭고 힘든 게임에 참가해야 할 때도 있다. 그럴 때는 현실이라 해도 '이것은 게임이야'라고 생각하는 편이 마음이 편해질지 모른다.

머스크가 이 시리즈에 얼마나 매료되었는지 말해 주는 상징적인 일화가 있다. 스페이스X가 발사한 우주 로켓을 해상에서 회수하는 드론 선박에 《컬처》 시리즈에 나오는 우주선의 이름을 붙인 것이다. "Just Read the Instructions(설명서를 읽을 뿐)", "Of Course I Still Love You(물론 나는 아직도 당신을 사랑한다)" 같은 기묘한 작명은 머스크가 이 시리즈를 각별히 사랑하고 있다는 증거라 할 수 있다.

인간과 기술이 공존하는 세계를 예측하다

지금까지 머스크가 읽은 SF 소설 중에서 일곱 개의 작품을 소개, 해설했다. 수많은 SF 작품이 그에게 영향을 끼쳤다는 사실은 충분히 전해졌으리라 생각하므로 나머지 세 권은 짧게 소개하고 넘어가도록 하겠다.

《스테인리스 스틸 쥐Stainless Steel Rat》는 해리 해리슨Harry Harrison의 인기 시리즈로, 첫 번째 작품은 미국에서 1961년에 출판되었다. 책의 무대는 인류가 우주 곳곳에 식민지를 건설하며 관리 통치형 사회가 된 미래다. 주인공은 사기꾼이자 도둑이지만 기지가 넘치는 제임스 볼리바 디 그리즈로, '스테인리스 스틸 쥐'라는 별명도 사용한다. 변장의 달인이고 무술도 뛰어나서 은행 강도 등 범죄의 리더로 활약하는데, 도둑질은 하지만 살인은 피하며 사회에 엔터테인먼트를 제공한다는 주장으로 자신의 범죄를 정당화한다. 주인공이 사랑하는 잔혹하고 위험한 히로인 안젤리나도 매력적이어서, 모험 활극으로 가볍게 즐길 수 있는 작품이다.

《데몬Daemon》은 IT 컨설턴트에서 작가로 변신한 다니엘 수아레즈Daniel Suarez가 쓴 SF 소설이다. 이야기는 천재적인 두뇌를 가진 프로그래머이자 게임 회사인 사이버스톰 엔터테인먼트의 CTO(최고 기술 책임자)인 매튜 소블이 사망하면서 시작된다. 소블은 무서운 컴퓨터 프로그램 '데몬'을 비밀리에 개발하고 있었다. 어떤 조건이 충족되면 기동하는 데몬의 첫 임무는 사이버스톰에서 일하며 데몬의 개발을 도왔던 두 프로그래머를 살해하는 것이었다. 데몬은 컴퓨터 프로그램이면서도 온라인 게임을 이용해 실제 세계에서 공작원이 되어 줄 사람을 모집한다. 이에 리포터와 마약 판매상 등 다양한 인물이 공작원이 되는데, 데몬은 공작원들이 자유롭게 정보를 교환할 수 있도록 그들에게 일반인의 눈에 띄지 않는 '다크넷'이라는 온라인 서비스를 제공한다.

데몬은 대량 살인도 실행하는 무서운 존재이지만 놀라운 지능을 보유하고 있으며, 마침내 세계 경제에도 영향을 끼칠 정도가 된다. 물론 정부는 데몬을 저지하고자 형사, FBI, NSA(미국 국가 안보국), 해커 등을 동원하지만 기존의 범죄자와는 전혀 다른 데몬에게 농락당할 뿐이다.

전율을 느낄 만큼 전지전능한 이 컴퓨터 프로그램은 AI 위협론을 외치는 머스크에게 틀림없이 흥미로운 존재일 것이다. 게다가 이 책에는 살인 병기가 되기도 하는 무인 자동차 'AutoM8'이나 로봇 팔을 사용해 두 자루의 검을 휘두르는 자율 운전형 모터사이클 '레이저백'도 등장한다. 테슬라는 전기 자동차의 자율 주행 기능을 일찍부터 개발해 왔으며, 고속도로에서의 자율 운전 기능을 실용화하고 있다.

마지막으로 소개할 책은 《기계가 멈추다The Machine Stops》이다. 《전망 좋은 방》과 《하워즈 엔드》로 유명한 영국의 작가 에드워드 모건 포스터Edward Morgan Forster가 1909년에 발표한 SF의 고전으로, 기계 문명이 진화한 끝에 붕괴하는 모습을 그렸다.

이 책이 그리는 미래 사회에서는 인간이 지하에 있는 벌집 같은 육각형 방에서 한 명씩 생활한다. 기계가 제어하는 이 방은 햇빛이 들어오지 않음에도 부드러운 빛으로 가득하고, 환기구가 없음에도 공기가 신선하다. 그리고 단추를 누르면 식사, 음료수, 의복을 자동으로 손에 넣을 수 있다. 사람들은 직접 얼굴을 마주하는 일 없이 화상 전화 같은 기계를 사용해서 소통한다. 사람들이 기계를 절대적으로 신뢰하며 몸을 움직이는 것조차 귀찮아하는 세계다.

주인공은 바슈티라는 여성으로, 어느 날 멀리 떨어져서 사는 아들 쿠노에게서 꼭 만나고 싶다는 연락을 받는다. 이에 바슈티는 비행선을 타고 아들을 만나러 갔는데 쿠노는 인간이 기계의 지배를 받는 세계에 의문을 품고 허가 없이 지상으로 올라갔다가 사형에 해당하는 형벌을 받을 위기에 처했고 한다.

"어머니, 모르시겠어요? 죽어가고 있는 건 우리 인간이고, 이 지하에서 살고 있는 건 기계뿐이라는 사실을요! 우리 인간이 뜻대로 사용하려고 기계를 만들었는데, 지금은 뜻대로 사용하지 못하고 있다고요." 쿠노는 이렇게 외친다. 그러나 기계를 맹신하는 바슈티는 그 말을 진지하게 받아들이지 않고 아들과 헤어진다.

그로부터 수년이 지난 어느 날, 바슈티는 줄곧 소식이 끊겨 있었던 아들로부터 '기계가 멈출 것'이라는 경고를 받는다. 실제로 기계 고장이 점점 늘어나 수리를 요청해도 대응하지 못하는 상황이 되면서 인간은 고장난 기계에 둘러싸여서 생활하게 된다. 마침내 조명조차도 기능하지 않게 되고 공기도 더러워지자 더는 견딜 수 없게 된 사람들은 패닉에 빠져 지상으로 탈출하려 한다. 그러나 통로는 사람들로 가득했고, 떠도는 독가스에 많은 사람이 목숨을 잃게 된다. 기계에 의존하는 사회의 위험성과 인간이란 무엇인가를 생각하게 하는 작품이다.

구글과 애플이 SF 작가를 고용한 이유

SF 작가인 엘리엇 페퍼는 2017년에 하버드 비즈니스 리뷰에 실린 기사에서 이렇게 말했다. "SF가 도움이 되는 이유는 예언적이라서가 아니다. 우리의 세계관을 재구축하기 때문이다. 해외 여행이나 명상처럼 SF도 우리의 마음에 다른 우주를 가져오며, 그 결과 자신의 선입관에 스스로 의문을 품을 수 있게 된다."

테크놀로지 분야에서 획기적인 혁신을 만들어내려 한다면 SF로부터 배우는 것은 큰 힘이 된다. 미국의 IT 업계를 선도하는 구글이나 애플, 마이크로소프트도 SF 작가를 컨설턴트로 고용했다고 한다. "가공의 미래를 탐색함으로써 우리의 사고는 그릇된 제약으로부터 해방된다. '올바른 질문을 하고 있는 것일까?'라고 의문을 품게 된다. 상상력이 분석보다 중요할 때가 있음을 인정할 수밖에 없게 된다." 페퍼의 말에서 그 이유를 가늠해볼 수 있다.

머스크는 어릴 적부터 애독하고 있는 SF 소설을 통해서 상상력의 날개를 펼치며 세상을 바꿀 혁신에 도전하고 있다.

세상을 구하는
영웅의 용기를 가져라

`book` 《반지의 제왕》《왕좌의 게임》《왕들의 전쟁》《드래곤과의 춤》

머스크가 애정하는 최고의 판타지

일론 머스크가 SF 못지않게 좋아하는 장르가 바로 판타지다. 특히 J. R. R. 톨킨의 《반지의 제왕》을 즐겨 읽는다. 1950년대에 발간되어 오늘날에도 전 세계에 수많은 팬을 보유하고 있는 스테디셀러 작품으로, 2001년에 영화로 제작되면서 인기가 더욱 높아졌다.

《반지의 제왕》은 먼 옛날에 암흑 군주 사우론이 만든, 세계를 지배하는 마력을 숨긴 '절대반지'를 둘러싼 모험담이다. 이야기의 무대인 '가운데땅'은 과거에 절대반지의 힘을 손에 넣은 사우론에게 지배당할 위기에 처했는데, 이실두르라는 용사가 사우론에 맞서 싸워 절대반지를 낀 사우론의 손가락을 잘라냄으로써 승리를 거둔다. 이렇게 해서 절대반지를 파괴해 악을 영원히 소멸시킬 기회가 찾아왔지만, 절대반지를 손에 넣고 싶다는 욕망을 이기지 못한 이실두르는 반지를 자신이 차지하려 한다. 그러나 절대반지에 배신당해 목숨을 잃게 되고, 그 후 반지는 행방불명이 된다.

이야기는 그로부터 기나긴 세월이 흐른 가운데땅의 호빗 마을에서 시작된다. 주인공은 호빗 종족의 프로도 배긴스다. 어느 날 프로도의 양아버지인 빌보 배긴스가 111세의 생일을 맞이하고 프로도도 33세의 성인이 된 것을 축하하는 잔치가 열렸는데, 빌보는 감사 인사를 마친 뒤 모습을 감춰 버린다. 이에 빌보의 재산을 물려받게 된 프로도는 빌보가 가지고 있었던 반지도 함께 물려받는다. 그리고 위대한 마법사인 간달프로부터 그 반지가 무서운 마력을 지녔으며 사우론이 그 반지를 찾고 있다는 이야기를 들은 프로도는 동료들과 여행을 떠나기로 결심한다. 반지를 파괴하려면 모르도르라는 지방에 있는 거대한 화산으로 가져가야 하기 때문이다.

그러나 강한 마력이 있는 반지는 프로도의 동료들에게 나쁜 영향을 끼친다. 언제부터인가 반지를 자신의 것으로 만들고 싶다는 유혹에 사로잡히고 만 것이다. 결국은 프로도에게서 반지를 빼앗으려 하는 동료까지 나타난다. 본래는 사우론을 쓰러트리기 위해 모였던 다섯 명의 현자 중 한 명이었던 마법사 사루만도 반지에 마음을 빼앗겨 본래 적이었던 사우론과 동맹을 맺고 반지를 빼앗기 위해 프로도 일행을 습격한다. 그러나 간달프의 도움 등으로 사루만은 격퇴당하고, 현자들의 그룹에서 추방당한다.

반지를 파괴하기 위해 모르도르의 화산인 '운명의 산'으로 향하는 프로도 일행. 그러나 반지를 던져서 파괴해야 할 장소가 가까워짐에 따라 프로도 또한 반지의 매력에 점점 저항하지 못하게 되고, 결국은 자신의 것으로 만들려 한다. 그리고 역시 반지를 자기 것으로 만들기 위해 동료가 되었던 골룸과 반지를 두고 싸우다 함께 절벽에서 떨어질 위기에 처한다. 프로도는 간신히 살아남지만 골룸은 반지와 함께 용암으로 떨어졌고, 반지는 파괴된다. 반지가 파괴되자 사우론도 소멸하며 싸움은 끝이 난다.

일론 머스크가 "정말로 좋아하는 책이다."라고 공언하는 《반지의 제왕》. 그 매력은 어디에 있을까? 인간뿐 아니라 호빗, 엘프, 드워프 등 판타지의 단골손님 된 다양한 종족이 등장하는 고전적인 모험담으로, 나도 소년 시절에 읽었으며 영화 〈반지의 제왕〉을 포함해서 매우 좋아하는 작품이다. 이 책을 읽고 느낀 점은 강한 면도, 약한 면도 있는 주인공 프로도와 동료들이 고난 속에서도 여행을 계속해 간달프와 엘프 등 다양한 인물의 도움을 받으면서 세계를 구하는 스토리가 너무나도 흥미롭다는 것이다. 주인공 일행과 함께 여행을 하고 있는 기분이 들어 끊임없이 다음 페이지를 읽고 싶어진다.

그렇다면 반지의 제왕은 머스크에게 어떤 영향을 끼쳤을까? "내가 읽었던 책의 영웅들은 항상 세계를 구해야 한다는 의무를 느끼고 있었다." 머스크는 이렇게 말했다. 판타지 장르에는 세계를 구하기 위해 어려움과 맞서는 내용이 많으며, 소년 소녀가 이런 이야기의 주인공이 되기를 꿈꾸는 것은 흔한 이야기다. 그러나 머스크는 어른이 되어서 테슬라와 스페이스X를 경영하게 된 뒤에도 진심으로 '지구를 구하고 싶다'고 생각한다. 내가 머스크를 취재했을 때도 "전기 자동차를 보급함으로써 지구를 환경 문제로부터 구하고 싶다.", "(환경 문제나 핵 전쟁 등으로) 인간이 지구에 살 수 없게 되었을 때를 대비해 인류가 다른 행성으로 이주할 수 있도록 만들고 싶다."라는 이야기를 했다.

판타지는 현실 사회에서 집단 괴롭힘을 당하고 있었던 내성적인 성격의 소년 머스크가 영웅이 되는 꿈을 실현할 수 있는 가공의 세계였다. 《반지의 제왕》은 머스크가 어른이 된 뒤에도 '세상을 구하고 싶다'고 생각하며 전기 자동차와 우주 개발에 힘을 쏟도록 영감을 줬다고도 할 수 있다.

다채로운 캐릭터와 대서사시를 담은 명작

머스크가 좋아하는 또 다른 판타지 소설은 미국의 작가 조지 R. R. 마틴 George R. R. Martin이 쓴 《얼음과 불의 노래》 시리즈로, 머스크는 "최근 출판된 판타지 소설 중에서는 마틴의 작품이 최고다."라고 평가했다.

《얼음과 불의 노래》 시리즈는 중세의 영국이나 15세기의 장미 전쟁 등에서 영감을 얻은 장대한 판타지 소설이다. 처음 발표된 《왕좌의 게임》이 1996년에 출판되었으므로, 머스크가 어른이 된 뒤에도 판타지 장르를 좋아했음을 알 수 있다. 이 시리즈는 소설뿐 아니라 카드 게임과 보드 게임, RPG 그리고 2011년에는 〈왕좌의 게임〉이라는 동명의 텔레비전 드라마로 제작되어 세계적인 열풍을 불러일으켰다.

《얼음과 불의 노래》의 주된 무대는 영국을 연상시키는 가공의 대륙 웨스테로스와 그 동쪽에 있는 대륙 에소스다. 웨스테로스에는 안달족이 침입해 원주민을 정복하고 칠왕국을 세웠는데, 이후에 찾아온 발리리아인이 이들을 다시 정복하고 타르가르엔 가문이 지배하는 통일 왕국을 건설했다. 그러나 이야기가 시작되기 10여 년 전에 로버트 바라테온이 이끄는 바라테온 가문이 반란을 일으켜 타르가르엔 가문을 쓰러트리고 왕좌를 빼앗는다. 시리즈의 첫 번째 작품인《왕좌의 게임》은 로버트 왕의 죽음과 그 후에 일어난 왕좌를 둘러싼 권력 투쟁을 그린 것이다.

이야기는 로버트 왕이 웨스테로스의 북부를 통치하는 에다드 스타크를 찾아가면서 시작된다. 로버트는 오랜 전우인 에다드에게 재상에 해당하는 관직인 '왕의 수관'이 되어 줄 것을 의뢰한다. 에다드는 내키지 않았지만 전임 왕의 수관이 죽은 이유를 밝혀내기 위해 의뢰를 받아들이고 딸인 산사, 아리아와 함께 수도로 향한다.

산사는 로버트 왕의 아들인 12세의 조프리와 약혼한다. 그러나 사실 조프리는 로버트 왕의 친아들이 아니라 왕비 세르세이와 그 쌍둥이 동생의 근친상간으로 태어난 아이였다. 요컨대 정당한 왕위 계승자가 아니었던 것이다. 에다드는 그 비밀을 알아채지만, 사실을 알리기 전에 로버트 왕이 죽고 만다. 그래서 세르세이를 체포하려 하지만 동료라고 생각했던 인물에게 배신당해 오히려 체포당한다.

이렇게 해서 조프리가 왕위를 계승하고, 에다드는 처형당하고 만다. 그러자 에다드의 둘째 아들인 롭 스타크가 일어선다. 그는 어머니의 가문인 툴리 가문과 손을 잡고 싸움에 나서 교묘한 전술로 승리를 거두며, 조프리가 왕의 친자식이 아님을 밝히고 북부를 지배하는 왕이 된다.

《왕좌의 게임》이외에도《왕들의 전쟁》,《드래곤과의 춤》등 다양한 작품이 있는 이 시리즈에서는 다채로운 캐릭터가 등장하는 복수의 이야기가 동시에 진행된다. 웨스테로스의 북쪽에는 칠왕국을 지키기 위해 건설된 얼음 방벽이 있었다. 과거에 로마인이 영국의 북부에 쌓았던 하드리아누스 방벽 같은 것으로, 미개 부족이나 초자연적인 생물의 침입을 막기 위한 시설이다.

이 '벽'에서는 에다드의 사생아이자 수비대의 일원인 존 스노우가 활약한다. 사생아로서 모욕을 당할 때도 많았던 스노우는 자원해서 벽을 방어하는 군단에 참가해, 무인으로서 경험을 쌓은 끝에 이윽고 리더로서 힘을 발휘하게 된다. 스노우는 이 시리즈의 다양한 이야기에서 중요한 역할을 담당한다.

한편 로버트의 반란으로 권력의 자리에서 쫓겨난 타르가르엔 가문의 후예로서 바다를 사이에 둔 동쪽 대륙 에소스에서 오빠 비세리스와 함께 망명 생활을 하는 대너리스 타르가르엔도 중요 인물이다. 대너리스는 오빠의 왕좌 탈환이라는 목적을 위해 무용이 뛰어난 유목민 족장과 결혼한다. 그러나 족장의 갑작스러운 죽음으로 여족장이 되고, 불을 내뿜는 용을 자유자재로 조종하며 용을 타고 창공을 날아다니는 독특한 캐릭터로 성장해 활약한다.

인간이 지닌 선과 악의 양면성을 꿰뚫다

세계적으로 누계 7,000만 부가 넘는 초대형 베스트셀러가 된《얼음과 불의 노래》시리즈의 매력은 독특한 스토리와 캐릭터 설정에 있다.

먼저 이야기 전체를 아우르는 주인공이라고 할 수 있는 인물이 존재하지 않는다. 아니, 복수의 주인공이 존재한다고 말하는 편이 조금 더 정확할 것이다. 처음에는 에다드 스타크가 중심적인 캐릭터로 등장하지만, 시리즈 초반에 체포당해 처형당하고 만다. 그 후 아들인 롭 스타크가 활약하지만 배신으로 뜻밖의 죽음을 맞이한다. 또한 사생아인 존 스노우, '용들의 어머니' 대너리스 타르가르엔 등이 각각의 이야기에서 중심적인 캐릭터로서 등장한다.

일반적으로 주인공이 명확하지 않으면 스토리가 어수선하다는 느낌을 받거나 재미가 없는 경우가 많지만, 이 시리즈는 다르다. 각 캐릭터의 개성이 생생하게 묘사되는 까닭에 오히려 여러 캐릭터의 서로 다른 관점이 존재함으로써 이야기가 다면적으로 전개되어 재미를 더한다. 텔레비전 드라마 〈왕좌의 게임〉도 매우 재미있어서 개성적인 등장인물들이 엮어 나가는 이야기에 빠져들게 된다.

더욱 재미있는 점은 서양의 판타지로서는 드물게 '선'과 '악'을 함께 지닌 등장인물이 많다는 것이다. 일반적으로는 주인공을 선, 주인공의 적을 악으로 그리는 경우가 많지만 이 작품에서는 꼭 그렇지도 않다. 어떤 사람의 시점에서 보면 정의이지만 다른 사람의 관점에서 보면 악인 경우는 현실에서도 종종 볼 수 있는데 그런 인간이 지닌 양면성이 그려져 있다는 것도 이 시리즈의 매력이다.

예를 들어 무서운 기마 민족의 족장이 사실은 부인을 배려하는 남편이었다. 싸움을 못 하고 겁이 많으며 자신감이 없어서 부모에게 버려졌지만 사실은 생각이 깊고 지적인 인물이어서 그런 안목을 살려 활약한다. 장애가 있는 난쟁이로 가족에게서도 미움을 받지만 지성과 양심이 있고 적과도 신뢰 관계를 쌓을 정도의 매력을 지녔다. 완전무결한 슈퍼히어로보다 강점과 약점을 겸비한 캐릭터가 더 인간답고 감정을 이입하기가 쉬운지도 모른다.

영웅에게도 강점과 약점이 있으며, 선과 악의 양면을 모두 지니고 있다. 이것이 《반지의 제왕》과 《얼음과 불의 노래》 시리즈를 읽고 특히 인상에 남았던 점이다. 영웅 또는 현자로 불리는 인물이 강력한 힘을 지닌 반지를 어떻게든 손에 넣고 싶다는 유혹에 굴복하고 만다. 정의라고 믿으며 행동한 일이 많은 사람을 불행에 빠트리기도 한다. 등장인물이 고민하거나 선택의 기로에 선 장면에서 '나라면 어떻게 했을까?'를 생각하는 것은 즐거운 일이다.

머스크도 완벽하다고는 말하기 어려운 인물이다. 트위터 등에 실언할 때도 많고, 어린애 같은 유치한 행동도 자주한다. 그래서 열광적인 팬이 많은 반면 이를 비판하는 사람도 적지 않다. 그러나 장단점이 있으며 자기 생각을 숨기지 못하고 직감적으로 발언하는 '인간다움'은 머스크의 매력이기도 하다.

우주부터 구조물까지
본질을 알면 쉽다

book 《빅 픽처》《우주에 외계인이 가득하다면 모두 어디 있지?》《점화》《의혹을 팝니다》《구조》

테크놀로지를 통한 혁신에 힘을 쏟고 있는 머스크는 당연히 과학의 본질과 근원적인 의미를 묻는 책에 강한 관심을 보인다. 그중에서도 특히 우주에 관심이 많다.

《빅 픽처》는 우주와 인간에 관해 생각하기 위한 힌트가 가득 담긴 책이다. 저자인 션 캐럴Sean Carroll은 캘리포니아 공과대학교의 교수로, 《우주의 가장 끝에 있는 입자The Particle at the End of the Universe》를 집필한 세계적인 이론 물리학자다. 《빅 픽처》는 자신의 전공인 물리학의 세계를 뛰어넘어 우주, 세계, 생명, 죽음, 뇌, 의식에 관해 종횡무진으로 이야기한다. 50개의 장, 총 648페이지에 이르는 대작이다 보니 읽기가 쉽지 않지만 많은 깨달음을 얻을 수 있는 책이다.

캐럴은 프롤로그에서 이 책의 목적을 이렇게 말했다. "이 책에는 두 가지 목표가 있다. 첫째, 우주에 관한 이야기를 하고 사실임을 증명하는 것이다. 다시 말해 지금 우리가 이해하고 있는 우주의 거대한 구도(빅 픽처)를 명확히 그려내려 한다. (…) 둘째, 인생의 위안이 되는 메시지를 전하고자 한다. 나는 우리가 이 세계의 밑바탕에 있는 비인격적인 법칙에 따라 움직이는 우주의 일부일 뿐이기도 하지만 그럼에도 중요한 존재임을 이야기하고 싶다."

우주라는 복잡한 세계를 그것을 구성하는 소립자, 힘, 양자적 현상이라는 미시적인 층위까지 깊게 파고들어 다시 파악하는 동시에 인간의 인생과 그 의미라는 '철학적인 질문'에도 발을 들여놓은 것이다.

캐럴이 제1부에서 다루는 주제는 우주(코스모스)다. 단순히 우주에 관해서 설명하는 것이 아니라 아리스토텔레스 같은 철학자들의 사상, 물리학을 크게 발전시킨 아이작 뉴턴이나 통계 역학과 엔트로피의 연구로 알려진 루트비히 볼츠만 등의 이론을 바탕으로 과학의 역사를 전체적으로 바라보면서 우주란 무엇인가를 깊게 탐구한다.

깊지만 폭넓게 세상의 원리를 조망하다

이 책의 제1부에서 종종 등장하는 인물로 18세기 후반부터 19세기 전반에 활약한 피에르시몽 드 라플라스가 있다. '미래는 결정되어 있다'라는 결정론, 일명 '라플라스의 악마'로 유명한 수학자다.

"현대식으로 바꿔 말하면, 라플라스는 우주가 컴퓨터 같은 것이라고 주장했다. 입력(현 시점의 우주의 상태)을 넣으면 그것을 계산해서(물리학의 법칙) 결과(일순간이 지난 뒤의 우주의 상태)를 출력한다." 캐럴은 이렇게 말했다.

라플라스는 '거대한 지성'을 상상했다. 우주에 있는 모든 입자의 위치와 속도를 알고 있고, 입자에 걸리는 모든 힘을 이해하고 있으며, 뉴턴의 운동의 법칙을 적용할 만큼의 충분한 계산 능력을 지닌 존재다. "그런 지적 존재에게 불확실한 것은 하나도 없으며, 미래는 과거가 눈앞에 있는 것과 다르지 않다." 거대한 지성은 오늘날로 치면 경이적인 계산 능력을 지닌 슈퍼컴퓨터에 해당하는 존재라고 할 수 있을 것이다. 라플라스의 이론은 머스크에게 큰 자극이 되었을 수 있다. 그가 읽은 SF 서적들을 소개하며 말했듯 머스크는 AI가 인간의 지능을 초월하는 기술적 특이점(싱귤래러티)에 도달하면 인류에게 위험한 존재가 될 것이라고 경고하며 연구 개발을 제한해야 한다고 거듭 주장해 왔기 때문이다.

특히 재미있는 점은 라플라스의 '우주의 정확한 상태에 관한 정보는 시간이 지나도 보존되며, 과거와 미래 사이에 근본적인 차이는 없다'라는 지적이다. 아리스토텔레스는 《자연학》에서 변화하는 것이 무수히 퍼져 있는 세계를 관찰하고 각각의 원인을 살펴본다는 접근법을 사용했다. 즉 운동에는 '원인'이 존재한다는 발상이다. 그러나 캐럴은 "라플라스의 정보 보존은 원인이 중심적 역할을 한다는 아리스토텔레스의 생각을 무너뜨린다."라고 지적했다. 어떤 일에든 '원인'이 존재하며 어떤 사건은 다른 사건에 따라 일어난다는 것은 자연스러운 발상이지만 물리학의 세계에서는 반드시 그렇지만은 않다는 것이다.

이 책은 지적 자극이 넘쳐나는 다양한 주제로 가득한데, 그중에서 특히 재미있었던 것을 몇 가지 더 소개하겠다. 제2부의 '이해하다'에서는 '베이즈 추론'으로 유명한 토머스 베이즈를 소개하면서 확률론에 관해 깊게 파고든다. '믿음 업데이트하기', '모든 것을 의심하기' 등의 장을 읽어 보면 인간은 잘못된 믿음에 빠지기 쉽다는 사실과 함께 무엇이든 데이터를 바탕으로 냉정하게 파악해야 하며 자신의 상상과는 다른 새로운 증거가 나왔을 경우 유연하게 생각을 바꿔야 함을 깨닫게 된다.

제3부 '존재의 정수'에서는 저자인 캐럴 본인도 12세였을 때 빠져들었던 '초능력'에 관한 이야기가 돋보인다. 여기에서 캐럴은 초능력에 관해 진지하게 논할 뿐 아니라 그것이 과학적으로 부정되었다고 해서 무엇이든 과학으로 설명할 수 있다고는 생각하지 말아야 한다고 주장한다. '우주는 왜 존재할까?'라는 장도 근원적인 질문을 하며 과학에 맞서는 저자의 사고가 빛을 발한다.

이 책을 읽으면 세계적인 과학자인 저자 캐럴이 고대 그리스·로마 시대부터 르네상스기, 산업 혁명기, 근대, 현대에 이르기까지 세계의 역사에 커다란 영향을 끼쳤던 과학자나 철학자의 사상과 이론에 놀랄 만큼 조예가 깊다는 사실을 절감하게 된다.

학문의 세계에 커다란 족적을 남긴 위인들에 관해서는 기본적인 교육 과정에서도 가르치지만, 그들의 업적이나 그 역사적 의의를 깊은 층위까지 이해하고 있는 사람은 많지 않다는 생각이 든다. 훌륭한 과학자들은 거인들의 어깨 위에 제대로 올라타서 사물을 깊게 생각하는 자세를 중요하게 여긴다.

우주에는 정말 외계인이 있을까?

머스크가 읽은 우주에 관한 또 다른 책은 스티븐 웹Stephen Webb의 《우주에 외계인이 가득하다면 모두 어디 있지?If the Universe Is Teeming with Alien... Where Is Everybody?》이다. '외계인이 있다는 증거가 발견되어도 이상하지 않을 터인데 외계인이 있는 것 같지가 않다'라는 모순을 페르미의 역설이라고 부른다. 엔리코 페르미는 맨해튼 계획에 참가해 원자 폭탄의 개발을 성공시킨 노벨 물리학상 수상자로, 세계 최초로 원자로 운전에 성공한 것으로도 유명하다. "우주에는 수많은 생명체가 존재하며 지적 생명체도 다수 있을 것으로 생각되는데, 왜 지구를 찾아왔다는 증거가 없는 것일까?" 저자인 웹은 페르미가 제시한 이 의문에 대한 답이 전부 세 가지 중 하나에 수렴한다고 주장한다.

첫째, 지구 밖 생명체는 이미 어떤 형태로 지구에 와 있다(온 적이 있다).

둘째, 지구 밖 생명체는 존재하지만, 어떤 이유로 그 존재를 말해 주는 증거가 발견되지 않고 있다.

셋째, 우주(적어도 은하계)에는 우리밖에 없으며 지구 밖 생명체는 존재하지 않는다.

저자는 이 세 가지 분류에 입각해 생각해낸 75가지나 되는 답(해결안)을 이 책에서 논했다. 농담으로밖에 안 보이는 유머 넘치는 답도 있어서 즐겁게 페이지를 넘길 수 있다. 우주에 관심이 큰 머스크가 이 책을 읽은 것도 고개가 끄덕여진다.

먼저 지구 밖 생명체가 이미 지구에 와 있다는 가설에 대한 첫 번째 답은 '그들은 이미 와 있으며 헝가리인을 자처하고 있다'이다. 페르미가 참여해 원자 폭탄을 개발했던 로스앨러모스 연구소에서는 "헝가리인은 화성인이다."라는 이야기가 종종 나왔다. "우주에서 왔기 때문에 다른 인도유럽어족의 언어와는 유연관계가 없는 마자르어라는 독자적인 계통의 언어를 사용하는 것이다."라는 주장이다. 존 폰 노이만 등 로스앨러모스에서 대활약한 천재적인 과학자 네 명을 배출한 나라이다 보니 이런 우스갯소리가 퍼진 것이기도 하지만 당연히 '헝가리인=화성인설'은 과학적인 근거에 바탕을 둔 이야기가 아니다.

그 밖에도 외계인은 '이미 지구에 와 있다', '자신들의 발자취를 남겨 놓았다'부터 '우리는 모두 외계인이다!' 같은 기묘하게 들리는 답까지 포함해 다양한 설을 과학적으로 진지하게 검증한다.

다음은 지구 밖 생명체는 존재하지만 아직 연락이 없다는 가설이다. '별들이 너무 멀리 떨어져 있다'는 답에서는 별과 별 사이의 거리가 너무 멀어서 항성 간 여행이 불가능하다는 설을, 로켓 기술이나 아인슈타인의 상대성 이론에 입각한 '워프 항법'을 이용한 고속 이동을 포함해서 검증한다. 또한 '그들이 우리에게 도착하기까지는 아직 시간이 이르다', '그들은 신호를 보내고 있지만 우리는 듣는 법을 모른다', '우리의 탐사 전략이 틀렸다', '그들은 통신을 원치 않는다' 같은 다양한 답도 소개하고 검증했다.

마지막으로는 우주에는 인간뿐이라는 분류도 다룬다. '우주는 우리를 위해 여기에 있다'라는 답에서는 기술적으로 진보한 문명이 발달하기까지의 과정에는 몇 가지 '일어나기 어려운 단계'가 있다고 지적한다. 생명의 발생, 다세포 생물의 진화, 상징 언어의 발달 등이 그것이다. 이런 어지간해서는 일어나지 않는 확률이 낮은 일이 겹쳐서 일어난 결과 인류가 존재하고 있는 것이므로, "우리가 존재하지 않는 우주는 가능성이 있더라도 무시할 수 있다."라고 주장한다. 그 밖에 '태양계는 드물다', '암석형 행성은 드물다', '생명의 탄생은 드물다', '인간 수준의 지능은 드물다' 같은 답도 흥미롭다.

이 책의 마지막에서 저자는 프랑스의 생물학자인 자크 모노의 말을 소개한다. "진화는 날개가 달린 우연이다.", "인간은 언젠가 무정하게도 이 광대한 우주에 자신들밖에 없으며 자신들은 그곳에서 우연히 태어났음을 알게 될 것이다." 75개의 답을 읽어 나가면 광활한 우주에 지구인밖에 없다는 주장이 설득력이 있다고 느끼게 될 것이다.

로켓에 관한 가장 흥미롭고 놀라운 책

"로켓에 관한 놀라운 책이다. 굉장히 재미있다!" 머스크가 이렇게 절찬한 책이 있다. 바로 《점화!Ignition!》다. 저자인 존 D. 클락John D. Clark은 스탠퍼드 대학교에서 박사 학위를 취득한 뒤 뉴저지 주에 있는 해군 항공기용 로켓 시험장(훗날의 액체 로켓 추진 연구소)에서 액체 연료 로켓 추진제의 개발에 오랫동안 관여해 왔다.

우주 로켓에 사용되는 액체 연료 로켓 추진제의 개발 역사를 그린 마니악한 책이지만, 내부자가 이야기하는 개발 스토리는 매우 흥미롭다. 저자는 우주 로켓의 초창기에 연구자들이 어떤 시행착오를 거듭하며 추진제를 개발해 왔는지를 소상히 기록했다. 클라크는 성공한 연구 개발 계획뿐만 아니라 실패로 끝난 계획도 모조리 소개했다. 폭발의 위기에 노출되고 화학품의 악취에 시달리면서도 무엇인가에 홀린 듯이 열정적으로 연구에 몰두했던 엔지니어들의 역사는 읽는 이의 마음을 뒤흔든다. 실패를 거듭하는 가운데 기술이 성숙되고, 로켓의 성능과 안전성도 높아져 갔다. 스페이스X에서 수많은 실패를 거듭한 끝에 재사용 가능한 로켓을 실현한 머스크로서는 공감하는 점이 많았으리라.

《점화!》의 서문은 SF의 거장이며 '로봇 3원칙'으로도 유명한 아이작 아시모프가 썼다. 저자인 클라크와 사적으로 친분이 있었던 아시모프는 두 사람의 만남을 되돌아보면서 이 책의 의의를 설명하는 서문을 손수 썼다고 한다. 아시모프는 이 책을 읽으면 "당신은 클라크나 그와 같은 분야에서 활약했던 다른 뛰어난 괴짜들에 관해 많은 것을 알게 된다. 그리고 항상 죽음의 위기와 함께 하면서도 연구를 진행할 가치가 있다는 생각을 심어 주는 연구자들의 감동을 엿볼 수 있을 것이다."라고 적었다.

특히 재미있는 부분은 제1장의 '로켓 추진제의 개발을 시작하다'와 제2장의 '페네뮌데와 제트 추진 연구소(JPL)'다. 제1장에서는 로켓을 사용하면 우주로 갈 수 있음을 증명해 '우주여행의 아버지'로도 불리는 러시아의 과학자 콘스탄틴 치올코프스키의 업적을 소개한다. 치올코프스키는 1897년에 '로켓 분사에 따른 증속도의 합계와 분사 속도와 질량비의 관계를 나타내는 식'이라는 공식을 발표해 로켓 공학의 기반을 만들었다. 그리고 1903년에는 〈반작용 이용 장치를 이용한 우주 탐험〉이라는 논문을 발표해 우주여행은 가능하며 그 수단은 로켓이 될 것이라고 주장했다. 치올코프스키는 다단식 로켓이나 궤도 엘리베이터의 아이디어도 생각해냈다.

치올코프스키는 SF 작가이기도 해서 《달 위에서On the Moon》 등의 소설과 에세이도 썼으며, "지구는 인류의 요람이다. 그러나 인류는 언제까지나 요람에 머물지는 않을 것이다."라는 유명한 말도 남겼다. 이 장을 읽으면 어린 시절에 걸린 병 때문에 청력을 거의 잃은 러시아의 교사가 독학으로 수학과 천문학을 공부해 우주 개발에 크게 공헌하는 위업을 이룩했다는 데 놀라게 된다.

제2장에 등장하는 '페네뮌데'는 1937년에 독일 육군이 설립한 병

기 실험실 중 하나로, 제2차 세계대전 중에 영국을 공포로 몰아넣었던 'V-2 로켓'을 개발한 베르너 폰 브라운 등의 팀이 로켓 병기를 연구하는 데 사용했다. 폰 브라운은 전쟁이 끝나기 직전에 미군과 교섭해 500명의 팀과 함께 미국으로 이주할 것을 허락받았고, 전쟁이 끝난 뒤에도 로켓 개발을 계속했다. 달을 목표로 삼은 아폴로 계획에 사용되었던 새턴 로켓의 개발을 지휘한 것으로도 유명하다.

나치 독일은 우주 로켓의 기반이 되는 로켓 병기에 힘을 쏟았고 실전에도 사용했던 까닭에 연구가 많이 진행되어 있었다. 그래서 미국과 소련은 독일의 기술자를 더 많이 확보하기 위해 쟁탈전을 벌였다. 폰 브라운은 자신들의 가치를 깨닫고 미국과 거래함으로써 달에 가기 위한 우주 로켓을 개발할 기회를 얻었던 것이다. 물론 로켓 추진제의 연구 성과와 노하우도 폰 브라운 등과 함께 미국으로 넘어갔다.

제9장 '소련의 상황'도 철의 장막 건너편의 알려지지 않았던 세계에서 어떤 로켓 추진 기술이 개발되고 있었는지 엿볼 수 있는 귀중한 내용이다. 미국이 폰 브라운 등을 받아들인 한편, 소련도 독일의 기술자들을 손에 넣고 로켓 개발에 참여했다. 로켓 추진제에 관해서는 독일의 거대 화학 제조사였던 IG 파르벤 출신의 화학자들에게 연구를 시켰다. 소련으로 이송된 독일인 화학자들은 자기 착화성 추진제와 여기에 사용할 첨가제의 개발에 몰두했다. 동서 진영에서 로켓 개발 경쟁이 벌어졌는데, 이 책의 저자는 "과제에 몰두하는 화학자들의 생각은 어느 나라든 마찬가지이기에 그들의 연구는 미국과 같은 경위를 거쳤다."라고 지적했다.

우주 로켓의 개발을 어떻게 공부했느냐는 질문에 머스크는 "책을 읽으면서 공부했습니다."라고 말했는데, 이 책도 그중 한 권에 해당한다.

최고 경영자이지만 우주 로켓의 추진제라는 기술의 근원적인 부분에 관심을 갖고 공부하는 것이 머스크의 방식이다.

기업 입맛에 맞는 허위 정보를 퍼트리는 지식인들

다음에 소개할 책은 《의혹을 팝니다》이다. 담배와 암의 관계나 지구 온난화에 관한 논문을 주제로, 기업의 입맛에 맞는 허위 정보를 퍼트리는 '어용학자'의 실태를 파헤친 책이다.

저자 중 한 명인 나오미 오레스케스Naomi Oreskes는 과학사를 연구하는 사람으로서 캘리포니아 대학교 샌디에이고 캠퍼스의 교수를 거쳐 하버드 대학교의 과학사와 지구·행성 과학 교수로 활약하고 있다. 세계적으로 권위 있는 과학지 《네이처》와 《사이언스》에 복수의 논문을 게재한 것으로도 알려져 있다.

현재 지구 온난화는 지구 규모의 문제로서 인류의 공통 인식이 되었지만 과거에는 회의론이 강세를 보이던 시기도 있었다. '온난화에 따른 기온 상승은 일어나지 않았다', '데이터에 신빙성이 없다', '인간의 경제 활동으로 생기는 온실 가스(이산화탄소 등)의 증가보다 자연적인 요인의 영향이 더 크다' 같은 의견이다. 저자는 이런 회의론이 산업계의 입맛에 맞는 이야기를 하는 학자들의 지지를 받아 왔다고 지적한다. "이 설은 잘못되었을지도 몰라.", "다른 견해도 있어." 같은 지적을 해서 마치 그것이 신뢰할 수 없는 설인 듯한 인상을 세상에 퍼트림으로써 대응을 늦추는 것이다.

의문을 표시하는 형태라면 그 의견을 낸 과학자가 책임을 추궁당할 일은 없다. 과학적으로 100퍼센트 옳음을 입증하기는 어렵기 때문에 사소한 부분을 물고 늘어지면 얼마든지 부정적인 이미지를 퍼트릴 수 있다. 오레스케스는 어용학자들이 이런 점을 이용해서 사람들을 속이고 있다고 비판한다.

지구 온난화에 대한 회의론 같은 패턴은 담배가 건강에 끼치는 피해나 산성비, 오존층의 파괴 등 다양한 문제에서 공통적으로 볼 수 있었다. 이 책에서는 그 상징적인 사례로 담배가 등장한다. 거대 담배 제조사인 R. J. 레이놀즈가 1979년에 개최한 국제회의의 프레젠테이션에서 당시 회장이었던 콜린 H. 스톡스는 이렇게 말했다. "사실 담배 탓으로 여겨지고 있는 만성적 변성 질환, 말하자면 폐암, 폐기종, 심혈관 장애 등의 원인이나 진행 메커니즘에 관해 과학적으로 해명된 것은 거의 없습니다."

1950년 이후 흡연 탓에 폐암이나 심혈관 장애에 걸렸다고 소송을 거는 사람이 늘어나 담배 회사들은 다수의 소송에 휘말렸다. 그러나 담배 회사들은 그들에게 유리한 과학자들의 증언을 이용하여 원고 측에 승리를 거듭해 왔다. R. J. 레이놀즈는 담배 업계에 유리한 증거를 모으기 위해 생체 의료를 지원한다는 명목으로 거액의 자금을 제공하는 프로그램을 만들었다. 당시는 이미 담배의 해악에 관한 연구가 진행 중이었으며 담배가 폐암이나 폐기종에 걸릴 확률을 크게 높일 가능성이 있음이 지적되고 있었지만 어용학자들을 이용해 과학적인 근거가 의심스러운 듯한 이미지를 사회에 확산시켰던 것이다. 물론 지금은 담배의 유해성이 간접흡연을 포함해서 과학적으로 검증이 되었으며, 아무도 이를 부정하지 않는다. 그러나 적어도 20~30년 전에는 이런 회의론을 진지하게 이야기하는 사람이 다수 있었다.

비단 담배 업계가 아니더라도 환경이나 건강에 좋지 않은 줄 알면서도 규제가 강화되는 것을 방해하여 자신들의 사업 수명을 연장시키려는 움직임은 전 세계에서 발견된다. 과학을 의심하게 해서 사람들에게 '아직 논쟁 상태에 있다'라는 생각을 심는다. 이런 수법에 주의해야 한다는 것이 이 책의 주장이다.

머스크가 이끄는 테슬라는 환경 문제가 만들어낸 기업이다. 전기 자동차의 보급이 가속화되고 있는 배경에는 휘발유 자동차나 디젤 자동차 등 내연 기관 자동차에 대한 규제 강화가 자리하고 있다. 한편 전기 자동차에 대해서는 차량을 구입할 때 보조금이 지급되고, 공장을 건설하면 세금의 측면에서 우대 조치도 받을 수 있는 경우가 있다. 머스크는 이런 순풍을 교묘히 이용해 비즈니스를 성공시킨 것이다. 이 책에 나오는 자신들에게 유리한 여론을 형성하는 수법을 배우는 것은 머스크가 테슬라의 전략을 생각하는 데 도움이 되었을 것이다.

테슬라는 로드스터를 발매한 지 얼마 되지 않은 2010년대 초반부터 보조금을 끌어내는 데 힘이 되어 줄, 로비스트 같은 역할을 수행할 인재를 적극적으로 고용했으며 나도 이에 관해 취재한 적이 있다. '환경에 이로운 미래의 자동차'라는 특징을 적극적으로 홍보해 정부와 지방 자치 단체로부터 지원을 이끌어낸 것이 적자에 시달리고 있었던 초기의 테슬라를 구원했다.

세상을 구성하는 모든 구조물의 원리

《구조》는 우리 곁에 가깝게 존재하지만 의외로 모르는 사람이 많은 구조물의 원리에 관해 아주 알기 쉽게 해설한 책이다. 주택부터 빌딩, 운동장, 다리, 역, 비행기, 선박, 신체에 이르기까지 다양한 물체의 구조를 다됐다.

이 책의 매력은 단순히 다양한 물체의 구조를 소개하는 것이 아니라 그 배경에 무엇이 있는지를 소상히 설명했다는 데 있다. 수많은 일러스트와 함께 사고 등의 실패를 포함한 역사를 소개하고 있어 많은 것을 깨닫게 해 준다. 물체가 왜 그런 구조로 되어 있는지를 원리부터 이해할 수 있는 책이다.

"구조 설계 입문서를 찾고 있다면 이것은 정말로, 정말로 좋은 책이다." 머스크는 이 책을 이렇게 추천했다. 《구조》는 1968년에 출간된 꽤 오래된 책이다. 이 책이 이해하기 쉽게 쓰인 이유는 저자인 제임스 에드워드 고든James Edward Gordon이 연구자인 동시에 실제로 설계도 하는 엔지니어였기 때문일 것이다. 고든은 영국의 글래스고 대학교에서 조선학을 공부한 뒤 요트 디자인에 뜻을 두고 조선소에서 근무했다. 제2차 세계대전 중에는 왕립 항공 연구소로 자리를 옮겨 항공기에 사용되는 복합 소재와 신소재 수지를 연구했다. 또한 폭격기 등에 탑재되는 해난 구조를 위한 항공기 투하형 자동 조립식 구명보트도 설계했다.

이 책의 제1장을 시작하면서 고든은 '결국 온갖 식물이나 동물 그리고 인간이 만드는 거의 모든 것은 크든 작든 기계적인 힘을 지탱하면서 파괴되지 않고 버텨야 하며 모든 물체는 사실상 어떤 형태의 구조물'이라고 말한다. 그의 말처럼 우리가 사는 세상은 온갖 구조물로 가득 차 있다.

왜 현수교는 수많은 자동차가 지나다녀도 붕괴하지 않는 것일까? 댐은 대량의 물을 어떻게 저장·제어하고 있는 것일까? 노트르담 대성당은 왜 500년 이상이 지났음에도 건재한가? 이 책은 이런 소박한 의문들에 정성껏 대답해 준다. 구조물을 이해하기 위해 중요한 응력, 전단, 비틀림, 파괴 등에 관해서도 친절하게 설명하기에 엔지니어나 이과 계열의 사람뿐 아니라 구조물을 원리부터 이해하고자 하는 문과 계열의 사람도 쉽게 읽을 수 있을 것이다.

　머스크가 구조의 세계에 관심을 갖는 이유는 과학의 본질이나 원리에 대한 관심이 강하기 때문일 것이다. 테크놀로지 분야에서 혁신을 일으키기 위해서는 지식의 폭과 깊이가 요구된다.

AI는 정말
인류를 멸망시킬까?

book 《맥스 테그마크의 라이프 3.0》《슈퍼인텔리전스》《우리의 마지막 발명품》《심층 학습》

일론 머스크가 AI 관련 서적에 강한 관심을 보이는 것은 필연이라고 할 수 있다. 머스크가 일으키려고 하는 혁신과 AI가 떼려야 뗄 수 없는 관계에 있기 때문이다.

　머스크가 CEO를 맡고 있는 테슬라의 자동차가 인기인 이유를 엔진 대신 모터와 전지로 주행하는 전기 자동차이기 때문이라고 생각하는 사람이 많은데 사실은 다른 매력도 있다. 자동차 업계에서 독보적으로 성능이 높은 오토파일럿(자율 주행) 기능을 탑재하고 있다는 점이다. 머스크는 완전 자율 주행을 시야에 두고 전기 자동차에 고도의 연산 처리 능력을 지닌 컴퓨터를 탑재했다. 고성능 AI가 주위를 달리는 자동차나 방해물, 사람의 상황을 판단해서 속도를 높이거나 낮추거나 멈춰 선다.

　머스크가 이끄는 스페이스X의 우주 로켓에도 고도의 AI 기술이 활용되고 있다. 스페이스X의 우주 로켓이 혁신적인 점은 예전에는 일회용이었던 고가의 제1단 로켓을 재사용한다는 데 있다. '우주 로켓의 발사 비용을 10분의 1로 줄인다'라는 머스크의 야망을 실현하기 위해서는 일단 발사한 로켓을 지상까지 안전히 귀환시킬 필요가 있다. 과거에는 불가능하다고 여겨졌던 이 난도 높은 제어를 실현하기 위한 열쇠를 쥐고 있는 것이 바로 자동 조종을 가능케 하는 AI인 것이다.

AI가 인간을 초월하게 된다면?

자신이 이끄는 두 기업에서 혁신을 일으키기 위해 없어서는 안 되는 기술인 AI는 머스크가 가장 많은 관심을 보이는 분야다. 머스크가 추천하는 책 《맥스 테그마크의 라이프 3.0》의 주제는 AI가 인간을 뛰어넘는 초지능으로 진화하는 기술적 특이점(싱귤래러티) 이후의 세계다. 어떻게 해서 기술적 특이점이 일어나는지가 알기 쉽게 묘사되어 있다. 초지능 AI가 실현되었을 경우 인간 사회가 어떻게 변화할지 상상하는 데 도움이 되는 책이다.

저자인 맥스 테그마크Max Tegmark는 미국 MIT의 교수이며 이론 물리학자다. 본래는 우주론을 연구했지만, AI로 연구 분야를 바꿨다. AI의 안전성을 연구하는 '생명의 미래 연구소'를 공동으로 설립한 것으로도 유명하다. 테그마크는 인간의 지성을 능가하는 초지능 AI가 실현되었을 경우 인류 멸망의 위기가 일어날지에 깊은 관심을 품고 있다. '인간이 만들어낸 AI가 자아를 갖고 인류를 파멸시키려 한다.' 이 주제는 과거 100년 동안 SF 소설이나 영화에서 끊임없이 다뤄져 왔다. 과거로 거슬러 올라가면 먼저 체코의 작가인 카렐 차페크의 희곡 《R. U. R》이 있다. 로줌 유니버설 로봇이라는 회사가 개발한 로봇이 주인인 인간을 상대로 반란을 일으켜 사람들을 학살하는 스토리가 유명하다. 이런 스토리는 스코틀랜드의 SF 작가인 이언 뱅크스의 소설이나 〈터미네이터〉, 〈매트릭스〉 같은 액션 영화에서도 반복적으로 등장해 왔다.

SF 애호가로 알려진 머스크는 초지능 AI가 내포하고 있는 위험성에 매우 강한 관심을 보여 왔다. "(AI는) 인류 문명의 존재를 근본부터 위협하는 리스크다.", "테슬라를 포함해 고도의 AI를 개발하는 기업은 규제를 받아야 한다.", "테크놀로지의 진화는 언젠가 인류를 멸망시킬 것이다." 머스크는 이런 경고를 수없이 해 왔으며 2015년에는 AI의 세계 지배를 막기 위한 비영리 단체인 '오픈 AI'를 공동으로 설립하기까지 했다.

머스크가 스페이스X의 우주 로켓으로 인류를 화성에 이주시킨다는 목표를 세운 배경에는 이런 초지능 AI의 탄생과 환경 파괴 등으로 인류가 절멸의 위기에 처할 가능성이 있다는 강한 위기감이 자리하고 있다. 2014년에 내가 머스크를 취재했을 때 그는 다음과 같은 말을 했다. "스페이스X를 통해 인류가 복수의 행성에서 생존할 길이 있는지를 확인하고 싶습니다. 인류의 문명과 기술이 높은 수준을 유지하고 있는 동안에 우주를 탐험하고 화성에 항구적인 기지를 건설하고자 합니다." 그리고 그는 이렇게 덧붙였다. "저는 비관주의자가 아닙니다. 미래를 낙관적으로 생각하고, 종말론을 좋아하지도 않습니다. 하지만 역사는 기술이 마치 물결처럼 진보할 때가 있는가 하면 후퇴할 때도 있음을 보여줍니다. 역사상 수많은 문명이 그런 경험을 거듭해 왔지요. 그렇게 되지 않기를 바라지만, 기술이 후퇴하기 전에 화성에 기지를 세우는 것은 중요한 일이라고 생각합니다."

머스크는 인류의 유구한 역사를 바탕으로 이렇게 이야기했다. 구체적으로는 어떤 역사를 가리키는 것일까? 이를테면 공전의 번영을 누렸던 로마 제국을 생각해 보자. 로마 제국은 도시를 뒷받침하는 고도의 수도 시스템, 대규모 공중목욕탕, 빠르게 이동할 수 있도록 제국 전역에 설치한 도로망, 국제 교역을 활용한 풍요로운 식생활, 높은 위생 관념과 의료 기술을 실현했다. 그러나 이런 풍요로운 문화와 기술은 로마 제국의 멸망과 함께 대부분 소실되었고, 사람들의 생활 수준은 크게 저하되었다.

이와 같은 문명의 후퇴는 고대 이집트 왕조, 아시리아 제국, 마야 문명, 중국의 한이나 당의 멸망 후에도 일어났던 것으로 생각되고 있다. 머스크는 고금동서의 역사를 되돌아보면 인류는 문명의 후퇴기를 수없이 경험해 왔으며, 그런 시대가 또다시 찾아올 가능성이 있다고 생각한다.

또 한 가지 포인트는 기술의 진보가 인류에게 위기를 가져오는 것에 대한 우려다. 오늘날에는 산업 혁명 이후 기술 혁신이 잇달아 일어나면서 생활이 점점 편리해지고 있다는 인식이 많은 사람의 머릿속에 자리하고 있다. 그러나 과학 기술의 발전은 동시에 인류 멸망의 위험성도 높이고 있다. 그 전형적인 예가 20세기 후반에 전 세계를 공포에 떨게 했던 핵전쟁의 리스크일 것이다. 1989년에 베를린 장벽이 무너진 뒤로 동서 냉전이 일단 막을 내리는 방향으로 향한 덕분에 지금은 과거에 비해 핵전쟁의 위험성이 낮아졌다고 생각하는 사람도 많았지만, 여전히 미국과 러시아, 중국 등은 대량의 핵무기를 보유하고 있다. 여기에 우크라이나 위기도 일어나서 핵전쟁이 일어날 가능성은 더욱 커졌다.

미 공군 참모총장을 역임한 커티스 르메이가 베트남 전쟁 당시 "(북) 베트남을 석기 시대로 되돌려 놓겠다."라고 발언한 것은 유명하다. 또한 최근에도 푸틴 러시아 대통령이 핵무기를 사용할 가능성을 언급한 바 있다. 이처럼 핵무기가 세계를 파멸시킬 수 있는 위협임에는 변함이 없다. 세계의 문명을 후퇴시킬 위험성이 있는 대표적인 기술은 역시 핵일 것이다.

여담이지만, 미국에서 맨해튼 계획을 주도했던 과학자 로버트 오펜하이머는 원자폭탄이라는 파괴 병기를 개발한 것을 후회한 것으로도 해석할 수 있는 발언을 했다. 인도의 힌두교 성전 《바가바드 기타》에 나오는 구절인 "나는 죽음이요, 세상의 파괴자가 되었노라."를 인용한 것이다. 그는 제2차 세계대전 이후에는 핵전쟁을 막을 필요가 있다고 생각해 핵무기의 국제적인 관리, 그리고 미국과 소련(당시)의 핵무기 개발 경쟁의 억제를 위해 노력했다.

그런데 머스크는 이처럼 인류 최대의 위협으로 여겨지는 핵무기보다도 AI가 더 큰 위험성을 숨기고 있다고 지적한다. 그 이유는 무엇일까? 원자력 에너지 자체는 인류의 의지로 제어할 수 있지만, AI는 진화하면 인류가 억제할 수 없게 될 가능성이 있기 때문이다. 실제로 머스크는 우주 개발에 원자력 에너지를 활용하는 방법을 생각하고 있으며 "화성에 수소 폭탄을 떨어트리는 방법으로 인류가 생활할 수 있도록 개조할 수 있다."라는 발언까지 한 바 있다. 수소 폭탄을 사용해서 화성에 있는 대량의 얼음을 증발시켜 물과 이산화탄소를 발생시키면 기온이 상승해서 인류가 생활할 수 있는 환경이 될 가능성이 있다는 것이다.

《맥스 테그마크의 라이프 3.0》에는 AI가 다른 다양한 테크놀로지와는 다른 특별한 존재임을 이해하기 위한 힌트가 담겨 있다.

"지능이 비물리적인 것처럼 느껴지는 이유는 물질로부터 독립되어 있어서 물리적 세부 요소와는 관계없이, 또 물리적 세부 요소에 좌우되지 않고 독자적으로 행동하기 때문이다. 간단히 말하면 계산이란 시공 내에서의 입자의 배치 패턴이며, 정말로 중요한 것은 입자가 아니라 그 패턴이다. 물질은 중요하지 않은 것이다. 요컨대 물질은 하드웨어이고 그 패턴이 소프트웨어다. 이처럼 계산이 물질로부터 독립되어 있기에 AI는 실현 가능하며, 지능에는 피나 고기, 탄소 원자가 필요 없는 것이다."

AI는 물질로부터 분리되어 독자적으로 행동하는 까닭에 다른 기술과는 일선을 긋는 존재라고 할 수 있다. AI가 맹렬한 속도로 진화하면 어떤 리스크가 생겨날지에 관해서는 머스크가 추천하는 다른 책에도 자세히 설명되어 있다. 그것은 닉 보스트롬Nick Bostrom이 쓴 《슈퍼인텔리전스》로, 머스크가 강한 관심을 보이는 '인류는 AI를 통제할 수 있는가?'라는 주제를 정면으로 다룬 책이다. 인류를 초월하는 고도의 AI를 '슈퍼인텔리전스(초지능)'라고 부른다. 이 책에는 머스크가 두려워하는 범용 AI가 실현될 가능성을 이해하기 위한 힌트가 가득 담겨 있다.

특히 무서운 것은 초지능을 가진 AI가 내리는 '합리적인' 판단이 사실은 인류에게 위험한 판단일 수 있다는 점이다. 예를 들어 초지능이 가장 중요시하는 목표가 백사장에 있는 '모래의 수를 세는 것'이라고 가정하자. 이 경우 AI는 수를 잘못 셀 위험성을 극한까지 억제하려고 한다. 자신의 계산 능력을 개선하기 위해 우주 전체를 자신의 연산 회로로 다시 만들려 할 가능성조차 있다는 것이다.

AI는 인류의 최악이자 최후의 발명인가?

제임스 배럿James Barrat의 《우리의 마지막 발명품Our Final Invention》도

이미 소개한 두 권과 함께 AI의 위험성을 이해하기 위해 읽어야 할 책이다. 배럿은 프리랜서 TV 프로듀서로, AI에 관심이 많아 관련된 두 명사를 일찍부터 취재해 왔다. AI가 인간의 지능을 크게 웃도는 기술적 특이점의 리스크를 우려하는 미래학자 레이 커즈와일과 AI 컴퓨터인 'HAL'이 우주선의 승무원을 상대로 반란을 일으키는 스토리로 유명한 소설 《2001 스페이스 오디세이》를 쓴 아서 C. 클라크가 그 두 사람이다. 《우리의 마지막 발명품》은 "컴퓨터가 세계를 차지할 위험성은 이미 현실이 되었다."라고 말한 스티븐 호킹 박사뿐 아니라 수많은 세계적인 과학자가 AI 위협론을 외치는 이유가 무엇인지 이해하는 데 도움을 준다.

물론 머스크가 AI의 위협론에만 관심을 보이는 것은 아니다. AI의 진화를 가속시키고 있는 기술에도 주목하고 있다. 특히 AI를 극적으로 진화시키고 있는 '심층 학습(딥 러닝)'에 강한 관심을 보이는데, 《심층 학습》은 심층 학습에 관한 교과서적인 명저다. 이언 굿펠로Ian Goodfellow, 요슈아 벤지오Yoshua Bengio, 애론 쿠빌Aaron Courville이 쓴 이 책은 심층 학습을 기본부터 이해하기 위한 해설서로서 세계적으로 높은 평가를 받고 있다. 딥 러닝을 이해하기 위해 반드시 필요한 수학, 인간의 뇌의 구조를 모방한 '신경망(뉴럴 네트워크)', 그것을 응용한 'CNN(합성곱 신경망)', 'RNN(순환 신경망)' 등의 수법을 소개한다. 심층 학습의 기초를 이론부터 배우고 싶은 사람에게 큰 도움이 되는 내용이다.

이 책의 1장에는 다음과 같은 구절이 있다. "오래전부터 발명가들은 생각하는 기계를 꿈꾸었다. 그러한 열망은 적어도 고대 그리스까지 거슬러 올라간다." 그리스 신화에 등장하는, 크레타 섬을 수호하는 청동 거인(기계인형) 탈로스나 조각된 여신상이 인간이 된 갈라테이아 등은

"전부 인공 생명으로 간주할 수 있다."

프로그래밍이 가능한 컴퓨터가 탄생하기 100년 훨씬 전부터 사람들은 그것이 지적인 존재로 발전할지 아닐지를 고민해 왔다. SF 소설에는 AI나 로봇이 등장하게 되었다. 그리고 20세기에 들어와 실제로 컴퓨터가 발명되자 AI에 대한 관심은 급속도로 높아졌다. AI의 연구는 진전되고 지식 기반의 접근이나 기계 학습 등의 이론도 발전해 갔지만 기술적인 브레이크스루가 좀처럼 일어나지 않아 정체기를 겪기도 했다. 그런 답답함을 깬 것이 바로 '심층 학습'이다.

심층 학습 모델의 전형은 순방향형의 심층 네트워크로, '다층 퍼셉트론'이라고 불린다. 예를 들어 이미지의 경우, 입력한 정보를 '가장자리', '모서리나 윤곽', '물체의 일부' 같은 특정한 특징을 추출하는 각각의 계층을 통해서 순서대로 처리해 나간다. 대량의 이미지를 학습시키기만 해도 AI가 그것이 인간인지, 동물인지, 자동차인지 구별할 수 있게 된다. 심층 학습은 이미지의 인식 정확도를 비약적으로 높였다.

머스크에게 심층 학습은 매우 중요한 기술이다. 인간이 자연스럽게 행하는 학습 행동과 비슷한 원리로 대량의 이미지, 텍스트, 음성 등을 읽어 들여 AI의 인식 능력을 극적으로 높일 수 있기 때문이다.

심층 학습은 테슬라가 힘을 쏟고 있는 자율 주행 기술을 진화시키기 위한 열쇠를 쥐고 있다. 자동차가 자율 주행을 할 때는 주위를 달리는 다른 자동차나 보행자의 상황, 신호, 도로 표식, 날씨까지 정확히 인식해야 한다. 대량의 데이터를 읽어 들일수록 AI는 더욱 적절한 판단을 내릴 수 있게 된다. 자율 주행을 하는 테슬라 자동차의 수가 증가하면 모이는 정보다 증가해 AI의 인식·판단 능력이 높아지고 그 결과 자율 주행의 안전성도 높아진다고 할 수 있다.

AI를 '가능성'과 '위험성'의 양 측면에서 최대한 깊게 이해하려 하는 머스크의 자세는 그가 읽은 AI 관련 서적의 수에서도 그대로 드러난다.

세상을 이해하기 위해 부의 원리를 공부한다

book 《국부론》 《자본론》

《국부론》은 '보이지 않는 손'으로 유명한 영국의 애덤 스미스Adam Smith 가 1776년에 출판한 책이다. '경제학의 아버지'로 불리는 스미스는 사 실 철학자였다. 글래스고 대학교의 도덕 철학 교수였으며, 또 다른 대표 작은 《도덕감정론》이다. 그는 "인간은 이기적이며, 타인에게 동조·공감 한다."라고 주장했다. 개인의 기쁨, 슬픔, 분노 같은 감정에 타인이 공조 하며 상호 공감이 탄생하고 이기심을 억제하는 도덕적인 규범이 형성된 다. 이렇게 해서 인간의 양심(상식)이 성장해 페어플레이를 하는 사회가 형성된다는 것이다. 도덕감정론은 인간의 양심에 관해 논한 책이라고 할 수 있을 것이다.

　《국부론》을 이해하기 위해서는 스미스가 철학자로서 '인간이란 무엇 인가?', '도덕이란 무엇인가?'를 깊게 연구하고 고찰해 왔다는 사실을 아는 것이 중요하다. '보이지 않는 손'을 설명할 때 개인이나 기업의 자유롭고 이기적인 행동에 맡겨놓으면 자연스럽게 사회 전체에 이익을 가져다준다는 취지로 이야기하는 경우가 많다. '시장 경제는 그냥 내버려두면 보이지 않는 손이 자연스럽게 균형을 맞춰 준다'는 식의 이야기를 고등학교나 대학교 수업 시간에 들어본 사람도 적지 않을 것이다.

그러나 스미스는 단순히 경제 활동을 하고 싶은 대로 자유롭게 하라고 권한 것이 아니다. 도덕이나 양심을 갖춘 사회를 자유로운 경제 활동의 전제로 삼았다. 이것은 토머스 홉스가 《리바이어던》에서 주장한 '만인의 만인에 대한 투쟁'이라는, 자연 상태에서는 서로가 서로를 죽인다는 견해를 비판한 것이라고도 할 수 있다. 요컨대 인간의 이기심과 자유를 기반으로 경제적인 풍요로움을 실현하는 시장 경제를 기능시키기 위해서는 도덕감정론에서 이야기되는 양심이나 도덕, 페어플레이의 정신이 필요하다는 발상이다.

또한 자유 시장 경제에서 국가의 역할에 관해서도 세금이나 지원금, 공공사업의 바람직한 방식 등을 포함해서 논했다. 요컨대 '애덤 스미스=자유방임'은 안일한 시각에서 비롯된 오해인 것이다. 인간이 선천적으로 지니고 있는 이기적인 이익 추구라는 행동 원리에 맡김으로써 시장과 경제, 사회의 성장을 촉진하는 한편, 필요한 제도나 규칙은 물론 국가가 정비해야 한다는 것이 애덤 스미스의 생각이었다.

깊고 폭넓은 관점으로 세계 경제를 분석하다
《국부론》을 읽고 감탄한 점은 스미스가 당시의 경제에서 중요한 주제를 전부 다루며 각각의 주제에 관해 열심히 분석했다는 것이다. 《국부론》

에서 다루는 주제는 '분업', '화폐의 기원과 사용', '상품의 자연 가격과 시장 가격에 관하여', '자본의 이윤에 관하여', '토지의 지대에 관하여', '금과 은의 가치의 비율 변동', '다양한 국민의 부유의 진전 추이에 관하여', '중상주의 체계의 원동력에 관하여', '식민지', '세금', '지원금', '통상 조약', '국가의 수입', '국방비', '교육 기관의 경비' 등 실로 다양하다. 당시의 경제에서 주목 받았던 모든 주제를 하나도 놓치지 않고 분석하려 했다는 생각이 들 정도다.

무엇보다도 스미스가 쓴 책에서는 고대까지 거슬러 올라가서 사물을 생각하는 역사적인 시점과 높은 곳에서 세계를 전체적으로 내려다보는 전 지구적인 시점이 빛을 발한다. 역사적인 시점에서는 고대 그리스나 로마 제국, 고대 이집트, 고대 인도까지 거슬러 올라가 각각의 경제적인 시스템을 고찰하면서 당시의 영국이 안고 있었던 경제적인 과제에 어떻게 대처해야 할지를 논했다. 그리고 전 지구적인 시점에서는 당시 식민지를 확대해 세계 제국을 구축하고 있었던 스페인이나 포르투갈, 나아가 네덜란드의 정책부터 중국의 경제적인 상황까지 시야에 넣고 영국과 비교하면서 논리를 전개해 나갔다.

《국부론》을 읽어 보면 '국민이 풍요로워지면 국가도 풍요로워진다'라는 스미스의 사상이 책 전체를 관통하고 있음을 알 수 있다. 16~18세기에 걸쳐 스페인과 프랑스 등 유럽의 대국들 사이에서는 수출액을 늘리고 수입액을 줄임으로써 금은 등을 자국에 쌓아 두는 것을 중시하는 '중상주의'가 득세하고 있었다. 그러나 스미스는 분업을 통해 노동 생산성이 높아지면 국민이 얻을 수 있는 부가 증가하고 경제가 풍요로워진다고 주장했다. 금은을 쌓아 두는 것이 부의 축적이라고 생각하는 중상주의와 달리 국민의 노동을 통해서 생산되는 바늘 같은 생활필수품이야말로 부의 원천이라는 생각이다.

스미스가 《국부론》에서 다룬 '분업'에 관한 고찰은 특히 인상적이다. 그는 바늘 공장을 예로 들면서, 직공 한 명이 모든 제조 공정을 혼자서 처리한다면 바늘을 하루에 20개 정도밖에 만들지 못하지만 제조 공정을 18가지로 분할하면 노동자 열 명이 하루에 4만 8,000개나 되는 바늘을 만들 수 있다고 말했다. 한 명당 4,800개를 만든다는 계산이 나오므로 분업을 통해 생산성이 240배나 증가하는 것이다.

바늘 공장뿐 아니라 다른 수공업과 제조업도 분업이 가능할 경우 공장의 노동 생산성은 비약적으로 상승한다. 게다가 노동이 세분화됨에 따라 무수히 많은 기계가 발명되어 생산 효율이 더욱 개선될 것을 기대할 수 있다. 스미스는 "분업의 결과가 가져오는 다양한 직업 전체의 생산성의 비약적인 증가는 훌륭히 통치되는 사회에서 사회 최하층의 사람들에게까지 골고루 전해지는 보편적인 부를 실현한다."라고 말했다. 생산성의 향상으로 잉여 생산물이 생겨나고 그것을 교환함으로써 노동자에게도 부가 골고루 전해진다는 생각이다.

그런 잉여 생산물을 거래하는 장소가 바로 시장이다. 생산물에는 그것을 생산하기 위해 필요한 원재료비와 임금, 이윤을 반영한 자연스러운 수준의 '자연 가격'이 존재한다고 스미스는 주장했다. 물론 시장에서 실제로 거래되는 가격은 그 자연 가격보다 높을 때도 있고 낮을 때도 있다. 그러나 스미스는 "시장에 공급되는 양이 유효 수요를 과부족 없이 딱 충족시킬 경우, 시장 가격은 자연스럽게 자연 가격과 동일해진다."라고 말했다. 바로 이것이 '보이지 않는 손'으로 이어지는 스미스 사상의 정수다. 시장 가격은 파는 이와 사는 이의 생각이나 시장의 규제 등에 따라 높아지기도 하고 낮아지기도 하지만, 그런 방해물을 없앤다면 최적의 자연 가격으로 수렴하게 된다. 그러므로 사회에서 부가 최적으로 분배되지 못하도록 방해하는 불합리한 규제를 시장 경제에서 제거해야 한다. 그러면 부가 사회에 적절히 분배되어 하층 노동자들도 부유해질 것이다. 이것이 스미스의 주장이다.

자유로운 시장 경제가 가져오는 것들

당시 독립 전쟁을 벌이고 있었던 영국의 미국 식민지에 대한 스미스의 견해도 많은 것을 암시한다.

스미스는 먼저, 아메리카 대륙의 식민지를 힘으로 진압하기는 어렵다고 단언했다. 그리고 독립파를 진압할 때 흐르는 피 한 방울, 한 방울이 영국의 동포 시민이거나 동포 시민이 되기를 바라는 사람들의 피라는 점을 고려해야 한다고 주장했다. "사태가 여기까지 진행되었음에도 식민지를 힘으로 손쉽게 제압할 수 있으리라 자만하는 인물은 매우 어리석은 사람이다."라는 말도 했다.

여기에서 중요한 점은 애덤 스미스가 어디까지나 경제 합리성이라는 관점에서 식민지의 운영을 생각했다는 것이다. "현재 대영제국의 관리 운영 방식은 그 식민지에 대해 집행하고 있는 통치권으로부터 손실 이외의 그 무엇도 끌어내지 못하고 있다." 그래서 스미스는 "식민지가 직접 자신들의 행정관을 선발하고 자신들의 법률을 제정하며 자신들이 적절하다고 생각하는 평화와 전쟁을 하도록 식민지에 대한 모든 권한을 자발적으로 포기하자."라고 제안했다. 물론 제국주의와 식민지 지배가 확대되고 있었던 시대였기에 영국 정부가 이런 도전적인 제안을 쉽게 받아들이지 못할 것임은 본인도 알고 있었다.

"그러나 만약 이 제안이 채용된다면 대영제국은 식민지에 평화를 가져오기 위해 매년 지출하는 모든 금액으로부터 즉시 해방될 뿐만 아니라 구 식민지와 대영제국의 자유로운 무역을 효과적으로 보증하는 통상 조약을 맺을 수 있을 것이다." 이런 합리주의는 참으로 스미스답다고 할 수 있을 것이다. 스미스는 미국 식민지가 크게 성장할 가능성을 당시부터 꿰뚫어보고 있어서 "약 1세기 안에 아메리카의 주민이 만들어내는 것이 영국의 조세 수입을 웃돌 가능성이 있다."라는 말도 했다.

스미스가 이런 의견을 갖기에 이른 배경에는 고대 그리스의 모도시와 식민 도시의 관계가 자리하고 있다. 스미스는 모도시가 강권적으로 지배하지 않은 것이 식민 도시의 경제적인 발전에 기여했다고 지적했다. 또한 스페인과 포르투갈의 식민지 경영도 연구하고 영국과 비교한 뒤 미국 식민지의 바람직한 모습을 고찰했다. 이렇게 해서 경제 합리성이 가장 높은 방식이 무엇일지를 냉정하게 궁리한 끝에 미국 식민지의 독립(혹은 영국 의회의 의석을 다수 부여해 포함시키는) 안을 제안한 것이다.

이 책에서는 이처럼 역사에 입각해서 당시의 경제 과제를 논하는 장면이 빈번하게 등장한다. 특히 두드러지는 것은 고대 그리스와 로마에 관한 언급이다. 애초에 《국부론》의 제3편은 경제사에 관한 내용으로서 로마 제국이 몰락한 이후의 유럽 발전사를 다뤘다.

사실 애덤 스미스는 《로마 제국 쇠망사》의 저자인 에드워드 기번과 친분이 있었다. 기번은 스미스에게 보낸 편지에서 《국부론》을 절찬했다. 기이하게도 기번의 《로마 제국 쇠망사》가 출판된 시기는 《국부론》

과 같은 1776년으로, 당시 세계에 식민지를 확대하며 초강대국으로 대두한 영국은 로마 제국을 참고하며 식민지들을 통치하려 하고 있었다.

일론 머스크는《국부론》에 관해 이렇게 말했다. "애덤 스미스는 최고다. 독점은 사람들의 적이며, 경쟁은 좋은 것이다." 자유 경쟁의 세계에서 기술 혁신을 가속화해 전기 자동차와 우주 로켓의 분야에서 경쟁사들을 멀찍이 앞서 나가고 있는 머스크는 자유로운 시장 경제를 추구하는 스미스의《국부론》을 높게 평가했다.

세계 질서를 격변시킨 마르크스의 자본론

가급적 '자유 경쟁'과 '시장 원리'에 맡기고 규제를 필요 최소한으로 줄이면 경제는 알아서 돌아간다. 이런 애덤 스미스의 국부론을 부정한 인물이 카를 마르크스Karl Marx다. 마르크스가 살았던 19세기의 산업 혁명 이후의 세계에서는 스미스의 견해와 달리 수많은 노동자가 힘든 생활을 하고 있었다. 이익을 추구하는 경영자는 노동자의 임금을 최대한 낮게 억제하려 했고, 게다가 노동력을 줄일 수 있는 기계의 도입을 추진했기 때문이다. 결과적으로 수많은 노동자가 값싼 임금을 받고 장시간 노동을 해야 했으며, 실업의 공포에 떨면서 생활하게 되었다.

그런 노동자의 힘든 상황을 목격한 마르크스는 자본주의를 비판했다. 자본가가 노동자의 부를 부당하게 빼앗기 때문에 노동자가 빈곤에 허덕이고 있다고 지적하고, 자본가만이 부유해지고 노동자는 계속 착취당하는 불평등한 사회를 바꾸려면 혁명을 일으키는 수밖에 없다고 주장했다. 공산주의 혁명을 일으켜서 노동자가 주역이 되는 세상을 만들어야 한다는 것이다.

마르크스의 《자본론》만큼 세계사에 커다란 영향을 끼친 책도 없지 않을까 싶다. 《자본론》이 없었다면 러시아 혁명도, 중국의 공산주의 혁명도 일어나지 않았을 것이다. 1867년에 독일어 초판이 발행되자 순식간에 관심을 불러일으킨 《자본론》은 이후 프랑스어 등 각국의 언어로 속속 번역되었다.

"대륙에서는 종종 《자본론》을 '노동자 계급의 성경'이라고 부른다." 1886년에 출판된 영문판의 서문에서 《자본론》을 편집한 마르크스의 맹우 프리드리히 엥겔스는 자부심을 담아서 이렇게 적었다. 독일, 영국, 프랑스, 이탈리아, 스페인… 등 마르크스의 《자본론》은 들불처럼 유럽 각지로 퍼져 나가 공산주의·사회주의 운동의 이론적 토대가 되어 갔다.

"바로 지금, 마르크스의 모든 이론은 사회주의 운동에 매우 강력한 영향을 끼치고 있다. 이 운동은 노동자 계급 못지않게 '지식인'들 사이에서도 보급되고 있다." 엥겔스는 서문에서 이렇게 말을 이었다. 왜 지식인부터 노동자에 이르기까지 수많은 사람이 《자본론》에 열광한 것일까? 그것은 자본주의의 본질이 자본가의 노동자 착취에 있으며 그런 불평등한 지배 체제를 혁명으로 타파하자는 명확한 메시지가 담겨 있기 때문이다. "불평등한 격차 사회를 근본부터 뒤엎어서 평등한 세계를 실현하자." 라는 마르크스와 엥겔스의 주장은 수많은 젊은이의 마음을 사로잡았고 빈곤에 시달리는 노동자들의 공감을 얻었다. 자본주의라는 타도해야 할 명확한 '적'을 제시한 것도 공산주의 운동의 구심력을 높였다.

잉여가치는 자본가의 부가 되어서는 안 된다
마르크스와 엥겔스는 1848년에 출판한 《공산당 선언》에서 "만국의 노동자여, 단결하라!"라는 유명한 표어를 만들어냈다. '국민국가들의 봄'이라고 불린, 유럽 각국에서 혁명의 기운이 용솟음치던 시기에 등장한 강렬한 격문이다.

"공산주의자는 자신의 견해나 의도를 숨기는 것을 부끄러워한다. 공산주의자의 목적은 기존의 모든 사회 조직을 폭력적으로 전복하는 방법을 통해서만 달성할 수 있음을 분명하게 선언한다. 공산주의 혁명으로 지배 계급을 전율시켜라. 이 혁명으로 프롤레타리아가 잃을 것은 오직 쇠사슬뿐이며, 얻을 것은 전 세계다. 만국의 노동자여, 단결하라!"

이 표어는 마르크스와 엥겔스가 국제적인 공산주의 운동을 전개하기 위해 내놓은 것이다. 그들은 '공산주의자 동맹'이나 '제1인터내셔널' 같은 국제적인 운동에 직접 관여했고, 공산주의 혁명을 향한 꿈틀거림은 더욱 기세를 높여 갔다. 이런 흐름 속에서 마르크스와 엥겔스는 이전부터 간직하고 있었던 공산주의의 이론적 토대가 되는 경제 이론을 정리해 출판하기로 결심한 것이다.

그러면 《자본론》의 포인트를 간단히 소개하겠다. 사실은 마르크스도 스미스와 마찬가지로 '부'란 무엇인가를 먼저 분석하려 생각하고 있었다. 실제로 《자본론》 제1권은 다음과 같은 구절로 시작된다. "자본주의적 생산 양식이 지배적인 사회의 부는 '거대한 상품 집적'이라는 형태로 나타나며, 각각의 상품은 이 부의 기본 형태로서 나타난다. 따라서 우리의 연구는 상품의 분석으로 시작된다."

마르크스는 자본주의 사회에서 온갖 부는 '상품'으로 형태를 바꾼다고 주장했다. 그는 스미스와 마찬가지로 투입된 노동량이 상품의 가치를 결정한다는 '노동 가치설'을 채택했지만, 노동 가치에는 상품이 얼마나 도움이 되느냐는 '사용 가치'와 교환(매매)을 통해 얻는 이익으로 결정되는 '교환 가치'의 두 종류가 있다고 지적했다. 그리고 상품과 교환할 수 있는 화폐, 즉 돈에 관해 분석했다.

일반적인 상품의 유통은 자신들이 생산한 농산물이나 수공예품 등의 상품을 팔아서 돈을 얻고, 그 돈으로 생활에 필요한 상품을 사는 흐름이 된다. '사기 위해서 판다'라는 발상이며, '상품→돈→상품'으로 교환된다. 그러나 자본으로서의 돈의 유통은 먼저 돈을 사용해 상품을 사들이고, 그것을 팔아서 다시 돈으로 교환함으로써 이익을 얻는 형태가 된다. '돈→상품→돈'이라는 흐름으로, '팔기 위해 산다'라는 발상이다. 요컨대 자본주의에서는 최대한 많은 이익을 얻어서 돈을 늘리는 것이 중요하다. '자본=돈을 늘리는 것'을 목적으로 '무한 루프'라고도 할 수 있는 운동을 끊임없이 반복하는 세계다.

마르크스의 이론에서 특징적인 점은 노동력도 '상품'으로 파악했다는 것이다. 자본가는 노동자의 노동력을 구입해서 생산물을 만들어내고, 그 대신 임금을 지급한다. 그러나 자본가의 목적은 이익의 최대화이므로 노동력을 사용해서 만들어낸 가치와 같은 임금이 아니라 가급적 그보다 적은 임금을 지급하려 한다. 노동자가 만들어낸 가치에서 임금을 뺀 가치를 마르크스는 '잉여 가치'라고 불렀다. 자본가는 노동자가 만들어낸 가치를 착취해서 이익을 만들어내고 있다는 비판이다.

마르크스는 자본가가 '잉여 가치=부'를 축적해 점점 부유해지면서도 노동자에게 그 부를 공평하게 분배하지 않기 때문에 빈곤이 계속 축적되고 있다고 생각했다. 부유한 자는 점점 더 부유해지고, 가난한 자는 점점 더 가난해진다. 이렇게 해서 경제 격차가 벌어지면 계급투쟁이 격화

되어 지본주의의 종말을 알리는 '조종弔鐘'이 울린다는 것이 마르크스의
주장이다.

양극화의 추세 속 자본론의 부활

최근 들어 마르크스가 또다시 주목받고 있다. 그 배경에는 수많은 선진
국에서 과거 30년 동안 부유층과 빈곤층의 격차가 확대되어 왔다는 사
실이 자리하고 있다. 불평등에 대한 비판이 높아지는 가운데 자본주의
의 총본산이라고도 할 수 있는 미국에서조차 마르크스를 공부하자는 움
직임이 두드러지고 있어서 2016년에는 미국 대학교의 과제 도서 순위
에서 《공산당 선언》이 3위를 차지하기도 했다. MIT의 과제 도서 순위에
서도 《공산당 선언》이 2위, 《자본론》이 6위에 올랐다.

   2013년에는 프랑스의 경제학자인 토마 피케티가 쓴 양극화와 빈곤
을 주제로 한 《21세기 자본》이 전 세계에서 150만 부가 넘게 팔리는 베
스트셀러가 되었다. '현대판 자본론'으로도 불리는 이 책이 큰 인기를 끈
배경에는 과거에 마르크스가 품었던, 빈부 격차에 대해 문제의식을 품
은 사람이 세계적으로 증가했다는 사실이 자리하고 있다.

   피케티 등이 운영하는 세계 불평등 연구소가 발표한 〈세계 불평등 보
고서 2022〉에 따르면 전체 인구의 10퍼센트를 차지하는 부유층이 부의
80퍼센트를 소유하고 있다고 한다. 더욱 충격적인 사실은 전체 인구의
1퍼센트가 부의 약 38퍼센트를 차지하고 있다는 것이다. 이처럼 대부
분의 부가 소수의 부유층에게 집중되어 있다는 것이 마르크스와 《자본
론》이 또다시 주목받게 된 배경이라고 할 수 있다.

   마르크스는 《자본론》을 완성하기 전에 세상을 떴기 때문에 엥겔스가

유고遺稿를 정리해 책으로 완성시켰다. 그러나 마르크스가 남긴 방대한 원고와 연구 노트에는 《자본론》에 담기지 않은 중요한 논점이 포함되어 있었다고 한다. 그리고 마르크스와 엥겔스가 남긴 출판물, 유고, 초고 등 발표되지 않은 것을 포함해서 정리하는 국제 프로젝트 'MEGAMarx-Engels-Gesamtausgabe'의 연구가 진행됨에 따라 마르크스가 환경 문제나 공동체 연구에도 관심을 보였음이 밝혀졌다.

러시아 혁명으로 탄생한 소련이 2001년에 붕괴한 뒤로 공산주의는 실패했다는 시각이 단숨에 전 세계로 확대되었다. 일당독재에 개인의 자유를 억압하는 사회였기도 한 탓에 부정적인 시각이 우세해졌다. 그러나 마르크스의 사상을 검증해 보면 그가 소련 같은 전체주의적인 세계를 지향했던 것이 아님을 알 수 있다. 그렇기에 더더욱 원점으로 돌아가서 마르크스와 자본론, 미발표된 초고 등을 다시 한번 살펴봄으로써 자본주의가 안고 있는 양극화 등의 문제를 해결하기 위한 힌트를 찾아내려 하는 움직임이 나타나고 있는 것이리라.

'새로운 자본주의'란 무엇인가?

한편 자본주의 자체를 개혁해서 수많은 과제를 극복하려 하는 움직임도 강해지고 있다. 최근에는 '새로운 자본주의'라는 말도 종종 들을 수 있게 되었다. 새로운 자본주의의 정의는 다양하지만, 과거에 마르크스가 《자본론》에서 비판했던 가진 자는 점점 부유해지고 갖지 못한 자는 빈곤에서 벗어나지 못하는 자본주의 사회의 개혁을 지향한다는 점은 대체로 일치한다.

'새로운 자본주의'를 모색하는 것은 전 세계적인 움직임이다. 미국의 세계 최대급 헤지펀드인 브리지워터 어소시에이츠를 이끄는 레이 달리오도 양극화 사회를 거듭 경고하고 있다. "미국의 자본주의는 실패했다."라고 지적한 그는 양극화의 시정을 향해 교육 지원 등의 정책을 실시해야 한다고 주장했으며 양극화의 해소를 위한 정부 계열 펀드를 만들 것도 제창했다. 운용 자산이 200조 원 규모에 이르는 헤지펀드를 이끄는 '자본주의의 압도적인 승자'가 이런 개혁을 외치는 것은 기묘하게 생각되지만, 자본주의가 안고 있는 문제가 그만큼 뿌리 깊다고도 말할 수 있을 것이다.

머스크는 "14세에 《자본론》을 읽었다. 독일어 원서를 영어로 번역하면서 교차 검증까지 한 책이었다."라고 말했다. 14세에 읽기에는 난해한 책이라는 인상도 있지만, 적어도 《자본론》에 관심을 갖고 일부라도 읽어 본 것은 분명하다. 머스크는 자신이 '사회주의자'라고 발언한 적도 있다. "사실 나는 사회주의자다. 다만 진정한 사회주의는 자원을 생산성이 가장 높은 것에서 가장 낮은 것으로 옮겨서 실제로 해를 끼치면서 선을 행하는 척하는 것이 아니다. 모든 사람에게 '최고의 선'을 추구하는 것이다."

불확실성과 우연이 지배하는 전쟁에서 승리하는 법

book 《전쟁론》《손자병법》《생각 정리를 위한 손자병법》

카를 폰 클라우제비츠Carl von Clausewitz의 《전쟁론》은 전쟁의 본질을 날카롭게 파고든 책이다. 약 200년 전의 나폴레옹 전쟁이 종결된 직후에 집필된 고전이지만, 지금도 군사 전략을 공부하기 위한 중요한 교재로서 전 세계에서 널리 읽히고 있다. 사관학교 등 군의 간부를 양성하는 기관뿐 아니라 비즈니스 스쿨에서도 종종 교재로 사용하는 까닭에 《전쟁론》에 관심이 있는 직장인들도 많다.

《전쟁론》이 불후의 명작으로 평가받는 이유 중 하나는 전쟁을 바라보는 클라우제비츠의 관점에 있다. "전쟁은 하나의 정치 행위다.", "전쟁이란 다른 수단을 사용하는 정치의 연속이다." 클라우제비츠는 이렇게 주장했다. 전쟁은 목적이 없는 살육 행위로 생각되는 경우도 있지만 그렇지 않다. 경제적인 목적이나 원한 등에서 비롯되는 개인적인 범죄 행위와는 달리 정치적인 목적을 달성하기 위해 실시되는 행위가 전쟁인 것이다. 민주 국가라면 국민이 뽑은 정치가가 전쟁을 할지 말지의 정치적인 선택권을 쥐고 있다.

이 책에서 클라우제비츠는 전쟁의 불확실성을 거듭 이야기했다. "전쟁은 도박이다."라고 말하고, 군사 행동이 펼쳐지는 곳의 4분의 3은 많든 적든 커다란 불확실성이라는 안개에 싸여 있다고 주장했다. 과거에 있었던 전투를 쌍방이 완전히 똑같은 전력과 조건으로 다시 한번 싸운다고 가정하면 결과가 달라지는 경우도 생각할 수 있다는 것이다.

"전쟁은 우연을 동반한다. 인간의 행위에서 전쟁만큼 우연이라는 외부적 요소가 활동할 여지를 주는 것도 없을 것이다. 인간의 행위 가운데 이처럼 모든 면에서 우연과 끊임없이 접촉하는 것은 없기 때문이다. 우연은 온갖 상황의 불확실성을 증대하며, 또 사건의 경과를 혼란에 빠트린다."

불확실하고 우연에 좌우되는 전쟁터에서는 지휘관의 역할이 매우 중요하다. 클라우제비츠는 프랑스어로 '쿠 데일coup d'œil', 즉 일견 혹은 통찰력이라고 부르는 능력을 중시했는데 이것은 전쟁터를 슬쩍 둘러보는 것만으로 순식간에 상황을 파악하고 적확한 판단을 내리는 능력이다. 그는 이런 능력을 지닌 리더를 '군사적 천재'라고 정의했다.

이 책이 그리는 지휘관의 바람직한 모습은 전쟁뿐만 아니라 비즈니스의 세계에도 적용된다. "기질이 강한 사람이란 감정이 격앙되기 쉬운 사람이 아니라 감정이 격앙될 때도 균형을 잃지 않는 사람을 가리킨다. 비유를 들자면 폭풍우 속을 항해하는 선박의 나침반처럼 항상 진로를 잃지 않는 사람이다."

클라우제비츠는 전쟁에서 정신적인 힘이 중요함을 거듭 지적했다. "정신력은 전쟁을 논할 때 가장 중요한 요소다.", "과거의 전쟁 이론은 정신력을 완전히 무시한 채로 전쟁의 기준이나 원칙을 정형화했는데, 이것은 철학적으로 너무나 어리석다고밖에 할 말이 없다.", "일반적으로 정신력의 가치가 가장 잘 드러나는 곳은 역사다. 역사를 자세히 살펴보면 정신력이 때때로 믿을 수 없을 정도의 영향력을 발휘함을 알 수 있다."

전쟁에서는 일반적으로 전차나 항공기 등의 병기나 병사의 수 같은 동원 가능한 전력을 비교하게 된다. 그러나 클라우제비츠는 그런 점에만 주목하고 정신적인 힘을 경시해서는 안 된다고 주장했다. 그는 이 책에서 정신력을 '고급 사령관의 재능', '군대의 무덕武德', '군대의 민족정신(국민적 정신)'이라는 세 가지로 나눠서 설명했다.

그러나 클라우제비츠가 주장하는 정신력의 중요성은 훗날 수많은 국가의 군대에서 '선택적'으로 수용, 곡해되었다. 제1차 세계대전 당시 독일과 프랑스에서는 정신력을 중시하는 공격적인 독트린에 기반을 둔 교육을 실시했고, 이것이 참호전에서 무의미한 돌격을 반복하는 전법으로 이어져 수많은 병사의 목숨을 앗아갔다. 일찍부터 독일식 군제를 학습했으며 클라우제비츠의 《전쟁론》이 널리 알려져 있었던 일본도 마찬가지다. 정신력과 결전주의만을 강조했고, 이것은 제2차 세계대전에서도 바뀌지 않았다.

클라우제비츠는 정신력의 중요성을 지적하면서도 냉정한 분석을 잊지 않았다. "재능이 뛰어난 고급 사령관이라 해도 두 배의 병력을 보유한 적에게 승리하기는 매우 어렵다." 당시의 수많은 전투를 검증한 결과, 두 배 이상의 병력을 보유한 적에게 승리한 예는 거의 없었기 때문이다. 그러면서 "제1원칙은 최대한 우세한 병력으로 전쟁에 임하는 것"이라고 말하고, "절대적인 병사 수의 우위를 확보할 수 없을 경우, 군대를 효과적으로 배치해 결정적으로 중요한 지점에서 병사 수의 상대적 우위를 확보할 것"을 권했다.

전쟁터에서 수많은 승리와 패배를 경험하다

《전쟁론》이 설득력을 지니는 이유는 클라우제비츠 본인이 나폴레옹 전쟁 당시 수많은 전쟁터를 누비며 승리와 패배를 경험했기 때문이다. 1806년에 프로이센군이 나폴레옹군에 참패를 당한 아우어슈테르 전투에서 포로로 잡혔던 경험도 있다. 이후 석방되어 프로이센으로 돌아간 클라우제비츠는 프랑스에 뒤처져 있었던 군제 개혁에 참여했고, 1810년에는 육군 대학교의 교관이 되었다.

그러나 1812년에 프로이센이 프랑스와 맺은 군사 동맹에 반대한 그는 프로이센군을 떠나서 러시아군에 가담해 중령이 된다. 그리고 나폴레옹이 러시아를 침공했을 때 러시아군 기병 군단의 참모 차장으로 활약하며 프랑스군을 격퇴하는 데 힘을 쏟았다. 그 후 1814년에 프로이센군으로 복귀해서는 한때 패배를 경험하기도 했지만 나폴레옹군에 결정적인 승리를 거둔 워털루 전투에 참전했다.

이처럼 탁상공론만 하는 것이 아니라 전쟁의 현실을 알기에 병기와 전술, 지형뿐만 아니라 정치 철학이나 인간과 정신성까지 깊게 연구하고 《전쟁론》을 집필한 것이다. 전쟁의 본질을 파고든, 오랜 세월 동안 빛이 바래지 않는 책을 쓴다는 클라우제비츠의 목적은 달성되었다고 말할 수 있을 것이다. 실제 경험을 바탕으로 한 리얼리즘이 책을 관통하고 있기에 이 책은 시공을 초월해 오늘날에도 전 세계에서 읽히고 있다.

머스크는《전쟁론》을 읽고 '결정적인 기술적 우위성이 있다면 최소한의 희생으로 승리할 수 있음'을 깨달았다고 말했다. 혁신의 신봉자인 머스크다운 시각이다. 사실 클라우제비츠는 당시 각국의 군대가 무장, 장비, 훈련이라는 측면에서 근접해 두드러진 차이가 존재하지 않게 되었다고 지적했다. 그러나 이것은 뒤집어서 말하면 머스크가 주장하듯이 압도적인 기술적 우위성이 있을 경우 적은 희생으로 결정적인 승리를 거둘 수 있다는 의미이기도 할 것이다.

2,500년 전에 알려진 싸우지 않고 승리하는 병법

손무(孫武, 손자는 존칭이다)는 중국이 춘추 시대였던 기원전 535년경에 태어난 것으로 추정되는 무장이다. 당시의 중국은 수많은 나라가 난립해 끊임없이 전쟁을 벌였는데 손무는 제齊에서 태어났지만 오吳에서 장군으로 활약했다고 전해진다. 실존 인물인지에 관해서는 이론도 존재하지만 손무는 병가의 대표적인 인물로서 활약했으며 13편으로 구성된 병법서를 썼다고 여겨지고 있다.

사마천이 쓴《사기》에서는 모집한 병사들로 양동 작전 등의 교묘한 전술을 구사해 당시 강국으로 알려졌던 초의 대군을 격파한 명장으로 그려진다. 손무의 활약이 역사적 사실인지는 둘째치고, 병법서로서의《손자병법》은 2,500년이라는 시간을 초월해 동서양에서 높게 평가받고 있다.

예를 들어 미군은《손자병법》을 연구해《손자와 클라우제비츠Sun Tzu

and Clausewitz》라는 책을 출판했다. 저자인 마이클 한델은 미 해군 전략 대학교의 교수이자 클라우제비츠 연구의 세계적인 권위자로, 이 책에서는 《손자병법》과 《전쟁론》을 통솔이나 첩보 같은 주제별로 비교했다. 걸프 전쟁 당시 미군의 합동 참모 회의 의장을 역임한 콜린 파월(이후 국무장관이 된다)도 《손자병법》을 애독한 것으로 유명하다.

《손자병법》과 관련된 서적은 매우 많은데, 2015년에 출판된 제시카 해기Jessica Hagy의 《생각 정리를 위한 손자병법》은 일러스트가 많아서 읽기 쉬워 그 내용을 중심으로 소개하려 한다. 손자의 주옥같은 명언들은 비즈니스 리더에게도 매우 참고가 된다.

"싸우지 않고 이긴다."라는 너무나도 유명한 손자의 말은 손자의 전쟁관을 그대로 보여준다. 전쟁은 국가의 대사大事로, 사람들의 생사와 국가의 존망이 달려 있다. 그러므로 (전쟁을 시작하기 전에) 신중하게 생각해야 한다고 손자는 주장했다. "전쟁에서 최고의 승리는 싸우지 않고 적국을 통째로 병합하는 것이다. 싸워서 상대를 타도하는 것은 차선책에 불과하다.", "백전백승은 최선이 아니다. 싸우지 않고 적을 굴복시키는 것이 최선이다." 설령 전쟁을 피할 수 없더라도 최대한 피를 흘리지 않고 이길 방법이나 불필요한 전쟁 비용을 사용하지 않을 방법을 궁리해야 한다고 손자는 말했다.

리더의 바람직한 모습을 묘사한 손자의 말은 가슴을 울린다. "'도道'란 사람들의 마음을 지휘관과 하나로 만드는 정치의 형태다. 이것이 있기에 사람들은 위험을 두려워하지 않고 목숨을 던져서라도 지휘관을 따른다.", "'무武'란 지식, 능력, 성실함, 부하에 대한 인애, 용기, 엄격함이라는 장군의 소질이다.", "승리하는 장군은 싸우기 전부터 많은 것을 계산한다.

패배하는 장군은 계산을 많이 하지 않는다. 많은 것을 계산하는 자가 승리하며, 계산이 부족한 자는 패한다." 승리하기 위해서는 사전에 주도면밀하게 준비하고, 일이 계획대로 진행되지 않을 경우도 시야에 두고 온갖 시나리오를 생각하며 시뮬레이션해 놓는 것이 중요하다는 지적이다.

또한 손자는 "먼저 전쟁터에 도착해 적을 기다리는 자는 싸움을 위한 만반의 준비를 갖춰 놓을 수 있다. 나중에 황급히 도착하는 자는 싸우기 전부터 지친다. 싸움에 능숙한 자는 자신이 주도권을 쥐며, 적에게 주도권을 빼앗기지 않는다."라고도 말했다.

전쟁에서 승리하기 위한 다섯 가지 조건

손자는 전쟁에서 승리하기 위한 다섯 가지 요건이 있다고 지적했다.

첫째, 싸워야 할 때와 싸워서는 안 될 때를 아는 자가 승리한다.

둘째, 다수의 병력을 다루는 법, 소수의 병력을 다루는 법을 아는 자가 승리한다.

셋째, 부하들과 결속해 하나의 목적을 향해서 나아가는 자가 승리한다.

넷째, 자신은 면밀한 준비를 한 상태에서 방심한 적과 싸우는 자가 승리한다.

다섯째, 유능하며 군주에게 간섭 받지 않는 자가 승리한다.

전부 간결하지만 싸움에서 승리하기 위한 포인트를 적확히 설명한 말들이다. 특히 손자는 리더가 부하의 마음을 사로잡아 목적을 향해서 나아가도록 만드는 방법의 요체를 상세히 설명했다. "부하를 자신의 어린 자식처럼 소중히 여기는 지휘관의 병사는 깊은 골짜기까지도 따라간다. 부하를 자신이 가장 사랑하는 자식처럼 소중히 여기는 지휘관의 병사는 그곳이 사지라 해도 쫓아갈 것이다. 그러나 부하를 지나치게 사랑한 나머지 부리지 못하거나, 소중하게 여길 뿐 명령을 실행시키지 않거나 제멋대로 굴도록 내버려두다 부하들을 장악하지 못하게 된다면 병사들은 어리광을 부리고 떼를 쓰기만 하는 아이처럼 쓸모가 없어질 것이다."

리더는 부하를 상냥하게 대하기만 해서는 안 되며, 규율과 엄격함으로 대해야 한다는 것이 손자의 생각이다. 최근 상사가 부하를 엄격하게 대하면 특히 젊은 사원들이 회사를 그만둘지 모른다는 우려가 커져 "본래라면 지적하고 가르쳐야 할 것도 말을 할 수 없게 되었다."라고 한탄하는 리더가 늘고 있다. 깊은 애정을 갖고 부하를 대함으로써 신뢰 관계를 쌓은 상태에서 문제가 있을 경우 할 말을 분명하게 하는 손자의 리더십을 발휘하지 못한다면 부하 사원은 성장하지 못하며 조직도 약해질 가능성이 있다.

"명령이나 지시를 평소에 제대로 하고 병사들이 그것을 배우고 있다면 병사는 지휘관을 따른다. 명령이나 지시를 평소에 제대로 행하지 않고 병사들도 그것을 배우지 않는다면 병사는 지휘관을 따르지 않는다. 평소에 명령이나 지시를 적절히 행하고 있다면 상호 간에 신뢰가 생겨날 것이다."

손자의 가장 유명한 말은 "적을 알고 나를 알면 백 번을 싸워도 위태롭지 않다."일 것이다. 적의 상태와 아군의 상태를 모두 정확히 파악하고 있다면 몇 번을 싸우든 패하는 일은 없다는 의미다. 다만 이 말을 하기 전에 손자는 "경험이 풍부한 장수는 일단 행동하기 시작하면 망설이지 않으며 싸움을 시작한 뒤에 당황하지도 않는다."라고 말했다. 평소에 정보를 철저히 수집해 대비를 갖춰 놓는다면 리더는 망설이지 않고 행동할 수 있다는 것이다.

　머스크는《손자병법》을 반복해서 읽고 있다고 한다. 머스크의 리더십은 과격하고 엄격한 것으로도 유명하지만, 결단력이 있고 '망설이지 않는' 유형의 리더임에는 틀림이 없다.

#삶의 자세

인생은 비극과
희극의 연속이다

book 《메이 머스크, 여자는 계획을 세운다》《잘못은 우리 별에 있어》《고도를 기다리며》

천재의 어머니가 이야기하는 불굴의 인생론

《메이 머스크, 여자는 계획을 세운다》는 일론 머스크의 어머니이며 70대임에도 현역 모델로 활동하고 있는 메이 머스크가 쓴 책이다. 메이의 활력 넘치는 삶의 자세가 그려져 있어 읽는 사람도 기운이 나도록 만드는이 책은 메이의 자서전인 동시에 역경 속에서도 낙관적이고 긍정적으로살자는 메시지가 담긴 '인생론'의 교과서이기도 하다.

　모델이라고 하면 화려한 이미지를 떠올리는 사람이 많겠지만 메이의인생은 우여곡절로 가득했다. 첫 결혼 상대는 놀랄 만큼 질투심이 강한사람이어서 메이는 가정 폭력에 시달린 끝에 결국 이혼을 결심한다. 그리고 일론 등의 어린 세 자녀를 혼자의 힘으로 키우기 위해 모델 일에 힘을 쏟는다. 그런 삶의 자세는 아들인 일론에게도 강한 영향을 끼쳤다.

메이는 모험과 탐험을 사랑하는 가정에서 성장했다. 아버지가 소형 프로펠러 비행기를 소유하고 있어서 가족이 함께 캐나다나 미국, 유럽, 아시아, 오스트레일리아를 비행했다. 그리고 메이가 어렸을 때 캐나다에서 남아프리카로 이주했다.

메이는 부모님의 손에 이끌려 보츠와나, 나미비아, 남아프리카에 걸쳐 있는 칼라하리 사막에서 '잃어버린 도시'로 불리는 고대 도시를 찾아다니는 여행을 한 적도 있다. 부모와 다섯 자녀가 매년 겨울에 3주 정도 사막을 찾아가서 각자 나침반을 들고 다녔고, 야생 동물을 사냥해서 먹기도 했다고 한다. 메이는 가족과 함께 여덟 번이나 칼라하리 사막을 탐험했지만 결국 잃어버린 도시는 발견하지 못했다.

"아버지는 알지 못하는 장소를 탐험하고, 새로운 문화와 접하며, 새로운 토지를 발견하는 것을 좋아하셨다. 아버지도, 어머니도 배우기를 멈추지 않으셨다. 아버지는 길이 나 있지 않은 장소를 달리고, 사막에서 길을 개척하기를 좋아하셨다. 늘 나침반을 들고 다니셨기에 결코 길을 잃고 헤매지 않았다. 늘 아버지가 목표했던 장소에 도착하신 것이다." 메이는 이 책에서 이렇게 말했다. 일론도 모험을 좋아하는 할아버지의 피를 물려받았다.

어린 나이에 결혼한 메이는 3년여 만에 일론과 킴벌이라는 두 사내아이와 토스카라는 딸을 낳았다. 그러나 남편의 폭력이 점점 심해지는 가운데 메이는 이혼을 결심한다. 그러자 남편은 "이혼할 생각이라면 면도날로 네 얼굴을 그어 놓고 자식 놈들의 무릎을 총으로 쏴서 못 걸어 다니게 하겠어."라고 협박했다고 한다.

물론 혼자서 어린 세 자녀를 키우는 것은 매우 힘든 일이었다. 좁은 공동 주택에 살면서 땅콩버터를 바른 샌드위치와 콩 수프만으로 끼니를 때우는 생활이 계속되었다. 이것이 일론의 소년 시절이었다. "늘 돈에 쪼들렸다. 그래서 내 옷은 항상 중고 옷가게에서 사 입어야 했다." 메이는 당시를 이렇게 회상했다.

세계 최고의 부자도 소년 시절에는 곤궁함을 밑도는 궁핍한 생활을 했던 것이다. 이런 환경에서 자랐다는 것을 알기에 나는 일론이 자신을 사회주의자라고 주장하고 14세에 마르크스의 《자본론》을 읽었다고 해도 위화감을 느끼지 않았다. 현재의 일론밖에 모르는 사람은 '서민의 생활을 알지 못하는 부자가 자신을 사회주의자라고 주장하다니, 웃기고 있군'이라고 생각할지도 모른다. 그러나 일론은 경험을 통해 빈곤이 무엇인지 알고 있으며, 부유층과 빈곤층의 시선에서 세상을 바라볼 수 있는 인물이다.

비록 가난한 환경에서 자랐지만, 일론은 총명했다. 메이는 "일론은 독서를 매우 좋아했고, 읽은 것은 전부 기억했다. 브리태니커 백과사전과 콜리어스 백과사전을 읽고 전부 기억하고 있었기에 우리는 일론을 '백과사전'이라고 불렀다."라고 말했다. 일론은 자신의 컴퓨터를 갖자 12세에 '블래스터'라는 게임을 개발했다. 그리고 메이의 권유로 그 게임을 컴퓨터 잡지사에 보내자 잡지사로부터 500달러를 받았다고 한다.

컴퓨터에 관심이 컸던 일론은 컴퓨터 과학이 발전한 북아메리카로 가고 싶다고 생각하게 되었고, 17세에 친척에게 부탁해 메이가 태어난 고향 캐나다로 이주할 것을 결심했다. 일론이 먼저 현지로 건너가고, 메이를 비롯한 가족도 뒤따라서 이주했다. 일론은 온타리오 주의 퀸스 대학교를 2년 동안 다닌 뒤 미국의 펜실베이니아 대학교에 편입해 물리학과 경제학 학위를 취득하고 졸업했다. 이에 대해 메이는 "직접 장학금과 학자금 대출을 신청해서 자신이 좋아하는 분야를 공부하는 길을 선택했다."라고 회고했다.

메이도 열심히 노력하며 캐나다에서 생활 기반을 마련해 나갔다. 토론토 대학교에서 공부하는 가운데 영양사 일을 계속했고, 40대 이후에도 계속 일거리를 찾아내 모델로 활동했다. 화려한 일거리뿐 아니라 카탈로그나 상품 광고 등 수수한 일도 마다하지 않았다. "노력하는 만큼 행복해질 수 있다."라는 아버지의 좌우명처럼 메이도 끊임없이 노력함으로써 생계를 유지해 나갔다.

"원하는 것이 있으면 갖고 싶다고 말하렴." 메이는 자녀들에게 이렇게 가르쳤다고 한다. 딸인 토스카가 좋아하는 가수를 레스토랑에서 우연히 보고 사인을 부탁할지 말지 망설이자 메이는 이렇게 말했다. "토스카, 네가 사인을 부탁하지 않는다면 절대 사인을 받을 수 없어. 하지만 사인을 부탁한다면 사인을 받을 수 있을지도 몰라." 그 말에 토스카는 가수에게 말을 걸어 사인을 받을 수 있었다. 메이는 "'노No'라는 대답을 들었다면 다른 길로 나아갈 필요도 있다. 그러나 어떻게든 갖고 싶은 것이 있다면 먼저 끈기 있게 '갖고 싶다'고 말해야 한다."라고 말했다.

59세가 된 뒤로 메이는 흰 머리를 염색하지 않기로 결심했다. 본래 고령의 모델은 많지 않으며, 있어도 젊게 보이기 위해 당연하다는 듯이 머리를 염색했다. 그러나 메이는 백발 모델이라는 스타일을 고수했으며, 직접 모델 에이전시에 적극적으로 요청해 미국의 《타임》지와 〈뉴욕타임스〉의 모델로 기용되는 등 활발히 활동하고 있다.

"여자는 나이를 먹는다고 해서 속도를 늦출 필요가 없다. 나는 총알처럼 맹렬한 속도로 살고 있다. 온갖 것을 시도하고, 즐기고, 전보다 더 열심히 일하며, 이를 확인하기 위해 SNS를 사용하는 등 최고로 즐겁게 살고 있다."

처음에 메이는 이 책의 제목을 '살아남기 위해 싸우며'라고 지으려 했다. 그러나 인생을 힘들게만 살아 온 것처럼 느껴지는, 출판사로서는 책 판매에 성공하기 힘든 제목이라는 피드백 때문에 미국에서 출간 당시 결국《여자는 계획을 세운다A Woman Makes a Plan》라는 긍정적인 제목으로 지었다고 한다. 이 책의 '맺음말'에서 메이는 이런 말을 했다. "계획을 세우더라도 늘 계획대로 순조롭게 진행되는 것은 아니다. 실패한다면 다른 계획을 세울 필요가 있다. 작전을 다시 짠다고도 할 수 있다. 인생은 올라갔다가 내려가기를 반복하는 롤러코스터 같은 것이다. 올라갈 때는 하늘을 날 것 같은 기분일지 모르지만, 내려갈 때는 틀림없이 굉장히 괴로울 것이다. 그리고 내려갔을 때는 다시 올라가기 위한 계획을 세워야 한다."

일론도 테슬라에서 자금 부족과 생산 트러블, 스페이스X에서 발사 실패 등 수많은 경영 위기에 직면했지만 강인한 정신력과 필사적인 노력으로 역경을 극복해 왔다. 이런 일론의 불굴의 정신은 어머니에게 물려받은 것인지도 모른다.

암과 싸우는 연인의 슬프지만 아름다운 이야기

존 그린John Green의《잘못은 우리 별에 있어》는 암에 걸려 시한부 인생을 사는 젊은 남녀의 감동적인 러브스토리다. 원제인 'The Fault in Our Stars'는 윌리엄 셰익스피어의 비극《줄리어스 시저》에 나오는 대사에서 가져온 것이다. 시저(카이사르)를 암살하려 하는 카시우스가 동료인 브루투스에게 한 "The fault, dear Brutus, is not in our stars. But in ourselves, that we are underlings(친애하는 브루투스, 그 실패는 우리 별(운명)의 탓이 아니야. 우리 자신의 탓이라네)."라는 유명한 대사다. 이 책의 원제 의미는 《줄리어스 시저》에 나오는 대사와 반대로 '암에 걸린 것은 두 사람의 탓이 아니라 우리 별(운명)의 탓이다'라는 것이다.

이야기의 주인공은 16세의 소녀 헤이즐 그레이스 랭커스터로, 갑상선 암이 폐로 전이되었기 때문에 산소 호흡기가 있어야 숨을 쉴 수 있다. 헤이즐은 어머니의 권유로 암 환자 지원 단체의 집회에 참석하는데, 그곳에서 골육종을 앓아 한 다리를 잃은 어거스터스 워터스라는 소년을 만난다. 두 사람은 점차 서로에게 끌리게 되는데 좋은 감정을 솔직하게 드러내는 어거스터스와 달리 헤이즐은 암을 앓고 있는 몸으로 깊은 관계가 되는 것에 부담감을 느낀다. 그러나 두 사람은 자신이 좋아하는 소설을 상대에게 권하는 등의 과정을 거치며 깊은 관계가 되어 가다 이윽고 사랑에 빠지는데, 그때 어거스터스의 암이 재발한다.

흔한 비극적 러브스토리처럼 생각될지 모르지만 헤이즐과 어거스터스의 대화는 경쾌하고 유머가 있어 읽는 이를 빠져들게 한다. 피할 수 없는 죽음과 정면으로 마주하면서 사랑하는 사람과 어떻게 마주할지, 한정된 시간을 어떻게 살아야 할지 생각하게 하는 책이다. 머스크는 "(이 책을) 좋아한다고 인정할 수밖에 없다. 슬프지만 로맨틱하고, 아름다운 제목의 책이다."라고 이 책을 평가했다.

저자인 존 그린은 1977년생으로, 2012년에 이 책을 출판했다. 그린은 시카고 대학교의 신학교에 소속되어 있으면서 오하이오 주 콜럼버스의 소아 병원에서 학생 목사로 일한 경험에서 영감을 얻어 이 책을 쓰게 되었다. 《잘못은 우리 별에 있어》를 읽고 느낀 것은 그린의 따뜻한 마음이다. 그린은 10대였을 때 집단 괴롭힘을 당하며 비참한 청년 시절을 보냈고 강박 장애도 앓고 있다. 그래서일까? 그린은 병마와 싸우고 있는 환자의 슬픔과 기쁨 같은 인간다운 감정을 생생하게 묘사했고 이것이 많은 사람의 공감으로 이어졌다는 생각이 든다.

그린은 성공회 목사가 되려 했지만, 목숨을 잃을지도 모르는 병에 괴로워하는 아이들이 있는 직장에서 일한 경험이 외상후 스트레스 장애 PTSD가 되어 작가의 길을 선택했다. 집단 괴롭힘을 당한 경험도 있는 그린은 차별을 싫어하고 약자의 곁에 다가가려 하는 자세를 선명하게 드러낸다. 난민을 옹호하고, 크리스천이면서도 이슬람교를 이해하려 노력한다. 그런 그린이기에 쓸 수 있었을 이 감동적인 러브스토리는 한 번쯤 읽어 볼 가치가 있다.

부조리함 속에 담긴 해학과 철학들

《고도를 기다리며》는 아일랜드에서 태어난 프랑스 작가 사뮈엘 베케트 Samuel Beckett가 쓴 희곡으로, 부조리극의 대표작으로 평가받는다. 부조리는 이치에 맞지 않거나 불합리한 것을 가리키는 말이다. 《고도를 기다리며》의 스토리는 이 뜻처럼 도대체 뭐가 뭔지 알 수가 없다. 솔직히 나도 한 번 읽은 것만으로는 무엇이 재미있고, 무슨 말을 하고 싶은 것인지 잘 이해할 수가 없었다.

시골길의 한 나무 아래에서 블라디미르(디디)와 에스트라공(고고)이라는 두 부랑자가 '고도'라는 구원자를 줄곧 기다린다는 이야기다. 두 사람은 고도가 누구인지, 언제 오는지, 왜 기다려야 하는지에 대해 끊임없이 이야기를 나눈다. 그러다 말싸움도 하고 농담도 나누지만, 결국 고도는 오지 않는다. 게다가 고도가 누구인지도 밝혀지지 않는다.

"여기 계속 있어도 의미가 없을 것 같네."

"다른 곳으로 간다고 한들 마찬가지가 아닌가."

"그런 말 하지 말게. 내일이 되면 다 잘 풀릴 걸세."

"왜 그렇게 생각하는가?"

"고도가 내일은 반드시 온다고 했다네. [잠시 침묵하다가] 자네, 어떡할 건가?"

"그럼 여기서 기다리면 되겠군."

이런 식의 대화가 계속된다. 이런 대화를 듣다(읽다) 보면 관객(독자)은 '고도는 대체 뭐 하는 사람일까?'라고 생각하게 된다. 고도Godot라는 철자는 신God을 암시하며, 구원자라고 바꿔 말할 수도 있다. 실제로 연극을 보는 편이 이해하기 쉬운데 '관객이 이 연극을 어떻게 해석할지 열심히 생각하게 만든다'라는 신기한 매력이 있는 작품이라고 할 수 있다.

"저 목소리들… 뭐라고 말하는 걸까?"

"자신의 일생을 말하고 있는 것이라네."

"살았다는 것만으론 만족할 수 없지."

"살았다는 걸 말해야지."

"죽었다는 것만으론 부족해."

"그래, 부족해."

－침묵－

"마치 날갯짓하는 소리 같구만."

"나뭇잎 소리 같네."

"재가 흩날리는 소리 같네."

"나뭇잎 소리 같네."

－오랜 침묵－

"뭐라고 말 좀 해 보게!"

"지금 할 말을 찾고 있네."

－오랜 침묵－

"뭐라도 좋으니 말 좀 해 보게나!"

"지금부터 무얼 할까?"

"고도를 기다려야지."

"아아, 그렇군."

《고도를 기다리며》는 세계의 연극계에 커다란 영향을 끼쳤으며, 세계 각국의 수많은 연극인의 마음을 사로잡았다. 이 작품은 무수한 해석이 가능하다. 영어학자이며 도쿄 대학교의 명예 교수였던 다카하시 야스나리는 이런 말을 했다.

"'고도'를 '갓'의 철자를 비튼 것으로 해석해 신이 죽은 시대에 유사 신을 기다리는 현대인이라는 은유적 초상화의 모티프가 여기에 있다. (…) 이 해석이 저항하기 어려울 만큼 유혹적인 것은 사실이지만, 동시에 입에 담기도 부끄러울 만큼 진부하다는 것도 분명하다. 게다가 신의 죽음이라는 말을 하는 순간 이야기가 지나치게 크리스트교적으로 한정되어 버리지 않는가?"

예를 들어 《고도를 기다리며》에는 예수 그리스도와 함께 십자가형을 당한 두 도둑의 이야기가 등장한다. "자만하지 말거라. 도적 중 한 명은 지옥에 떨어졌노라. 절망하지 말거라. 도적 중 한 명은 구원을 받았노라.”라는《고백록》등의 책으로 유명한, 초기 크리스트교 신부 아우구스티누스가 했다고 알려진 말에 깊은 감명을 받은 베켓이 이 작품에도 등장시켰다고 한다. 이 도둑의 이야기도 참으로 부조리하다.

베켓이 자신에게 친숙한 크리스트교의 신화를 이 작품에서 이용한 까닭에 그 지식이 없다면 재미있게 읽을 수 없다고 말하는 사람도 있을지 모른다. 서양의 크리스트교 사회에서 신은 친근한 존재다. 미국의 경건한 크리스천과 이야기를 나눠 보면 세상이 끝나는 날에 예수 그리스도가 다시 지상으로 내려와 크리스트교도들을 천국으로 인도한다는 ‘재림’을 믿는 사람이 적지 않다.

그러나 ‘신’을 보편적인 존재로 파악한다면 이 작품의 재미를 느끼는 것은 가능하다. 그렇기에 수많은 연극인이 이 작품에 관심을 보이는 것이리라. 물론 종교상의 신 이외에도 ‘구세주’는 존재한다.《고도를 기다리며》에는 구소련의 독재자였던 스탈린에 관한 언급도 나온다. 인간에게 ‘구원자’는 무엇인가? 예수 그리스도인가? 혁명인가? 아니면 죽음인가? 애초에 환상과도 같은 구세주를 계속 기다리는 것이 대체 무슨 의미가 있는가…. 무슨 말을 하고 싶은지 알 수 없다 해도, 관객이나 독자가 ‘생각하게 만드는’ 작품임에는 틀림이 없을 것이다.

2016년에 일론 머스크는 지하에 판 터널을 통해 초고속으로 이동하는 교통수단을 실현하기 위한 ‘보어링 컴퍼니’라는 스타트업을 설립했다. 그리고 2017년에 지하 터널을 굴착하기 위해 도입한 자동 굴착 머신 1호기를 ‘Godot’라고 명명했다. 지하 터널의 건설은 막대한 자금과 시간이 필요한 까닭에 난항을 겪고 있으며, 정말로 ‘고도(신)’이 찾아와서 도와주지 않으면 진행될 것 같지가 않다. 여담이지만 보어링boring이라는 영어 단어에는 '굴착'이라는 의미와 함께 '지루한'이라는 의미도 있는데, 여기에서도 머스크의 유머 감각이 느껴진다.

PART 2
제프 베이조스의
서재

파괴적인 공룡 기업을 만들 수밖에 없었던 사람

"베이조스는 마치 연극을 하는 것처럼 과장된 어조로 화낼 때가 많은데 직원들은 이를 몰래 '광기'라고 불렀다." 아마존의 창업자인 제프 베이조스의 전기 《아마존, 세상의 모든 것을 팝니다》에서 저자인 브래드 스톤은 이렇게 말했다. "자네는 게으른 건가, 아니면 그냥 무능한 건가?", "그따위 아이디어를 또 들을 바에는 목을 매고 죽어 버리는 게 낫겠군." 같은 심한 말로 간부를 질책할 때가 종종 있기 때문이라고 한다.

'광기'라는 말을 듣는 이 세계적인 CEO는 과연 어떤 인물일까? 베이조스라고 하면 미디어의 단독 인터뷰에 거의 응하지 않는 사람으로 유명하지만 나는 운 좋게도 단독 취재를 할 기회가 두 번이나 있었다. 특히 인상적이었던 것은 2005년에 시애틀의 본사에서 했던 인터뷰다. 베이조스는 기묘하게 느껴질 만큼 크고 소란스러운 목소리로 웃는 경우가 종종 있다. "(베이조스는) 마치 발정 난 바다코끼리의 울음소리나 전동 공구 소리가 아닌가 싶을 만큼 요란스럽게 웃는다. 너무나도 소란스러운 웃음소리에 주위 사람들은 심장이 오그라들 만큼 깜짝 놀라고 만다." 《아마존, 세상의 모든 것을 팝니다》에 나오는 스톤의 묘사가 딱 어울리는 웃음소리였다.

게다가 베이조스는 신기할 정도로 강렬한 눈빛의 소유자여서 그가 응시하면 눈을 돌릴 수가 없게 된다. 그때 촬영을 담당했던 샌프란시스코의 촬영 기사가 "베이조스의 눈빛은 보통 사람과 달라. 광기가 서려 있어."라고 수없이 중얼거렸던 것이 잊히지 않는다.

당시 2004년 11월에 공개된 〈EPIC 2014〉라는 8분짜리 단편 영화가 화제였다. 영화는 2008년에 구글과 아마존의 합병으로 '구글존'이 탄생해 인터넷과 미디어, 개인 정보를 지배하는 존재가 된다는 가상의 이야기다. 2014년 시점에 구글존은 모든 사용자의 정치 신념과 소비 습관을 포함한 정보를 파악하고 그 결과 디스토피아적 세계가 찾아온다는 내용이었다.

2005년에 취재할 때 인상적이었던 것은 베이조스가 반복적으로 이야기했던 "세상은 더욱 '투명'해져 갈 것."이라는 말이었다. 인터넷이 발전해 얻을 수 있는 정보가 많아짐에 따라 소비자가 점점 현명해질 것이라는 취지의 이야기였다. 그러나 〈EPIC 2014〉가 화제가 된 것도 있었던 까닭에 아마존이 소비자의 취향이나 구매 행동을 파악하고 개인 정보를 통째로 장악하는 세상을 상상하지 않을 수 없었다.

실제로 아마존은 데이터를 활용한 마케팅을 중시하고 있어서, 개인의 구매 행동을 분석해 상품 라인업을 강화하고 상품 추천 기능의 정확도를 높이는 데 활용해 왔다. 이런 데이터 중시의 경영이 아마존의 지속적인 성장을 견인하는 원동력 중 하나가 되었음은 틀림이 없을 것이다.

아마존은 2021년 12월기에 약 4,700억 달러(약 620조 원)의 어마어마한 매출액을 기록하며 세계 최대의 인터넷 소매 기업으로 군림하고 있다. 2022년 10월 초순 기준 주식 시가 총액은 1조 1,600억 달러(약 1,530조 원) 이상으로, 이것은 전 세계에서 다섯 손가락 안에 드는 규모다. 베이조스는 2021년에 CEO의 자리에서 물러났지만 그 후에도 대표이사 회장으로서 계속 아마존에 강한 영향력을 발휘하고 있다.

한순간에 시장을 삼킨 정글을 만든 남자

소년 시절부터 천재적인 두뇌의 소유자여서 학업 성적이 우수했던 베이조스는 '뱅가드 마그넷 프로그램'이라는 영재 교육을 실시하는 초등학교에 다녔다. 친아버지에 대해 거의 알지 못하는 베이조스의 멘토가 되어 준 존재는 해군 출신으로 군의 연구 기관에서 일한 경력이 있는 외할아버지 프레스턴 가이즈였다. 베이조스는 4세부터 16세까지 여름방학마다 외할아버지의 목장에서 지내며 외할아버지와 함께 풍차를 수리하기도 하고, 수소의 거세를 돕기도 하고, 문의 자동 개폐 장치를 만들기도 했다고 한다. 뒤에서 베이조스가 읽은 책을 소개할 때 자세히 설명하겠지만, 베이조스는 이때 종종 할아버지와 함께 도서관에 가서 SF 소설 등 다양한 책을 읽으며 우주에 대한 관심을 높여 갔다.

고등학교에서도 성적이 특출했던 베이조스는 졸업생 대표로서 고별 연설을 했는데 이때 "우주, 그곳은 최후의 미개척지"라는 〈스타트렉〉의 유명한 오프닝 문구를 인용하며 지구의 주회周回 궤도상에 이주를 목적으로 하는 콜로니를 만들어 인류는 그곳으로 이주하고 지구는 전체를 자연 공원으로 만들겠다는 꿈을 이야기했다고 한다.

우주 비행사가 되고 싶었던 베이조스는 명문 프린스턴 대학교에 진학해 물리학을 전공하려 했다. 그러나 천재인 베이조스도 양자 역학을 공부하는 과정에서 우수한 동급생들에 비해 부족함을 느끼고 전공을 전기 공학과 컴퓨터 과학으로 바꿔서 졸업했다고 한다.

베이조스의 이후 행보는 '우주에 가기 위해 부자가 된다'라는 목적으로 설명할 수 있다. 우주 비행사가 되는 것 이외의 방법으로 우주에 가려면 막대한 돈이 필요하기 때문이다. 이를 위해서는 창업가로서 대성공을 거둬야 했다. 베이조스는 헤지펀드를 포함한 복수의 금융 기관에서 일한 뒤 1994년에 아마존을 창업했다. 도서 판매로 시작해 가전제품과 음악, 영상 상품, 일용품, 의류로 취급 상품을 점점 확대해 나갔고, 저렴한 가격과 배송료를 무기로 급성장했다. 또한 클라우드 컴퓨팅 서비스인 AWS와 태블릿, e북 단말기, AI 스피커, 동영상 스트리밍 서비스로도 사업 영역을 확대했다.

금융부에서 기자 생활을 하는 동안 나는 아마존의 강력함의 원천은 무엇인지 생각해 볼 기회가 종종 있었다. 수많은 기업이 소매업의 '파괴자'인 아마존에 강한 관심을 품었기 때문이다. '데스 바이 아마존(Death by Amazon, 아마존 공포 종목 지수)'라고 불리는, 아마존의 사업 확대로 실적 악화가 예상되는 상장 기업의 목록도 주목을 받고 있었다.

책에서 얻은 바는 직원 모두와 나눈다

취재를 거듭하면서 강하게 느낀 점은 아마존의 경쟁력의 원천이 베이조스의 철학에 있다는 것이었다. 그 상징이 바로 아마존이 내걸고 있는 'Our Leadership Principles(리더의 원칙)'라는 14가지 항목으로 구성된 신조다. "고객 중심주의의 관점에서 고객을 기점으로 모든 것을 생각하고 행동한다.", "리더는 장기적인 가치를 중시하며, 자기 일처럼 매니지먼트에 임한다.", "혁신(혁신)과 인벤션(발명)을 추구하며 심플한 방법으로 실천한다.", "끊임없이 공부해 자신을 계속 향상시킨다.", "넓은 시야로 생각한다.", "검약의 정신을 소중히 여긴다.", "동의할 수 없을 경우는 존경을 담아서 이론을 제기한다." 등이 그 내용이다.

베이조스는 이런 철학을 말단 리더에게까지 침투시키기 위해 힘을 쏟았다. 헤까닥했다는 이야기도 듣는 경영자가 만들어낸 강렬한 기업 문화가 아마존의 경이적인 성장을 실현해 왔다고 할 수 있다. 자신이 지향해 온 기업의 완성형이 보였다는 자신감이 있었기에 베이조스는 아마존의 CEO에서 물러나기로 결심했을 것이다.

아마존의 CEO에서 물러난 2021년 이후 베이조스는 소년 시절부터 꿈꿔 왔던 우주 개발에 본격적으로 힘을 쏟고 있다. 자신이 창업한 우주 개발 벤처 기업인 '블루오리진'은 머스크의 스페이스X만큼 돋보이지는 않고 있지만 역사가 20년이 넘으며 재사용 가능한 로켓도 개발했다. 이곳에서 베이조스는 고등학교 시절부터 가졌던 '우주로 이주한다'라는 꿈을 실현하려 하고 있다.

그렇다면 베이조스가 읽은 책에는 어떤 특징이 있을까? SF 장르에서는 머스크의 애독서와 겹치는 책이 많지만, 베이조스의 경우는 경영 서적을 많이 읽은 것이 눈에 띈다. 짐 콜린스Jim Collins가 쓴《성공하는 기업들의 8가지 습관》이 대표적이며, 피터 드러커가 쓴《피터 드러커 자기 경영 노트》도 즐겨 읽는다.

　베이조스는 경영 관련 서적에서 배운 점을 아마존의 기업 풍토 조성에 활용해 왔다. 데이터 해석을 마케팅에 활용하는 마크 제프리Mark Jeffery의《마케팅 평가 바이블》등 사원들에게 읽도록 지시한 애독서도 있다. 베이조스는 드러커와 클레이튼 크리스텐슨의 여러 다른 책도 아마존의 간부들에게 추천했다고 한다. 애독서에서 얻은 지식을 자신의 머릿속에만 머무르게 하지 않고 부하 사원들에게도 공유하는 것이 베이조스의 방식이라고 할 수 있다. 베이조스가 선택한 책을 읽는 것은 탄탄한 기업 문화를 만드는 방법을 공부하는 데 도움이 될 것이다.

멀리 내다 봐라!
기업은 철학이 전부다

book 《성공하는 기업들의 8가지 습관》 《좋은 기업을 넘어 위대한 기업으로》 《혁신 기업의 딜레마》 《성장과 혁신》 《더 골》 《린 싱킹》 《리워크》

베이조스가 읽은 책 중에서는 경영학의 '왕도'라고 할 수 있는 서적들이 눈에 띈다. 특히 지속적인 성장과 혁신을 주제로 한 책에 강한 관심을 보이는데 이것은 '단기적인 이익보다 장기적인 이익을 중시한다'라는 베이조스의 철학과 일치한다.

베이조스가 자신이 한 말을 모은 책 《제프 베이조스, 발명과 방황》에 전기 작가인 월터 아이작슨이 쓴 서문을 읽어 보면 장기적인 성공을 중시하는 베이조스의 자세를 잘 알 수 있다. "'장기적인 관점이 가장 중요합니다.' 1997년에 최초의 주주 서한에서 베이조스는 이탤릭체로 이렇게 썼다. '앞으로도 단기 이익이나 당장의 월스트리트의 반응보다 장기적으로 시장의 선도자라는 지위를 굳힐 것을 생각하며 투자 판단을 할 것입니다.'"

주식 시장의 관계자는 기업에 단기적인 이익을 요구하는 경향이 있는데 베이조스는 창업 초기부터 "장기적인 성장을 우선한다."라고 명언해왔다. 당시의 아마존은 걸음마 단계의 스타트업이었지만 그 자세는 처음부터 일관적이었다. "장기적인 관점에서 바라봄으로써 더 빠르고 더 저렴하며 더 우수한 서비스를 원하는 고객의 이익과 투자 수익을 원하는 주주의 이익을 일치시킬 수 있다. 다만 단기적으로는 일치하지 않을 수도 있다." 이런 그의 말처럼 단기적으로는 수익이 나지 않더라도 장기적으로 기업을 성장시키는 전략이란 무엇일까?

아마존의 미션은 "지구상에서 가장 고객 중심적인 회사가 된다."라는 것이다. 적자라도 무료 배송 서비스를 계속하고, 신제품의 매출에 악영향을 끼치더라도 중고품을 취급한다. 이런 전략들은 주주들에게 환영받지 못했을지도 모르지만 고객의 열광적인 지지를 얻었으며, 이것이 장기적으로 봤을 때 아마존의 성장으로 이어졌다.

또한 베이조스는 '장기적인 목표 지향이 혁신을 가능케 한다'고 믿는다. 발명에는 수많은 실패가 따르기 마련이므로 장기적인 관점에서 봐야 한다는 것이다. 아마존은 소매업의 세계를 격변시켰을 뿐 아니라 e북 단말기인 '킨들'이나 AI인 '알렉사'를 탑재한 AI 스피커, 클라우드 컴퓨팅 서비스인 'AWS' 등의 혁신도 만들어냈다.

영속적인 기업을 어떻게 창조할 것인가

베이조스가 추천하는 경영학의 명저가 바로 《위대한 기업》 시리즈로, 《성공하는 기업들의 8가지 습관》은 전 세계에서 누계 1,000만 부 이상을 판매하며 베스트셀러가 된 이 시리즈의 제1편이다. 이 책은 베이조스가 아마존을 창업한 해이기도 한 1994년에 출간되었다. 당시의 베이조스는 어떻게 해야 아마존을 시대를 초월해 영속적으로 존재하는 기업으로 만들 수 있을지 고민했는데 《성공하는 기업들의 8가지 습관》은 그에 대한 힌트가 가득 담긴 책이었다. "영속적인 기업을 어떻게 창조해야 할지 가르쳐 준다." 베이조스는 이 책을 이렇게 평가했다.

전 세계 비즈니스 리더가 절찬하는 《성공하는 기업들의 8가지 습관》의 매력은 어디에 있을까? 그것은 과학적인 연구를 통해서 그전까지 많은 사람이 믿고 있었던 영속적인 기업에 관한 신화를 근본부터 뒤엎은 데 있다. 콜린스는 장기적으로 성공을 거두고 있으며 업계에서 존경받고 있는 탁월한 기업(그는 이런 기업을 '비전 기업Visionary Company'이라고 정의했다)에 관한 12가지 신화를 언급하고 그것을 정면으로 부정했다.

그는 먼저 '훌륭한 기업을 만들려면 훌륭한 아이디어가 필요하다'라고 생각하는 사람이 많지만 현실은 다르다고 지적했다. 비전 기업 중에는 구체적인 아이디어가 전혀 없이 설립된 사례도 있을 뿐 아니라 처음에는 극심한 부진을 겪은 곳도 적지 않다.

예를 들어 소니는 어떤 제품을 만들지 결정하지 못한 상태에서 창업했다. 창업자 중 한 명인 모리타 아키오의 회고에 따르면 전통 과자부터 미니 골프장까지 다양한 아이디어가 나왔다고 한다. 결국 전기밥솥을 만들었지만 제대로 작동하지 않았고 최초의 핵심 사업 제품이었던 테이프레코더는 영 팔리지 않아서 전기방석을 만들어 현금 수입을 올렸다. 월마트의 창업자인 샘 월턴도 아칸소 주에서 잡화점을 시작했을 때는 어떤 소매업을 할지 명확한 아이디어가 없었다. 그러나 회사를 경영하기 시작해 20년 정도 흘렀을 무렵에는 교외형 할인점이라는 훌륭한 아이디어를 생각해냈다.

비즈니스 스쿨의 경영 전략이나 창업에 관한 강의에서는 무엇보다 먼저 훌륭한 아이디어와 면밀한 제품·시장 전략을 출발점으로 삼고, 이어서 '기회의 창'이 닫히기 전에 뛰어드는 것이 중요하다고 가르친다. 그러나 실제로는 그런 이론과 반대로 탄생한 기업이 장기적으로 봤을 때 성공하고 있다는 것이다. 오히려 한 가지 아이디어를 고집하지 않고 오래 계속되는 훌륭한 기업을 만들 것을 목표로 삼으며 끈질기게 버티는 기업이 비전 기업으로서 영속적인 번영을 실현할 가능성이 크다고 콜린스는 주장했다.

또한 콜린스는 '비전 기업에는 비전을 가진 위대한 카리스마적 지도자가 필요하다'라는 믿음도 틀렸다고 지적했으며 "비전 기업에 비전을 가진 카리스마적 지도자는 전혀 필요가 없다. 그런 지도자는 오히려 회사의 장기적 전망에 마이너스가 될 수도 있다."라고까지 말했다.

그 예로 3M을 1929년부터 20년 동안 이끌었던 CEO인 윌리엄 맥나이트는 겸손하고 조용하며 성실하고 온화한 말투의 신사로, 강한 카리스마를 앞세우며 지도력을 발휘하는 유형은 아니었다고 한다. 보잉의 역대 CEO 가운데 가장 중요한 인물로 평가받는 빌 앨런도 실무가인 변호사 출신으로, 상당히 내성적이고 좀처럼 감정을 드러내지 않는 온화한 사람이었다고 알려진다.

이런 연구를 바탕으로 콜린스는 "세상의 주목을 받는 카리스마적 스타일의 경영자가 비전 기업을 구축하는 데 반드시 필요하다고 말할 수 없음은 분명하다."라고 지적했다. "비전 기업에서 우수한 경영자가 배출되고 계속성이 유지되는 이유는 이런 기업이 탁월한 조직이기 때문이며, 역대 경영자가 우수했기에 탁월한 기업이 된 것은 아니다."

카리스마를 가진 개인에게 의존하지 않아도 지속적으로 성장할 수 있는 조직을 만드는 것이 중요하다는 주장이다. 그런 까닭에 많은 비전 기업이 회사 내부에서 가치관을 공유하고 인재를 육성하는 데 힘을 쏟고 있다.

이익 추구로는 큰 성공을 가져올 수 없다

이어서 콜린스는 '특히 성공한 기업은 이익의 추구를 최대의 목적으로 삼고 있다'라는 이미지도 틀렸다고 말했다. 과거 비즈니스 스쿨에서는 주주의 이익을 최대화하는 매니지먼트를 높게 평가하는 경향이 있었다. 이익이 증가하면 배당이 늘어나고 미래에 대한 기대감이 높아져서 주가가 상승하는 경우가 많기 때문이다. 그러나 비전 기업의 목표는 다양하며, 이익을 얻는 것은 그 목표 중 하나에 불과할 뿐 아니라 가장 큰 목표가 아닐 경우가 많다.

글로벌 제약 기업인 머크는 회선사상충이라는 장 속의 회충이 일으키는 감염증인 회선사상충증의 치료제인 '멕티잔'을 개발했다. 아프리카와 남아메리카 등지에서 사는 수천만 명을 열대병으로부터 구하는 약이다. 머크는 1987년부터 이 약을 수량과 기한에 제한을 설정하지 않고 무상으로 제공하고 있는데 이것은 멕티잔의 투여 대상 중에 빈곤 지역에서 사는 사람이 많기 때문이며 그 배경에는 창업기의 경영자였던 조지 W. 머크의 '의약품은 이익을 위한 것이 아니라 사람들을 위한 것'이라는 경영 철학이 자리하고 있다.

또한 콜린스는 "비전 기업은 단순한 돈벌이를 초월한 근본적 가치관이나 목적 같은 기본 이념도 똑같이 소중히 여긴다."라고 말했다. 그런데 장기적인 데이터를 분석해 보면 비교 대상으로서 이익을 최우선으로 여기는 경향이 강한 기업보다도 비전 기업이 더 많은 이익을 내고 있는 경우가 많다고 한다.

기업을 변화시키는 것을 중시하는 경영자는 "이 세상에서 변하지 않는 진리는 모든 것은 끊임없이 변화한다는 것뿐이다."라는 말을 즐겨 한다. 일반적으로도 장기적으로 성공하고 있는 기업은 끊임없이 변화하고 있다는 이미지가 있을 것이다. 그러나 비전 기업을 살펴보면 전략은 바꾸더라도 경영 이념 같은 근간에 자리한 부분은 바꾸지 않는 경우가 많다고 한다. "기본 이념을 신앙에 가까울 만큼 열정적으로 유지한다. 바꾸는 경우가 있기는 하지만 매우 드물다. 비전 기업의 근본적 가치관은 흔들리지 않으며 시대의 흐름이나 유행에 좌우되지 않는다."라고 콜린스는 지적했다.

특히 "비전 기업의 기본적인 목적, 즉 존재 이유는 지평선 위에서 계속 빛나는 별처럼 수 세기에 걸쳐 기업이 나아갈 방향을 알려주는 이정표가 될 수 있다."라는 말은 인상적이다. 당시는 기업의 '존재 의의 purpose'가 지금처럼 주목 받지 않았는데 콜린스는 그 중요성을 약 30년 전부터 인식하고 있었다.

'기본적인 변화를 촉진하려면 회사의 외부에서 CEO를 영입해야 한다'라는 신화도 있다. 경영 부진에 빠진 기업이 변혁을 위해 경험이 풍부한 전문 경영자를 외부에서 초빙하는 사례는 분명히 자주 볼 수 있다. 그러나 비전 기업에서는 기업에서 성장한 인물이 최고 경영자가 되어 기본 이념을 유지하면서 성장을 실현하는 경우가 많다고 한다.

콜린스의 연구에 따르면 18개 비전 기업의 113명에 이르는 CEO 가운데 외부에서 초빙된 사람은 3.5퍼센트에 불과하며, 이것은 22.1퍼센트를 기록한 비교 대상 기업의 6분의 1에 불과한 수치다. 비전 기업은 회사 내부의 인재 육성에 힘을 쏟는다. 기업 내 대학교를 설립하는 등의 방법으로 수많은 리더를 육성하고 있는 것이 경영 기술이 뛰어난 인재의 층을 두껍게 만들고 있다.

2021년에 아마존의 CEO를 퇴임한 베이조스도 회사의 내부에서 후계자를 선택했다. AWS의 최고 경영자였던 앤디 재시다. 하버드 비즈니스 스쿨을 졸업하고 1997년에 입사한 이래 아마존 외길을 걸었던 인물로, 회사의 내부에서 경영 기술을 갈고닦은 뒤 AWS 사업을 설립 초기부터 이끌어 왔다.

회사를 신봉하는 문화를 만든다는 것

특히 재미있는 점은 비전 기업에는 사교私敎 같은 기업 문화가 존재한다는 것이다. 사교에는 반사회적 신흥 종교 같은 부정적인 이미지도 있지만, 《성공하는 기업들의 8가지 습관》에서는 긍정적인 의미로 다뤄진다. 비전 기업은 마치 종교 같아서, 기업의 이념이나 스타일을 신봉하는 사람에게는 편안한 곳이지만 그렇지 않은 사람은 일하기가 싫어질 가능성도 있다. 고객 서비스에 열광적이 될 것을 주문하는 월마트의 방식에 불편함을 느낀다면 월마트의 일원이 될 수 없으며, 프록터화에 열중하지 못한다면 프록터 앤드 갬블P&G(이하 P&G)의 일원이 될 수 없다는 것이다.

콜린스는 "선견성Visionary은 상냥함이 아니며 자유분방함을 허용하는 것도 아니다. 사실은 정반대다. 비전 기업은 자신들의 성격, 존재 의의, 달성해야 할 목표가 명확하기에 자사의 엄격한 기준에 맞지 않는 사원이나 맞추려 하지 않는 사원이 일할 수 있는 여지가 줄어드는 경향이 있다."라고 말했다.

콜린스는 비전 기업에는 사교와 공통되는 네 가지 특징이 있다고 지적했다. 그것은 '이념에 대한 열광', '교화를 향한 노력', '동질성의 추구', '엘리트주의'다. 사교적인 기업에는 채용 시점 혹은 입사 후의 이른 시기에 자사의 기본 이념과 맞지 않는 사원을 엄격히 선별하는 경향이 있다. 그런 다음 남은 자에게는 강렬한 충성심을 불어넣고 행동에 영향을 끼침으로써 사원이 기본 이념에 따라 열정적으로 일관되게 행동하도록 만든다. 일례로 디즈니랜드는 직원을 가리켜 '캐스트', 근무를 '퍼포먼스', 근무 시간을 '온스테이지'라고 부르며 자신들이 '사람들에게 행복을 주는 일을 하고 있다'고 믿어 의심치 않도록 교육하는 것으로 알려져 있다.

P&G도 내부에서 '더 북'으로 불리는 공식 사사社史를 통해 원칙과 윤리, 도덕에 기반을 둔 전통적인 정신과 변하지 않는 사풍을 가르친다. 사원들은 고립된 기업 도시라고 할 수 있는 오하이오 주 신시내티의 본사에서 연수를 받는데 이곳은 '낯선 도시에 가서 낮에는 같은 업무를 하는 동료와 함께 일하고 밤에는 보고서 집필에 쫓기며 주말에는 회사 동료들과 교류하게 되는' 세계다. P&G의 사원은 주로 같은 회사에서 일하는 다른 사원들과 교류하고, 같은 클럽에 가며, 같은 교회에 다니고, 같은 지역에서 사는 것을 당연하게 여긴다고 한다. 직장에서 일하는 시간뿐 아니라 사적인 시간도 공유하는 것은 사원들의 강한 일체감으로 이어진다.

물론 "믿으라. 그러면 구원을 받으리라."라는 말이 있듯이 비전 기업은 사원들을 소중히 여기며 이익 분배 제도나 종업원 주식 소유 제도 등을 충실히 갖추고 있는 경우가 많다. 이런 제도는 사원들의 열의를 한층 높이는 결과로 이어지며 동질성을 추구하는 데도 도움을 준다.

그 밖에도 자신도 모르게 움츠러들 만큼 거대한 과제에 도전하는 자세가 두드러진다는 내용의 제5장 '크고 위험하고 대담한 목표'라든가, 제7장 '많은 것을 시도해서 잘되는 것에 집중하라', 제9장 '끊임없는 개선 추구'도 매우 흥미롭다. 지면 사정상 전부 소개할 수는 없지만 관심이 있는 사람은 꼭 이 책을 읽어 보기 바란다.

시리즈 제2편인 《좋은 기업을 넘어 위대한 기업으로》는 질레트와 필립모리스 등 언뜻 수수해 보이는 11개 회사가 엄청난 도약에 성공한 요인을 분석했다. 리더십, 인재 전략, 기업 문화 등을 깊게 파고들었기에 제1편이 마음이 들었던 사람이라면 읽을 가치가 있다. 특히 경영자의 바람직한 모습에 관한 분석이 많은 참고가 된다.

기업을 도약으로 이끄는 경영자는 "먼저 우수한 인재를 고르고, 그다음 경영 목표를 결정한다.", "자사가 어떤 부분에서 세계 최고가 될 수 있을지, 열정적으로 몰두할 수 있는 부분은 무엇일지 깊게 생각하며 필요하다면 기존의 중핵 사업을 버리는 결단조차 내린다."라고 한다. 또한 과감한 개혁이나 아픔을 동반하는 대규모 구조 조정에 나서는 경영자는 거의 예외 없이 실패하는 반면, 뛰어난 경영자는 "결과적으로는 극적인 전환으로 보이는 개혁을 회사 내부에 규율을 중시한 문화를 구축하면서 천천히 시간을 들여 실행한다."라고 콜린스는 지적했다.

수많은 도전 끝에 한 줌의 커다란 성공만 남긴다

베이조스는 아마존을 경영하면서 《성공하는 기업들의 8가지 습관》에 적혀 있는 많은 내용을 실천했다. 말하자면 '이익 추구를 최대의 목적으로 삼지 않는다'의 경우, 장기적인 성공을 우선하고 당장은 적자라도 고객에게 만족을 주는 서비스를 제공한다는 자세를 보였다. 또한 '변하지 않는 기업 이념'에 관해서는 창업 이래 고객 지상주의를 철저히 지키고 있다.

아마존에서 일하는 사람이라면 누구나 '스스로 리더가 될 것'을 요구받는다. 이미 언급했던 '리더의 원칙'이라는 14가지 항목으로 구성된 아마존의 신조 중 첫째는 '고객 중심주의'다. 아마존의 리더는 고객을 기점으로 생각하고 행동하며, 고객의 신뢰를 획득하고 유지하기 위해 온 힘을 쏟을 것이 규정되어 있다. 둘째는 '주인 정신'으로, 리더에게는 주인 정신을 갖고 장기적인 시점에서 생각하며 단기적인 결과를 위해 장기적인 가치를 희생하지 않을 것이 요구된다.

요컨대 아마존에도 사교 같은 기업 문화가 존재한다고 말할 수 있을 것이다. 인상적인 것은 "저희는 새로운 아이디어를 실행할 때 장기간에 걸쳐 외부 사람들에게 오해 살 가능성이 있다는 사실도 받아들입니다."라는 말이다. 외부 사람들이 어떻게 생각하든 신경 쓰지 않고 자신들이 믿는 바를 실행하는 아마존의 자세는 사교의 관습처럼 느껴진다. 그리고 여기에 "(아마존의) 리더는 신념을 갖고 쉽게 포기하지 않습니다. 안일하게 타협하는 일은 없습니다."라든가 "저희는 더 적은 자원으로 더 많은 것을 실현합니다. 검약 정신은 창조적인 궁리, 자립심, 발명을 낳는 원천이 됩니다." 같은 이념이 포함된다.

콜린스가 비전 기업의 특징으로 드는 '많은 것을 시도하고 그중에서 잘된 것을 남긴다'도 아마존이 평소에 실천하고 있는 발상이다. 아마존은 비즈니스에서 속도를 중시하며, '대부분의 의사 결정이나 행동은 다시 할 수 있으므로 대규모의 검토는 필요가 없다'고 생각한다. 실제로 아마존이 도전했다가 실패한 사업은 적지 않다. 그중 하나가 스마트폰으로, 2014년에 '파이어폰'을 발표하며 스마트폰 시장에 뛰어들었지만 대량의 재고를 끌어안은 채 불과 1년 만에 철수하고 말았다. 그 밖에도 호텔 예약이나 검색 서비스, 신발과 핸드백 판매 사이트 등 다양한 실패 사례가 있다.

이처럼 아마존은 다산다사多産多死를 각오하고 혁신에 도전해 그중에서 한 줌의 커다란 성공을 만들어낸다는 자세를 철저히 유지하고 있다. 이와 관련해 베이조스는 "아마존은 세계에서 가장 실패를 많이 하는 기업입니다."라고 이야기한다.

과거의 영광을 잃어버린 기업들의 공통점

주의해야 할 점은 콜린스가 이 책에서 비전 기업이라며 칭찬한 기업이 훗날 그 광채를 잃은 사례도 적지 않다는 것이다.

휴렛팩커드HP(이하 HP)는 경영 재건을 위해 외부에서 AT&T 출신의 칼리 피오리나를 초빙했지만 실적은 회복되지 않았다. 나도 피오리나를 취재한 적이 있는데 카리스마가 있는 경영자였다. 그러나 피오리나는 개혁에 실패해 경질되었고 그 후 HP는 구조 조정과 기업 분할을 거듭하는 가운데 쇠락의 길을 걸었다. HP의 전 경영 간부의 지적처럼 많은 사람이 찬사를 보냈던 'HP 웨이'라는 경영 이념도 존중되지 않게 되었다.

제너럴 일렉트릭GE(이하 GE)도 과거의 영광을 잃어버렸다. 잭 웰치의 뒤를 이어 2001년에 CEO로 취임한 제프 이멜트는 처음엔 놀라운 수완을 발휘했지만 사업 포트폴리오의 교체에 실패해 실적 악화와 주가 하락을 초래했고 결국 2017년에 퇴임하고 말았다. 그 후 GE는 외부에서 CEO를 초빙했지만 구조 조정이 가속되면서 존재감은 떨어져만 갔다. 그리고 2018년에는 1896년에 창립된 이래 120년 이상 포함되어 왔던 다우존스 산업 평균 지수 구성 종목에서도 결국 제외되고 말았다.

과거에는 미국을 대표하는 기술 회사였던 모토로라도 추락했다. 모토로라는 우수한 무선 기술을 보유하고 라디오, 텔레비전, 반도체, 휴대전화 등으로 사업의 축을 옮기면서 지속적인 성장을 계속해 온 기업으로, 1990년대에는 휴대전화 시장에서 세계 점유율 1위를 자랑하기도 했다. 그러나 휴대전화 시장의 경쟁이 치열해지는 가운데 경쟁력을 유지하지 못해 실적 부진에 빠졌고, 여기에 차세대의 기둥이 되어 줄 제품도 개발하지 못했다. 결국 2003년에 창업자 가문인 크리스토퍼 갤빈이 CEO의 자리에서 물러나고 소프트웨어 기업인 썬 마이크로시스템즈 출신의 에드 잰더가 CEO로 초빙된다. 나는 미국에서 잰더를 몇 차례 취재한 적이 있는데 검은색 양복을 말끔히 빼입은 실력 좋은 영업 사원 같은 인상이었다. 성장 국면에서 착실히 전략을 수행하는 실력은 뛰어나지만 새로운 아이디어나 방향성을 제시하고 변혁을 선도하는 유형은 아니었던 듯하다.

그래도 모토로라는 2004년에 폴더형의 얇은 휴대전화 '레이저'를 대히트시키며 한숨 돌리게 된다. 당시 뉴욕 특파원이었던 나도 레이저를 사용했으며, 그 세련된 디자인을 좋아했다. 그러나 애플이 '아이폰'을 발매하며 시대가 스마트폰으로 이행하자 잰더는 효과적인 대항책을 내놓지 못했다. 그런 가운데 2008년 가을에 리먼 브러더스 사태가 일어나면서 모토로라는 경영 위기에 직면하고, 결국 핵심 부문인 휴대전화 사업부를 구글에 매각한다. 그 후 이 사업부는 중국 기업인 레노버의 산하가 된다.

수많은 변화에 교묘히 대응해 장기적으로 성공을 거두며 존경을 받아왔던 HP와 GE, 모토로라가 추락한 것은 참으로 놀라운 일이지만 이들에게는 공통점도 있었다. 《성공하는 기업들의 8가지 습관》에 적혀 있듯이 최고 경영자를 회사 내부에서 성장한 인물에게 맡기지 않고 외부에서 영입한 것이다. 외부 출신의 경영자는 단기적으로 성과를 낼 것을 중시하며 즉효성이 있어 보이는 대책을 잇달아 실행했다. 그렇게 무작정 사업 매각과 인원 감축을 반복한 결과, 세 기업은 순식간에 과거의 광채를 잃어버렸다.

《성공하는 기업들의 8가지 습관》에서 이야기하는 우수한 기업 문화나 경영 이념의 본질을 깊이 이해하고 있지 않다면 구조 개혁을 성공시키기는 어려운 듯하다.

왜 우량 기업이 실패하는가?

베이조스가 추천한 경영서 가운데 반드시 추천하고 싶은 또 다른 책은 클레이튼 크리스텐슨의 《혁신 기업의 딜레마》다. 이 책은 '왜 우량 기업이 실패하는가?'라는 의문에 답을 제시해 준다.

《혁신 기업의 딜레마》에서는 산업계의 역사에서 유례가 없을 만큼 기술, 시장 구조, 규모, 수직 통합이 넓은 범위에 걸쳐 급속히 진화한 디스크 드라이브(컴퓨터의 기억 장치) 업계에 초점을 맞췄다. IBM과 퀀텀, 시게이트, HP 같은 기업들이 대표적이다.

이 책의 제1장에서 크리스텐슨은 다음과 같이 지적했다. "디스크 드라이브 업계의 역사를 이해하는 것이 가치가 있는 이유는 복잡하면서도 놀랄 만큼 단순하고 일관된 요인에 따라 업계 리더의 명암이 수없이 갈려 왔음을 깨달을 수 있기 때문이다. 간단히 말하면 우량 기업이 성공한 이유는 고객의 목소리에 민감하게 귀를 기울이고 고객의 다음 요망에 부응하고자 기술, 제품, 생산 설비에 적극적으로 투자했기 때문이다. 그러나 역설적이게도 그 후 우량 기업이 실패하는 것 또한 같은 이유에서다.", "훌륭한 경영자는 고객과 긴밀한 관계를 유지한다는 원칙을 맹목적으로 따르면 치명적인 잘못을 저지를 때가 있다."

《혁신 기업의 딜레마》가 훌륭한 점은 기술 혁신을 '존속적 혁신'과 '파괴적 혁신'의 두 가지로 나눠서 분석하는 접근법을 사용한 데 있다. 존속적 혁신은 확립되어 있는 성능 향상의 궤도를 유지하며 나아가는 것을 가리킨다. 디스크 드라이브 업계에서 일어난 기술 혁신은 대부분 존속적 혁신을 통한 것으로, 실적이 있는 기업은 기존 고객의 요망에 적절히 부응하며 기술을 진화시켜 왔다. 그러나 디스크 드라이브 업계에서도 아주 드물게 파괴적 혁신이 출현한다. 기술적으로나 기능적으로 단순해서 기존의 부품을 사용할 수 있으며, 처음에는 업계의 주류가 아닌 규모가 작은 새로운 시장에서 채용되는 기술이다. 그러나 이것이 디스크 드라이브 업계의 리더 기업을 실패로 몰아넣는다고 크리스텐슨은 지적했다.

파괴적 기술을 앞장서서 개발하고 채택하는 곳은 언제나 기존의 대기업이 아니라 신생 기업이다. 이미 기존 시장에서 성공을 거두고 있는 대

기업은 많은 고객을 보유하고 있으며, 그들의 목소리를 듣고 점진적으로 차세대 기술을 개발한다. 이런 대기업은 기존 기술의 진화와 기존 고객에게 최적화된 비즈니스의 가치 사슬을 구축하고 있기 때문에 자신들의 비즈니스 모델을 붕괴시키는 파괴적 기술을 탑재한 제품에는 아무래도 소극적으로 될 수밖에 없다. 우수한 영업 사원에게 단가가 낮고 이익도 적은 상품은 매력적으로 비치지 않는다. 한편 가격이 저렴하고 단순한 파괴적 기술을 개발한 신생 기업은 먼저 한정적인 하위 시장을 개척한 뒤 비용 경쟁력을 무기로 상위 시장을 공략해 나간다.

파괴적 혁신은 어떻게 일어나는가

또한 크리스텐슨은 역사를 되돌아보면 유압 기술의 등장으로 격변한 굴착기 업계나 할인점의 대두로 백화점이 쇠퇴한 소매 업계, 혼다가 개발한 저가의 소형 모터사이클이 시장을 석권한 모터사이클 업계, '미니밀'이라고 불리는 쇳조각을 원료로 저렴한 가격의 철강을 생산하는 제조사가 대두한 철강 업계 등에서도 디스크 드라이브 업계와 같은 파괴적 혁신이 일어났다고 지적했다.

파괴적 혁신이 일어났을 때 기존 시장에서 성공을 거두고 있었던 대기업이 제대로 대응하지 못하는 이유는 무엇일까? 물론 위협을 깨닫고 있는 경우가 많지만 새로운 시장이 정말로 있는지 없는지도 알 수 없고, 가격이 저렴해서 이익 폭이 적으면 기존 시장이 위협을 받는다는 등의 이유에서 경영자가 소극적으로 되기 쉽다. 또한 같은 조직 내에 새로운 사업부를 만들어서 파괴적 혁신에 대응하려 해도 신생 기업에 비해 고비용 체질이 되어 있을 경우가 많기 때문에 경쟁에서 불리해진다.

"'상위 시장의 이익률이 매력적이다', '많은 고객이 동시에 상위 시장으로 이행한다', '하위 시장에서 이익을 내기 위해 비용을 절감하기는 어렵다'는 세 가지 요인이 얽혀서 하위 시장으로 이동하는 것을 가로막는 강력한 장벽을 형성한다. 그런 까닭에 회사 내부에서 신제품을 개발하기 위해 자원을 어떻게 배분할지 논의할 때 파괴적 기술을 추구하는 안은 상위 시장으로 이행하는 안에 밀려나는 것이 보통이다." 크리스텐슨은 이렇게 말했다.

그래도 기존의 대기업이 파괴적 혁신과 조우했을 때 성공할 가능성이 아주 없는 것은 아니다. 크리스텐슨은 이때 중요한 다섯 가지 포인트를 제시했는데, 그중에서 내가 특히 중요하다고 생각하는 포인트는 '파괴적 기술을 개발하는 프로젝트를 대기업의 내부가 아니라 독립성이 있는 작은 조직에 맡길 것'이다. 그리고 그 기술을 필요로 하는 새로운 고객을 표적으로 삼아서 활동해야 한다. 회사 내부에 머물러 있으면 신규 사업은 '고객이 바라고 있다'는 명분을 앞세워서 우선적으로 자원을 배분받을 수 있는 주류 부문에 밀려 우선순위가 낮아질 수밖에 없다. 그런 까닭에 독립된 조직으로 만들지 않는다면 파괴적 기술이 우선될 가능성은 낮아진다.

그리고 파괴적 기술의 개발에 몰두하기 위해 주류 조직의 자원 중 일부는 이용하더라도 주류 조직의 프로세스나 가치 기준은 이용하지 않도록 주의해야 한다. 안 그러면 프로세스가 복잡해져서 고비용 체질이 되어 버리기 때문이다.

실제로 모회사가 자신들과 경쟁할 파괴적 기술을 개발하는 완전한 독립 조직을 지원해서 성공시킨 사례도 있다. 퀀텀은 1980년대 중반에 PC용의 3.5인치 디스크 드라이브를 개발하는 스핀오프 사업을 지원하며 필요 자본의 80퍼센트를 출자했다. 이 조직은 퀀텀과 다른 곳에 본사를 둔 완전한 독립 회사로서 대성공을 거둬 주력인 미니컴퓨터용 디스크 드라이브의 판매 부진으로 궁지에 몰렸던 퀀텀을 구해냈다.

크리스텐슨이 말하는 파괴적 혁신을 성공시킨 대기업은 또 있다. 소니는 1994년에 '플레이스테이션'을 발매하며 가정용 텔레비전 게임기 시장에 뛰어들었는데 이때 소니 컴퓨터 엔터테인먼트SCE라는 독립 회사를 설립했다. 소니 컴퓨터 엔터테인먼트는 CD-ROM이라는 당시로서는 새로웠던 저장 매체를 사용함으로써 닌텐도가 패밀리컴퓨터와 그 후속 기종을 통해서 지배하고 있었던 가정용 게임기 시장을 격변시켰다. 소니가 주력인 전자제품 사업과는 별개의 회사를 만들어 고객과 시장에 맞춘 형태로 신사업을 전개한 것이 예기치 못한 성공에 기여했다고 말할 수 있을 것이다.

소니는 신규 시장에 뛰어들 때 독립된 기업을 설립하는 경우가 많았다. 인터넷 접속 사업의 소니 네트워크 커뮤니케이션즈So-net, 의료 정보 서비스인 M3, 인터넷 은행인 소니 은행 등이 큰 성공을 거둔 그 대표적인 예다. 물론 자금이나 인재 등 소니의 경영 자원을 일부 이용하기는 했지만 이들은 어디까지나 독립된 비즈니스로서 새로운 시장에 도전했다.

파괴적 혁신은 전혀 다른 방식이 아니다

흥미로웠던 것은 크리스텐슨이 1990년대 후반의 시점에 이미 자동차 업계의 파괴적 기술로서 전기 자동차에 강한 관심을 보였다는 사실이다. 그는 전기 자동차의 기술이 수요보다 빠른 속도로 진보한다면 파괴의 위협은 현실이 될 것이라고 지적했다. 특히 전기 자동차를 상품화할 때 새로운 기술은 필요가 없으며 실증을 마친 기술들을 조합하면 된다는 사실을 꿰뚫어본 것은 탁월한 혜안이었다. 크리스텐슨은 "파괴적 기술에 신기술은 필요가 없다. 그것은 오히려 실증을 마친 기술로 만든 부품으로 구성되며 그때까지 없었던 특성을 고객에게 제공하는 새로운 제품 기능 속에서 조립된다."라고 말했다.

일론 머스크는 이런 전략으로 테슬라를 성공시켰다. 앞서 이야기했듯 테슬라가 최초로 상품화한 스포츠카 유형의 전기 자동차 로드스터의 섀시는 영국 로터스의 스포츠카를 기반으로 한 것이었다. 또한 심장부인 전지는 노트북 컴퓨터에 사용되는 크기의 리튬 이온 전지 수천 개를 사용했다. 실증을 마친 기술을 조합함으로써 혁신을 만들어낸 것이다.

판매의 측면에서도 테슬라는 혁신을 일으켰다. 크리스텐슨은 전기 자동차를 성공시키려면 새로운 유통망을 찾아내야 한다고 지적한 바 있다. 이미 휘발유 자동차를 취급하고 있는 딜러는 전기 자동차가 자신들에게 필요한 상품이라고 생각하지 않을 가능성이 있기 때문이다. 실제로 테슬라는 직접 판매 점포망을 구축했다. 미국에서는 독립적으로 형성된 판매 대리점이 자동차 제조사의 자동차를 위탁 판매하는 방식이 일반적이기에 이것은 혁신적인 접근법이었다.

테슬라는 크리스텐슨이 1990년대에 상상했던 전기 자동차를 통한 파괴적 혁신을 '교과서대로' 실현했다고 말할 수 있을 것이다.

한편 테슬라와 거의 같은 시기에 전기 자동차 시장에 뛰어들었던 닛산 자동차는 어떠했을까? 닛산은 별도의 회사를 만들지 않고 전기 자동차 사업을 전개했으며 판매도 기존의 딜러망을 이용했다. 많은 부분에서 크리스텐슨이 이야기했던 대기업이 혁신을 성공시키기 위한 조건에 부합하지 않았던 것이다. 실제로 닛산의 주력 전기 자동차인 '리프'는 크게 히트하지 못했다.

《성장과 혁신》은 《혁신 기업의 딜레마》의 속편이다. 전작이 '왜 우량 기업이 실패하는가'에 초점을 맞춘 데 비해 이 책은 '어떻게 해야 새로운 사업을 성공시킬 수 있는가'에 초점을 맞췄다.

제2장은 그중에서도 특출하다. 전작에서 소개한 존속적 혁신과 파괴적 혁신의 개념을 적용하면서 복합기 시장에서 신흥 세력인 캐논이 어떻게 제록스를 이겼는지, 항공 업계에서 신흥 항공사인 사우스웨스트 항공이 어떻게 대두했는지를 설명했다. 파괴적 혁신에는 '신시장형'과 '로엔드Low-End형'의 두 종류가 있는데, 둘이 조합되는 경우도 많다고 한다. 예로 사우스웨스트 항공은 저렴한 가격을 무기로 본래 비행기가 아니라 자동차나 버스를 이용하고 있었던 사람들을 노렸다. 그리고 점차 대형 항공사를 이용하는 저가 지향형 고객도 빼앗는 데 성공했다.

프린터나 에어컨, 인터넷 뱅킹에 관해서는 시장 환경을 감안하면서 신규 참가로 파괴적 혁신이 일어날 경우 어떻게 될지를 시뮬레이션한 부분도 많은 것을 시사한다. 《성장과 혁신》은 스타트업부터 대기업에 이르기까지 새로운 사업을 맡게 된 수많은 매니저에게 참고가 되는 책이다. 매니저들이 내려야 하는 아홉 가지 의사 결정에 초점을 맞춰서 이론을 전개하고 새로운 사업의 성공 법칙을 이끌어냈다.

베이조스는 아마존의 간부들에게 읽게 하는 책 세 권 중 한 권이 《성장과 혁신》이라고 말했다. 끊임없이 파괴적 혁신에 도전하는 베이조스이기에 신규 사업이 실패하는 이유와 성공의 법칙을 간부들에게 깊게 이해시키려 하는 것이리라.

당신의 '진짜' 목표는 무엇인가?

베이조스가 아마존의 경영 간부들에게 추천하는 또 다른 책은 엘리야후 M. 골드렛Eliyahu M. Goldratt, 제프 콕스Jeff Cox의 《더 골》이다. 전 세계에서 1,000만 명이 읽었다고 알려진 베스트셀러로, 특히 제조 기업의 리더에게는 필독서라고 할 수 있다. 제조 현장의 공정 개선 같은 '부분 최적'이 아니라 '전체 최적'의 개념을 배울 수 있는 명저로 유명하다.

《더 골》은 기계 제조 회사의 공장장이 업무 개선을 위해 분투하는 소설 형식의 비즈니스 서적이다. 주인공은 출하 지연이 잦아 적자가 계속되는 공장에 부임한 알렉스 로고라는 인물로, 상사에게 "3개월 이내에 공장을 재건하게. 안 그러면 공장을 폐쇄하겠네."라는 통보를 받는다. "공장에 발을 들여놓으면 항상 가슴이 두근거려."라고 말할 만큼 물건 만들기를 사랑하는 알렉스는 어떻게든 공장을 재건하고자 지혜를 짜낸다. 그러나 무엇이 문제인지 좀처럼 밝혀내지 못해 고민에 빠지는데 그러던 어느 날 시카고의 공항에서 대학 시절의 은사이자 물리학자인 요나를 만난다. 알렉스는 자신이 공장장이 되었으며 공장에 최신 로봇을 도입했다고 이야기한다. 이에 '로봇을 도입해서 생산성이 향상되었는가?', '직원은 감소했는가?', '1일당 제품 출하량은 상승했는가?', '재고는 감소했는가?'를 물어본 요나는 알렉스가 공장의 재건에 어려움을 겪고 있음을 꿰뚫어본다.

요나는 "내가 생각하건대 자네의 공장은 매우 비효율적일 것 같네."라고 지적하고, "로봇을 도입해서 생산성이 개선되었다고 했는데 자네는 생산성이란 무엇이라고 생각하나?", "대체 무엇이 생산적인 것일까?"라고 물어본다.

곰곰이 생각한 알렉스는 "무엇인가를 이룬다는 의미일까요?"라고 대답하고, 생산성을 측정하기 위해서는 '목표The Goal'가 중요함을 깨닫는다. 요나는 마지막으로 "그렇다면 '진짜' 목표란 대체 무엇일까?"라는 질문을 던진 뒤 떠난다.

생산성과 목표의 의미를 곰곰이 생각한 알렉스는 요나에게 전화를 건다. "제조 기업의 목표는 돈을 버는 것입니다." 그 대답을 들은 요나는 "훌륭해."라고 칭찬하고, '현금 창출률', '재고', '운영비용'이라는 세 가지 지표에 주의하라고 조언한다. 현금 창출률은 (생산한 제품이) 판매를 통해서 돈으로 바뀌는 비율을 가리킨다. 재고(완성품뿐 아니라 재공품이나 원재료, 제조 중인 부품을 포함)란 판매하려고 하는 물건을 구입하기 위해 투자한 모든 돈이다. 운영비용이란 재고를 현금으로 바꾸기 위해 들이는 돈을 가리킨다. 요나는 공장에서 관리하고 있는 모든 것을 이 세 가지 지표로 측정하도록 권한다. 요컨대 현금 창출률을 높이면서 동시에 재고와 운영비용을 줄일 수 있다면 돈을 번다는 목표를 달성할 수 있는 것이다.

요나의 조언을 들은 알렉스는 공장을 조사한다. 그러자 로봇을 도입해 생산성이 개선되었다고 믿었지만 실제로는 재고에 문제가 있음이 밝혀진다. 로봇이 필요 이상으로 부품을 만드는 바람에 잉여 재고를 떠안고 있었던 것이다. 이 문제를 요나에게 상담하자 요나는 '균형 잡힌 공장'이라는 콘셉트를 가르쳐 준다. 이것은 전 세계의 제조사가 목표로 삼는, 모든 자원의 생산 능력이 시장의 수요와 완벽히 일치하는 공장을 의미한다. 그러나 현실의 세계에 완전히 균형이 잡힌 공장은 존재하지 않는다. 어떤 공장에든 두 가지 현상이 존재하기 때문이다. 하나의 사건이 일어나기 전에 다른 사건이 일어난다는 '사건의 종속성', 그리고 정확히 예측할 수 없는 정보도 있다는 '통계적 변동'이다. 요나는 이 두 현상의 조합이 공장에서 어떤 의미를 지니는지 생각해 보라고 알렉스에게 조언한다.

어려운 숙제를 받은 알렉스는 어느 주말에 보이스카우트 하이킹의 인솔자로 참가하게 된다. 그곳에서 알렉스는 놀라운 영감을 얻는다. 하이킹 대열을 인솔하다 보면 걸음이 빠른 아이는 점점 앞으로 나아가고 걸음이 느린 아이는 점점 뒤처지기 때문에 전원을 예정대로 이동시키기가 쉽지 않다. 그래서 알렉스는 병목의 역할을 하는 걸음이 제일 느린 소년을 대열의 선두에서 걷게 하고 그 소년이 들고 있었던 짐을 걸음이 빠른 아이들이 분담해서 들게 하는 방법을 생각해냈다. 이렇게 하자 대열이 흐트러지지 않게 되었고 마치 전원이 이동하는 속도가 두 배가 된 것처럼 보이게 되었다.

하이킹에는 자신의 앞에서 걷는 사람보다 빨리 걷지 못한다는 '사건의 종속성'이 존재하며, 여기에 개개인의 걷는 속도가 다르다는 '통계적 변동'이 조합된다. 알렉스는 하이킹의 대열이 공장의 제조 공정의 흐름과 유사함을 깨닫는다. 그리고 하이킹에서 얻은 힌트를 살려 공장의 병목은 무엇인지를 조사했는데 그 결과 로봇과 열처리 버너가 명목임이 판명되었다. 로봇의 경우는 사용되지 않는 시간이 길었기 때문에 직원의 휴식 시간 등을 궁리해 가동률을 향상시켰다. 또한 최우선으로 처리해야 할 재공품의 경우는 빨간 딱지를 붙여서 '즉시' 작업할 것을 명확히 했다. 그리고 열처리 버너의 경우는 담당자가 없어서 장치가 작동되지 않는 시간이 두드러졌기 때문에 상시 인원을 대기시켜 24시간 부품을 출납할 수 있는 체제로 바꿨다.

　로봇과 열처리 버너라는 두 병목을 개선하자 현금 창출률이 높아져 일단 생산성이 향상된 것처럼 보였지만 또다시 문제가 발생한다. 병목인 부품에 주력한 결과 병목이 아닌 재공품의 재고가 증가해 버린 것이다. 그래서 다시 요나의 조언을 받아 병목으로부터 역산을 해서 자재를 투입하는 타이밍을 결정하기로 했다.

　시행착오를 거듭하는 가운데 알렉스는 보틀넥(Bottle Neck, 사용 과부하로 전체 시스템 효율의 저하를 초래하는 현상)이 아닌 공장에서 한 번에 처리하는 부품의 수를 반으로 줄인다는 아이디어를 생각해낸다. 그러면 기계를 셋업하는 데 들어가는 시간, 실제로 부품을 만드는 데 걸리는 시간, 제조 중인 부품의 처리가 끝날 때까지 기계 앞에서 기다리는 시간, 필요한 완성품을 만들기 위해 다른 부품이 도착하기를 기다리는 시간 등 온갖 시간을 반으로 줄일 수 있다. 그리고 부품이나 재료가 공장으로 들어와서 완성품이 되기까지의 시간을 반으로 줄일 수 있다. 회전율을 높임으로써 주문이 들어와서 완성품을 출하하는 데 필요한 리드 타임도 대폭 단축하는 데 성공해 공장의 생산성은 큰 폭으로 개선되었다.

　《더 골》에서 배울 수 있는 것은 무엇일까? 이 책은 먼저 '기업의 목적은 무엇인가?'라는 근본적인 질문을 독자에게 던진다. 그리고 공장을 경영할 때는 현금 창출률, 재고, 운영비용 등 '돈'을 바탕으로 한 지표에 입각해서 관리하는 것이 중요하다는 사실을 배울 수 있다. 또한 부분 최적이 아니라 부품에서 완성품이 되는 일련의 공정에서의 제약 조건에 주목하며 '전체 최적'을 지향해야 한다고 말해 준다.

골드렛이 제창한 것은 'TOC(Theory of Constraints, 제약 조건 이론)'라는 주로 생산 관리에 사용되는 이론이다. 생산성을 저하시키는 병목이 되고 있는 제약 조건을 찾아내 개선함으로써 업무 전체의 흐름을 최적화해 생산성을 높이는 수법을 가리킨다.

베이조스는 왜 아마존의 경영 간부들에게 《더 골》을 읽도록 권하는 것일까? 아마존은 소매업이 주력이지만 거대한 창고를 다수 운영하고 있는데 TOC는 창고의 업무 개선에도 유용한 수법이라고 할 수 있을 것이다. 그러나 이유는 그것만이 아니다. 사실 《더 골》이 다루는 것은 '현금 흐름'을 중시하는 경영 수법이다. 공장을 관리하는 지표도 전부 '돈'과 관계가 있다. 베이조스는 창업 직후부터 현금 흐름을 중시하는 경영을 표방해 왔으며 상장 직후인 1997년의 주주 서한에서 경영을 할 때 매출액이나 이익보다 "현금 흐름을 우선한다."라고 명언했다. 2004년의 주주 서한에서도 "우리의 궁극적인 재무 지표, 그리고 우리가 장기적으로 가장 추진하고자 하는 것은 1주당 자유 현금 흐름입니다."라고 썼다.

아마존은 장래의 성장을 위한 투자를 우선시했던 까닭에 2002년까지 7년 동안 손익계산서상으로 매년 적자를 기록했는데 그럼에도 도산하지 않았던 것은 베이조스가 현금 흐름을 흑자로 만들 것을 강하게 의식하며 경영해 온 것과 관계가 있다.

골드렛은 이스라엘의 물리학자로, TOC를 비롯해 생산성의 개선에 도움이 되는 이론을 발전시켰다. 그리고 생산 스케줄링 소프트웨어를 개발했지만 좀처럼 보급되지 않자 소설을 통해서 제조란 무엇이며 TOC 수법이란 무엇인지를 알리자는 생각에서 《더 골》을 집필했으며 1984년에 출판된 이 책은 순식간에 베스트셀러가 되었다.

불필요함을 없애고 가치를 높인다

베이조스는 TOC 이외에도 공장의 생산 관리 수법에 깊은 관심을 보인다. 제임스 워맥James Womack, 대니얼 존스Daniel Jones가 도요타 자동차의 생산 수법을 연구해 일반화한 린 생산 시스템의 명저《린 싱킹Lean Thinking》도 베이조스의 애독서다. 린Lean이란 '마른', '군살이 없다'라는 의미로, 경영에서는 '낭비가 없음'을 가리킨다. 필요한 것을 필요한 때에 필요한 만큼만 생산하는 '저스트 인 타임'으로 상징되는 도요타 생산 방식TPS은 일본의 자동차가 점유율을 급속히 확대하던 1980년대에 미국에서 주목을 받았다.

이 책에서는 제1장을 시작하면서 일본어인 '무다(むだ, 낭비)'라는 개념에 관해 설명한다. "재작업을 해야만 하는 실수나 결함", "당장 필요 없는 것의 과잉 생산", "필요 없는 동작이나 이동" 등의 예를 들며 이런 '무다'에 대해 인류의 역사상 가장 과감하게 맞선 인물로서 도요타 생산 시스템을 체계화한 오노 다이이치를 언급했다.

워맥은 '무다'를 줄이기 위한 매우 효과적인 해독제로 '린 사고'를 소개했다. 이것은 끊임없이 인원수, 설비, 시간 같은 온갖 것을 더 적게 소비하면서 동시에 고객이 원하는 것을 적확히 제공하는 상태에 가까워지게 하는 수법이다.

린 사고의 출발점은 '가치'다. 가치는 최종 고객이 결정하는 것으로, 특정한 제품마다 따로따로 정의되어 있다. 성능이나 품질을 향상시켜 이 가치를 높이면서 제조 비용을 계속 절감하는 것이 제조사의 경영을 성공시키는 열쇠가 된다. 이처럼 제품의 가치를 높이면서 '무다(낭비, 비효율)', '무리', '무라(불균일)'를 극한까지 줄인다는 린 사고의 이상적인 사례가 도요타다. 이 책에는 도요타의 생산성 개선 사례가 빈번하게 등장한다. 이를테면 도요타가 미국에서 범퍼를 제조하는 부품 제조사에 생산 관리 전문가를 파견해 극적인 생산성 향상을 실현한 사례가 상세히 묘사되어 있다.

공장에서 비효율적인 공간을 없애고, 작업의 비효율을 줄이며, 거래처를 포함한 공급 사슬 전체의 물류를 효율화한다. 이런 수법에 강렬한 자극을 받은 베이조스는 아마존이 운영하는 창고와 물류에 린 생산 시스템의 수법을 도입했다. 예를 들어 아마존의 창고에는 '안돈(Andon, 도요타의 품질 개선 방식 중 하나로 현장의 작업자가 품질 등에 문제가 있다고 여길 시 조사 후 라인을 중지하는 것을 말한다)'과 유사한 방식을 채용했다. 컨베이어벨트에서 화물의 흐름이 중간에 막히면 어디에서 어떤 문제가 발생했는지가 직원이 들고 있는 태블릿에 표시된다. 그러면 직원이 현장에 가서 문제를 해결한다.

베이조스가 《린 싱킹》에 매료된 것은 아마존의 연차 보고서에 안돈이나 '가이젠'(改善, '개선'이라는 의미로 도요타의 비용 절감을 위한 생산성 혁신 운동을 가리킨다) 같은 용어가 종종 등장하는 것에서도 알 수 있다. 자신들의 비즈니스가 소매업이라는 선입견을 버리고 제조업에서도 뛰어난 아이디어를 탐욕적으로 받아들인 것이 아마존의 경쟁력을 한층 더 높였다고 할 수 있다.

창업의 상식을 부정하는 도발적인 책

《리워크Rework》는 스타트업의 창업 철학을 그린 책으로, 창업을 하거나 신규 사업을 시작할 때 도움이 되는 여러 가지 힌트가 가득하다. 저자는 프로젝트 관리 소프트웨어 분야의 스타트업인 '37시그널즈'의 창업자이자 CEO인 제이슨 프라이드Jason Fried와 CTO인 데이비드 하이네마이어 핸슨David Heinemeier Hansson이다. 프로젝트 관리 소프트웨어인 '베이스캠프'가 이 회사를 대표하는 제품이다.

창업의 상식을 부정하는 두 사람의 메시지는 매우 자극적이다. 예를 들면 이들은 '실패로부터 배울 필요가 있다'라는 발상은 틀렸다고 단언한다. 오히려 성공으로부터 배우는 편이 좋다며 "성공하면 무엇이 성공했는지 알고 그것을 다시 한번 할 수 있다. 그러면 다음에는 더 잘할 수 있을 것이다."라고 말한다. 하버드 비즈니스 스쿨의 조사에 따르면 성공한 창업자가 다음에 또 성공할 확률은 34퍼센트로, 한 차례 실패했던 사람이나 처음 창업하는 사람보다 50퍼센트 가까이 높다고 한다.

또한 스타트업의 문화라고도 할 수 있는 워커홀릭(일 중독)도 부정한다. "일 중독은 불필요할 뿐 아니라 멍청한 짓이다.", "너무 많이 일하면 해결하는 것보다 더 많은 문제를 만들어내게 된다.", "일중독자들은 위기까지도 만들어낸다. 그들은 일을 많이 하는 것 자체를 좋아하기에 효율적인 방법을 찾으려 하지 않는다. 영웅이 된 것 같은 느낌을 즐기는 것이다." 워커홀릭을 자인하는 사람들에게는 가슴이 뜨끔해지는 말이다.

"큰일을 하려면 다른 사람들과 다른 일을 하고 있다는 감각이 필요하다. '작게나마 세상에 공헌하고 있다', '나는 중요한 존재의 일부다'라는 감각이다."라는 말도 공감이 된다. 자신에게는 거대한 사명이 있다고 믿는 사람들은 자신들의 제품이나 서비스의 매력을 열정적으로 당당하게 이야기한다. 그리고 어떤 고난에 직면해도 굴하지 않고 도전해 나가는 경우가 많다.

어떤 분야에서 어떤 제품으로 사업을 시작할지 고민하는 창업가도 많을 것이다. 성장 가능성이 있는 시장인지, 라이벌은 적은지, 기술적으로 앞서 나갈 수 있을지 같은 시점에서 선택하는 사람도 있을 것이다. 그러나 이 책에서는 "훌륭한 제품이나 서비스를 만들어내는 가장 단순한 방법은 당신이 사용하고 싶은 것을 만드는 것이다. 자신이 알고 있는 것을 디자인한다면 만들고 있는 것이 좋은지 아닌지 금방 판단이 된다."라고 주장한다. 37시그널즈의 창업자들도 자신들이 필요하다고 생각하는 프로젝트 관리 소프트웨어를 개발해 히트시켰다.

창업을 지망하는 MBA 취득자나 예비 창업자가 모이는 스타트업 이벤트에 참가하면 '출구' 전략이 종종 화제에 오른다. 주식을 상장할 것인가. 사업을 매각할 것인가. 혁신을 일으켜서 세상을 더 나은 곳으로 만들고 싶어 하는 사람도 많지만 출구 전략을 성공시켜 일확천금을 손에 넣고 싶어 하는 사람도 적지 않다. 이에 대해 책에서는 이렇게 말한다. "자주 받는 질문 중 하나는 '어떤 출구 전략을 갖고 있습니까?'이다. 창업 직후에 이 질문을 받은 적도 있다. 그만두는 법을 알지 못하면 무엇인가를 만드는 것조차 시작하지도 못하는 사람들은 대체 어떻게 된 사람일까?", "그만둘 것을 전제로 삼는 전략으로는 애초에 기회가 있더라도 성공하지 못할 것이다."

그렇다면 사업을 시작할 때 중요한 것은 무엇일까? 이 책에서는 '핵심부터 시작할 것'을 추천한다. 만약 핫도그를 파는 노점을 시작한다면 향신료나 수레, 가게명 등 신경 쓰이는 것이 많겠지만 가장 생각해야 할 것은 핫도그이며 이것이 핵심 부분이다. 고객이 놀랄 만큼 압도적으로 맛있는 핫도그를 제공할 수 있다면 성공할 확률은 높으므로 여기에 모든 에너지를 집중하는 것이 중요하다고 말한다.

실패하는 레스토랑은 메뉴의 수가 너무 많으며, 뛰어난 요리사는 메뉴의 수를 줄인다고 한다. 30가지였던 메뉴를 10가지 이하로 줄이고 그 10가지의 맛을 끌어올린다는 발상이 중요하다고 말할 수 있을 것이다.

또한 이 책에서는 다음번의 거대한 조류, 인기가 급상승 중인 것, 최신 트렌드나 기술에 달려드는 것도 경계한다. 유행이라는 끊임없이 변하는 것보다 오히려 변하지 않는 것이 주목해야 한다는 것이다. "비즈니스를 시작한다면 그 핵심은 변하지 않는 것이어야 한다. 사람들이 지금 가지고 싶어 하는, 그리고 10년 후에도 가지고 싶어 할 것. 그런 것에 힘을 쏟아야 한다." 여기에서 사례로 제시된 기업이 아마존이다. 신속한 무료 배송, 안심할 수 있는 반품 시스템, 저렴한 가격 등 고객이 항상 원하는 보편적인 가치를 추구하고 있다며 찬사를 보냈다.

이 책에는 그 밖에도 창업뿐 아니라 비즈니스에 도움이 되는 금언이 가득 담겨 있다. "기존의 상식에 얽매이지 않고 비즈니스의 규칙을 다시 썼다." 베이조스는 이 책을 이렇게 평가했다.

미래를 어떻게
예측할 것인가?

비정상적인 사건은 예측이 불가능하다

"세상에는 '하얀' 백조밖에 없다." 과거에 유럽 사람들은 이렇게 믿었다. 그래서 무의미한 노력을 하는 일을 가리켜 "검은 백조(블랙 스완)를 찾는다."라는 속담도 있었다.

'검은' 백조의 발견은 당시의 유럽에서 충격으로 받아들여졌다. 수천 년에 걸쳐 관측해 온 수백만 마리나 되는 백조가 모두 흰색이었기에 모두가 그렇게 믿어 의심치 않았던 당연한 상식이 뒤엎어졌기 때문이다. 이렇게 해서 '블랙 스완'은 아무도 예상하지 못했던 사건이 갑자기 일어나는 것을 가리키게 되었다.

이런 불확실성을 주제로 한 책이 《블랙 스완》이다. 저자는 레바논 출신의 나심 니콜라스 탈레브Nassim Nicholas Taleb로, 금융 파생 상품 트레이더와 헤지펀드 매니저를 거쳐 뉴욕 대학교에서 리스크 관리에 확률론을 응용하는 방법론을 가르친 뒤 리스크 공학 교수가 되었다.

탈레브는 검은 백조처럼 과거에 일어난 사건에 비추어 생각하면 비정상적으로 보이는 사건이 갑자기 일어나는 일은 종종 있으며 "그 충격은 매우 크다."라고 지적했다. 그리고 인간은 아무리 비정상적인 사건이나 현상이라 해도 사후에 적당한 설명을 꾸며내 예측이 가능했다고 믿는 선천적인 기질이 있다고 말했다.

검은 백조의 출현 같은 비정상적인 사건은 예측이 불가능하다. 탈레브는 이렇게 단언한다. 제1차 세계대전과 러시아 혁명, 히틀러의 대두, 구 소비에트 연방의 붕괴, 2001년의 미국 동시 다발 테러 같은 사건을 사전에 예상했던 사람은 없었다는 것이다. 그럼에도 인간은 나중에 이런저런 이유를 생각해내서는 그것이 예측할 수 있는 사건이었다고 믿으려 하지만 아무리 그런 사건이 일어나기 전에 무슨 일이 일어났었는지를 관찰해서 분석한들 예측하기는 불가능하다고 주장한다.

탈레브가 사람들의 심리를 설명하기 위해 사용한 칠면조 이야기는 매우 재미있다. "매일 모이를 받고 있는 칠면조가 있다. 모이를 받을 때마다 칠면조는 인류 중에서도 친절한 사람들이 모이를 주는 것이며 그것이 일반적으로 성립하는 일상의 법칙이라고 믿어 간다. (⋯) 추수 감사절 전날인 수요일 오후, 생각지도 못했던 일이 칠면조에게 일어난다." 칠면조는 추수 감사절에 사용하기 위해 사육되고 있었으며 갑자기 목이 졸려 죽을 운명이지만 물론 자신들은 그런 사실을 알지 못한다는 것이다.

이런 문제는 물론 인간 사회에도 존재한다. 수백 년에 걸쳐 독일 사회에 상당히 녹아들어 있었던 유대인들은 갑자기 나치스가 대두해 자신들을 체포하고 강제 수용소로 보내서 죽이리라고는 누구도 예상하지 못했다. 러시아 혁명이 일어나기 전까지 황제나 귀족들은 자신들이 수 세기에 걸쳐 지배해 온 토지와 재산을 어느 날 갑자기 몰수당하고 추방되거나 처형당할 줄은 꿈에도 알지 못했다.

이런 경우 과거의 경험은 제로의 가치를 지닌다. 아니, 마이너스의 가치를 지니기도 한다. 나치스 시대의 유대인 중에는 잠시 인내하면 박해를 멈추리라고 생각한 사람이 많았다. 망명한 러시아 귀족들도 대부분은 잠시 나라를 떠나 있으면 다시 예전 같은 생활로 돌아갈 수 있으리라 생각했다. 과거의 데이터를 분석해 합리적으로 생각되는 결론을 이끌어 낸들 의미가 없을 때가 있는 것이다.

"있을 수 없다고 생각했던 일이 갑자기 발생하면 예상했던 경우보다 영향이 커진다." 탈레브는 이렇게 말했다. 인간은 비정상적인 것을 무시하고 '평범한' 것에 초점을 맞추는 경향이 있다. '비정상'은 방치하고 평범한 경우만을 대상으로 삼아서 연구하려 한다. 그러나 블랙 스완 같은 극단적인 비상 사태는 역사 속에서 종종 일어났다.

"역사나 사회는 흐르는 것이 아니라 점프한다. 단층에서 단층으로 점프하며 그사이에 작은 흔들림이 발생한다. (…) 그럼에도 우리(그리고 역사)는 조금씩 변화해 간다고 믿어 의심치 않는다." 탈레브는 신랄하게 지적한다.

인간은 종종 지금의 세계가 미래에도 계속될 것이라는 착각에 빠진다. 고작해야 10년 혹은 20년 정도 계속되고 있을 뿐인 현상이 미래에도 언제까지나 똑같이 계속될 것처럼 믿어 버리는 경향이 있다.

내가 취업 활동을 했던 1990년대 중반에는 대형 은행이나 장기 신용 은행, 대형 증권사에 취직하면 30세에 연봉 1,000만 엔을 받으며 평생 걱정 없이 할 수 있을 것이라고 믿는 사람이 많았다. 나도 채용을 담당하는 선배들과 이야기를 나누는 가운데 그런 착각에 빠져 있었다. 그러나 취직하고 얼마 안 있어 1997년에 홋카이도 척식 은행과 야마이치 증권이 파산했고, 1998년에는 일본 장기 신용 은행도 파산했다. 그 후 닛케이 평균 주가는 1만 엔 밑으로 떨어졌고, 일본 기업들의 대규모 구조 조정도 당연한 일이 되었다.

미국에서도 1987년 10월에 다우존스 산업 평균 지수가 하루 만에 22.6퍼센트나 폭락하는 '검은 월요일'이라는 사건 발생했다. 당시 크레딧스위스 퍼스트 보스턴의 트레이더였던 탈레브는 "경영학자들이 전혀 예상하지 못했고 별다른 뉴스도 없었지만 폭락은 일어났다."라고 말했다. 2008년 가을에 미국의 투자 은행인 리먼 브러더스가 파산하면서 시작된 금융 위기도 수많은 투자자에게 예상치 못한 사건이었다.

탈레브가 이 책에서 귀에 못이 박이도록 전하는 메시지는 검은 백조 같은 비정상적인 사건을 인간이 예측하기는 어렵다는 것이다. 또한 그럼에도 인간은 다양한 사건에 대해 규칙성이나 패턴을 찾아내려 하는 습성이 있으며 그것이 비정상적인 사태에 직면했을 때 잘못된 판단을 하도록 만들 가능성이 있다고 지적한다.

"우리 영장류과의 구성원은 언제나 법칙에 굶주려 있다. 사물의 차원을 낮춰서 머릿속에 담아야 하기 때문이다. (…) 정보가 무작위일수록 차원은 높아지며 요약하기가 어려워진다. 그리고 요약할수록 들어맞는 법칙은 강해지며 근거가 있게 된다. 그런 구조가 한편으로 우리에게 단순화를 유도하며, 다른 한편으로 세상이 실제보다 덜 우연적이라고 믿게 만든다.", "그렇게 해서 우리는 단순화를 할 때 검은 백조를 무시하고 마는 것이다."

탈레브는 무엇이든 합리적으로 설명할 수 있다고 생각하는 것은 잘못이며 오히려 설명이 불가능한 것이 있고 예측할 수 없는 일도 있다고 생각하는 편이 좋다고 강조한다. "사람들은 종종 '현자는 미래에 어떤 일이 일어날지가 눈에 보이는 사람이다'라고 말한다. 그러나 내가 생각하기에 진짜 현자는 먼 미래에 어떤 일이 일어날지는 알 수 없음을 알고 있는 사람이 아닐까 싶다."

그렇다면 베이조스는 《블랙 스완》을 어떻게 평가하고 있을까? "저자는 사람들이 예측할 수 없는 사건이 있음에도 카오스(혼돈) 속에서 법칙성을 찾아내려 한다고 주장한다. 실험과 경험주의는 간단하고 알기 쉬운 이야기보다 우월하다." 베이조스가 창업한 아마존은 지금까지 소매업이나 IT 산업의 상식에 비추어보면 검은 백조처럼 생각되는 혁신을 추구해 왔다. 미래를 예측할 수 없는 이상 단순화한 과거의 법칙에 얽매이지 않고 다산다사를 전제로 한 '실험'을 반복해 혁신을 만들어낸다. 이것이 베이조스의 방식이라고 할 수 있다.

가장 효율적인 인당 작업량은 얼마인가?

《맨먼스 미신》은 소프트웨어 개발의 본질과 리스크에 관해 배울 수 있는 명저다. 저자인 프레더릭 브룩스Frederick Brooks는 미국 IBM의 대형 컴퓨터인 System/360과 운영 체제인 OS/360의 개발팀을 이끌었던 인물로, 그 경험을 바탕으로 이 책을 집필했다. 초판이 출판된 때가 지금으로부터 거의 반세기 전인 1975년이지만 개정을 거치며 소프트웨어 개발의 진수를 파고드는 양서로서 지금도 읽히고 있다.

'IT 엔지니어의 바이블'로도 불리는 이 책의 매력은 어디에 있을까? 이 책의 제목이기도 한 '맨먼스Man-Month'는 소프트웨어(시스템) 개발에서 작업량(공수)을 나타내는 단위로, '인원수×시간(월)'을 가리킨다. 예를 들어 네 명이 했을 때 2개월이 걸리는 작업은 8맨먼스가 된다. 맨먼스는 시스템을 개발하기 위해 들어갈 비용을 어림셈할 때 등에 사용된다.

IT 업계에서 당연하다는 듯이 사용되고 있는 이 맨먼스라는 용어에 대해 브룩스는 "작업의 크기를 측정하는 단위로서의 맨먼스는 의심해 봐야 할 위험한 미신이다."라고 비판한다. 애초에 사람과 개월을 교환 가능하다는 발상 자체가 틀렸다는 것이다. 맨먼스라는 개념의 전제는 프로그래머 개개인의 능력이 같다는 것이지만 현실은 그렇지 않다. 브룩스 등이 경험을 쌓은 프로그래머 그룹을 조사한 결과, 가장 우수한 프로그래머는 가장 미숙한 프로그래머에 비해 평균 10배의 생산성이 있음이 밝혀졌다. 우수한 프로그래머를 모은 소수 정예의 팀은 많은 수의 프로그래머가 개발에 참여하는 경우에 비해 커뮤니케이션에 들어가는 시간도 대폭 단축할 수 있다.

"대규모 소프트웨어를 개발하는 경우, 엔지니어의 수가 적은 그룹이 많은 그룹보다 효과적이다."라는 저자의 지적이 특히 베이조스에게 강한 인상을 준 듯하다. 아마존은 사업을 확대해 나갈 때의 팀 편성에 대해 '피자 두 판 규칙'이라는 규칙을 만들었다. '피자 두 판을 나눠 먹을 수 있을 정도의 소규모 팀이 커뮤니케이션에 들어가는 불필요한 시간을 줄일 수 있어 가장 효율적이다'라는 발상이다. 브룩스는 《맨먼스 미신》에서 "일반적으로 소수정예의 팀은 10명을 넘지 말아야 한다."라고 지적했는데 베이조스의 피자 두 판 규칙에 딱 들어맞는 규모라고 할 수 있다.

대규모 시스템을 개발할 때는 수백 명이 넘는 거대한 팀이 구성되는 경향이 있으며 개발이 늦어지는 경우도 종종 있다. 그럴 때 엔지니어를 추가 투입함으로써 지연을 만회하려 하는 경우가 많지만 인원수가 늘어나면 커뮤니케이션이나 교육이 힘들어져 개발이 더욱 늦어질 때가 많다고 브룩스는 지적했다.

브룩스는 대규모 소프트웨어의 개발을 '타르 구덩이'에 비유했다. "타르 구덩이에 빠진 거대한 짐승이 죽을힘을 다해서 지상으로 올라오려 하는 광경만큼 강렬한 인상을 주는 것은 없다. 고대의 공룡이나 매머드, 검치호가 타르 속으로 가라앉지 않으려고 몸부림치는 모습이 눈앞에 떠오른다. 그러나 심하게 몸부림칠수록 타르가 한층 온몸을 휘감기 때문에 아무리 힘센 짐승이라도, 또 아무리 영리하고 날쌘 짐승이라도 결국은 가라앉고 만다."

인터넷 소매업 시장에서 성공하기 위해 처음부터 소프트웨어의 개발에 힘을 쏟아 왔고 2006년부터는 클라우드 컴퓨팅 서비스인 AWS도 시작한 베이조스는 이런 타르 구덩이에 빠지지 않도록 일찍부터 주의를 기울여 왔다.

한편 브룩스는《맨먼스 미신》에서 소프트웨어 개발의 기쁨에 관해서도 이야기했는데 IT에 문외한인 내게는 신선했기에 소개하려 한다.

"프로그래밍은 왜 즐거울까? 프로그래밍을 하는 사람은 대체 어떤 만족을 얻으려 하는 것일까?", "먼저 할 수 있는 말은 무엇인가를 만들어내는 순수한 기쁨이 있다는 것이다. 아이가 진흙 덩어리를 가지고 놀듯이 어른은 무언가를 조립하는 것, 특히 자신이 직접 디자인한 것을 만들어내기를 즐긴다. 이것은 신이 만물을 창조했을 때의 환희, 즉 나뭇잎 한 장 한 장, 눈의 결정 하나하나가 전부 다르며 그 모두가 새롭다는 기쁨에 가까울 것이다."

또한 다른 사람들에게 도움이 되는 것을 만드는 즐거움이나 복잡한 퍼즐 같은 부품 조립을 완성시키고 그것이 원활하게 작동하는 것을 바라보는 재미, 늘 새로운 것을 공부하는 기쁨 등도 있다고 한다.

"프로그램이라는 것은 시인의 말과 달리 현실에서 움직이며 작동한다. 프로그램 자체로부터 독립된 가시적인 출력도 가져다준다. 결과를 인쇄하고, 그림을 그리며, 소리를 내고, 팔을 움직이는 등의 행동을 한다. 키보드로 주문을 올바르게 입력하면 디스플레이에 생명이 불어넣어져 그전까지 존재하지 않았던, 또 있을 수 없을 터였던 것을 눈앞에 보여준다."

오늘날 여러 기업 현장에서 DX(Digital Transformation, 디지털 전환)나 AI 기술이 각광을 받고 있고. 프로그래밍에 대한 관심이 높아지는 가운데 많은 사람이 인식하고 있지 않은 프로그래밍의 즐거움이나 참맛도 가르쳐 주는 책이 《맨먼스 미신》이다.

우리 기업은 마케팅을 잘하고 있는가?

아마존의 강력함을 뒷받침하는 것은 데이터를 활용한 마케팅이다. 아마존은 방대한 데이터를 분석하고 이를 활용해서 성과를 최대화하기 위한 마케팅 전략을 실행해 왔다. 특히 '고객 지상주의'를 내걸고 있는 아마존은 고객과의 연결을 강하게 의식하며 고객 만족도를 높이기 위한 다양한 신서비스를 도입하고, 구매 데이터 등을 바탕으로 상품을 추천하는 기능도 진화시키고 있다. 오프라인 채널이 주력인 전통적인 소매업과 비교했을 때 풍부한 고객 데이터를 얻을 수 있다는 인터넷 소매업의 강점을 충분히 살리고 있다고 말할 수 있다.

그런 데이터 활용의 강자인 아마존을 이끄는 베이조스가 추천하는 책이 《마케팅 평가 바이블》로, 데이터를 활용하는 마케팅의 교과서로서 많은 것을 가르쳐 주는 훌륭한 책이다. 저자인 마크 제프리는 이 책을 집필할 당시 명문 비즈니스 스쿨인 노스웨스턴 대학교 켈로그 경영대학원에서 학생들을 가르치고 있었다. 제프리와 연구진은 225개 유력 기업을 대상으로 마케팅에 데이터를 활용하는 실태를 조사했다. 그러자 기업 사이에 존재하는 마케팅 격차가 선명히 드러났다. 이와 관련해 제프리는 "상위 기업과 중하위 기업 사이에 현저한 격차가 존재했다는 데 충격을 받았다."라고 말했다. 마케팅 활동을 관리하는 프로세스가 존재하지 않는 기업이 과반수였고, 대부분의 기업이 투자 효과를 판단하는 지표를 설정하거나 관측하지 않고 관행적이고 일상적인 마케팅 활동을 하고 있음이 밝혀졌다.

한편 약 20퍼센트의 기업은 데이터를 집약해서 마케팅 활동을 관리하거나 최적화하고 있었다. 데이터 활용의 강자라고도 할 수 있는 이들 기업은 데이터 드리븐 마케팅을 구사하며 매일 적절한 지표로 마케팅 활동의 효과를 측정하고 있었다. 그래서 이 20퍼센트가량의 기업의 실적과 시장 점유율을 조사해 보니 같은 업종의 다른 회사와 큰 차이를 내고 있음이 판명되었다고 한다.

"데이터를 활용할 때는 마케팅 활동의 성과를 대부분 망라할 수 있는 엄선된 지표에 집중하는 것이 중요하다."라고 제프리는 주장했다. 그가·

강조한 기업이 중시해야 할 마케팅 지표는 다음의 15개다.

①브랜드 인지도

②시험 사용

③고객 이탈률

④고객 만족도

⑤오퍼 수락률

⑥순이익

⑦순현재 가치

⑧내부 수익률

⑨회수 기간

⑩고객 생애 가치

⑪클릭당 비용

⑫거래 전환율

⑬광고 수익률

⑭사이트 이탈률

⑮입소문

①~⑩은 '전통적인 마케팅 지표'로, 그중 ①~⑤는 비재무 지표, ⑥~⑩은 재무 지표다. 특히 ⑩의 고객 생애 가치는 고객 가치를 중시하는 의사 결정을 내릴 때 가장 중요한 지표가 된다. 과거에는 "광고비의 절반은 낭비임을 알고 있다. 문제는 어떤 절반이 낭비인지 알 수 없다는 것이다."라는 이야기가 있었지만 지금은 무엇이 낭비인지 알 수 있게 되

었다. 컴퓨터, 태블릿, 스마트폰 등으로 모든 사람이 인터넷에 접속할 수 있게 된 결과 마케팅 활동의 추적이 전에 없이 쉬워진 덕분이다.

⑪~⑮는 제프리가 '신세대 마케팅 지표'라고 부르는 것들이다. 클릭당 비용과 거래 전환율, 광고 수익률은 인터넷 시대의 마케팅에서 중요한 검색 엔진과 관계가 있는 지표다. ⑭의 사이트 이탈률은 웹사이트의 입구가 되는 페이지만을 보고 다른 페이지로는 이동하지 않은 채 이탈한 세션 수의 비율로, 웹사이트가 잘 만들어졌는지를 측정하는 지표다. ⑮의 입소문은 소셜 미디어 마케팅의 효과를 측정하기 위한 지표다.

《마케팅 평가 바이블》이 훌륭한 점은 이론뿐 아니라 풍부한 사례를 소개하며 마케팅의 본질을 파고든다는 데 있다. 데이터를 활용한 마케팅을 할 때 참고가 되는 기업의 사례가 다수 등장한다. 일례로 포르쉐는 기존의 포르쉐 차주에게 보낸 신형 911 터보 카브리올레의 다이렉트메일DM에 각인된 도색되지 않은 메탈 플레이트를 동봉했다. 함께 송부된 로그인 ID를 사용해 웹사이트에 접속하면 자신이 좋아하는 색상의 자동차를 선택할 수 있으며 그 색상의 신형 차의 포스터를 주문할 수 있는 캠페인이었다. 포르쉐 팬의 흥미를 끈 이 DM 마케팅은 호평을 받았고, 반응률이 30퍼센트에 이르렀다. 그리고 이 시기에 포르쉐의 신형 911 터보 카브리올레를 구입한 고객 중 38퍼센트가 이 DM을 받은 사람이었다고 한다.

그 밖에도 미국의 화학 기업인 듀폰, 가전제품 양판점인 베스트바이, 드럭스토어인 월그린, 마이크로소프트, 인텔, 콘티넨털 항공(현재의 유나이티드 항공), 렉서스 등이 실천하고 있는 데이터를 활용한 마케팅의 흥미로운 사례가 가득 담겨 있다. 2010년에 미국에서 출판된 책이기에 사례가 조금 오래되었다는 인상도 받지만, 데이터를 활용한 마케팅이 관심이 있는 사람이라면 꼭 읽어 봐야 할 책이라고 말할 수 있을 것이다.

베이조스가 마지막 주주 서한에서 인용한 구절

2021년 5월에 열리는 아마존의 주주 총회를 앞두고 베이조스는 CEO로서 마지막이 되는 주주 서한을 썼다. 베이조스가 매년 써 온 주주 서한은 최고 경영자의 생각을 알 수 있는 아마존의 '명물'로 유명했으며 21년분의 서한을 분석한 《베이조스 레터》라는 책도 출판되었다.

마지막 주주 서한을 끝맺으면서 베이조스는 "마지막으로 꼭 전해야겠다고 느낀 가장 중요한 것이 하나 있습니다. 모든 아마존인이 이것을 명심해 주기를 바랍니다."라며 어떤 책의 말을 길게 인용했다. 그것이 바로 리처드 도킨스Richard Dawkins의 《눈먼 시계공》의 한 구절이다.

"죽음을 저지하는 것은 당신이 해야 할 일이다. 가만히 있으면, 요컨대 죽으면 그렇게 된다는 말이지만 몸이라는 것은 주변 환경과 평형을 이룬 상태로 돌아가는 경향이 있다. 살아 있는 몸의 온도, 산성도, 수분 함량이나 전위 같은 성질들을 측정해 보면 그것이 그 주변의 각각 대응하는 성질의 측정값과 현저히 다르다는 사실을 깨달을 것이다.

예를 들어 우리의 몸은 일반적으로 주변보다 온도가 높으며, 추운 기후에서는 그 온도 차이를 유지하기 위해 열심히 일해야 한다. 그러나 죽어 버리면 더는 일을 하지 않게 되며 온도 차이가 줄어들기 시작해 결국 주변과 같은 온도가 되어 버린다. 모든 동물이 주변의 온도와 평형 상태가 되지 않도록 그렇게 열심히 일하는 것은 아니지만 어떤 동물이든 그와 비슷한 일을 하고 있다.

또 건조한 지방에서는 동물이든 식물이든 가만히 있으면 수분이 세포로부터 건조한 외부 세계로 날아가 버리는 경향을 거스르고 그 세포 속의 수분 함량을 유지하기 위해 일해야 한다. 그러지 못한다면 그들은 죽고 만다. 좀 더 일반적으로 말하면, 만약 생물이 적극적으로 일을 해서 외부 세계와 평형 상태가 되는 것을 막지 않는다면 결국 그 주변의 환경에 동화되어 자율적인 존재이기를 그만두게 된다. 이것이 생물이 죽었을 때 일어나는 일이다."

생물은 아무것도 하지 않으면 주위의 환경에 동화되어 자율적인 존재가 아니게 된다. 즉 죽고 만다. 언뜻 보면 너무나도 당연한 말처럼 생각된다. 그러나 베이조스는 "이 구절은 아마존과 깊은 관련이 있습니다. 그리고 모든 기업과 조직, 우리 개인의 생활과도 관계가 있습니다."라고 강조했다.

베이조스가 도킨스의 말에 이렇게까지 매료된 이유는 무엇일까? 자연에 맡기면 세상은 당신을 '노멀(평범)'한 존재로 만들어 버린다. 그러므로 자신들의 두드러진 특징을 유지하기 위해서는 열심히 노력해야 하며 자신들을 주변과는 다른 특별한 존재로 만들어 주는 강점을 결코 잊지 말아야 한다. 이런 메시지가 담겨 있기 때문이다.

베이조스의 '유언'이라고도 할 수 있는 말은 흔한 찬사가 아니라 마지막까지 엄격한 충고의 내용이었다. "독자성, 독창성에 가치가 있음은 누구나 알고 있습니다. 우리는 모두 '자신답게 살아라'라고 교육을 받습니다. 제가, 당신이 그 독자성을 유지하기 위해 얼마나 많은 에너지가 필요한지를 받아들이고 현실적이 되기를 진심으로 바랍니다. 세상은 당신이 평범하기를 바라고 있습니다. 하지만 그렇게 되지 마십시오.", "독자성을 가지려면 대가를 치러야 하지만 그럴 만큼의 가치가 있습니다. '자신답게 살아라'의 동화 버전은 자신의 개성이 빛나도록 만들면 즉시 모든 고통이 사라진다는 것입니다. 하지만 이것은 오해를 부를 수 있습니다. 자신답게 사는 것에는 가치가 있지만 아무런 대가도 없이 쉽게 손에 넣을 수 있다고는 생각하지 마십시오. 지속적으로 에너지를 쏟아 부어야 합니다.", "세상은 항상 아마존을 더 평범한 존재로 만들려 합니다. 저희가 주변의 환경과 평형을 이루도록 만들려 합니다. (그렇게 되지 않으려면) 끊임없는 노력이 필요하지만, 저희는 그 이상의 성과를 올릴 수 있으며 또 그래야 합니다."

《눈먼 시계공》을 쓴 리처드 도킨스는 진화론의 연구로 유명한 생물학자다. 유전자 중심의 관점을 제창하는 것으로도 알려져 있으며 "생물은 유전자가 이용하는 '탈 것'에 불과하다."라는 말도 유명하다.

이 책이 말하는 바는 자연 선택을 통한 생물의 진화가 복잡한 적응성을 만들어낸다는 것이다. 크리스트교의 영향력이 강한 서양에서는 신이 모든 생물을 포함한 세상을 만들었다는 '창조론'이 강력한 힘을 지니고 있었기에 다윈의 진화론을 회의적으로 바라보는 학자가 적지 않았다. 도킨스는 《눈먼 시계공》에서 진화는 우연인가 아닌가, 생물에는 '신'이라는 설계자가 있었는가 같은 의문에 친절하게 대답했다.

결론을 말하면 신 같은 창조주는 존재하지 않으며 수만 년에서 수천만 년이라는 긴 시간에 걸쳐 완성되는 진화의 이론은 옳다는 것이 도킨스의 주장이다. 다만 인간은 수명이 수십 년밖에 되지 않기에 우연이 만들어내는 수십만 년 규모의 장기적인 진화를 상상하기가 쉽지 않고, 창조성이 높아서 이런저런 것들을 디자인할 수 있는 까닭에 진화론을 잘

받아들이지 못하는 것이라고 지적한다.

생물 진화의 본질을 파고드는 도킨스의 명저를 통해 인간의 본질은 무엇인가를 생각하고 주주 서한이라는 형태를 빌려서 아마존의 사원들에게 미래에 대한 메시지를 전한 베이조스가 그저 존경스러울 따름이다. 베이조스는 바쁜 와중에도 언뜻 업무와 관계가 없어 보이는 생물에 관한 두꺼운 책까지 읽고 비즈니스에 활용하고 있는 것이다.

기업의 모든 사람이
리더의 마음가짐으로

#리더십

③

book 《피터 드러커 자기 경영 노트》《샘 월튼, 불황 없는 소비를 창조하라》

'매니지먼트의 아버지'가 말하는 리더의 조건

베이조스가 아마존의 간부들에게 추천하는 리더론의 명저가 피터 드러커의 《피터 드러커 자기 경영 노트》다. 원서 제목은 'The Effective Executive'로, 직역하면 유능한 관리자라는 의미다. 드러커는 1909년에 빈에서 태어난 오스트리아계 미국인 현대 경영학자로, 목표 관리와 셀프 매니지먼트(자기 경영)의 개념을 발명해 '매니지먼트의 아버지'로 불린다.

드러커는 특히 인간에 큰 관심을 보여서 조직이 구성원들의 능력을 최대한 끌어내기 위한 방법 등을 연구했다. 또한 경영은 '리버럴 아트(교양)'라고 생각하고 역사, 사회학, 심리학, 철학, 문화, 종교 등에서 얻을 수 있는 광범위한 교훈을 경영의 조언에 활용했다.

《피터 드러커 자기 경영 노트》의 초판이 출판된 때는 지금으로부터 반세기도 더 전인 1966년이지만 지금 읽어도 신선한 자극으로 가득한 양서다. 경영자뿐만 아니라 온갖 조직의 리더가 읽고 또 읽어야 할 책이라고 말할 수 있을 것이다.

이 책의 '들어가는 말'은 이런 말로 시작된다. "경영학 책들은 대체로 사람들을 관리하는 방법을 다룬다. 이 책의 주제는 목표 달성 능력을 높이는 자기 관리(경영) 방법이다. 개인이 다른 사람들을 올바르게 관리할 수 있는지 입증된 적은 없다. 그렇지만 인간은 자신을 관리할 수는 있다."

드러커는 자신을 매니지먼트하지 못하는 사람은 부하나 동료를 매니지먼트할 수 없다고 지적했다. 그리고 "성과를 올리는 것이 관리직의 업무다."라고 말한 뒤, 성과를 올리기 위해 특별한 재능이나 적성은 필요가 없으며 "성과를 올리고 있는 자는 모두 노력으로 성과를 올리는 힘을 키운 것이다."라고 지적했다.

성과를 올리기 위해 키워야 할 습관적인 능력은 다섯 가지다.

첫째, '무엇이 자신의 시간을 빼앗고 있는지 아는 것'이다. 시간은 성과를 올리는 데 제약 요건이 된다. 그렇기에 시간을 어떻게 사용하고 있는지 기록하고 정리해 관리하는 것이 중요하다. 드러커는 1년에 2회 정도 3~4주 동안 기록해서 자신의 시간 사용법을 재검토할 것을 추천했다. 최근에는 구글 캘린더 같은 도구가 보급되어 있어서 시간 관리가 더 용이해졌다.

그런 상태에서 필요가 전혀 없는 업무나 아무런 성과도 낳지 않는 시간 낭비에 불과한 업무를 찾아내는 것이 중요하다고 한다. 매일 밤 회식을 하는 것이 시간 낭비가 되고 있다면 그 일정을 재검토한다든가 굳이 자신이 할 필요가 없는 업무를 다른 사람에게 맡기는 것을 가리킨다. 성과를 올리려면 큰 덩어리 시간이 필요하다. 자투리 시간은 도움이 되지 않는다. 그러므로 무엇에 시간을 낭비하고 있는지를 '가시화'하고 그것을 없애 나가야 한다.

둘째는 '자신이 해야 할 공헌을 생각하는 것'이다. 업무가 아니라 성과에 주목하는 것이다. 성과에는 매출이나 이익 등의 '직접적인 성과'와 기술적 측면의 우위성이라든가 저렴함, 품질 같은 '가치', 조직의 존속을 위해 필요한 '인재 육성'의 세 종류가 있다. 장시간 일을 한다고 해서 성과를 만들어낼 수 있는 것은 아니며 따뜻한 대화와 감정이 있는 좋은 분위기의 직장이라 해도 업무 성과를 올리지 못한다면 '무의미하다'고 드러커는 지적했다. 또한 자신의 공헌뿐만 아니라 부하에게 어떤 공헌을 기대하는지 전하는 것도 중요하다고 한다.

셋째, '강점을 살리는 것'이다. "성과를 올리려면 강점을 살려야 한다. 약점에서는 아무것도 만들어지지 않는다. 결과를 내려면 이용할 수 있는 모든 강점, 즉 동료의 강점, 상사의 강점, 자신의 강점을 동원해야 한다. 강점이 곧 기회다."라고 강조했다.

리더 중에는 부하나 동료의 약점에 주목하는 경향이 있는 사람도 있다. 언젠가 친한 친구와 술을 마셨을 때 그 친구가 눈물을 흘리며 했던 이야기가 지금도 기억에 남아 있다. 그 친구의 상사는 능력은 매우 우수하지만 부하에게 가혹해서 툭하면 "자네는 왜 (동료인) S처럼 일을 잘하지 못하는 건가? 설명도 서투르고 말이야. S였으면 이런 일은 금방 끝냈을 텐데. 정말 무능한 친구라니까."라는 식으로 질책을 한다는 것이다.

그 친구는 말솜씨가 좋지는 않지만 매사를 깊게 생각하고 묵묵하고 성실히 일하는 유형으로, 그 후 상사가 바뀐 뒤로는 높은 평가를 받게 되었다. 그리고 지금은 관리직이 되어서 회사의 기둥으로 활약하고 있다.

사람에게는 잘하는 것과 잘하지 못하는 것이 있다. 그 사람이 잘하지 못하는 것에만 주목하며 비난한들 의미가 없을 뿐만 아니라 오히려 의욕을 떨어트리게 된다. 오히려 그의 강점을 찾아내고 그 강점을 살리려면 어떤 업무를 부여해야 할지 생각하는 것이 매니지먼트다. "인사에서 중요한 것은 약점을 최소한으로 억제하는 것이 아니라 강점을 최대한으로 발휘시키는 것이다." 드러커는 이렇게 단언했다.

부하가 성과를 올리도록 만들려면 '나와 잘 맞는가?'를 기준으로 생각해서는 안 된다. '조직(업무)에 어떤 공헌을 할 수 있는가?'부터 생각해야 한다. '무엇을 하지 못하는가?'에 주목하지 말고 '무엇을 매우 잘할 수 있는가?'를 생각하자. "일류 팀을 만드는 리더는 동료나 부하와 친하게 지내지 않으며 개인적인 호불호가 아니라 무엇을 할 수 있느냐를 기준으로 사람을 선택한다. 조화가 아니라 성과를 추구한다."라는 드러커의 말은 새겨들을 가치가 있다.

넷째, '가장 중요한 것부터 시작하며 한 번에 한 가지에만 집중하는 것'이다. 관리직은 너무나도 많은 업무에 둘러싸여 있는 경우가 적지 않다. 그러나 이 일도, 저 일도 전부 열심히 하려고 하면 전부 어중간한 결과물만 나오기 쉽다. 그보다는 중요한 한 가지에 최우선으로 몰두하는 편이 큰 성과를 만들어낼 가능성이 크다.

그렇다면 몰두하기 위해서는 무엇을 해야 할까? 드러커는 "첫 번째 원칙은 생산적이지 않은 과거의 업무를 버리는 것이다."라고 말했다. 자신의 업무와 부하의 업무를 정기적으로 재검토하고 지금 손댈 필요가 없는 것은 그만두거나 대폭 축소하면 최우선 업무에 집중할 시간을 만들 수 있다. 몰두할 필요가 없는 업무를 명확히 하는 것도 중요하다.

다섯째, '성과를 올릴 수 있도록 의사 결정을 할 것'이다. 성과를 올리기 위해서는 중요한 의사 결정에 집중할 필요가 있으며 개별적인 문제가 아니라 본질적인 것에 관해 생각해야 한다.

드러커는 "문제와 마주할 때 고려해야 할 점이 있다."라고 말했다. 일반적인 문제인지 예외적인 문제인지, 수없이 일어나는 일인지 개별적으로 대처해야 할 특수한 일인지 등이다. 그런 것들을 고려하면서 의사 결정을 하는데 의사 결정을 하는 목적은 무엇인지, 달성해야 할 목표는 무엇인지, 만족시켜야 할 조건들은 무엇인지 명확히 설정할 필요가 있다.

의사 결정을 할 때는 '무엇이 옳은가?'를 생각해야 한다. 무엇이 받아들여지기 쉬울지, 무엇이 반대를 부를지를 너무 깊게 생각해서는 안 된다. 그리고 결정을 실제 행동(실행)에 옮길 때는 누가 이 결정을 알아야 하는지, 그 행동은 어떤 것인지에도 주의를 기울여야 한다. 실행 후에는 반드시 피드백을 얻고, 의사 결정이 잘못되었는지, 만약 그렇다면 무엇을 시정해야 할지 검증한다.

《피터 드러커 자기 경영 노트》는 매니지먼트에 관여하는 사람이라면 누구나 많은 배움을 얻을 수 있는 훌륭한 책이다. 젊을 때는 읽어도 이해가 안 되는 부분이 적지 않겠지만, 조직 속에서 승진해 부하를 두게 되었을 때 다시 읽어 보면 틀림없이 새로운 발견을 하게 될 것이다.

경쟁자에게서 훌륭한 아이디어를 빌린다

아마존이 소매업의 세계를 격변시키는 거대 기업으로 성장하기 전까지 세계 최대의 소매 기업으로 군림해 온 곳은 미국의 월마트다. 월마트의 2022년 1월기 매출액은 5,727억 달러(약 755조 원)에 이른다. 다만 아마존도 2021년 12월기에 4,698억 달러(약 620조 원)의 매출액을 기록하며 맹추격하고 있어 월마트를 제치는 것은 시간문제로 생각되고 있다.

베이조스는 아마존을 창업할 때 월마트를 연구했다. 특히 창업자인 샘 월튼Samuel M. Walton이 자신의 리더론에 관해 이야기한 자서전《샘 월튼, 불황 없는 소비를 창조하라》에서 많은 것을 배웠다.

먼저 아마존의 경영 방침인 '고객 제일주의'는 월마트의 기본 이념이다. 월마트는 'EDLP(Everyday Low Price, 매일 저렴한 가격)'를 내걸고 항상 경쟁사보다 싼 가격을 제공함으로써 경이로운 성장을 이루었다. 가격뿐 아니라 서비스의 측면에서도 최첨단을 달렸는데 특히 상품이 마음에 들지 않았을 때 손쉽게 반품할 수 있는 시스템이 유명하다.

언제 어떤 상품을 구입해도 저렴하고 항상 고객 중심으로 높은 수준의 서비스를 제공하는 등의 기본적이지만 중요한 가치를 제공한다는 것이 월마트의 강점이다. 이 점을 간파한 베이조스는 인터넷 소매업의 세계에서 같은 전략을 실행하기로 결심했다. 인터넷이 보급되면 상품의 가격 비교가 점점 쉬워질 터이므로 가격이 저렴하지 않고서는 살아남을 수 없음을 깨달은 것이다. 가격 비교 서비스는 당연히 미국에도 있다. 2005년에 시애틀의 본사에서 인터뷰를 했을 때 베이조스는 다음과 같은 인상적인 말을 했다.

"저는 세상이 더 투명해 질 것이라고 믿습니다. 소비자는 과거에 비해 훨씬 많은 정보를 얻을 수 있게 되면서 점점 현명해지고 있습니다. 저의 이상은 소비자가 이 세상의 온갖 정보를 완벽히 얻을 수 있게 되더라도 '아마존에서 사고 싶다'고 생각하도록 만드는 것입니다."

아마존이 월마트를 참고하고 있다고 느낀 부분은 물론 고객 제일주의만이 아니다. '검약주의'도 그렇다. 《샘 월튼, 불황 없는 소비를 창조하라》를 보면 샘 월튼 시대의 월마트에서는 출장을 가서 호텔을 이용해야 할 경우 사원 여러 명이 하나의 방에서 숙박했다는 이야기가 나온다. 이처럼 월튼은 사원들에게 검약을 철저히 요구했다.

그 정도는 아니지만 아마존의 검약주의도 유명하다. 그 일례가 창업 당시 사용했던 '도어 데스크'로, 사무실에서 사용할 책상을 사려고 홈센터에 간 베이조스가 문짝이 더 싼 것을 보고 문짝을 산 다음 다리를 달아 책상 대용으로 사용했다는 일화다. 검약을 위한 아이디어를 제안한 사원에게 주는 상의 명칭이 도어 데스크상인 것에서도 알 수 있듯이, 도어 데스크는 아마존의 중심적인 가치 중 하나인 검약의 상징이 되었다. 그 밖에도 아마존에서는 비행기로 출장을 갈 때 간부라도 이코노미 클래스를 이용하도록 정해져 있었다.

자신들의 물류망을 보유하는 것에 대한 집착도 월마트가 표본이라고 할 수 있다. 월튼은 이 책에서 월마트의 물류의 우위성에 관해 다음과 같이 말했다.

"솔직히 말해서 우리 회사의 물류 시스템은 소매 업계는 물론이고 다른 업계로부터도 선망의 대상이 되고 있다. (…) 우리 회사의 점포가 취급하는 상품은 8만 품목이 넘는데 이 상품들 중 85퍼센트를 자사의 물류 센터에서 직접 보충하고 있다. (…) 그래서 다른 회사의 경우 각 점포가 컴퓨터로 상품을 발주한 뒤 실제로 납품되기까지 일반적으로 5일 이상이 걸리는 데 비해 우리 회사는 평균 2일밖에 걸리지 않는다.”

월마트는 독자적인 물류 시스템을 구축함으로써 시간뿐만 아니라 비용도 절감했다. 물류 비용을 절감하여 “같은 상품을 같은 가격으로 팔았을 경우 우리 회사는 다른 회사보다 1.5~2퍼센트포인트나 더 이익이 나온다.”라고 월튼은 말했다.

아마존도 독자적인 물류 센터를 보유하여 배송 속도의 측면에서 인터넷 소매업의 경쟁사들에 대해 압도적인 우위성을 가지게 되었다. 창업기에 자금이 부족했던 대부분의 인터넷 소매 기업이 물류를 아웃소싱했던 것과는 대조적인데 배송에 시간이 걸리는 미국에서는 두드러지는 경쟁력이 되었다. 게다가 아마존은 로봇 등도 활용해 저비용으로 효율적인 물류 시스템을 실현함으로써 저렴한 가격으로 상품을 팔아도 이익이 나는 체제를 구축했다.

그 밖에도 경영진이 자유롭게 경영할 수 있도록 가급적 노동조합을 만들지 못하게 하는 대신 직원들에게 자사주를 부여해(월마트에서는 주식 구입 우선권을 준다) 회사와 일체감을 갖게 하고 주가의 상승으로 보답하는 방식을 도입하는 등 두 회사의 유사점은 일일이 나열하기 힘들 만큼 많다.

베이조스는 월튼의 경영 수법에 심취해 있었다. 베이조스에게서 《샘 월튼, 불황 없는 소비를 창조하라》를 받은 사람의 이야기에 따르면 “경쟁 상대에게서 훌륭한 아이디어를 빌린다.”라는 구절에 밑줄이 그어져 있었다고 한다.

월마트의 경영 노하우를 도입하기 위해 베이조스는 월마트의 경영 인재도 영입했다. 그 인재가 바로 릭 달젤이다. 월마트의 IT 부문 간부로 일하다 1997년에 창업기의 아마존에 입사한 그는 2007년 11월까지 아마존의 CIO(최고 정보 책임자)와 상급 부사장을 역임하며 아마존의 성장을 뒷받침한 테크놀로지와 소프트웨어, 서비스의 기반을 구축하는 중요한 역할을 수행했다.

끝없이 경영을 공부하고, 의문을 가지고, 실행하라

이미 소개한 짐 콜린스의 《성공하는 기업들의 8가지 습관》에 등장하는 18개 기업 중에는 월마트도 포함되어 있다. 특히 콜린스가 비전 기업의 공통점으로 지적한 사교 같은 기업 문화는 월마트에도 적용된다. 월튼에 따르면 매주 토요일 오전 7시 반에 중역과 점장 등 수백 명이 모여서 회의를 하는데 회의를 시작하기에 앞서 돼지를 부르는 구호를 외쳤다고 한다. 이것은 아칸소 대학교의 미식축구부인 '레이저백스(반¥야생돼지를 의미한다)'의 응원 구호로, "우-우-우-우-우-우-우-우-우, 돼지! 이리 와!"라고 세 번 반복한 다음 마지막에 "레이저백!"이라고 외치는 것이었다.

그 밖에도 월마트의 스펠링을 'W'부터 'T'까지 순서대로 연호하고 마지막에 "무엇의 스펠링이지?", "월마트!", "누가 제일이지?", "고객!"이라고 외치는 구호 또한 유명하다. 이런 일체감을 중시하는 사교 방식의 경영이 월마트의 특징이었다.

베이조스가 월튼의 저서에서 배운 것은 또 있다. 거대 기업이 되었을 때 사회로부터 받는 맹렬한 반대와 어떻게 마주하느냐다. 월마트의 성장과 함께 수많은 소규모 점포가 폐업하게 되자 월마트는 미국의 멋진 시골 마을을 파괴하는 적이라는 비난을 받으며 눈엣가시 같은 존재로 여겨지게 되었다. 이와 관련해 월튼은 이렇게 말했다. "완전히 성공한 대기업이 되면 갑자기 악역이 되어 버린다. 누구나 정상에 오른 자를 끌어내리기를 좋아하기 때문이 아닐까 싶다."

아마존도 급성장을 계속해 대성공을 거두게 되자 소매업의 파괴자로 간주되었다. 아마존의 수익 확대 등의 영향으로 실적 악화가 예상되는 미국의 소매 관련 상장 기업 54개 이상을 대상으로 한 '데스 바이 아마존'이 만들어졌을 정도다. 아마존의 물류 거점의 노동 환경이 비판의 대상이 되었고, 노동조합을 결성하려는 일부 직원들의 움직임도 주목을 받게 되었다. 과거에 월마트가 그랬듯이 강대해진 아마존도 사회에 받아들여지고 사랑받는 기업이 될 것이 요구되고 있다.

이 책의 마지막에서 월튼은 아마존의 등장을 암시하는 듯한 말을 했다. "월마트 같은 성공 스토리가 지금의 시대에도 가능할까? 물론 가능하다는 것이 나의 대답이다. 지금 이 순간에도 멋진 발상을 가진 누군가가, 또 수만 명이나 되는 사람이 성공의 길을 향해 걷고 있다. 필요한 것은 경영에 관해 부단히 공부하고 끊임없이 의문을 품는 자세와 그것을 실행할 의욕뿐이다."

경영을 주제로 열정적으로 공부하고 의문을 품는 자세를 갖는 한편으로 강렬한 실행력도 겸비한 베이조스는 아마존을 주식 시가 총액에서 월마트를 크게 능가하는 거대 기업으로 성장시켰다.

#SF·소설

베이조스는 왜 우주의 꿈을 포기하지 않는가?

`book` 《다이아몬드 시대》《남아 있는 나날》

우주로의 진출을 이루려는 야망

제프 베이조스도 일론 머스크에 못지않은 SF의 팬으로 알려져 있다. 앞서 머스크의 애독서로 소개했던 아이작 아시모프나 로버트 하인라인의 작품 등도 읽었다. 프랭크 허버트의 《듄》에 관해서는 "나는 SF 작품의 열렬한 팬으로서 이 작품을 사랑한다."라고 말했으며, 이언 뱅크스의 《게임의 명수》 같은 "《컬처》 시리즈도 매우 좋아한다."라고 말한 바 있다.

SF 장르를 사랑하는 베이조스가 특히 좋아하는 것은 TV 드라마인 〈스타트렉〉 시리즈다. 〈스타트렉〉은 1966년에 방영이 시작된 미국의 SF 드라마로, 'USS 엔터프라이즈' 등의 우주선에 탄 함장과 승무원들이 우주 공간과 다양한 행성을 탐험하는 가운데 외계 종족이나 새로운 문명과 교류하고 수많은 어려움을 극복해 나가는 이야기다. 지구인뿐 아니라 외계인도 승무원으로 등장하는 등 다양성도 실현되어 있다. 나도 어렸을 때 〈스타트렉〉을 봤으며 벌칸인과 지구인의 혼혈아로서 엔터프라이즈호의 기술 주임 겸 부함장인 '미스터 스팍'이라는 캐릭터를 좋아했다.

〈스타트렉〉 시리즈의 특징은 현실 사회의 문제를 우화적으로 다뤘다는 데 있다. 전쟁과 평화, 제국주의, 권위주의, 계급 투쟁, 인종 차별, 종교, 인권, 성 차별, 테크놀로지 등 다양한 주제를 망라했다. 프로듀서인 진 로덴베리는 카운터컬처를 배경에 둔 자신의 진보적인 주장을 〈스타트렉〉에 담았다. 반전의 메시지와 함께 행성 연방을 이상적인 국제 연합과 같은 모습으로 그리기도 했다.

베이조스는 어렸을 때 거의 매일 같이 친구들과 스타트렉 놀이를 하면서 커크 함장과 마스터 스팍 중 누구의 역할을 할지를 놓고 싸웠다고 한다. 그리고 〈스타트렉〉과 SF 소설 등을 통해서 생긴 우주에 대한 관심은 베이조스가 성장함에 따라 점점 높아져만 갔다.

1982년에 고등학교 졸업식에서 졸업생 대표로 연설을 한 베이조스는 지역 신문인 〈마이애미 헤럴드〉와의 인터뷰에서 "우주에 호텔과 유원지, 콜로니를 건설하고 싶습니다.", "자원 고갈로부터 지구를 구하고 싶습니다."라고 말했다. 또한 프린스턴 대학교에 진학해 컴퓨터 과학을 전공하면서도 우주에 여전히 관심을 보여서 '국제적인 우주 탐험·개발을 위한 학생 조직(SEDS)'의 프린스턴 지부 대표를 맡기도 했다.

대학교를 졸업한 뒤에는 금융 결제 시스템을 개발하는 스타트업에 취직했고, 이후 헤지펀드 등을 거쳐서 1994년에 아마존을 창업했다. 창업 직후에는 뉴욕 어퍼웨스트의 아파트에서 동료들과 〈스타트렉: 더 넥스트 제너레이션〉의 최종화를 봤다고 한다.

베이조스는 아마존의 AI 스피커인 '아마존 에코'도 "〈스타트렉〉에 나오는 말하는 컴퓨터에서 아이디어를 얻었다."라고 말했다. 실제로 에코를 조작할 때는 "알렉사."라고 말을 거는 것이 일반적인 방법이지만 스타트렉의 커크 함장처럼 "컴퓨터."라고 말을 걸어도 응답하도록 만들어져 있다. 사실 베이조스는 미국에서 2016년에 상영된 영화 〈스타트렉 비욘드〉에 특별 출연했다. 외계인으로 분장한 까닭에 영상만 봐서는 누구인지 알 수 없지만 스타트렉을 누구보다 사랑하는 베이조스로서는 감개무량했을 것이다.

나는 베이조스를 취재했을 때 '외계인 같다'고 느꼈다. 스킨헤드인 것도 그런 생각이 들게 한 이유였을지 모르지만, 무엇보다 눈빛이 독특했다. 앞에서도 이야기했듯이 인터뷰에 동행했던 촬영 기사는 베이조스의 눈빛이 어지간히 인상적이었는지 "눈에 광기가 서려 있어."라고 몇 번을 말했다. 여기에 날카로운 목소리로 우렁차게 웃는 모습도 평범한 사람으로는 생각되지 않는 신비한 느낌을 줬다.

아마존을 창업하고 CEO로서 매일 같이 바쁘게 일하는 가운데서도 우주를 향한 베이조스의 열정은 식을 줄 몰랐다. 아마존을 창업한 지 불과 6년 후인 2000년에 유인 우주 비행을 목표로 한 스타트업 블루오리진을 창업한 것이다. 블루오리진을 창업한 계기는 1999년에 영화 〈옥토버 스카이〉(원작은 전 NASA 기술자가 쓴 동명의 회고록이다)라는 로켓을 주제로 한 청춘 드라마를 본 뒤 SF 작가인 닐 스티븐슨과 우주 기업의 설립에 관해 이야기를 나눈 것이었다.

아마존이 성장을 거듭하며 성공이 확실시되어 가자 우주에 대한 베이조스의 관심은 높아졌고, 블루오리진에 더 깊게 관여하게 되었다. 2016년에는 "우주를 식민지로 삼는다."라는 꿈을 이야기하며 수백만 명이 우주에서 일하며 생활한다는 구상을 내놓았다.

블루오리진의 모토는 라틴어인 "Gradatim Ferociter(그라다팀 페로키테르)"로, "한 걸음, 한 걸음을 맹렬하게"라는 의미다. 장기적으로 성과를 꾸준히 쌓아 올리기를 중시하는 베이조스다운 모토인데, 베이조스는 이 모토를 선택한 이유에 대해 "하늘을 나는 탈것을 만든다면 절대 건성으로 일해서는 안 됩니다. 단계적으로, 하지만 맹렬하게 목표를 향해 나아가고 싶습니다."라고 말했다. 참고로 블루오리진의 마스코트는 거북이다. 거북이가 토끼를 경주에서 이긴 우화처럼 느리지만 착실히 전진해 우주 개발 경쟁에서 승리한다는 것이 블루오리진의 목표다.

베이조스는 자신이 고등학생 시절에 꿈꿨던, 인류를 우주로 이주시킨다는 장대한 목표를 정말로 실현하려 하고 있다. 달 착륙을 목표로 '블루문'이라는 우주선과 차세대 엔진을 탑재한 로켓도 개발 중이다. 로버트 하인라인이 SF 소설 《달은 무자비한 밤의 여왕》에서 그렸던 달 식민지 건설도 시야에 두고 있다. 2016년 우주의 상업화에 성과를 낸 인물에게 수여되는 하인라인상을 수상한 베이조스는 다음과 같은 수상 소감을 말했다. "하인라인은 인류가 태양계 전체에서 번영하는 미래를 예견했습니다. 저는 그런 미래를 실현하기 위한 노력을 멈추지 않을 것입니다."

2021년에 아마존의 CEO를 퇴임함에 따라 베이조스는 자신의 염원인 우주 개발에 집중할 수 있게 되었다. 고등학생 시절에 이미 "인류의 미래는 지구 위에 있지 않다."라고 이야기했던 베이조스가 우주 개발을 어떻게 바꿔 나갈지, 전 세계가 뜨거운 시선으로 바라보고 있다.

메타버스, 가상화폐 등장을 예견한 SF 작가

앞에서도 이야기했듯이 베이조스가 우주 개발 스타트업을 창업하도록
만든 인물은 SF 작가인 닐 스티븐슨Neal Stephenson이다. 이후 그는 7년
동안 블루오리진의 고문으로 일했다. 그저 SF 작가여서가 아니라 우주
에 관한 지식이 풍부했던 것도 베이조스에게 높게 평가받은 듯하다. 전
기 공학 교수인 아버지와 물리학 교수인 친할아버지, 생화학 교수인 외
할머니 등 과학자가 많은 집안에서 태어난 스티븐슨은 보스턴 대학교에
서 물리학과 지리학을 전공했다. AI, 컴퓨터 바이러스, 네트워크, 암호
기술 등에 해박하며 블루오리진이 아닌 다른 기업에서도 활동하고 있는
데 2014년부터는 헤드 마운티드 디스플레이HMD 방식의 웨어러블 컴퓨
터를 개발하는 매직리프에서 수석 미래학자로 일하고 있다.

공적으로도, 사적으로도 베이조스와 친한 스티븐슨의 SF 작품 중에서
베이조스가 추천하는 책은 《다이아몬드 시대Diamond Age》다. 다이아몬
드 시대의 무대는 나노테크놀로지가 진화함에 따라 사회가 혁명적으로
변화한 21세기 중반의 세계다. 예를 들면 접어서 한 손으로 들고 다닐
수 있는 가벼운 기계식 말이라든가, 나노테크놀로지로 얼굴 주변에 막
을 치는 베일, 마이크로 머신으로 구성된 면역 시스템 등이 등장한다. 주
인공은 밑바닥 계층에 해당하는 노동자 계급의 가난한 가정에서 태어난
넬이라는 소녀다. 사는 곳은 연안 차이나 공화국의 상하이로, 그곳에는
'한(한족)', '닛폰(일본인)', '뉴아틀란티스(앵글로색슨인이 중심인 인종 그룹)'라
는 3대 종족이 세력을 뻗치고 있다. 넬은 이 세 종족이 아닌 '2급 시민'이
라는 계층으로 분류된다.

넬이 네 살일 때 오빠 허브는 '어린 숙녀를 위한 초급 그림책: 프리머'

라는 교육용 소프트웨어를 손에 넣는다. 프리머의 목적은 독자를 지적으로 이끌어 사회에서 활약할 수 있는 사람으로 성장시키는 것이다. 본래는 뉴아틀란티스의 부자가 손녀를 위해 우수한 엔지니어에게 개발시킨 것으로, 독자를 주인공으로 삼아서 독자의 상황을 이야기에 담으며 수년에 걸쳐 교육해 나가도록 만들어져 있다. 독자의 실제 상황이나 주변 환경에 맞춰서 본인이 살아남아 성장하기 위해 알아 둬야 할 것들을 가르쳐 주도록 설계된 마법 같은 인터랙티브 소프트웨어였다.

그러나 소프트웨어를 개발한 엔지니어는 자신의 딸을 위해 프리머를 불법 복제했고, 그것이 넬의 손에 건네진다. 프리머를 통해 여러 가지를 배우면서 성장한 넬은 자긍심 높은 우수한 여성이 되어 간다. 넬은 현실 사회가 안고 있는 문제들을 해결하기 위해 학대 받고 있는 동료들을 모아서 조직을 만들어 자유로운 미래로 이끌려 한다.

《다이아몬드 시대》는 스티븐슨의 3부작 중 두 번째 작품이다. 첫 번째 작품은 1992년에 출판한 《스노우 크래시》였다. 가상현실이 한없이 현실에 가까워진 세계를 그린 SF 소설로, 가상의 3차원 공간을 가리키는 '메타버스'라는 말을 만들어냈으며 가상현실 세계에 존재하는 분신인 '아바타'의 개념도 제시했다.

2020년 전반부터 사회적 관심이 급속히 높아진 메타버스의 기원은 바로 스티븐슨의 소설이다. 머스크 편에서도 언급했듯이 테크놀로지의 미래를 앞서 나가는 SF 소설은 수많은 테크 기업의 경영자에게 강한 영향을 끼치고 있다. 빌 게이츠, 구글의 창업자인 세르게이 브린, 피터 틸도 스티븐슨의 팬이다.

세 번째 작품은 제2차 세계대전부터 현재까지의 암호와 그 해독을 주제로 한 장대한 정보전을 그린 《크립토노미콘Cryptonomicon》이다. 이 책은 암호 화폐의 출현을 예언했다고 알려져 있다. 비트코인이 등장하기약 10년 전인 1999년에 출판되었는데 '전자 화폐'를 사용해 익명의 인터넷 뱅킹을 추진한다는 콘셉트는 선진적이었다. 암호 화폐에 해박하고, 머리글자인 'N'과 'S'가 일치한다는 점 때문에 비트코인을 발명한 사토시 나카모토가 아니냐는 설이 나돌아 스티븐슨 본인이 이를 부정한적도 있다.

후회 최소화 프레임워크라는 베이조스의 철학

책을 시작하며 언급했듯 베이조스에게는 '후회 최소화 프레임워크'라는철학이 있다. 지금 도전하지 않는다면 자신이 80세가 되어 인생을 되돌아봤을 때 이 선택을 후회할지 아닐지를 기준으로 의사 결정을 한다는것이다. 《아마존, 세상의 모든 것을 팝니다》를 보면 아마존을 창업했을때도 후회 최소화 프레임워크를 기준으로 결단을 내렸다는 일화가 소개되어 있다.

"만약 제가 80세가 되었을 때, 1994년의 중반이라는 최악의 타이밍에월스트리트의 회사를 그만두는 바람에 보너스를 제대로 받지 못했다고후회할 리는 없습니다. 여든이 되어서 그런 일로 속앓이하는 일은 없을테지요. 반대로 이 인터넷이라는 것, 세상을 바꿀 원동력이 되리라고 생각한 것에 몸을 던지지 않았을 경우 '그때 뛰어들었어야 했다'고 진심으로 후회할 가능성은 있다고 생각했습니다. 이렇게 생각하니 결단을 내리기가 어렵지 않더군요."

베이조스가 후회 최소화 프레임워크를 생각해낸 계기는 2017년에 노벨 문학상을 받은 작가 가즈오 이시구로의 《남아 있는 나날》이라는 소설 때문이었다.

주인공은 1920~50년대에 걸쳐 영국의 명문 귀족 달링턴 경을 모셨던 노집사 스티븐스다. 지금은 패러데이라는 미국인을 새로운 주인으로 모시고 있는데 현재 저택에는 우수한 일손이 부족했다. 그런 상황에서 일을 무척 잘했지만 결혼을 해서 저택을 떠났던 가정부 미스 켄튼으로부터 편지가 온다. 스티븐스는 너그러운 주인의 허락을 얻어 고급 승용차를 빌려 타고 미스 켄튼을 만나러 여행을 떠난다.

여행을 하는 동안 스티븐스는 과거의 화려했던 시대를 회상한다. 1920~30년대에 걸쳐 저택의 주인이었던 달링턴 경은 제1차 세계대전 같은 비극이 반복되지 않도록 베르사유 체제 아래에서 어려움에 빠져 있던 독일 정부와 프랑스 정부, 영국 정부를 융화시키기 위해 자신의 저택을 무대로 비밀 정치 교섭을 중개하려 한다. 스티븐슨은 집사로서 이 무대를 뒤편에서 보조했던 나날을 떠올린다. 당시 달링턴 경은 나치 독일을 지지했는데, 주인을 경애하는 스티븐스는 자신의 기억을 미화한다. 또한 마음에 두고 있었지만 연애로는 발전하지 못했던 가정부 미스 켄튼과의 교류를 애틋하게 회상한다.

베이조스는 스티븐스가 과거를 수없이 회상하며 이런저런 고민을 하는 묘사를 읽고, 후회 없는 인생을 살려면 어떻게 해야 할지를 생각하다 후회 최소화 프레임워크라는 사고법을 떠올렸다. 나이를 먹은 뒤에 '그때 도전해 볼 걸…'이라고 후회할 바에는 지금 도전하는 편이 낫다고 생각한 것이다.

도전해야 한다고 생각한 일에 도전한다면 설령 실패하더라도 미래에 후회는 안 하게 된다. 후회 최소화 프레임워크는 장기적인 시점에서 지금 무엇을 해야 할지를 판단하는 베이조스다운 사고방식으로, 나도 꼭 실천하고 싶다.

PART 3
빌 게이츠의
서재

Intro

세계 최고의 부자는 매년 50권을 반드시 읽는다

빌 게이츠라고 하면 최근에는 세계의 빈곤·감염증과 싸우는 자선가의 이미지가 강하지만 과거에는 '악의 제국'의 지배자라는 이미지가 있었다. 1990년대에 PC용 운영 체제인 '윈도우'로 압도적인 점유율을 획득한 마이크로소프트가 그 독점적인 지위를 악용해 경쟁을 저해하여 소비자에게 불이익을 가져다준다는 이유로 미국의 사법부와 19개 주 그리고 워싱턴 D.C.가 1998년에 마이크로소프트를 제소했기 때문이다.

마이크로소프트는 2000년에 재판에서 패배해 OS 부문과 애플리케이션 소프트웨어 부문을 분할하라는 명령을 받았지만 2002년에 화해가 성립했다. 당시의 게이츠는 세계 최고의 부자이지만 독점적인 지위를 이용해 불공평한 형태로 경쟁자들을 해치우는 '악당'으로 묘사되는 일이 적지 않았다. 사람들은 그를 〈스타워즈〉의 다스 베이더에 비유하기까지 했다.

내가 게이츠를 취재한 때는 사법부, 그리고 각 주와 마이크로소프트의 화해가 성립하려 하던 2002년 가을이었다. '마이크로소프트: 세계 최강의 기업, 28년 차의 변신'이라는 특집 기사의 멤버 기자로서 시애틀의 본사를 방문해 당시 마이크로소프트의 회장 겸 수석 소프트웨어 아키텍트였던 그를 직접 인터뷰했다.

취재하기 위해 방에 들어가서 놀란 점은 게이츠가 앉아서 다리를 떨고 있었다는 것이다. 그것도 상반신이 앞뒤로 흔들릴 만큼 심하게 떨고 있었다. 세계 최고의 부자이니 "다리를 떨면 복이 날아간다."가 아니라 "다리를 떨면 복이 들어온다."라고 표현해야 할지도 모르겠지만, 어쨌든 예상치 못한 모습이어서 꽤 놀랐던 기억이 난다.

그래도 인터뷰가 시작되자 게이츠는 신랄한 질문에도 위축되지 않고 자신의 의견을 명확히 이야기했다. 새로 뛰어든 게임 등의 사업에서도 패권을 쥐려 하느냐고 묻자 게이츠는 "저희는 그저 소프트웨어 개발하기를 순수하게 좋아하는 사람들입니다. 멋진 소프트웨어로 사람들의 생활을 향상시키는 데 도움을 줄 수 있다고 생각하면 당장이라도 새로운 분야에 뛰어들고 싶어지지요. (…) 경쟁사들이 마이크로소프트와 경쟁하는 데 어려움을 겪는 이유는 저희가 우수한 제품을 만들고 있기 때문입니다."라고 말했다. "독점적인 지위를 이용해 다른 회사를 압박하고 있다."라는 비판에 대해서는 "저희는 우수한 소프트웨어를 저렴한 가격에 판매하고 있기에 소비자의 지지를 받고 있습니다. 자본주의가 보증하는 것은 제조사의 이익이 아니라 소비자의 이익뿐입니다."라고 주장했다.

경쟁 상대를 없애 버리는 냉혹한 경영자라는 게이츠의 이미지가 바뀐 계기는 자선 활동이었다. 그는 마이크로소프트의 회장으로 일하면서도 2008년부터 빌 앤드 멀린다 게이츠 재단의 일에 더 중점을 두기 시작했다. 이 재단은 2020년에 약 500억 달러(약 65조 원)의 자산을 보유한 세계에서 두 번째로 큰 자선 단체로 성장했다.

처음에는 부자의 취미 생활이라며 차가운 시선을 보내는 사람들도 있었지만, 게이츠는 빌 앤드 멀린다 게이츠 재단의 활동에 심혈을 기울이게 된다. 현재도 빈곤국을 대상으로 결핵과 말라리아 같은 감염증의 예방, 청결한 물의 공급, 농업 생산성의 향상, 빈곤층을 위한 금융 서비스 등을 열심히 지원하고 있다.

게이츠가 특히 관심을 쏟고 있는 것은 기술을 활용한 혁신을 통해 신흥국의 생활 환경을 개선하는 일이다. 예를 들어 하수도가 정비되어 있지 않은 지역을 위한 물을 얻기 위해 사용하지 않는 화장실이나 인간의 배설물을 음료수나 전력으로 바꾸는 기술의 개발을 지원하고 있다. 비타민A 결핍증에 효과가 있도록 유전자를 조작한 '골든라이스'라는 쌀의 연구도 지원했다.

세상에 널린 문제를 해결하는 데 열정을 쏟다

그런 게이츠의 가장 가까운 친구는 세계에서 가장 성공한 투자자로 평가받는 워런 버핏이다. 두 사람은 30년 동안 친분 관계를 쌓아 왔으며 공통의 취미인 트럼프 게임 '브리지'도 함께 즐기는 사이다.

2010년에 게이츠와 버핏은 '더 기빙 플레지The Giving Pledge'라는, 세계의 부자들에게 부의 절반 이상을 자선 활동에 기부하자고 권하는 캠페인도 시작했다. 두 사람 이외에 기부를 서약한 멤버로는 페이스북(현 메타)의 창업자인 마크 저커버그, 오라클의 창업자인 래리 엘리슨, 블랙스톤 그룹의 창업자인 피터 피터슨, 영화감독인 조지 루카스, 벤처 캐피털리스트인 존 도어 외에 일론 머스크도 포함되어 있다. 게이츠는 재산을 대부분 기부할 것이라고 밝혔다.

게이츠의 꾸준한 활동이 점차 알려지게 된 결과, 그에 대한 세상의 인식은 크게 변화했다. 그리고 지금은 악의 제국의 지배자라든가 냉혹한 부자가 아니라 지구 규모의 환경 문제와 빈곤에 맞서는 자선가라는 이미지가 널리 퍼져 있다.

게이츠의 인생 여정은 이미 많이 알려져 있기에 간단히 소개하겠다. 13세에 프로그래밍을 시작한 게이츠는 죽마고우인 폴 앨런 등과 프로그래밍 그룹을 만들고 소프트웨어의 버그를 찾아내는 아르바이트를 시작한다. 그리고 소프트웨어 개발 기술을 향상시켜 17세에 앨런과 벤처 기업을 창업했지만, 성적도 매우 우수했던 까닭에 일단 하버드 대학교에 진학했다. 그러나 학업보다 소프트웨어 개발에 더 관심이 많았기에 하버드 대학교를 중퇴하고 1975년에 앨런과 공동으로 마이크로소프트를 설립했다. 마이크로소프트가 도약하는 계기가 된 것은 IBM PC용 OS로 개발한 'MS-DOS'였다. IBM PC의 호환 기종이 전 세계에 보급됨에 따라 마이크로소프트는 급성장을 이루었고, 1985년에는 '윈도우'를 상품화했다. 윈도우는 1984년에 발매된 애플의 '매킨토시'와도 유사한, 윈도우와 아이콘, 버튼 같은 그래픽을 이용한 우수한 조작성으로 소비자의 지지를 받으며 점유율을 점차 높여 갔다. 그리고 1995년에 내놓은

'윈도우 95'가 폭발적인 인기를 기록함에 따라 사실상의 업계 표준으로서 대부분의 PC에 탑재되기에 이른다.

마침 인터넷이 보급되기 시작한 타이밍이었기에 전 세계적으로 PC가 폭발적으로 보급되기 시작했고, 그 덕분에 마이크로소프트는 눈부시게 급성장한다. 그리고 게이츠는 막대한 부를 손에 넣어 세계 최고의 부자가 되었다. 그러나 윈도우 95를 출시한 지 불과 3년 후인 1998년에 앞에서도 이야기했듯이 독점 금지법 문제를 둘러싸고 미 사법부와 법정 싸움을 벌이게 된다. 그 당시 세상은 마치 인류의 적이기라도 한 것처럼 게이츠를 격렬히 비판했다.

게이츠는 이처럼 법정 투쟁이 한창이던 2000년에 게이츠 재단을 설립했다. 처음에는 비판을 피하기 위한 쇼로 받아들이는 사람이 많았지만 그 후 게이츠는 자선 활동에 열정을 쏟아붓게 된다. 풍부한 자금을 활용해 세계 각지에서 다수의 프로젝트를 지원했으며, "게이츠는 노벨 평화상 수상을 노리고 있다."라는 이야기도 나왔다.

새로운 교양을 끝없이 흡수하다

1년에 50권이 넘는 책을 독파하는 것으로 알려진 게이츠는 '독서의 왕'이라고도 할 수 있는 존재다. 그가 매년 대대적으로 발표하는 '올 여름에 읽어야 할 필독서 5'에 추천되는 책들은 발표되는 순간 판매량이 대폭 상승하는 것으로 유명하다. 그가 추천하는 책은 경영, 인류사, 과학, 미래 예측, 자기계발 등 광범위하다. 책을 선택하는 안목이 매우 뛰어나며, 최근에 출간된 양서가 많은 것이 특징이다. 일반적으로는 교양을 익힐 수 있는 책으로 고전을 위주로 책을 소개하는 경우가 많지만, 게이츠는 '새로운 교양'을 공부할 수 있는 최신작을 많이 선택한다고 할 수 있다. 참고로 게이츠가 추천하는 책은 분야가 다양하고 방대한 까닭에 각 키워드의 주제에 맞는 것을 심사숙고해 엄선했다.

#경영 ① 성공과 실패를 끊임없이 공부하라

book 《늦깎이 천재들의 비밀》《팩트풀니스》《경영의 모험》《슈독》《디즈니만이 하는 것》《더 박스》《OKR》

지식과 경험의 폭이 성공을 좌우한다

《늦깎이 천재들의 비밀》은 전문성을 중시하는 조기 교육에 관심이 높아지는 오늘날에 오히려 '지식이나 경험의 폭을 넓히는 것'이 중요하다고 주장하는 책이다. 저자는 데이비드 엡스타인David Epstein이라는 미국의 과학 저널리스트로, 《스포츠 일러스트레이티드》의 시니어 기자로서 스포츠 과학과 의학 등의 분야를 맡아 탐사 보도를 해 왔다.

《늦깎이 천재들의 비밀》의 앞부분에서 엡스타인은 스위스의 세계적인 테니스 선수인 로저 페더러를 예로 이야기를 시작한다. 세계 4대 메이저 대회에서 20회 우승을 차지하며 최고의 테니스 선수로 불리는 페더러는 유소년기에 테니스 영재 교육을 받지 않고 축구와 수영, 탁구, 농구, 스쿼시, 레슬링, 스케이트보드 등 다양한 스포츠를 즐겼다. 경기로서 테니스를 시작했을 때는 10대가 된 뒤였다고 한다.

　많은 프로 테니스 선수가 유소년기부터 코치는 물론이고 피지컬 트레이너와 영양사 등의 도움 아래 전문적인 교육을 받고 있지만 페더러는 그러지 않았다. 이와 관련해 그 자신도 "다양한 스포츠를 경험하며 운동 능력과 반사 신경을 키웠습니다."라고 이야기했다.

　엡스타인은 장기적으로 봤을 때 성공하는 엘리트 선수는 유소년기에 '신체 능력을 폭넓게 키우며 자신의 능력과 성질을 깨달은 다음 자신이 전념할 스포츠를 결정하고 집중적으로 연습에 몰두한' 경우가 많다고 지적했다. 그리고 스포츠뿐 아니라 다양한 분야에서 경험이나 지식, 사고의 '폭'이 중요하다고 주장했다. 폭이 넓을 때 비로소 멀리 떨어진 영역이나 아이디어를 연결시킬 수가 있기 때문이다.

　천동설을 믿던 시대에 지동설을 제창한 니콜라우스 코페르니쿠스는 천문학자이지만 의사이자 법학자였으며 가톨릭 사제이기도 했다. '경제학의 아버지'로 불리는 애덤 스미스는 글래스고 대학교의 윤리학과 도덕 철학 교수였다. 주요 저서인 《국부론》도 철학자로서의 사상을 바탕으로 쓴 책이다. 찰스 다윈도 의학과 신학을 공부한 뒤 지리학자가 되었고, 《종의 기원》을 쓰며 생물학자로서 활약하게 된다. '케인스 경제학'으로 유명한 존 메이너드 케인스는 케임브리지 대학교에서 수학을 전공했고, 철학도 공부했으며, 관료와 저널리스트로도 활약했다. 이와 같은 지식의 폭은 케인스가 독자적인 경제학을 만들어내는 데 힘이 되었다.

　이런 사례는 학문이 세분화되기 이전 시대의 이야기이지만 스티브 잡스가 '문과와 이과의 교차로에 설 수 있는 사람이야말로 커다란 가치가 있다'라고 믿었듯이 전문 분야에 국한되지 않은 폭넓은 지식과 경험이 혁신으로 연결된 사례는 최근에도 얼마든지 있다.

심리학자이면서 행동경제학자로도 활약하는 대니얼 카너먼 등은 '내적' 시점이라는 말을 사용하며 시야를 넓게 갖는 것의 중요성을 지적했다. 눈앞에 있는 특정한 프로젝트의 상세한 내용을 바탕으로 판단을 내릴 때 사용하는 것이 내적 시점으로, 인간은 내적 시점에 얽매이면 판단을 그르칠 위험성이 높아진다.

내적 시점으로는 해결할 수 없는 문제라도 외적 시점에 서면 해결책이 발견되는 경우가 있다. 외적 시점은 현재의 문제와는 다른 것 중에서 구조적인 유사성을 찾아 자세히 조사하는 것이다. 좁은 마인드셋이 아니라 넓은 마인드셋을 갖는 것이라고 바꿔 말할 수도 있을 것이다.

게이츠는 자신을 제너럴리스트generalist라고 생각하며 "컴퓨터를 향한 나의 열정은 항상 다른 많은 흥미와 섞여 있었다. 폭넓은 화제에 관한 책을 읽는 데 많은 시간을 썼다."라고 말했다. 또한 마이크로소프트가 성공한 이유를 당시의 다른 스타트업보다 (사물을) 폭넓게 생각한 덕분으로 생각한다. 우수한 프로그래머뿐 아니라 복수의 분야에 걸쳐 폭넓은 시야를 가진 사람들을 채용했었다는 것이다.

위대한 혁신가는 각기 다른 수많은 정보원으로부터 얻은 각기 다른 정보를 결합하는 능력이 뛰어나다. 이것은 뇌 속에 '수많은 애플리케이션이 동시에 열려 있는' 상태로 비유할 수 있다. 단일 접근법에 얽매이지 않고 복수의 다른 접근법으로 사물을 파악하는 폭넓은 사고가 성공의 열쇠를 쥐고 있다.

엡스타인이 《늦깎이 천재들의 비밀》에서 탐구하고자 한 의문은 '한 가지 전문 분야에 대한 특화가 더욱 요구되고 자신이 진정으로 하고 싶은 것이 무엇인지 알지 못한 채 무슨 일을 해야 할지를 정해야 하는 상황 속에서 (영역의) '폭'이나 다양한 경험, 영역 횡단적 탐구를 어떻게 실현할 것인가?'였다. 물론 클래식 음악처럼 일찍부터 전문성을 키우는 것이 효과적인 분야도 있다. 그러나 '정답'이라고 바꿔 말할 수도 있는 좋은 퍼포먼스에는 명확한 정의가 있으며, 반복 연습을 통해서 단련함으로써 성공할 수 있는 일은 한정되어 있다. 세상을 둘러보면 폭넓은 지식이나 경험의 폭이 중요한 분야가 훨씬 더 많다고 말할 수 있을 것이다.

인생을 살다 보면 멀리 돌아가는 것처럼 생각되었던 경험이나 배움이 나중에 도움이 되는 일이 적지 않다. 어떤 분야에서 경험한 일이 아날로지(유추)가 되어 다른 분야에서 유용하게 쓰인 경험이 있는 사람도 많을 것이다. 엡스타인은 "특히 불확실성이 높은 현대에는 여기저기를 들르면서 생각하고 실험하는 것이 힘의 원천이 된다."라고 말했다.

선입견에서 벗어나 오직 사실을 바탕으로

세계에서 300만 부가 넘게 팔리며 베스트셀러가 된 《팩트풀니스》는 선입견에 사로잡히지 않고 데이터와 사실을 바탕으로 세상을 올바르게 이해하는 방법을 제시해 세계적으로 폭발적인 히트작이 되었다.

게이츠는 "지금까지 읽었던 책 가운데 최고로 꼽을 만하다."라고 절찬했다. 그뿐만 아니라 "(인간이) 본능적인 선입견을 극복하고 사실을 바탕으로 세상을 바라보는 방법에 관해 명확하고 실용적인 조언을 제공했다."라며 2018년에 미국의 대학교를 졸업한 학생 중 희망자 전원에게 이 책을 선물했을 정도다.

독서가로 유명한 게이츠를 이렇게까지 매료시킨 《팩트풀니스》의 매력은 대체 어디에 있을까? 이 책의 주장은 "인간은 선입견에 사로잡히는 경향이 있는 생물이므로 열 가지 종류의 본능적인 착각에 빠지지 않도록 주의해야 한다."라는 것이다.

첫째는 '간극 본능'이다. "사람은 다양한 사물이나 사람들을 두 그룹으로 나눠야 직성이 풀리는 동물이다. 그리고 그 두 그룹 사이에는 결코 메울 수 없는 간극이 존재할 것이라고 믿는다." 저자인 한스 로슬링Hans Rosling 등은 이렇게 지적했다. 세계의 국가들이나 사람들이 부유한 그룹과 가난한 그룹으로 나뉜다는 식의 믿음은 그 전형적인 사례다. 그러나 실제로는 이런 간극이 존재하지 않으며 대부분의 사람은 아무도 존재하지 않을 것이라고 생각했던 중간 부분에 속해 있는 경우가 많다. 많은 사람이 세계의 인구 중 대부분은 저소득 국가에서 살고 있다는 선입견을 갖고 있는데 실제로는 세계 인구의 75퍼센트가 중소득 국가에서 살고 있으며 저소득 국가에서 사는 사람은 9퍼센트에 불과하다고 한다.

둘째는 '부정 본능'이다. 인간은 사물의 부정적인 측면에 주목하는 경향이 있으며, '세상은 점점 나빠지고 있다'는 식의 선입견에 쉽게 빠져든다. 이상 기후와 지구 온난화, 전쟁, 범죄 등의 어두운 뉴스가 크게 다뤄지는 경우가 많다는 것도 이런 경향을 부채질하고 있다.

그러나 여러 가지 데이터를 살펴보면 사실 세상은 많은 측면에서 더 좋아지고 있다. 실제로 2017년까지 20년 동안 극도의 빈곤 상태에 있는 사람은 반으로 줄어들었다. 평균 수명은 증가했고, 식자율도 상승하고 있으며, 영유아의 사망률과 기아 등은 대폭 감소했다.

셋째, '직선 본능'도 많은 사람이 빠지기 쉬운 함정이다. 직선적인 그래프를 상상하며 '세계의 인구는 계속 증가하고 있다'고 믿는 사람이 적지 않다. 아프리카나 남아메리카 등지의 신흥국을 중심으로 인구가 폭발적으로 증가하고 있어 세계가 식량 부족 상태에 빠질 것을 염려하는 사람도 있을 것이다. 그러나 저자는 분명히 세계의 인구는 증가하고 있지만 계속 증가하고만 있다는 생각은 오해라고 말한다. 한동안 인구가 증가한 뒤에 증가 속도가 감소해 21세기 말에는 100억~120억 명 정도에서 안정될 것으로 예측되고 있다. 대개 선진국이 경험했듯이 어느 정도 경제가 풍요로워지면 교육을 받고 활약하는 여성이 증가하고 좋은 교육을 제공하기 위해 자녀의 수를 줄이는 가정이 일반적이 되면서 출산율이 저하되기 때문이다.

넷째는 '공포 본능'이다. 비행기 사고부터 지진이나 테러에 이르기까지 세계에는 때때로 인간에게 공포를 불러일으키는 사건이 일어난다. 그렇지만 무작정 두려워하지 말고 과학적으로 어느 정도의 리스크가 있는지 생각해야 한다. 리스크는 '위험도'와 '빈도'의 곱셈으로 결정된다. 전체 사망 수에서 차지하는 비율을 살펴보면 자연재해는 0.1퍼센트, 비행기 사고는 0.001퍼센트, 테러는 0.05퍼센트다. 흔히 지진이 일어나거나 태풍이 찾아오면 고향의 부모님에게서 "괜찮니?"라는 전화가 올 때가 있다. 자식을 걱정해 안부를 확인하는 것은 부모의 당연한 심정이지만, 냉정하게 리스크를 계산해 보면 자신 또는 자신이 살고 있는 집에 피해가 발생할 가능성은 한정되어 있으며, 생명의 위험에 노출될 확률도 상당히 낮다고 말할 수 있다.

그 밖에 '눈앞의 숫자가 가장 중요해'라고 믿는 '크기 본능'도 있다. 하나의 숫자만 보고 '이 숫자는 굉장히 크네' 혹은 '굉장히 작네'라고 착각하는 것이다. 또한 한 가지 사례가 모든 것에 적용된다고 생각하는 '일반화 본능'이나 모든 것은 미리 정해져 있다고 믿는 '운명 본능' 등도 오해를 낳기 쉬운 인간의 본능이다. 또 로슬링은 한 가지 관점으로 세상을 이해할 수 있다고 생각하는 '단일 관점 본능', 누군가를 비난하면 문제가 해결될 것이라고 믿는 '비난 본능', 지금 당장 손을 쓰지 않으면 큰일이 날 것이라고 생각하는 '다급함 본능' 등 다양한 인간의 본능을 자세히 고찰했다. 자신에게 하는 말 같아서 듣기가 거북한 지적도 많겠지만, 관심이 있는 사람은 꼭 읽어 보기 바란다.

《팩트풀니스》는 시대를 초월하는 보편적인 가치가 있는 훌륭한 책이다. 인간이 본능적으로 빠지기 쉬운 선입견을 자세히 정리해 놓았으며 최신 팩트(fact, 사실)를 바탕으로 세상을 올바르게 바라보는 데 도움이 되는 수법을 알기 쉽게 제시했다.《팩트풀니스》가 세계적인 베스트셀러가 된 이유는 선입견에 빠져 있었던 많은 사람이 '깨달음을 얻었다'고 느꼈기 때문일 것이다.

사람과 기업, 성공과 실패의 본질을 탐구한 책

'투자의 신', '세계 최고의 투자자'로 불리는 워런 버핏은 이미 이야기했듯 게이츠의 30년 지기다. 함께 트럼프 게임인 브리지를 즐기고, 여행도 하며, 자선 활동도 꾸준히 협력하는 등 공적으로나 사적으로 돈독한 친분을 쌓고 있다.

1991년에 버핏과 처음 만난 게이츠는 얼마 후 버핏에게 좋아하는 비즈니스 서적을 추천해 달라고 부탁했다. 그러자 버핏이 소개해 준 책이 바로 존 브룩스John Brooks의 《경영의 모험》이었다. 버핏은 자신이 소장하고 있었던 책을 친히 게이츠에게 보냈다고 한다. 2014년에 게이츠는 이 책에 대해 "워런이 빌려준 뒤로 20년 이상, 그리고 이 책이 처음 출판된 지 40년 이상이 흘렀지만 지금도 내가 지금까지 읽었던 책 가운데 최고의 비즈니스 서적이다."라고 말했다.

이 책에는 브룩스가 잡지 《뉴요커》에 기고했던 기업과 경제 관련 에세이가 수록되어 있다. 1959~69년에 집필된 에세이들이기에 반세기나 이전에 쓰인 낡은 책이 정말로 도움이 되겠느냐고 의문스럽게 생각하는 사람도 적지 않을 것이다. 그러나 게이츠는 이렇게 말한다. "비즈니스에 관한 많은 것이 변화하고 있지만 그 본질은 변한 것이 없습니다. 브룩스의 깊은 통찰은 오늘날에도 읽을 가치가 있습니다."

구체적으로는 포드 자동차, GE, 제록스 등 미국을 대표하는 다양한 기업과 인물의 성공 또는 실패를 다뤘다. 오래된 사례이기는 하지만 많은 사람이 교훈을 얻을 수 있는 내용이다.

예를 들어 제7장에서는 GE 등의 전기電機 제조사들의 담합(가격 협정과 담합 입찰) 문제를 다뤘다. 경영 상층부의 관여가 의심되었는데 이때 문제시된 것은 회사 내부의 커뮤니케이션 악습이다. GE의 간부들에게는 물론 '담합은 법에 저촉된다'라는 의식이 있었으며 사내 규정도 있었다. 그러나 과거에 담합을 묵인해 왔던 역사가 있었고, 간부들이 입으로는 법령을 준수하라고 전하면서도 실제로는 지키지 않아도 된다는 의미로 윙크를 하는 관습이 존재했던 것이다. 불법적인 담합 행위를 지시한 증거가 남지 않도록 주의했다고도 말할 수 있을 것이다. 결국 GE의 경영 간부가 부정 공작에 관여한 증거가 발견되지 않았기에 그들은 법적 책임으로부터 빠져나올 수 있었지만 회사의 브랜드 이미지에 커다란 타격을 입혔다.

최고 경영자가 윤리 규정과 (독점이나 담합을 금지하는) 반독점법을 준수하라고 지시해도 부하가 이를 진지하게 받아들이지 않고 규칙을 어기는 풍토는 치명적이다. 구두 지시가 말 그대로의 의미인지 아니면 정반대의 의미인지 눈치껏 파악해야 하는 기업 문화에는 분명히 문제가 있었다. 그렇기에 GE의 사례는 50년도 더 된 이야기임에도 타산지석으로서 참고가 된다.

게이츠는 이 책의 제5장에서 다룬 제록스의 사례를 특히 높게 평가했다. "제록스의 사례는 테크놀로지 업계에 몸담은 모두가 배워야 한다."라고까지 말했을 정도다. 제록스는 1970년대 초반부터 이더넷이라든가 최초의 그래픽 유저 인터페이스GUI로 이어지는 연구 등 복사기와는 직접 관계가 없는 연구 개발에 거액의 투자를 해 왔다. 그러나 제록스의 간부는 이런 훌륭한 아이디어가 자사의 핵심 비즈니스와 어울리지 않는다고 생각해 상품화하지 않았다. 한편 잡스의 애플이나 게이츠가 이끌었던 마이크로소프트는 GUI에 관한 제록스의 성과를 이용함으로써 매킨토시나 윈도우를 탄생시켰다.

기회를 살리지 못했던 제록스의 판단은 실패였지만 게이츠는 '마이크로소프트는 같은 실수를 저지르지 말자'고 결심하고 컴퓨터 비전이나 음성 인식 등의 연구 성과를 자사의 제품에 활용하고자 열심히 노력했다고 한다.

브룩스는 틀에 얽매이지 않는 사고방식을 바탕으로 발전해 왔던 제록스의 초기 역사를 묘사했다. 그러나 제록스는 몸집이 커짐에 따라 자사의 연구자들이 개발한 파격적인 아이디어를 간과하고 만다. 게이츠는 이 책을 읽고 제록스의 전철을 밟아서는 안 된다는 교훈을 얻었다.

"《경영의 모험》은 여러 기업의 상세한 사례뿐만 아니라 어려운 상황에서의 리더의 장단점에 관해서도 다뤘다. 그런 의미에서는 오래된 책이기에 지금도 통용된다고 말할 수 있다. 브룩스의 작품은 인간의 본성에 관한 것이며 그것이 시대를 초월해 지금도 높게 평가받는 이유다." 게이츠는 이렇게 말했다.

단 하나에 미친 사람이 이뤄낸 성공

《슈독》은 세계적인 스포츠용품 제조사인 나이키를 창업한 필 나이트 Phil Knight가 쓴 자서전이다. 호쾌하고 대담한 창업자가 잇달아서 직면한 위기를 극복하며 회사를 성장시켜 나가는 드라마틱한 이야기는 읽는 이의 마음을 사로잡는다.

2022년 5월기의 매출액이 467억 달러(약 61조 원)에 이르는 나이키이지만, 1964년에 전신인 블루리본 스포츠를 창업했을 당시는 일본의 오니츠카(현 아식스)가 제조하는 운동화(오니츠카 타이거)의 판매 대리점에 불과했다. 나이트는 직접 일본을 찾아가 특유의 행동력과 열정으로 미국에서의 수입 판매권을 획득했고, 고생 속에서도 판매량을 착실히 늘려 나갔다. 그리고 미국인의 발에 맞춘 디자인과 기능에 관해 여러 가지 제안과 피드백을 일본의 오니츠카 본사에 전해 대히트 운동화를 만들어냈다.

그러나 나이트는 배송 관련 문제와 판매권을 둘러싸고 오니츠카와 대립하게 된다. 그래서 예전부터 자금 측면에서 지원받고 있었던 당시의 닛쇼이와이(현재의 소지쓰)와 손잡고 일본에서 새로운 제조 위탁처를 개척해 독자 브랜드인 'NIKE(나이키)'를 만들기로 결심한다. 참고로 나이키는 그리스 신화의 날개 달린 승리의 여신 '니케'를 뜻한다.

그리고 1971년에 오니츠카의 판매 대리점 계약을 해지하면서 지루한 법정 싸움이 시작되는데 결국은 간신히 승리하게 된다. 이후 끊임없이 자금 부족에 시달리며 경영 위기에 직면하기도 했지만 닛쇼이와이의 지원을 받아서 극복한다. 그리고 닛쇼이와이로부터 일본 버선(현재의 아사히 슈즈)이라는 제품을 소개받아 오니츠카 대신 신발 생산을 위탁한다.

나이키의 활발한 진격은 이때부터 시작된다. 유명한 운동선수와 계약하며 광고 활동을 강화했고, 1978년에는 바닥에 '에어솔'을 채용한 획기적인 디자인의 상품을 투입했다. 그리고 1981년에는 닛쇼이와이와 '나이키 인터내셔널'을 설립해 글로벌 전개도 속도를 낸다.

게이츠는 《슈독》을 이렇게 평가했다. "이 책에서 교훈을 얻을 것을 기대하는 사람은 성공을 위한 힌트나 체크리스트가 없어서 실망할지도 모른다. 그러나 나이트는 자신의 이야기를 최대한 솔직하게 털어놓았다. 그것은 놀라운 이야기이며 진짜다." 세상에는 자신의 인생을 미화하는 자서전이 많다. 그러나 거짓말이나 비겁하다고 생각되는 행위까지도 적나라하게 이야기하는 나이트의 자서전에는 현실감이 있으며 이것이 이 책의 매력이다.

게이츠가 이 자서전을 읽고 가장 공감한 부분은 나이트가 그의 회사를 세우기 위해 기묘한 조합의 직원들을 모은 것이다. 그중에는 보트 사고로 다리가 마비된 육상 선수, 지나치게 살이 찐 회계사, 나이트에게 방대한 양의 편지를 보낸 영업 사원 등이 등장한다.

"마이크로소프트를 갓 설립했던 시절이 떠올랐다. 나도 기묘한 기술을 가진 사람들을 모았다. 그들은 문제 해결사이자 회사를 성공을 이끈다는 공통의 열정을 공유하는 사람들이었다." 게이츠는 이렇게 말했다.

여담이지만 이 책의 제목인 '슈독SHOE DOG'이 무슨 의미인지 궁금한 사람도 있을 것이다. 나이트의 이야기에 따르면 "슈독은 제조, 판매, 구입, 디자인 등 신발의 모든 것에 인생을 바치는 사람을 가리킨다. 신발 이외에 대한 것은 생각하지도, 말하지도 않는다. 열중의 영역을 넘어서 병적이라고 말할 수 있을 만큼 인솔, 아웃솔, 라이닝, 웰트, 리벳, 뱀프에 관한 생각만 하는 사람들이다."라고 한다. 창업자와 동료들의 비정상적이기까지 한 신발에 대한 열정이 나이키를 성공으로 이끌었다.

디즈니의 CEO가 실천하는 열 가지 원칙

"기업의 경영에 관한 책은 딱히 읽지 않는다. 실제로 실천할 수 있는 힌트가 적혀 있는 책을 본 적이 거의 없기 때문이다."라고 말하는 게이츠가 추천하는 몇 안 되는 기업 경영에 관한 책 중 한 권이 《디즈니만이 하는 것》이다.

저자는 2005년부터 2020년까지 월트 디즈니 컴퍼니의 CEO였던 로버트 아이거Robert Iger다. 미국의 방송사인 ABC의 사장 출신인 그는 2000년에 디즈니의 사장 겸 COO(최고 집행 책임자)로 취임한 뒤 2005년에 디즈니의 최고 경영자로서 장기간을 군림해 온 마이클 아이스너의 뒤를 이어 CEO로 취임했다. CEO로 일한 15년 동안 아이거는 디즈니의 주식 시가 총액을 2,570억 달러(약 338조 원)로 다섯 배 이상 끌어올렸다. 대담한 전략과 그 전략을 착실히 실행하는 그의 뛰어난 수완은 주식 시장에서 높은 평가를 받았다.

2006년에 〈토이 스토리〉와 〈니모를 찾아서〉로 유명한 애니메이션 스튜디오 '픽사'를 인수했고, 2009년에는 수많은 인기 만화와 애니메이션 작품으로 유명한 '마블 엔터테인먼트'를, 그리고 2019년에는 거대 영화사인 '21세기 폭스'를 산하에 두게 되었다.

동영상 스트리밍 분야에서는 넷플릭스가 앞서 나가고 있지만 독자적인 콘텐츠를 강화해 온 디즈니가 무섭게 추격하고 있다. 2022년 6월 말 시점에는 디즈니 플러스와 Hulu, ESPN 플러스 등을 포함한 디즈니 그룹의 동영상 서비스의 회원 수가 2억 2,110만 명을 기록함으로써 넷플릭스(2억 2,067만 명)를 앞질렀다.

미래를 내다본 포석을 착실히 실행해 온 아이거의 선견지명이 증명되었다고 해도 과언은 아닐 것이다. 게이츠는 아이거가 "디즈니가 어떤 방향을 향해야 하느냐는 전체적인 비전을 명확히 그린 상태에서 강점을 키우고 약점을 보강할 방법을 생각하며 행동해 왔다."라고 평가했다.

이 책에 나오는 아이거의 가장 인상적인 결단은 2006년의 픽사 인수다. 디즈니는 전통적인 애니메이션 영화의 세계에서 풍부한 경험과 강점을 보유하고 있었지만 당시는 흥행의 측면에서 실패하는 작품도 많았다. 디지털 시대에 대응한다는 의미에서는 픽사가 앞서 나가고 있었으며 수많은 히트작도 만들어내고 있었다.

당시 픽사의 주식 중 대부분을 소유하고 있었던 인물은 픽사의 CEO도 맡고 있었던 애플의 스티브 잡스였다. 교섭 과정은 힘들고 우여곡절도 있었지만, 아이거는 그것이 디즈니의 콘텐츠 제작 능력을 높일 유일한 길이라는 신념 아래 행동했다. 아이거와 잡스의 교섭은 드라마틱했으며, 특히 대규모 인수를 발표하는 기자회견 직전에 잡스가 암이 재발했음을 털어놓는 순간은 감동적이기까지 하다.

아이거의 자서전에서는 역사 있는 전통적인 기업을 어떻게 해야 변혁할 수 있는지를 배울 수 있다. 디즈니는 명문 기업이기에 내부에서 개혁하기가 어려웠다. 그래서 아이거는 디지털 시대의 새로운 콘텐츠를 제작하는 노하우가 뛰어난 픽사라는 기업을 인수함으로써 디즈니를 변혁하려 생각했던 것이다. 실제로 픽사 매수 후 디즈니의 콘텐츠 제작 능력은 향상되었고 〈겨울 왕국〉과 〈라푼젤〉 같은 대형 히트작도 만들어내게 되었다.

게이츠는 아이거가 동영상 스트리밍 서비스에 도전한 것을 높게 평가하며 이렇게 말했다. "지금은 당연하게 생각될지도 모르지만 아이거가 결단을 내렸을 당시 그것은 위험한 결정으로 여겨졌다." 그때까지 디즈니는 타사의 동영상 스트리밍 서비스에 자사의 콘텐츠를 제공해 많은 수익을 내고 있었는데 자사의 독자적인 동영상 스트리밍 서비스를 시작함에 따라 그 콘텐츠들을 회수해야 했기 때문이다.

파괴적인 혁신가가 등장했을 때 전통적인 명문 기업은 경쟁에서 패하는 경우가 많다. 경영진이 진두지휘를 하며 비즈니스 모델을 바꾸려 해도 회사 내부에 과거의 성공 유산을 고집하는 사람이 많아 변혁에 오랜 시간이 걸리기 때문이다. 넷플릭스는 문자 그대로 파괴적인 혁신가였는데 아이거가 미래를 내다보고 일찌감치 손을 쓴 덕분에 디즈니는 살아남을 수 있었으며 동영상 스트리밍 서비스의 회원 수를 확대하는 데 성공했다.

아이거가 경영을 할 때 중시했던 리더십의 열 가지 원칙도 매우 참고가 된다. '낙관주의', '용기', '명확한 초점', '결단력', '호기심', '공정성', '사려 깊음', '진정성', '완벽주의', '고결함' 같은 포인트는 언뜻 당연하게 들린다. 그러나 매니지먼트에 관여하는 사람은 대부분 느끼고 있겠지만 이런 심플한 원칙을 실천하는 것은 간단한 일이 아니다. 이 책에는 열 가지 원칙에 관해 해설하는 부록 파트가 있어서 리더십의 요체에 관해 자세히 설명해 준다. 게이츠는 이 책을 마이크로소프트의 CEO인 사티아 나델라를 비롯한 친구와 동료들에게 추천할 만큼 높게 평가한다. 매니지먼트에 관심이 있는 사람이 읽는다면 틀림없이 많은 배움을 얻을 수 있는 좋은 책이다.

어떤 혁신이 성공하고, 실패하는가?

별다른 특징이 없는 '상자(컨테이너)'의 발명이 세계 경제와 물류를 단기간에 격변시켰다. 《더 박스》는 놀라움으로 가득한 책이다. 저자는 경제학자이면서 역사가, 저널리스트이기도 한 마크 레빈슨Marc Levinson이다. 평범한 상자인 컨테이너에 주목해 면밀한 조사를 바탕으로 그것이 글로벌 물류의 세계를 어떻게 바꿔 나갔는지 밝혀냈다.

그다지 알려져 있지 않지만 컨테이너는 20세기 최대의 발명품 중 하나로 이야기된다. 컨테이너를 이용한 해상 운송이 시작된 때는 1956년이다. 미국의 육상 운송업자인 맬컴 매클레인이 교통 정체를 피하고 비용을 절감하기 위해 트럭에서 짐을 실은 '상자'만을 분리시켜 배에 싣는다는 아이디어를 생각해냈다. 다만 컨테이너 물류를 실현하는 것은 쉬운 일이 아니었다. 법률상으로는 트럭과 배가 별개의 구분이어서 트럭은 육상 운송 회사가, 배는 해상 운송 회사가 취급하는 것으로 정해져 있었다. 또한 크레인을 사용해 싣고 내리는 까닭에 일손이 거의 필요가 없어지는 컨테이너는 항만에서 화물을 싣고 내리는 노동자들에게 자신들의 일자리를 빼앗는 적이었다.

그러나 매클레인은 이런 장애물들을 뛰어넘어 컨테이너를 이용한 해상 운송을 실현했고, 해운 회사들을 잇달아 인수하며 사업을 확대해 나갔다. 또한 1960년대에는 베트남 전쟁을 위한 군용 물자의 운송이 혼란에 빠지자 컨테이너선을 이용해 문제를 해결했다.

컨테이너를 이용하면 물류 비용을 대폭 절감할 수 있으며 운송 능력과 배송 속도도 향상된다. 이런 수많은 이점이 분명하게 드러나자 컨테이너 물류는 경이적인 속도로 보급되기 시작했다. 표준 크기의 컨테이너에 맞춰서 선박이 건조되고, 각지의 항구에서 컨테이너선이 정박할 수 있는 거대한 전용 부두의 정비가 진행되었다.

화물선에서 화물을 싣고 내리는 작업은 오랫동안 수작업으로 진행되고 있었다. 그래서 방대한 수의 노동자가 필요했으며, 당연히 비용도 많이 들었다. 그랬던 것이 표준 크기의 컨테이너를 대형 크레인으로 싣고 내리는 방식을 사용하자 필요한 노동자의 수가 대폭 감소해 극적인 비용 절감이 가능해졌다. 변화는 빠르게 진행되었고, 1980년대 전반이 되자 컨테이너를 사용하는 물류 시스템으로의 이행이 사실상 완료되었다.

운송 단위를 공통화하고 철도, 트럭, 선박을 매끄럽게 연결하는 화물 운송을 실현하는 컨테이너 물류는 세계 경제에 커다란 영향을 끼쳤다. 아메리칸 프레지던트 해운에 따르면 "물류의 컨테이너화로 아시아에서 북아메리카로 운송되는 화물의 운임이 40~60퍼센트 하락했다."고 한다. 물류의 저비용화는 해외 생산을 용이하게 만들어 공급 사슬의 글로벌화를 가속시키기도 했다.

게이츠는《더 박스》에서 어떤 통찰을 얻었다고 한다. "흔히들 특정 비즈니스에 일찍 뛰어드는 것은 큰 이점이 있다고 말한다. 그러나 소프트웨어도, 물류도 반드시 그렇지만은 않았다. 일부 해운 회사는 이른 단계에 큰 도박에 나섰다가 실패했다. 애플은 개인용 컴퓨터 비즈니스에 일찌감치 뛰어들었지만 성공하기까지는 몇 년이 걸렸다."

컨테이너 물류라는 아이디어를 생각해낸 매클레인은 경쟁자들보다 앞서 나가며 영광을 손에 넣었지만 시장의 동향을 잘못 읽는 바람에 1980년대에 들어와 거대 해운 회사였던 매클레인 인더스트리를 파산시키고 말았다. 애플도 매킨토시로 개인용 컴퓨터 시장을 개척했지만 시장을 석권하게 된 것은 게이츠가 이끄는 마이크로소프트의 윈도우를 탑재한 PC였다.

선행 주자로서 시장을 개척했지만 경쟁 우위를 유지하지 못하는 사례는 종종 있으며, 후발 주자라도 역전할 가능성이 존재한다. 검색 엔진도 야후가 선행 주자였지만 후발 주자였던 구글이 로봇 검색 기술을 무기로 대두해 압도적인 승자가 되었다. 휴대전화의 경우도 선행 주자였던 모토로라나 노키아는 쇠락했고 '아이폰'으로 스마트폰이라는 개념을 만들어낸 애플이 승자가 되었다.

"어떤 혁신이 실패하고, 어떤 혁신이 세상을 바꿀지 예측하기는 어렵다. 다음의 운송용 컨테이너가 어디에서 나올지는 알 수 없는 일이다." 게이츠는 이렇게 말했다.

전설적인 벤처 투자자의 필승 수법

구글은 어떻게 단기간에 경이적인 성장을 이룰 수 있었을까? 《OKR》에는 그 수수께끼를 푸는 열쇠가 담겨 있다. 저자는 실리콘밸리의 전설적인 벤처 캐피털리스트이며 세계적인 밴처 캐피털인 클라이너 퍼킨스 코필드 앤드 바이어스의 회장인 존 도어John Doerr다. 그는 창업한 지 얼마 안 된 구글과 아마존에 투자할 것을 결정하고 두 회사의 이사로 취임해 성장을 위한 다양한 조언을 해 왔다.

이 책은 수많은 전설적인 스타트업의 성공을 보이지 않는 곳에서 뒷받침해 온 도어가 중시하는 '목표와 주요한 결과OKR'라는 경영 수법에 초점을 맞춘 것이다. 'O'는 Objectives(목표), 'KR'은 Key Results(주요한 결과)의 머리글자다. 조직이 '무엇을' 달성할 것이냐는 명백한 목표(O)를 정하고, 주요한 결과(KR)라는 지표로 그 목표를 '어떻게' 달성하고 있는지 모니터링한다. 이렇게만 들으면 이전부터 널리 알려져 있는 목표 관리 수법처럼 생각되기도 한다. 그리고 '그런 당연한 걸 이제 와서 책으로 썼다고?'라는 의문을 느낀 독자도 많을 것이다. 'KPI(Key Performance Indicators, 핵심 성과 지표)'를 중시하는 경영은 수많은 기업이 실천하고 있기 때문이다.

그렇다면 OKR은 일반적인 목표 관리 수법과 대체 무엇이 다를까? 가장 큰 포인트는 OKR의 일인자인 앤디 그로브 인텔 전 사장의 말에서 발견할 수 있다.

첫째는 경영의 최종 목적지, 즉 목표(O)가 무엇인지를 엄선해서 결정하는 것이다. 요컨대 무엇을 우선 목표로 삼을지 명확히 한다. 그로브는 "한 줌의 목표를 엄선함으로써 무엇에 '예스'라고 말해야 할지, 무엇에 '노'라고 말해야 할지가 명확히 전해진다."라고 말했다. 한 번의 사이클 당 목표를 세 가지에서 다섯 가지로 한정하면 기업이나 조직, 개인은 중요한 것만을 선택하게 되기 때문이다. '주요한 결과'의 경우 측정이 용이

한 모니터링 지표를 설정해야 하며 다섯 개 이하가 바람직하다.

예를 들어 목표가 '자동차 경주 대회인 인디500에서 우승한다'라고 가정하자. 주요한 결과는 '평균 랩 타임을 2퍼센트 단축한다', '풍동 시험을 10회 실시한다', '피트스톱의 평균 시간을 1초 단축한다', '피트스톱에서의 실수를 50퍼센트 줄인다' 같은 구체적인 수치가 포함된 형태로 설정한다. 주요한 결과를 '랩 타임을 단축한다', '피트스톱의 시간을 단축한다'와 같이 모호하게 설정하지 않는 것이 포인트라고 한다.

그리고 목표 설정은 하향식으로 결정하지 말고 상향식의 요소를 담아야 한다. 도어는 "조직이나 개인의 의욕을 이끌어내려면 상사와 의논하면서 OKR의 거의 절반을 스스로 결정토록 하는 것이 좋다. 모든 목표를 하향식으로 설정해 버리면 의욕이 깎이고 만다."라고 지적했다.

그런 다음 다른 목표 설정 수법과 비교했을 때 높은 빈도로 목표를 설정하고, 검증하며, 평가해 나간다. 1년에 1회 같은 빈도가 아니라 3개월에 1회 혹은 매달 1회 같은 사이클로 돌리는 것이다. 그런 까닭에 사업 환경이 변화해 현재의 목표가 현실적이지 않게 되었거나 타당하지 않게 되었다면 주요한 목표를 수정하거나 버려도 된다는 유연한 자세로 임하는 것이 성공의 열쇠가 된다.

목표는 높게 설정할 것이 요구된다. "전원이 당장은 손이 닿지 않을 것 같은 목표를 향해서 노력할 때 결과물이 발전한다."라는 것이 그로브의 지론이다. 어려워서 달성하지 못할 가능성이 있는 목표를 지향할 때 조직은 더 높이 올라갈 수 있다는 것이다.

그러나 OKR의 목표는 보수와 거의 완전히 분리할 필요가 있다고 한다. 보수와 연결시키면 아무래도 현실적인 목표를 세우게 되기 때문이다. 도어는 "리스크 감수를 촉진하고 힘을 아끼는 상황을 막기 위해 보너스와 분리시키는 편이 좋다."라고 말했다.

이 책에서는 스타트업을 중심으로 한 다수의 기업이 어떻게 실천하고 있는지 각종 사례를 들며 OKR이라는 수법을 설명한다. 구글뿐 아니라 어도비, 인튜이트 등 구체적인 사례가 풍부하기에 읽는 이가 이해하는 데 많은 도움이 된다.

단기간에 경이적인 성장을 실현하려 하는 스타트업은 우선 목표를 명확히 정할 것이 요구된다. 그런 다음 목표를 달성하기 위해 중요한 지표를 설정하고 평가, 검증하며 잘못되었다면 목표를 변경하거나 수정하는 사이클을 빠른 속도로 돌려 나가야 한다. 물론 말하기는 쉬워도 OKR을 실천하려면 허들이 상당히 높지만, GAFA로 대표되는 미국의 성장 기업은 이런 속도감으로 조직을 운영하고 있다.

게이츠가 이 책을 높게 평가하는 배경에는 마이크로소프트가 인텔과 밀접한 관계일 뿐 아니라 개인적으로도 그로브와 친분이 있다는 점이 자리하고 있다. 실제로 게이츠는 "나는 앤디와 오랫동안 친하게 지내 왔으며 그가 초기에 썼던 비즈니스 서적들을 연구하고 인텔의 몇몇 수법을 마이크로소프트에 차용하기도 했다. 앤디는 위대한 비즈니스 리더다."라고 말한 바 있다.

이 책의 저자인 도어 또한 게이츠의 비즈니스 파트너이기도 하기에 서로를 잘 알고 있다. 인텔을 거쳐서 실리콘밸리 벤처투자사인 클라이너 퍼킨스 코필드 앤드 바이어스KPCB(이하 KPCB)에 참가한 도어는 아마존과 구글 이외에도 썬 마이크로시스템즈와 시만텍, 인튜이트 등 여러 유명 IT 스타트업에 대한 투자를 성공시킨 뒤 KPCB의 회장에 취임했다.

그는 여러 스타트업에 단순히 투자만 한 것이 아니라 이사 등의 위치에서 직접 경영에 관여하며 성장을 위한 조언을 해 왔다. 그렇기에 이 책에서 다룬 OKR을 중심으로 한 경영 수법은 실천적이며 참고가 된다. 게이츠는 "더 뛰어난 매니저가 되는 데 흥미가 있는 사람에게 이 책을 추천한다."라고 말했다. OKR은 단기간에 성장하려 하는 스타트업이 간과해서는 안 될 경영 수법이라고 말할 수 있다.

세상이 살기 좋아지려면 무엇이 필요할까?

book 《힘든 시대를 위한 좋은 경제학》《가난한 사람이 더 합리적이다》《21세기 자본》《위대한 탈출》
《괴짜 경제학》《슈퍼 괴짜 경제학》

빌 게이츠는 2000년에 설립한 자선 단체 빌 앤드 멀린다 게이츠 재단에서 세계의 빈곤 박멸과 공중위생의 개선, 교육 기회의 제공 등에 몰두하고 있다. 재단의 자산은 2020년 말 현재 약 500억 달러(약 65조 원)로, 자선 단체로서는 세계 2위다(1위는 덴마크의 노보 노디스크 재단이다).

2020년에 트럼프 전 대통령이 "미국은 WHO(세계보건기구)에 대한 자금 제공을 중단한다."라는 성명을 발표했을 때 게이츠 재단이 WHO의 자금 제공자로서 제2위였다는 사실이 주목을 받았다. 중국이나 독일 같은 국가보다도 높은 순위로, 그 거대한 존재감에 온 세계가 경악했다. 게이츠 재단은 WHO의 NGO(비영리 단체) 자금의 45퍼센트, WHO 전체 운영비의 12퍼센트나 되는 자금을 갹출하고 있었던 것이다.

머스크와 베이조스의 관심이 우주를 향하고 있는 것과 달리 게이츠는 지금 여기의 세상을 더 나은 곳으로 만드는 활동에 많은 시간을 할애하고 있는 듯이 보인다. 그 유명한 사례 중 하나가 물과 위생에 관한 프로젝트인 유니세프의 'WASH(Water, Sanitation and Hygiene, 물, 위생과 보건 증진을 뜻함)'다. 신흥국에는 화장실이 없는 집에서 사는 사람이 많으며, 위생 문제로 목숨을 잃는 사람도 많다. 마이크로소프트의 OS를 탑재한 저렴한 PC를 보급하는 방법으로는 해결할 수 없는 심각한 문제다. 그래서 게이츠는 "화장실과 화장실에 관련된 온갖 혁신을 촉진합시다."라고 외치며 다양한 아이디어를 모집해 왔다. '화장실 재발명 챌린지Reinvent the Toilet Challenge'라는 이벤트를 미국과 중국, 인도에서 개최했고, 미국 워싱턴 주에 있는 재니키 바이오에너지(현재의 세드론 테크놀로지)의 CEO인 피터 재니키에게 물도, 전기도 필요 없는 오수 처리 장치 '옴니프로세서'의 개발을 의뢰했다. 이것은 인간의 배설물을 태워서 물과 전기로 만들어내는 독특한 장치로, 불과 몇 분 전까지 대변이었던 물을 게이츠가 웃는 얼굴로 마시는 동영상은 충격적이다. "페트병에 담아서 파는 생수와 같은 수준의 맛"이라고 하는데, 게이츠가 물과 위생 문제의 해결에 얼마나 진심인지가 잘 전해진다. 옴니프로세서는 10만 명분의 배설물을 처리할 수 있으며 하루 최대 8만 6,000리터의 음료수와 250킬로와트의 전력을 생성할 수 있다고 한다.

빈곤 박멸과 신흥국의 위생 문제에 진심으로 몰두하는 게이츠는 양극화나 빈곤과 관련된 경제학 서적에 큰 관심을 보인다. 빈곤 국가의 현실을 알고 있기에 이 분야의 책에 관해서는 무작정 칭찬하지 않고 쓴소리를 할 때도 있다는 점 또한 특징적이다.

세상에 도움이 되는 좋은 경제학을 말하다

《힘든 시대를 위한 좋은 경제학》은 2019년에 '세계의 빈곤을 줄이기 위한 실험적 접근'으로 노벨 경제학상을 받은 아비지트 배너지Abhijit Banerjee와 그의 아내 에스테르 뒤플로Esther Duflo가 쓴 책이다.

배너지와 뒤플로의 연구에서 주목할 만한 점은 그들의 접근법이 매우 실천적이라는 것이다. '현장 실험'이라고 불리는 수법으로, 예를 들면 인도의 라자스탄 주에서 소아마비 예방 접종을 무료로 받을 수 있는 제도가 있음에도 많은 어머니가 예방 접종을 하러 자녀를 데려가지 않는 문제를 다뤘다. 현장 실험을 통해 예방 접종을 받을 경우 콩이 든 주머니를 주자 접종률이 극적으로 상승했다고 한다.

두 사람은 정책이 과학적인 근거에 기반을 두고 있는지 검증함으로써 빈곤을 줄이려 하는 연구 기관 '압둘 라티프 자밀 빈곤 퇴치 연구소 J-PAL'를 2005년에 다른 연구자와 함께 공동으로 설립했다. 세계의 빈곤과 싸우기 위해서는 과학적인 접근을 통해 유효성 높은 정책을 실시하는 것이 중요하기 때문이다.

게이츠는 "나는 빈곤과 싸우기 위한 다양한 접근법의 이점을 높게 평가하는 그들의 엄격하고 실험적인 수법에 늘 감탄해 왔으며, 그들이 쓴 첫 번째 책인 《가난한 사람이 더 합리적이다》를 매우 좋아했다."라고 말했다. 또한 《가난한 사람이 더 합리적이다》가 가난한 나라에 초점을 맞춘 데 비해 《힘든 시대를 위한 좋은 경제학》은 풍요로운 국가에서 주목받고 있는 정책 논쟁에 초점을 맞췄으며 두 사람이 "이민, 불평등, 무역등 논쟁의 대상이 되는 문제의 배경에 있는 사실을 정리해 알기 쉽게 설명했다."라고 높게 평가했다.

예를 들어 제2장에서 다룬 선진국의 이민에 관한 분석은 매우 뛰어나다. 미국의 도널드 트럼프 전 대통령이나 프랑스의 극우 정당인 국민연합의 장마리 르펜 당수 등이 즐겨 말하는, 이민자가 일자리를 빼앗고 임금 수준을 낮추고 있다는 '이민자 위협론'이 과학적인 근거가 없으며 사실과 다름을 지적했다. 구체적으로는 1980년에 쿠바에서 12만 5,000명의 난민이 몰려든 플로리다 주 마이애미의 경우 난민들이 노동자의 임금과 고용에 아무런 영향을 끼치지 못했다 연구 결과를 소개했다. 또한 구소련에서 이스라엘로 유입된 대량의 이민자나 1910~30년에 유럽에서 미국으로 유입된 대량의 이민자가 그들을 받아들인 나라의 주민에게 끼친 부정적인 영향도 극히 제한적이었으며 긍정적인 영향이 발견된 사례도 있었다고 한다.

책에서 배너지와 뒤플로는 "오늘날 가난한 나라에서 오는 사람들은 엄격한 입국 관리 제도를 극복하기 위해 먼저 도항 비용과 튼튼한 몸(또는 고도의 자격)을 갖추고 있어야 한다. 그래서 이민자의 대부분은 기능이나 야심, 인내력, 체력 등 어떤 특출한 능력을 지니고 있다."라고 말했다. 미국 창업가 센터의 2017년 조사에 따르면 포춘 500대 기업의 43퍼센트는 설립자 또는 공동 설립자가 이민자 혹은 이민자의 자녀라고 한다. 일론 머스크는 남아프리카에서 온 이민자이고, 스티브 잡스의 친아버지는 시리아에서 온 이민자였으며, 구글의 창업자인 세르게이 브린은 러시아에서 온 이민자다. 또한 제프 베이조스도 쿠바에서 온 난민이었던 양아버지 마이크 베이조스의 성을 물려받았다.

이민자는 노동자인 동시에 소비자도 된다. 슈퍼마켓에서 장을 보고, 레스토랑에서 식사를 한다. 또한 돈을 많이 모으면 자동차를 사고, 이윽고 집을 사는 사람도 생긴다. 물론 이전부터 살고 있었던 주민은 문화와 습관, 피부색이 다른 사람이 늘어나는 것을 경계하며 또 반발하기도 한다. 그래도 이민자가 국가의 경제 성장에 공헌할 가능성은 높으며, 미국이나 캐나다의 발전이 상징하듯이 이민자의 수용은 경제 합리성이 높은 정책이라고 말할 수 있다.

합리적으로 생각하면 이민자의 수용은 경제적으로 플러스의 효과가 큰데, 왜 이민자에 대한 적대심을 드러내는 정치가가 세력을 키우고 있을까? 외국인이나 외국인에 대한 적대심을 부추기는 주장을 하는 정치가나 정당은 세계적으로 많다.

"자신과는 다른 인종, 종교, 민족, 나아가 다른 성에 대한 공공연한 적대심을 숨김없이 표현한다. 이것이 전 세계에서 대두하고 있는 포퓰리스트(대중영합주의자) 정치가의 상투 수단이다. 미국에서 헝가리, 이탈리아에서 인도에 이르기까지 인종 차별이나 민족적 편견과 큰 차이가 없는 발언을 반복하고 선거에서 공약으로 내거는 정치가들이 날뛰고 있다." 배너지와 뒤플로는 포퓰리즘을 이렇게 비판했다.

세계적으로 포퓰리스트 정치가가 늘어나고 있는 이유는 국민의 불안감을 부추기고 적을 만들어서 비난하는 것이 '표가 되기' 때문이다. 나치독일도 유대인과 외국인에 대한 적대심을 부추기는 발언과 차별적인 정책으로 인기를 끈 덕분에 마침내 정권을 잡았다. 그리고 지금도 외국인을 적대시하는 포퓰리즘적인 정치 수법이 효과가 있다고 생각하는 정치가가 많다.

배너지와 뒤플로는 양극화 문제에 관해 더욱 흥미로운 분석을 했다. 양극화를 시정하기 위해 부유층에게 더 많은 세금을 걷어야 하느냐는 논의가 종종 벌어진다. 그러나 부유층에 부과하는 세금을 늘리면 게이츠 같은 혁신가들이 새로운 아이디어를 만들어내 국가 전체의 생산성을 높이는 움직임이 약해질 가능성이 있다. 그래서 부유층의 세금을 줄여 경제 성장을 촉진해야 한다는 주장도 있다. 이것은 타당한 주장일까? 시카고 대학교의 부스 경영대학원은 부유층에게 유리한 감세와 부유층 이외의 계층에게 유리한 감세의 경제 성장 기여도를 비교하는 조사를 실시했는데 이 조사 결과는 그 주장이 타당한지 아닌지를 판단하는 힌트가 된다. 조사에 따르면 "제2차 세계대전 이후에 실시된 31회에 걸친 세제 개혁의 데이터를 비교한 결과, 소득 상위 10퍼센트에 유리한 감세에서는 고용과 소득 모두 어떤 증가도 발견되지 않았지만 나머지 90퍼센트에게 유리한 감세에서는 고용과 소득 모두 증가했음을 알 수 있었다."라고 한다. 요컨대 미국 공화당이 지금까지 추진해 왔던 부유층을 우대하는 감세는 경제 효과가 적다는 지적이다.

부유층에 대한 과세에 관해 세계에서도 손꼽히는 부자인 게이츠는 어떻게 생각하고 있을까? "나 같은 부유층에게 높은 세율을 적용하는 것은 열심히 일해서 새로운 일자리를 만들어낼 유인을 저하시키게 될까?' 이 질문에 대한 나의 대답은 '아니요'다. 배너지와 뒤플로는 내가 '부유층이 지금보다 더 많은 세금을 내도록 세금 제도를 바꿔야 한다'라고 주장할 더 많은 이유를 제공해 줬다."

게이츠 자신은 부유층에 대한 과세가 강화되어도 혁신을 일으킬 유인은 저하되지 않는다고 분명히 말한다. 실제로 게이츠는 이전부터 부유층에 대한 과세를 강화해야 한다고 주장해 왔는데 그의 주장의 특징은 실효성을 중시한다는 점이다. 소득에 대한 과세뿐만 아니라 상속세, 주식 등 유가 증권의 매각으로 얻은 자본 이득에 대한 과세, 배당이나 이자 등의 수입에 대한 누진 과세를 강화해야 한다는 것이다.

빈곤의 박멸에 힘을 쏟는 한편으로 부유층에 대해서는 감세해야 한다고 주장한다면 논리가 일관적이지 못하다는 비판을 받을 수 있다. 그러나 게이츠는 "우리 같은 부유층에게 더 많은 세금을 걷어야 한다."라고 거듭 주장하고 있다. 이처럼 말과 행동이 일치하기에 "빈곤과 건강, 위생 문제를 줄여 세상을 더 나은 곳으로 만들자."라는 게이츠의 주장은 설득력을 지닌다.

《가난한 사람이 더 합리적이다》를 격찬한 이유

배너지와 뒤플로의 첫 번째 책인 《가난한 사람이 더 합리적이다》를 게이츠가 칭찬하는 이유도 빈곤 문제를 해결하는 데 실효성이 높은 접근법이라고 생각했기 때문이다. 이 책에도 등장하는 J-PAL(압둘 라티프 자밀 빈곤 퇴치 연구소)에 대해 게이츠는 다음과 같이 말했다.

"J-PAL의 정말로 대단한 점은 빈곤 박멸을 위한 노력을 더욱 효과적으로 하는 데 도움이 되는 과학적 근거를 만들어내고 있다는 것이다. 이것은 매우 중요하다. 정부가 개발에 투자하는 자금은 수백만 명이나 되는 생명을 구하고 수억 명이나 되는 사람의 생활을 개선하는 데 도움이 된다. 그러나 이런 활동을 계속 지원하도록 만들려면 원조의 비용 대비 효과와 전체적인 영향을 엄밀히 평가하면서 지속적으로 개선해 나갈 필요가 있다."

빈곤국의 영양실조나 식량 문제에 대응할 때 단순히 현지에 식량을 보내서 나눠주면 되지 않느냐고 생각하는 사람도 적지 않다. 그러나 그런 원조가 정말로 효과를 발휘하고 있는지는 검증이 필요하다. J-PAL은 조건이 비슷한 복수의 마을에서 실험을 했는데 먹을 것을 나눠줘도 마을 사람들의 영양 상태가 개선되지 않는 경우가 종종 보였다. 마을 사람들이 식량을 손에 넣음으로써 절약할 수 있었던 돈을 자신들이 원하는 다른 물건을 사기 위해 사용했기 때문이다. 개별적인 원조 프로젝트의 실태를 과학적으로 검증함으로써 더욱 효과적인 지원 형태를 생각해내 제안하는 것이 J-PAL의 접근법이다.

게이츠 재단의 농업 지원도 무엇이 실효성 높은 전략일지 생각하며 실행하고 있다고 한다. 게이츠는 "가난한 농가가 자국과 인근 국가에서 농산물을 판매하는 것도 지원하고 있다."라고 말했다. 현지 사람들이 경제적으로 자립할 수 있도록 돕는 원조 방식이 지속성 있는 지원이기 때문이다. 게이츠는 그저 돈을 뿌리는 것이 아니라 진짜 문제점을 찾아내 사람들에게 실제로 도움이 되는 지원을 하는 데 중점을 두고 있다.

《21세기 자본》에 사람들이 열광한 이유

프랑스의 경제학자인 토마 피케티Thomas Piketty가 2013년에 발표한 《21세기 자본》은 부와 소득의 역사적 변동을 주제로 한 대작이다. 세계적으로 주목을 받고 있는 빈부 격차의 확대를 날카롭게 파고들어 화제가 되었다. 약 800페이지가 넘어 선뜻 손이 가지 않겠지만, 양극화 문제에 관심이 있다면 읽어 볼 가치가 있는 책이다.

이 책에서 피케티는 20개가 넘는 국가의 18세기부터 지금까지 3세기에 걸친 데이터를 사용해 부와 소득의 변동을 분석했다. 《인구론》으로 유명한 토마스 맬서스, 《정치 경제학과 과세의 원리에 대하여》를 쓴 데이비드 리카도, 《자본론》의 저자이자 공산주의의 거두인 카를 마르크스, 노벨상을 받은 경제학자이며 경제 성장과 환경 악화의 관계를 나타내는 '쿠즈네츠 곡선'으로 유명한 사이먼 쿠즈네츠 등의 연구를 인용하면서 이론을 전개한다.

《21세기 자본》에서 특히 자주 등장하는 인물은 쿠즈네츠다. 그는 방대한 데이터를 분석해 1913~48년에 걸쳐 미국의 소득 격차가 급격히 축소되었음을 밝혀내고 1955년에 〈경제 성장과 소득 격차〉라는 논문을 발표했다. "공업화의 초기 단계에서 자연스럽게 소득 격차가 커지는 제1단계(미국의 경우 대략 19세기에 해당한다)가 지나가면 급격히 격차가 줄어드는 시기가 찾아온다."라는 내용이다. 이 이론에 따르면 온갖 국가에서 소득 격차는 '종 모양의 곡선(쿠즈네츠 곡선)'을 따라서 변동할 것이라고 한다. 처음에는 양극화가 심화되지만 공업화와 경제 발전이 진행됨에 따라 양극화가 감소한다는 이론이다.

그러나 피케티는 "1913~48년에 걸친 소득 격차의 축소는 우연의 산물이었다."라고 지적한다. 소득 격차의 축소는 대부분 대공황과 제2차 세계대전이 일으킨 복수의 경제 충격이 만들어낸 것이며 사실은 쿠즈네츠 본인도 그 사실을 인식하고 있었다고 한다.

1950년대는 미국·영국 등의 자본주의 진영과 소련 등의 사회주의 진영 사이에 긴장이 고조되어 냉전이 심각해진 시대로, 미국에서는 자본주의를 긍정하는 이론이 요구되고 있었다. 당시는 미 공화당 상원의원 조지프 매카시의 '빨갱이 사냥'도 맹위를 떨치고 있었다. 쿠즈네츠는 러시아에서 태어났지만 혁명을 피해 미국 이민을 한 경제학자로, 제2차 세계대전 중에는 미국 전시 생산국의 계획과 함께 통계국의 부국장을 맡

왔던 인물이다. 그래서 피케티는 "쿠즈네츠는 자신의 낙관적인 예측이 단순히 저개발국을 '자유세계의 궤도에 머물게 하기 위한 것'이라고 거듭 말했다."라며 쿠즈네츠 곡선이 '냉전의 산물'이라고 주장했다.

피케티의 연구는 쿠즈네츠가 연구했던 1913~48년의 미국의 소득 격차 추이를 시간적, 공간적으로 확대한 것이다. 여기에서 얻을 수 있었던 것은 1950년대에 쿠즈네츠 곡선이 암시한 것과는 다른 현실이었다. 피케티는 "1970년대 이후, 부유한 나라에서는 소득 격차가 대폭 증가했다. 이러한 경향은 특히 미국에서 현저하게 나타났다. 2000년대에 들어와 미국의 소득 집중은 1910년대 수준으로 돌아가고 말았다."라고 지적했다.

미국에서는 1910~20년대에 상위 10퍼센트의 부유층이 전체 소득의 40~50퍼센트를 차지했었지만 1940년대 말이 되자 30~35퍼센트로 떨어졌고, 이 수준이 1970년대까지 계속되었다. 그러나 1980년대 이후로 양극화가 급격히 확대되었고, 2000년대가 되자 다시 45~50퍼센트까지 상승했다. 이런 추세는 미국뿐만 아니라 영국과 캐나다, 오스트레일리아 등 앵글로색슨계 국가를 중심으로 뚜렷하게 나타나고 있다.

그렇다면 왜 소득 격차가 이렇게까지 확대되고 있는 것일까? 그 이유로 피케티는 두 종류의 초불평등 사회의 존재를 지적했다. '슈퍼 경영자(슈퍼스타)의 사회'와 '불로소득 생활자(초세습)의 사회'다.

부는 어떻게 재분배되어야 하는가

슈퍼 경영자란 CEO 등의 '경영 전문가'로, 수십억에서 수백억 원이나 되는 연봉을 받는 사람들을 가리킨다. 고액의 보수를 받는 슈퍼 경영자는 1980년 이후 계속 증가하고 있으며, 최근 들어 이런 추세가 더욱 가속되고 있다.

미국의 일간지 〈월스트리트저널〉에 따르면 미국 대기업의 CEO가 받는 보수의 중앙값은 2021년에 1,470만 달러(약 193억 원)를 기록하면서 6년 연속으로 최고 기록을 경신했다. 미국에서는 1억 달러가 넘는 연봉을 받는 CEO도 다수 존재한다. 또한 CEO 이외의 경영 간부, 특히 투자 은행이나 헤지펀드 등의 금융 전문가(펀드매니저나 트레이더 등) 중에서도 100만 달러가 넘는 초고액의 보수를 받는 사람이 늘고 있다고 한다. 변호사 등 전문성이 높은 직종에서도 상상을 초월하는 높은 보수를 받는 사람이 눈에 띄게 늘었다.

한편 불로소득 생활자란 부동산이나 주식, 현금 등의 자산을 보유함으로써 임대료나 이자, 배당 등으로 많은 수입을 얻는 사람을 가리킨다. 이렇게 자산이 낳는 이자나 배당 등에서 얻는 소득을 '자본 소득'이라고 한다. 피케티에 따르면 1980년 이후 자본 소득의 격차도 확대되고 있다. 초고액의 보수를 받는 사람은 주식이나 부동산 등을 구입해 자본 소득도 늘리는 경우가 많기 때문이다.

부유층은 임대료나 이자, 배당을 얻을 수 있는 자산을 자녀에게 상속함으로써 풍요를 세습하는 반면에, 가진 것이 없는 빈곤층은 힘든 생활에서 벗어나기가 어려워진다. 미국이나 영국에서는 대학교의 수업료도 급등하고 있어서, 하버드나 스탠퍼드 같은 유명 대학교의 경우 각종 경비를 포함해 연간 7만 달러 이상이 필요하다. 이런 거액의 지출은 빈곤층뿐 아니라 중간층도 쉽게 감당할 수 있는 것이 아니다. 중간층의 자녀가 유명 대학교에 합격해 어느 정도는 장학금을 받으면서 다닌다 해도 학창 시절부터 거액의 빚을 지게 된다.

피케티는 소득에 맞춰서 과세하는 누진 과세 제도가 부자들에게 유리하도록 바뀐 것이 미국과 영국을 중심으로 양극화의 확대를 조장했다고 지적한다. "1980년 이후 (제2차 세계대전 이후의 누진 과세의 기수였던) 미국과 영국에서 소득세의 누진성이 크게 저하된 것은 아마도 매우 높은 노동 소득을 올리는 사람이 증가한 현상을 상당 부분 설명해 준다."

미국과 영국의 최고 한계 소득세율은 1930~1980년에 80~90퍼센트였지만 1980~2010년에 30~40퍼센트로 낮아졌다. 게다가 많은 정부가 자본 소득을 누진 소득세에서 제외했다고 한다. 말 그대로 '부자들이 살기 좋은' 세상이 찾아온 것이다.

그래서 화두가 되고 있는 것이 부의 공평한 '분배' 시스템이다. 피케티는 현재와 같은 누진 소득세 시스템은 재고해야 한다고 주장한다. 또한 '자본세'도 제안하며, 이것이 "개인의 부에 대한 누진적인 연차 과세, 즉 개개인이 지배하는 자산의 순가치에 대한 과세여야 한다."라고 주장한다. 사실 피케티는 《21세기 자본》에서 게이츠를 비판했다. 그는 게이츠가 과거에 세계 최고의 자산가였으며 찬사를 받을 만한 창업가의 표본으로 여겨진다고 말한 다음, "빌 게이츠 숭배라고밖에 할 말이 없는 이런 현상은 틀림없이 양극화를 어떻게든 정당화하고 싶어 하는 현대의 민주적 사회의 억누를 수 없는 니즈가 만들어낸 것이라고 할 수 있다."라고 지적했다.

피케티에게서 이런 비판을 받은 게이츠는 《21세기 자본》을 어떻게 평가할까? 그는 이렇게 호응했다. "나는 피케티에게 동의한다. 극단적인 불평등은 큰 문제다. 경제적 유인을 무력화시키고, 강력한 이익을 지지하도록 민주주의를 왜곡시키며, 모든 사람이 평등하다는 이념을 약화시킨다. 자본주의는 더 큰 평등을 향해서 자신을 수정하지는 않는다."

물론 게이츠는 《팩트풀니스》를 소개할 때 말했듯이 세계 전체가 더 불평등해지고 있다고는 생각하지 않는다. 중국, 멕시코, 콜롬비아, 브라질, 태국과 같은 나라에서 중산 계급이 대두하는 등 세계 전체를 보면 평등해지고 있으며, 이 긍정적인 경향은 앞으로도 계속될 가능성이 있다고 생각한다.

"그러나 극단적인 불평등을 무시해서는 안 된다. 자본주의의 시스템은 불평등을 내포하고 있다. 문제는 어느 정도의 불평등이라면 허용되느냐, 어느 시점부터 불평등이 이익보다 해악을 끼치기 시작하느냐. 우리가 논의해야 할 문제는 바로 이것이며, 피케티는 그 논의가 진지하게 진행되도록 돕는 훌륭한 일을 했다." 게이츠는 이렇게 긍정적으로 평가하면서도 피케티의 책에 몇 가지 중대한 결함이 있다고 지적했다.

첫째는 피케티가 이 책에서 "내 결론 전체의 논리를 총괄하고 있다."라고 말한 'r(자본 수익률) 〉 g(경제 성장률)'이라는 부등식이다. 게이츠는 "피케티의 r 〉 g 분석은 사회적 효용이 다른 여러 종류의 자본을 적절히 구별하지 못한다."라고 비판했다. 예를 들어 부자 세 명이 있다고 가정하자. 자신의 비즈니스를 위해 자본을 투입하고 있는 사람, 부의 대부분을 자선 단체에 기부하고 있는 사람, 요트나 비행기 등에 거액의 돈을 쓰고 있는 사람이다. 게이츠는 전자의 두 부자는 세 번째 부자보다 사회에 더 많은 가치를 가져다주고 있다고 주장한다.

또한 "더욱 중요한 점은 피케티의 r 〉 g 분석이 한 세대에서 다음 세대로 부가 축적되는 것을 방해하는 강력한 힘을 설명하고 있지 않다."라는 지적도 했다. 미국 《포브스》가 발표한 미국인 부자 순위의 목록을 보면 약 절반은 창업가다(이민자나 이민자의 자손도 많다). 18세기 말에 광활한 토지를 구입하고 지대를 받아서 부를 축적해 온 집안 출신은 없다. 자동차 산업에서도 포드 가문과 같은 성공 사례는 소수파이며, 20세기 초엽에 자동차 산업에 투자했던 다른 많은 가문은 실패를 맛봤다.

그 밖에도 게이츠는 피케티가 부와 소득에 관한 데이터에 중점을 두고 소비를 무시한 점이나 부유층이라도 주식 등으로 손해를 봐서 수입이 빈곤선을 밑돌 가능성이 있다는 점 등을 지적했다.

게이츠는 피케티가 제안하는 '소득이 아닌 자본에 대한 누진적인 연차 과세'에는 찬성하지만 "소비에 대한 누진 과세가 최선이다."라고 주장한다. 앞에서 예로 들었던 세 부자처럼 기업에 투자하는 사람이나 자선 활동에 힘을 쏟는 사람보다 사치스러운 생활을 하는 사람이 더 많은 세금을 내야 한다고 생각하기 때문이다.

상속세에 관해서도 게이츠는 피케티를 지지한다. "단순히 어느 집안에서 태어났느냐를 기준으로 상속인에게 자본을 분배하는 것은 현명하고 공정한 방법이 아니다."라는 것이다. 그리고 정부는 상속세에서 얻을 수 있는 수입을 교육과 연구에 투자해야 한다고 주장한다.

또한 게이츠는 자선 활동도 양극화 문제의 해결로 이어지며 사회에 직접적인 이익을 가져다줄 뿐 아니라 부자 집안의 부를 줄이는 데 도움을 준다고 생각한다. "우리는 자녀들이 세상에서 스스로 길을 열어 나가길 바란다. 어떤 인생과 커리어를 쌓을지는 본인에게 달려 있다."

진보와 양극화 사이의 끝없는 줄다리기

경제 발전과 양극화를 주제로 한 서적 가운데 게이츠가 칭찬하는 동시에 날카롭게 비판하는 또 다른 책이 있다. 노벨상을 받은 경제학자인 앵거스 디턴Angus Deaton이 쓴《위대한 탈출》이다. 원제인 'The Great Escape'는 제2차 세계대전 당시의 실화를 바탕으로 제작되었던 영화에서 유래했다. 나치 독일의 포로가 된 연합군 병사 250명이 수용소에서 탈출하는 이야기로, 극한 상태에서도 자유를 갈구하는 사람들을 그린 이 영화와 책의 주제인 빈곤으로부터의 탈출이 서로 겹치는 측면이 있다.

다만 영화에서 탈출에 성공해 살아남은 사람은 세 명뿐이며 대부분은 독일군에게 붙잡혀서 처형당한다. 디턴은 "이것이 '위대한 탈출'의 본질이다. 누구나 탈출에 성공하는 것은 아니다."라고 말했다. 또한 애초에 탈출하지 않고 수용소에 남은 포로도 많았는데 빈곤으로부터의 탈출도 애초에 탈출을 시도하지 않고 남는 사람이 다수 존재하기에 이 영화와 유사하다고 디턴은 생각했다.

이 책의 특징은 소득뿐 아니라 건강에도 주목했다는 것이다. 디턴은 소득이나 건강이 인간의 행복감이나 인생의 만족도에 어떤 영향을 끼치느냐에 강한 관심을 보인다. 그리고 "소득이 많다는 것이 반드시 높은 행복감으로 이어지지는 않는다."라고 주장한다. 1인당 국민 소득(GDP, 국내 총생산)에 대한 각국·지역의 평균적인 인생 만족도를 비교한 결과 소득이 낮은 멕시코나 브라질, 코스타리카가 소득이 높은 한국, 일본 등보다 만족도가 높았다는 것이다(해당 근거 수치는 2007~09년의 평균값이다).

물론 일반적으로는 소득이 높은 편이 인생에 대한 만족도가 높고 소득이 낮으면 만족도는 낮기 마련이지만, 그렇지 않은 나라도 많다. 각국의 인생 만족도를 살펴보면 문화의 차이 등을 배경으로 중남아메리카가 높고, 동아시아는 비교적 낮으며, 구소련인 러시아와 구공산권인 동유럽 등은 매우 낮은 경향이 선명하게 보인다.

디턴은 소득, 건강 등 많은 측면에서 세상이 나아지고 있다고 생각하고 있으며, "제2차 세계대전 이후 소득과 건강은 전 세계의 거의 전 지역에서 개선되어 왔다. 1950년과 비교했을 때 현재의 유아 사망률이 더 높은 나라는 한 곳도 없다."라고 말했다.

챕터 1~4의 주제는 '건강'으로, 데이터를 통해 18세기부터 21세기에 이르기까지 평균 수명, 연령별 사망률, 유아 사망률이 어떻게 개선되어 왔는지를 자세히 분석했다. 챕터 5와 6의 주제는 '돈'이다. 먼저 미국의 물질적 행복을 다루고, 2012년에 1인당 GDP가 1929년의 다섯 배 이상으로 증가했음을 지적했다. 챕터5~6에서 디턴이 주장하는 바는 《21세기 자본》과 유사하다. 미국에서는 대공황 이후 빈부의 격차가 축소되었지만 최근 들어서 확대가 두드러지고 있다는 지적이다. "1970년대 중반부터 후반까지는 모든 세대가 경제 성장의 혜택을 누렸다. 그러나 그 뒤로는 소득 격차가 확대되기 시작했다." 또 이렇게 부연한다. "가장 밑바닥의 20퍼센트에 속하는 세대는 거의 소득이 증가하지 못했다. 최근 40년 동안 그들의 평균 소득 증가율은 매년 0.2퍼센트에 불과했으며, 불황이 찾아오기 전조차도 실질 소득은 1970년대 후반과 차이가 없었다."

미국에 이어 세계의 양극화가 어떻게 변화하고 있는지도 고찰했다. 중국이나 인도에서는 경제 성장으로 풍요로워지는 사람이 늘고 있지만 발전 중인 지역과 그렇지 못한 지역이 존재해 자국 내 양극화가 확대되는 문제를 떠안고 있다고 지적했다.

뒤처진 사람들을 어떻게 도울 것인가?

게이츠는 "인류 전체의 복지가 시간의 경과와 함께 이렇게까지 향상된 이유를 알지 못한다면 《위대한 탈출》을 읽어야 한다."라고 평가했다. 그러나 "마지막 챕터인 챕터 7은 기묘한 전개를 보인다. 원조에 관해 이렇게밖에 이해하지 못하고 있다면 사람들을 위해 어떤 원조를 해야 할지에 관해 매우 혼란스러울 것이다."라고 지적했다.

챕터 7에서는 부유국(선진국)의 빈곤국 지원에 대한 비판적인 시선이 눈에 띈다. 디턴은 "지금의 원조로 세계의 빈곤을 박멸하지 못하는 이유 중 하나는 대부분 빈곤을 박멸하려 하지 않는다는 것이다."라고 말했다. 선진국의 빈곤국 지원은 양국 간의 원조가 많은 것이 현실이다. 그러나 지원을 받는 나라의 정부는 원조로 얻은 돈을 빈곤층의 지원에 사용하지 않고 사리사욕을 채우기 위한 축재라든가 자국 내의 반대 세력을 탄압하는 데 사용하고 있는 경우가 두드러진다고 한다.

디턴은 "정부 간 원조와 NGO의 인도적 원조를 포함해 자국민을 도울 마음도 없고 기록을 남길 생각도 없는 정권에 원조가 주어지는 경우가 많다."라고 지적했다. 이런 지원은 빈곤 문제의 해결에 기여하지 못하며 독재적이고 부패한 정부의 지배 체제를 연장시키는 결과로 이어진다는 생각이다.

디턴은 부자가 가난한 사람을 도우면 빈곤은 사라질 것이라는 생각을 '원조의 착각'이라고 비판했다. 그리고 원조에 얼마나 효과가 있는지, 개발 프로젝트는 얼마나 유효한지도 검증은 하지만, 일반적으로 무엇이 효과가 있었고 무엇이 효과가 없었는지 아는 데 도움이 되는 사실이 나올 가능성은 낮기에 결과의 신뢰성은 높지 않다고 지적했다. 부유국의 원조는 자국의 이익을 생각한 것이 많은 까닭에 실제로는 빈곤국의 성장이나 빈곤과 건강 문제의 해결에 그다지 도움이 되지 않는다는 것이 디턴의 생각이다.

그러나 게이츠는 이런 주장에 반발했다. "디턴은 원조를 받는 나라의 GDP 추이를 조사한 뒤 원조가 성장을 유발하지 않는다고 결론지었다. 그는 원조가 가난한 나라의 성장을 방해하고 있으므로 원조를 그만둬야 한다고 주장한다." 많은 신흥국에서 빈곤이나 건강 같은 문제를 해결하기 위해 노력하고 있는 게이츠로서는 "빈곤국을 원조해도 의미가 없다." 라는 말로 들리는 지적을 받아들이기가 어려운 듯하다. "인간의 복지, 특히 건강과 농업을 개선하기 위해 실제로 설계된 프로그램은 풍요로운 국가가 가난한 사람들을 위해서 할 수 있는 최고의 지출 중 일부다. 그 성공률은 못해도 벤처 캐피털의 투자 실적에 맞먹을 만큼 훌륭하다."라 며 원조의 힘으로 실현할 수 있는 혁신이 가난한 사람들에게 이익을 준 다고 주장했다.

세상을 독특하게 관측한 '괴짜 경제학' 시리즈

《슈퍼 괴짜 경제학Superfreakonomics》은 게이츠가 추천한 독특한 경제학 서적이다. 게이츠는 "나는 (전작인) 《괴짜 경제학》을 매우 좋아하는데 《슈퍼 괴짜 경제학》은 그보다 더 뛰어나다. 매우 재미있으며 훌륭한 통찰로 가득하다."라고 찬사를 보냈다.

베스트셀러가 된 전작 《괴짜 경제학》은 '스모에 승부 조작이 있는 가?'를 데이터를 기반으로 검증해 화제가 되었다. 실제 데이터를 보면 스모에 승부 조작이 없다고 우기기는 어렵다고 한다. 그 밖에도 미국에서 1990년대에 범죄가 왜 대폭 감소했는지, 공부를 잘하는 아이의 부모는 어떤 사람인지, 인터넷 만남 사이트의 자기소개는 대부분 거짓말인지 같은 우리 주변의 흥미로운 의문에 경제학을 이용해서 답변하는 매우 재미있는 책이다.

《슈퍼 괴짜 경제학》은 그 속편으로, 이 책 역시 우리 주변의 주제를 대상으로 풀어낸 매우 읽기 쉬운 책이다. 술에 취한 사람이 사고를 당할 확률, 상어의 습격을 당할 위험성, 어린이 보호용 좌석의 유효성부터 기후 변화에 이르기까지 데이터를 바탕으로 면밀히 분석해 그 이면에 있는 사실에 다가가려 한다.

《괴짜 경제학》 시리즈의 저자는 시카고 대학교의 교수인 스티븐 레빗Steven D. Levitt과 작가이자 저널리스트인 스티븐 더브너Stephen Dubner다. 레빗은 2003년에 미국의 가장 뛰어난 40세 미만 경제학자에게 주는 '존 베이츠 클라크 메달'을 받은 경제학자이고, 더브너는 유대교에서 가톨릭교로 개종한 부모에게서 태어났지만 본인은 오히려 유대교로 개종했으며 프로 록밴드의 멤버로 데뷔했던 독특한 인물이다.

《슈퍼 괴짜 경제학》에서 재미있는 점은 '세상을 조금 다른 눈으로 살펴보자'라는 접근법이다. 행동경제학적인 스타일로 '사람은 어떤 식으로 판단하는지, 또 어떤 식으로 마음이 바뀌는지를 그려내는 체계적인 방법'으로서 경제학을 위치시켰다. 두 저자는 "경제학적 접근법이 그려내는 것은 세상이 실제로는 어떻게 되어 있느냐다. 대체로 우리는 어떤 형태로 세상을 고치고 싶다든가 바꾸고 싶다고 생각한다. 그러나 세상을 바꾸려면 먼저 세상이 어떻게 되어 있는지 알아야 한다."라고 말했다.

이를테면 '술에 취한 채로 운전하는 것과 술에 취한 채로 걷는 것은 어느 쪽이 더 위험할까?'라는 주제를 다룬다. 그리고 1마일(약 1.6킬로미터) 당 사망률을 보면 실제로는 술에 취한 채로 걸을 때가 술에 취한 채로 운전할 때보다 죽을 확률이 여덟 배 높다고 지적했다. 술에 취한 사람은 인도에서 비틀거리며 걷다 차도로 나가거나 시골길 한가운데에서 자 버리는 일이 많기 때문이라고 한다.

인도의 부모가 사내아이를 선호하는 경향에 관한 분석도 매우 흥미롭다. 인도에서는 신부의 부모가 신랑이나 신랑의 가족에게 지참금으로 금이나 자동차, 부동산을 선물하는 관습이 있다. 그래서 딸을 갖기보다 아들을 갖는 편이 경제적인 이점이 큰 까닭에, 인도의 인구를 보면 여성이 남성보다 3,500만 명이나 적다고 한다. 인도에서는 임신 중에 아기의 성별이 여성임을 알면 낙태하는 경우가 많다는 것이다.

더욱 충격적인 내용도 있다. "인도의 남성 중 51퍼센트는 경우에 따라서는 아내를 구타해도 된다고 생각한다. 그보다 놀라운 사실은 여성의 54퍼센트도 똑같이 말했다는 것이다." 저녁 식사를 태웠거나 허락 없이 외출했을 경우, 아내는 구타를 당할 가능성이 있다고 한다. 인도에서는 지참금이 적다는 이유로 신부가 살해당하는 사건이 매년 8,000건 이상 일어나고 있다는 보도도 있다.

기후에 관한 불편한 진실은 정말 사실일까?

《슈퍼 괴짜 경제학》에서 특히 돋보이는 부분은 제5장의 '앨 고어와 피나투보 화산의 공통점은?'이다. 주제는 세계적으로 관심이 높아지고 있는 지구 온난화로, 미국의 전 부통령이었던 앨 고어가 2006년에 개봉한 다큐멘터리 영화 〈불편한 진실〉에 출연해 지구 규모로 일어나고 있는 온난화의 심각성과 사람들이 환경 보호를 중시하며 생활해야 할 필요성을 호소했다. 이 영화는 화제를 불러일으키며 많은 사람의 환경 의식을 높였다. 그리고 고어는 이런 활동을 높게 평가받아 2007년에 노벨 평화상을 수상했다.

그런데 〈불편한 진실〉이 그리는 지구 온난화나 환경 문제는 어디까지 사실일까? 《슈퍼 괴짜 경제학》의 저자는 마이크로소프트의 최고 기술 책임자였으며 생물물리학자인 네이선 미어볼드 등과 이야기를 나눴다. "앨 고어가 악몽의 시나리오라며 그린 풍경, 이를테면 해수면이 상승해 플로리다 주가 바닷속으로 사라진다든가 하는 것은 진지하게 생각하면 어떤 기간을 가정해도 물리적으로 실현될 수가 없다. 어떤 기후 모델도 그런 일이 일어나리라고 예상하지는 않는다." 미어볼드가 이렇게 말하듯이 〈불편한 진실〉에는 과장이 많다는 지적이 있으며 영국에서 소송을 당하기도 했다.

또한 지구 온난화 대책으로 이산화탄소를 지나치게 중시하는 것에 의문을 제기하는 천체물리학자 로웰 우드의 말도 소개했다. 우드는 이산화탄소에 편중된 기후 대책에 관해 "잘못됐다. 주된 온실 가스는 사실 이산화탄소가 아니라 수증기다."라고 지적했다. 이산화탄소는 최근의 온난화와 그다지 관계가 없다고 주장하는 논문도 존재한다고 한다.

또한 세계적인 기후 과학자인 켄 칼데이라의 연구에 따르면 이산화탄소를 두 배로 늘리고 물이나 영양소 등의 다른 요소를 전부 일정하게 유지했을 경우 식물의 성장은 70퍼센트 높아진다고 한다. 이산화탄소를 배출하지 않는 깨끗한 발전 방법으로 여겨지는 태양광 발전도 미어볼드의 이야기에 따르면 전기로 바뀌는 것은 불과 12퍼센트이며 나머지는 열로 재복사되어 지구 온난화를 가속할 가능성이 있다고 한다.

한편 온난화를 막기 위해 지구를 인공적으로 식힌다는 놀라운 아이디어도 있다. 성층권에 아황산가스를 뿌린다는 아이디어다. 그 배경에는 1991년에 필리핀의 피나투보 화산이 분화한 뒤에 성층권을 떠돌던 아황산가스가 지구를 냉각시켜 장기간 기온이 낮아졌던 사례가 자리하고 있다. 지상에서 성층권까지 닿는 긴 호스를 만들고 헬륨을 채운 풍선을 일정 간격으로 호스에 달아 공중에 띄운 다음 호스 끝의 노즐에서 무색의 이황산가스를 분무한다. 극지를 대상으로 실시할 경우 초기 투자 비용은 2,000만 달러(약 260억 원)이며 유지하는 데 매년 1,000만 달러(약 130억 원)가 든다는 계산이 나온다고 한다.

그 밖에도 레빗과 더브너는 이 책에서 흥미로운 주제를 다수 다뤘다. '모두가 알고 있다고 생각해 왔지만 사실은 몰랐던 것, 그리고 자신조차도 그것을 알고 싶어 했는지 몰랐지만 알고 싶었던 것'을 가르쳐 주는 이 책은 오락거리로서 즐길 수 있을 뿐만 아니라 독자에게 많은 깨달음을 준다.

앞으로의 세상을 먼저 내다보는 자가 승리한다

book 《어번던스》 《신호와 소음》 《틀리지 않는 법》

빌 게이츠는 미래학자 같은 존재다. 뉴욕 특파원이었던 2000년대 전반, 나는 이렇게 생각했다. 매년 1월에 미국 라스베이거스에서 열리는 국제 가전 전시회 CES는 게이츠의 기조연설로 막을 여는 것이 관례였다. 그리고 이 자리에서 게이츠는 마치 미래를 내다보고 있는 듯이 컴퓨터와 소프트웨어, 휴대전화, 게임의 진화와 미래상을 뜨겁게 이야기해 왔다.

IT와 가전 업계의 세계적인 리더들이 집결한 자리에서 매년 새로운 주제로 연설을 하는 것은 쉬운 일이 아니다. CES의 기조연설에 모두 합쳐 12회나 등단했던 게이츠는 미래의 사회는 어떻게 될지, 마이크로소프트의 소프트웨어 기술이 미래 사회에서 어떻게 공헌할 수 있는지를 고민해 왔다. 게이츠가 방대한 양의 책을 읽으며 미래를 탐구하고 수많은 과학자와 의견 교환을 거듭해 왔다는 사실은 굳이 말할 필요도 없을 것이다.

낙관적인 미래를 만드는 기술의 힘

그런 게이츠가 추천하는 미래 예측에 관한 책이 《어번던스》다. 이 책에
대해 게이츠는 "진보적인 기술이 미래를 밝게 비추고 있음을 보여준다."
라고 평가했다.

저자는 피터 디아만디스Peter H. Diamandis와 스티븐 코틀러Steven Kotler
다. 디아만디스는 2008년에 미래학자인 레이 커즈와일과 함께 싱귤래
러티 대학교를 설립한 것으로 유명하다. 다재다능한 인물로, MIT에서
항공 우주 공학을 공부했으며 하버드 대학교의 의학 대학원도 졸업했
다. 어렸을 때부터 우주에 관심이 컸던 디아만디스는 1987년에 국제 우
주 대학교를 공동 설립했으며 우주와 관련된 복수의 스타트업을 만들었
다. 또한 1994년에는 X프라이즈 재단이라는, 민간 여객 운송을 위한 우
주선을 개발하는 단체에 상을 주는 재단도 설립했다. 이 재단은 이후 해
양 탐사와 생명 과학, 에너지, 환경, 교육 등의 분야도 대상으로 삼게 되
며, 래리 페이지와 일론 머스크, 커즈와일이 이사회 멤버로 참가한다.

그런 디아만디스 등이 쓴 《어번던스》는 어떤 책일까? 저자들은 오늘
날 감염증과 테러, 전쟁 등 무서운 뉴스가 세상에 가득하지만 그래도 세
상은 착실히 나아지고 있다고 주장한다. "20세기(의 100년간)에는 유아
사망률이 90퍼센트 감소했고, 임산부 사망률도 99퍼센트 감소했다. 인
간의 수명은 100퍼센트 이상 길어졌다." 그리고 그들은 "현재 이용되고
있는 어떤 지표를 보더라도 과거 100년 동안 세상의 질이 그전에 비해
크게 개선되었음을 알 수 있다."라고 강조했다.

최근에 출판된 책 중에는 세상을 이런 시선으로 바라보는 것이 많지만 디아만디스와 코틀러는 기술의 진보와 세계 경제를 연결하면서 생각한다. 특히 컴퓨터나 네트워크, 센서, AI 같은 지수함수적으로 성장하는 기술의 힘을 높게 평가했으며 기술 이외에도 "그런 변화를 일으키는 힘이 세 가지 있다."라고 지적했다. 바로 민간 기업에서 우주 로켓을 개발하거나 인간 게놈 배열의 해석에서 정부와 호각으로 경쟁하는 'DIY 혁신가', 세계적인 과제를 해결하기 위해 막대한 재산을 사용하는 게이츠 같은 '테크노 자선가' 그리고 '바텀 빌리언(밑바닥의 수십억 명)' 중에서 경제적으로 풍요로워져 '라이징 빌리언(떠오르는 수십억 명)'이 된 사람들이다.

저자들은 굶주림, 더러운 물, 말라리아 등에 고통받지 않고 모든 사람이 가능성으로 가득한 삶을 사는 세상이 기술의 진보와 이를 뒷받침하는 세 가지 힘을 통해 실현되는 밝은 미래를 예측한다. 그리고 "번영의 정의로서 가장 훌륭한 것은 '시간의 절약'이다."라는 세계적인 과학·경제 계몽가 매트 리들리의 말을 인용하며 전기부터 핸드폰까지 다양한 기술이 신흥국에서도 이용 가능해져 시간을 절약할 수 있게 되면서 사람들의 생활이 질적으로 향상되고 번영을 누릴 수 있게 되었다고 말했다.

기술의 지수함수적인 성장은 디지털 분야에서 특히 두드러진다. 반도체 분야의 "하나의 집적회로에 들어가는 트랜지스터의 수는 18개월마다 두 배가 된다."라는 '무어의 법칙'은 그 상징이라고 말할 수 있을 것이다. 컴퓨터와 소프트웨어, 인터넷, 스마트폰 등이 극적으로 진화하고 있으며 디아만디스는 기하급수적으로 성장하는 이런 기술을 공부할 수 있는 고등 교육 기관으로서 싱귤래러티 대학교를 설립했다.

또한 미래를 바꿀 차세대 기술도 소개했다. 가격이 매우 저렴한 연료를 제조할 수 있는 '새로운 종류의 합성 생명체', 문을 열거나 빨래를 개키거나 냉장고에서 맥주를 꺼내 오는 등 '인간처럼 집안일을 돕는 로봇', 무엇이든 원하는 것을 만들 수 있는 '자기 복제가 가능한 나노머신', 사막의 표토 아래에 10센티미터 두께로 깔면 사막을 녹지로 바꿀 수 있는 '나노테크놀로지를 사용한 소수성疏水性 모래' 등 흥미로운 아이디어가 많다.

식량 문제의 해결에 도움이 될 것 같은 '수직 농장'이라는 아이디어도 있다. 소비지와 가까운 대도시의 고층 빌딩에서 양분이 풍부하게 들어 있는 수용액을 사용해 작물을 키운다는 구상이다. 30층의 수직 농장을 건설하면 1년 동안 5만 명에게 식량을 제공할 수 있다고 한다. 또한 날씨에 좌우되지 않을 뿐만 아니라 농약도, 제초제도 필요가 없어진다.

《어번던스》가 그리는 미래는 지나치게 장밋빛처럼 보인다. 그러나 역사를 되돌아보면 많은 문제가 기술의 진보를 통해서 해결되었다. 이렇게 생각하면 세계의 미래는 많은 사람이 생각하는 것보다 더 밝을지도 모른다.

야구 경기부터 선거까지 정확한 예측은 가능하다?

통계학자인 네이트 실버Nate Silver는 미래 예측에 관해 이야기하기에 최고 적임자라고 할 수 있는 인물이다. 실버는 선거와 프로야구 영역에서 탁월한 예측으로 미국을 놀라게 했다. 그는 2003년에 메이저리그 선수의 성적을 예측하는 'PECOTAPlayer Empirical Comparison and Optimization Test Algorithm'라는 시스템을 개발했는데 이 시스템은 매우 높은 정확도를 자랑한다. 2006년 시즌 전에 내놓은 각 구단의 승수 예측 결과는 다른 시스템을 압도했으며 2008년에 예측한 메이저리그 구단들의 승수도 여타 시스템에 비해 가장 오차가 적었다고 한다. 확률론적으로 선수 한 명, 한 명의 성적 범위를 예측하는 등의 새로운 수법을 사용해 정확도를 높였다.

실버의 인지도를 비약적으로 높인 것은 미국 대통령 선거의 예측이다. 2008년에 '538FiveThirtyEight'이라는 사이트를 개설하고 다음 대통령 선거 결과를 예측했는데 50개 주 중 49개 주의 선거 결과를 맞힌 것이다. 또한 이후의 상원의원 선거에서는 당선자 35명을 전부 적중시켰다. 그리고 2012년의 미국 대통령 선거에서는 50개 주 전체와 컬럼비아 특별구(워싱턴 D.C.)의 승자를 정확히 예측했다.

그런 실버가 쓴 책이 《신호와 소음》이다. 사람들은 실버를 마치 '예언자'처럼 생각하기도 하지만 이 책에서 실버는 오히려 예측에는 오류가 따르기 마련이므로 완벽한 예측은 불가능하다고 주장하며 이렇게 말했다. "이 책이 설정하는 중심 전제는 더 정확한 예측을 하고자 한다면 지금 내리는 판단이 잘못된 것일 수 있음을 먼저 인정해야 한다는 점이다."

그렇다면 예측의 정확도를 높이기 위해서는 어떤 마인드셋이 필요할까? 실버는 캘리포니아 대학교 버클리 캠퍼스에서 심리학과 정치학을 가르치는 필립 테틀록의 연구를 소개했다. 테틀록은 전문가를 고슴도치와 여우라는 두 가지 유형으로 분류했는데 고슴도치와 여우라는 비유는 고대 그리스의 시인인 아르킬로코스가 쓴 "여우는 사소한 것을 많이 알고 있지만 고슴도치는 중요한 것을 한 가지 알고 있다."라는 구절에서 유래한 것이다.

고슴도치 유형은 마치 절대적인 자연계의 법칙이 있기라도 한 듯이 기능하며 사회의 모든 상호 교류를 실질적으로 뒷받침하는 기본 원칙이 존재한다고 믿는 유형이다. 한두 가지의 커다란 문제에 집중하는 경우가 많고, 다른 분야로부터의 의견은 일단 의심하고 본다. 또한 전체를 포괄하는 접근법에 집착하며 새로운 데이터는 본래의 모델을 보강하기 위해 사용한다. 예측이 틀렸을 경우는 운이 나빴거나 특별한 환경의 탓으로 돌린다.

한편 여우 유형은 수많은 사소한 생각을 믿으며, 문제의 해결을 위해 다양한 접근법을 시도하고, 미묘한 차이나 불확실성, 복잡성, 다른 의견에 대해 관용적이다. 테트록은 여우형이 고슴도치형보다 예측 능력이 뛰어나다고 주장한다. 여우형이 사물을 좀 더 있는 그대로의 모습으로 바라볼 수 있기 때문이다. 여우형은 유연하고 자기 비판적이며 자신의 오류를 인정할 수 있는 현실주의적 유형이기에 예측을 잘한다는 것이다.

최근에는 컴퓨터와 소프트웨어가 크게 진화한 덕분에 방대한 데이터를 쉽게 분석할 수 있게 되었다. 빅데이터의 해석이 화제가 되면서 데이터만 모을 수 있으면 무엇이든 알 수 있다는 착각에 빠진 사람도 적지 않다. 그러나 실버의 지적에 따르면 데이터에는 신호(시그널)와 소음(노이즈)가 있으며 데이터가 늘어나면 소음도 증가하기 때문에 무엇이든지 올바르게 예측할 수 있게 되는 것은 아니라고 한다.

"컴퓨터는 일기 예보나 체스처럼 시스템 자체는 단순하고 알기 쉬운 법칙에 따라서 움직이지만 예측을 위해서는 방대하고 복잡한 수의 방정식을 풀어야 하기 때문에 이 부분에서 가장 도움이 된다." 한편 근본적인 이해가 모호하고 데이터에 소음이 많은 경제나 지진 같은 분야의 예측에는 컴퓨터가 거의 도움이 되지 않는 것으로 생각되고 있다.

예측의 정확도는 오직 검증에 달렸다

실버가 이와 같은 전제에서 예측의 정확도를 높이는 하나의 열쇠로 주목하고 있는 것은 '베이즈 정리'다. 18세기 영국의 목사이자 통계학자였던 토머스 베이즈의 이름을 딴 확률론 수법이다.

예를 들어 배우자와 함께 살고 있는데 출장을 갔다가 돌아오니 집에 본 적이 없는 속옷이 있었을 때 배우자가 바람을 피웠을 확률을 계산한다고 생각해 보자. 먼저 배우자가 바람을 피웠다고 생각할 경우, 속옷이 존재할 가능성은 50퍼센트(y)라고 가정한다. 이어서 이 가정이 틀렸다는 조건에서 속옷이 존재할 확률은 5퍼센트(z)라고 예측한다. 그리고 베이즈의 정리에서 중요한 '사전 확률'을 생각한다. 속옷을 발견하기 이전의 시점에 어느 정도의 확률로 배우자가 바람을 피우고 있다고 생각하고 있었느냐다. 어느 조사에 따르면 기혼자가 배우자를 배신하는 확률은 4퍼센트이므로, 4퍼센트를 x로 놓는다.

세 가지 변수를 베이즈 정리의 방정식(예. $xy/[xy+z(1-x)]$)에 대입하면 배우자가 바람을 피우고 있을 사후 확률은 29퍼센트가 된다. 의외로 낮아서 수긍이 안 될지도 모르지만 배우자가 바람을 피우고 있을 사전 확률을 낮게 잡은 것이 원인이다. 배우자가 바람을 피웠을지 모른다는 생각에서 출발한다면 결과는 달라질 것이다.

그 밖에도 실버는 '유방 촬영 검사의 결과와 유방암의 확률', '세계 무역 센터에 비행기가 충돌했을 때 테러일 확률'을 베이즈 정리를 이용해서 설명한다. 속옷이 발견된 뒤에 배우자가 바람을 피우고 있을 확률이 크게 높아졌듯이 새로운 사건이 발생했을 경우 사후 확률은 변화한다. 지면 관계상 여기에서는 더 상세하게 설명하기가 어려우니 관심이 있는 사람은《신호와 소음》을 꼭 읽어 보기 바란다.

여우형 처럼 가설을 세우고 자기 비판적으로 검증하는 작업을 쌓아 나가는 것이 중요하며 "자신을 철저히 테스트하는 것, 즉 통계 모델로는 만족하지 않고 실제로 예측이 맞았는지 아닌지 검증하는 것은 습득 과정을 앞당기는 가장 좋은 방법일 것이다." 실버는 이렇게 말했다.

많은 사람이 예측에 실패하는 이유로서 실버가 경계하는 것은 사람들이 보여주는 지나친 자신감이다. "투자자들을 괴롭히는 인지 편향은 여러 가지가 있다. 이 가운데서 '지나친 자신감'이 가장 해로운데, 여기에는 강력한 근거가 있다. 행동경제학은 사람들이 자신이 한 예측은 지나치게 믿는다는 점을 밝혀냈다."

인간은 수많은 정보를 얻는다 해도 자신에게 불리한 정보는 외면하는 경향이 있다. 이를테면 2008년 가을에 리먼 브러더스 사태가 일어나기 전부터 이미 다양한 위험 신호가 나오고 있었지만 경제 분석가와 경제학자, 경영자의 대부분이 그 신호를 간과하고 있었다. 징조를 눈치채고 있었지만 의도적으로 외면했을 가능성도 있다.

신호와 소음을 구별하기는 매우 어려운 일이다. 셰익스피어의 비극《줄리어스 시저》에서 시세로는 이런 대사를 말한다. "인간이라는 존재는 매사를 자신이 좋아하는 방향으로 해석하다 본래의 의미를 놓칠 때가 있다네."

수학은 우리 삶에 어떤 쓸모를 주는가

'미분이나 적분을 공부하는 게 나중에 살아가는 데 도움이 되기는 할까?' 학창시절에 이런 의문을 품은 사람이 많을 것이다. 수학에 자신이 없었던 나도 늘 이 점을 궁금하게 생각했다. "앞으로 사회에 나가서 미분이나 적분을 쓸 일이 있기는 한가요?" 전 세계의 수학 교사가 학생들에게 이런 질문을 받는다고 한다.

그런 의문에 대답해 주는 책이 《틀리지 않는 법》이다. 저자는 위스콘신 대학교 매디슨 캠퍼스의 수학과 교수인 조던 엘렌버그Jordan Ellenberg다. 〈뉴욕타임스〉, 〈워싱턴포스트〉 등에 칼럼도 기고하는 '수학의 전도사'로, 1987~89년에 걸쳐 국제 수학 올림피아드에 미국 대표로 참가해 금메달 두 개, 은메달 한 개를 목에 걸었다.

"어려운 수학이 무슨 쓸모가 있는 겁니까?"라는 질문을 받을 때면 엘렌버그는 '아브라함 왈드와 보이지 않는 탄흔' 이야기를 종종 한다. 왈드는 오스트리아 헝가리 제국에서 태어난 유대인 수학자로, 나치 독일이 오스트리아를 병합했을 때 미국으로 망명했다. 제2차 세계대전 중 왈드는 미국이 전쟁의 수행을 위해 통계학자의 힘을 집결한 '통계 연구 그룹 SRG'에 소속되었다. 훗날 노벨 경제학상을 받는 밀턴 프리드먼을 비롯한 스타 연구자들이 모인 이 엘리트 집단에서도 왈드는 가장 우수한 성적을 냈다고 한다. 그는 적의 전투기에 잘 격추 당하지 않으려면 비행기의 어떤 부분의 장갑을 보강해야 하느냐는 주제를 연구했다. 불필요한 부분의 장갑을 보강하면 기체가 무거워져서 조정성과 연비가 나빠지므로 꼭 필요한 부분만 보강해야 하는데 왈드가 내놓은 답안은 탄흔(총알에 맞은 자국)이 있는 곳이 아니라 탄흔이 거의 없는 곳, 즉 엔진에 장갑을 덧댄다는 것이었다. 손상이 비행기 전체에 균등하게 퍼진다고 가정하면 보이지 않는 탄흔은 잃어버린 비행기에 있을 터이다. 요컨대 귀환한 비행기의 엔진에 탄흔이 적은 이유는 엔진에 총알을 맞은 비행기는 추락해 귀환하지 못했기 때문이었다. 왈드의 권고는 즉시 실행되었고, 한국 전쟁과 베트남 전쟁을 거쳐 지금도 해군과 공군에서 활용되고 있다고 한다.

엘렌버그는 올바른 데이터 분석의 열쇠가 되는 수학적 통계 지식을 일상적인 사례를 섞어 가면서 알기 쉽게 해설한다. 복권의 당첨 확률, 폐 암의 원인이 흡연일 확률, 실업률, 미국의 대통령 선거 등 광범위한 주제를 다루는데 어떤 주제에서든 수학자 특유의 날카로운 분석이 빛을 발한다. 특히 재미있는 부분은 미래 예측에 관해서 쓴 제10장에 나오는 베이즈 정리에 관한 이야기다. 베이즈 정리에 관해서는 이미 언급했는데, 이 책에서는 '어떤 인물이 페이스북의 목록에 올라와 있을 때 그 인물이 테러리스트가 아닐 확률은 얼마나 될까?', '라디오 초능력자는 텔레파시로 정보를 보낼 수 있을까?' 같은 독특한 주제를 다뤘다.

게이츠는 이 책이 "우리의 일상생활을 뒷받침하고 있는, 언뜻 봐서는 수학적이지 않은 시스템이 대부분 실제로는 매우 수학적임을 깨닫게 해준다."라고 말했다. 특히 매사추세츠 주의 복권 시스템에 문제가 있음을 MIT의 학생이 수학을 이용해서 밝혀내자 어떤 조건이 충족되었을 때 복권을 대량 구입함으로써 투자를 웃도는 수익을 올렸던 이야기가 인상에 남았다고 한다. "문장이 재미있고, 매끄러우며, 읽기 쉽다. 마치 수학에 보내는 러브레터다." 게이츠는《틀리지 않는 법》을 이렇게 평가했다.

실제로 이 책에는 엘렌버그의 수학에 대한 사랑이 가득 담겨 있다. '수학적 이해'라는 감각, 다시 말해 무엇이 어떻게 되어 있는지 번뜩 깨달으며 머리부터 발끝까지 완전한 확신을 갖게 되는 것은 인생의 다른 영역에서는 좀처럼 경험할 수 없는 특별한 일이다.", "수학을 한다는 것은 불처럼 뜨거워지면서 동시에 이성에 속박되는 것이다." 엘렌버그의 이 같은 말은 수학을 공부하는 것의 참맛을 단적으로 전해준다.

수학은 항공, 우주, 자동차, 로봇, 건축, 전자공학 등 온갖 과학과 기술의 공통 기반으로 사용되고 있다. 수학이 세상에서 어떻게 도움이 되고 있는지, 수학의 재미와 본질은 어디에 있는지를 파고드는 가치 있는 책이라고 할 수 있다.

#과학

세계, 우주, 에너지를 이해하면 인간을 알 수 있다

book 《현실, 그 가슴 뛰는 마법》《사소한 것들의 과학》《바이털 퀘스천: 생명은 어떻게 탄생했는가》
《물리학을 위해》《위험한 과학책》《더 퀘스트》《새로운 전쟁》

진화의 비밀을 파고드는 책

인간이 살고 있는 세계는 어떻게 구성되어 있을까? 생물학, 물리학, 지구과학 등 광범위한 분야에 걸친 우리 주변의 의문에 과학적으로 매우 이해하기 쉽게 대답해 주는 책이 《현실, 그 가슴 뛰는 마법》이다.

저자는 영국의 진화생물학자이자 동물행동학자인 리처드 도킨스다. 대표작은 《이기적 유전자》로, '왜 세상에서 분쟁이 사라지지 않는가?', '왜 남성은 바람을 피우는가?' 같은 인간뿐 아니라 동물 사회 전체에서 보이는 분쟁이나 대립 등의 행동을 유전자의 이기성이라는 관점에서 날카롭게 파고든 내용으로, 많은 사람의 지지를 받아 세계적인 베스트셀러가 되었다. 《지상 최대의 쇼》, 《만들어진 신》 등의 책도 유명하다.

특히 《현실, 그 가슴 뛰는 마법》에서는 '왜 다양한 동물이 있는가?',

'사물은 무엇으로 구성되어 있는가?', '모든 것은 언제 어떻게 시작되었을까?', '왜 나쁜 일이 일어나는 것일까?' 같은 많은 사람이 궁금해하는 의문에 명쾌하게 대답해 준다.

아동을 대상으로 한 책에서 자주 다뤄지는 주제이기에 진부한 해설서인가 하는 생각으로 읽기 시작하면 본질을 찌르는 깊은 내용에 놀라게 된다. 진화생물학자인 도킨스가 각각의 의문에 대해 알기 쉬운 비유를 통해 수십억 년이라는 장기적인 시간축과 우주적인 규모의 이야기를 전개하며 답을 이끌기 때문이다.

생물의 진화라는 의문의 경우, 어떻게 지구상에 이토록 다양하고 복잡한 생물이 존재하게 되었는지에 대해 도킨스는 "오랫동안 풀리지 않는 문제였기에 제대로 대답할 수 있는 사람은 없었다."라고 말했다. 그리고 왕자가 개구리로 변하는 동화를 예로 들며 현실에서는 일어날 수 없을 것 같은 일이 생물의 기나긴 역사 속에서는 자연스럽게 일어났음을 다윈의 진화론에 입각해 친절하게 설명한다.

생물은 환경에 적응하지 못하면 자연스럽게 도태된다. 환경에 맞는 특징을 갖춘, 살아남은 자들이 교배함으로써 최적의 진화를 이루는 자연스러운 시스템이 존재하는 것이다. 물론 인간은 우수한 특징을 가진 개체들을 인공적으로 교배시켜 소, 돼지, 말 등의 품종을 개량해 왔다. 그러나 자연계에서는 '채로 걸러내는 리더가 없어도 생물은 진화한다'는 사실을 처음으로 깨달은 사람이 다윈이다. '살아남는 개체는 다른 개체보다 뛰어난 자질을 지니고 있기에 살아남는다. 그러므로 살아남은 개체의 자손은 어미가 살아남는 데 도움이 되었던 유전자를 물려받는다'라는 발상이다.

'최초의 인간은 누구였을까?'라는 수수께끼에 대한 도킨스의 대답도 흥미롭다. 교과서나 해설서에서는 '사람속'Homo의 최초 종(호모 하빌리스)이 약 200만 년 전에 아프리카에서 오스트랄로피테쿠스로부터 종으로서 분화했다고 설명하는 경우가 많다. 그러나 도킨스는 "1억 8,500만 세대 전 할아버지의 사진이 있다면 어떤 얼굴일까?"라고 묻는다. 그리고 정답이라면서 '물고기'의 사진을 제시했다. 타임머신이 존재한다고 가정했을 때, 1,000년이나 1만 년 전의 과거로 거슬러 올라가서 만난 조상은 복장이나 헤어, 수염 스타일 등의 표면적인 차이를 제외하면 현대인과 아무런 차이가 없다. 그러나 생물은 정신이 아득해질 만큼 방대한 시간 속에서 느리지만 극적인 변화를 이루어 왔다는 것이다.

이 책에서는 생물뿐 아니라 지진, 태양, 외계 생명체의 존재 유무와 같은 주제도 다룬다. 특히 지구 이외의 행성에 생명체가 존재하느냐는 질문에 대한 도킨스의 견해는 매우 재미있다. "누구도 알지 못하지만, 나는 존재한다고 생각한다. 그것도 수백만 개의 혹성에 존재한다고 생각한다."라는 것이다. 물이 존재할 가능성이 있는 혹성이 속속 발견되고 있는 이상 생명체가 존재한다고 생각하는 편이 자연스럽기 때문이다. 화성에는 현재 액체 상태의 물이 존재하지 않지만 과거에는 존재했다는 증거가 발견되었다. 목성의 위성 중 하나인 유로파는 얼음으로 뒤덮여 있는데, 그 밑에 액체 상태의 바다가 존재한다는 설도 있다. 일론 머스크의 화성 탐사 계획도 실현을 향해 준비가 진행되고 있으며, 지구 이외의 행성에 생명이 존재하는지에 대한 관심은 높아져 가고 있다.

"우주가 어떻게 형성되었는지부터 지진의 원인에 이르기까지 커다란 의문에 대한 설득력 있는 답을 제공한다. 매력적이면서 설명이 훌륭한 과학 교과서다." 게이츠는 이 책을 이렇게 평가했다. 그리고 "도킨스 박사는 사상 최고의 과학 작가·해설자 중 한 명이다."라며 《현실, 그 가슴 뛰는 마법》을 과학을 공부하고 싶은 아이부터 어른까지 모두가 읽어 봐야 할 책으로 추천했다.

우주 또는 지구적인 규모의 세계와 그 본질에 관한 의문을 새로운 관점에서 생각해 보고 싶은 사람에게 추천하는 책이다.

인류의 삶을 변화시킨 열 가지 놀라운 재료

유리, 종이, 강철, 콘크리트, 플라스틱…. 《사소한 것들의 과학》은 우리가 매일 보거나 사용하고 있는 이런 친근한 재료의 놀라운 비밀을 알려주는 책이다. 저자는 마크 미오도닉Mark Miodownik으로, 영국 유니버시티 칼리지 런던UCL의 기계공학과 교수이며 재료 연구의 권위자다.

미오도닉이 이 책에서 제일 먼저 소개하는 재료는 강철이다. 우리는 강철을 당연하다는 듯이 사용하고 있지만 강철에 관해 과학적으로 해명된 것은 20세기에 들어온 뒤였다. 그때까지 수천 년 동안 강철의 제조법은 특수 기술로서 계승되었다. 광범위하게 사용되었음에도 제철법은 "모든 방법이 시행착오의 산물이며, 성공한 방법은 대부분 다음 세대에 비전祕傳으로서 계승되었다."고 한다. 그러다 이윽고 몇몇 문화권에서 야금冶金의 전통이 매우 질 높은 강철을 만듦으로써 유명해졌고 그런 전통을 키운 문명은 번성했다.

철과 강철을 활용해서 번성한 나라가 고대 로마다. 한 로마군의 유구遺構에서는 90만 개에 가까운 쇠못과 강철못이 발견되었다. 미오도닉은 "로마인이 수도교나 배, 검을 만들 수 있었던 것은 철과 강철의 덕분이다. 철과 강철이 제국 건설을 가능케 한 것이다."라고 지적했다.

일본은 탁월한 강철 기술을 장인의 기술로 실현했다. 미오도닉은 3종의 신기 중 하나로서, 야마타노오로치라는 거대한 뱀 형태의 괴물을 퇴치하는 데 사용되었다는 전설의 '구사나기의 검'을 예로 들어 이렇게 이야기한다. "이야기나 의식은 공상적이지만 다른 것보다 열 배 강하고 날카로운 검을 만들 수 있었다는 것은 단순한 신화가 아니라 사실이었다. 15세기에 이르자 일본도의 강철은 사상 최고의 품질을 자랑했으며, 20세기에 과학으로서의 야금이 등장하기까지 500년 동안 발군의 존재였다."

그리고 20세기에 들어와 획기적인 재료인 '스테인리스강'이 발명된다. 크롬을 첨가함으로써 표면에 '산화크롬'의 보호층을 형성한다. 또한 보호층에는 자기 회복력이 있어서 설령 파괴되더라도 층이 다시 형성되는 뛰어난 성질을 지니고 있었다. 스테인리스강으로 만든 스푼에서 아무 맛도 나지 않는 것은 산화크롬 보호층 덕분에 혀가 강철에 직접 닿지 않고 타액(침)도 강철과 반응하지 않기 때문이라고 한다. 스테인리스강은 순식간에 전 세계에 보급되었다.

종이라는 재료도 급속한 발전을 이루어서 책이나 잡지뿐 아니라 지폐, 화장지, 커피 필터, 음료를 담는 종이팩 등 이용 범위가 계속 확대되고 있다.

이 책의 제3장에서 소개한 콘크리트의 역사도 매우 흥미롭다. 전 세계에서 수백 미터 높이의 거대한 빌딩을 건설할 수 있게 된 것은 콘크리트 기술이 발전한 덕분이다. 사실은 콘크리트를 사용하는 건설 기술을 발명한 나라도 고대 로마다. 로마인은 나폴리 근교에서 발견한 용암이나 분화로 생긴 재, 작은 돌이 축적되어 있었던 화산재를 '천연 시멘트'로 활용했다. 여기에 석회를 첨가하면 굳힐 수 있다는 사실을 깨닫고 돌을 섞어서 강도를 높여 건축 재료로 활용하게 되었던 것이다.

로마 시대의 콘크리트 건축물은 지금도 볼 수 있다. 바로 로마 시내의 마르스 광장에 있는 '판테온(만신전)'의 지름 43.2미터나 되는 거대한 돔 천장이다. 건설된 지 약 2,000년이 지났지만 지금도 세계 최대의 무근無 筋콘크리트 돔으로서 위용을 과시하고 있다. 그러나 로마 제국이 멸망하면서 관련 지식이 소실된 탓에 콘크리트 건물은 그 뒤로 1,000년 이상 건설되지 않게 되었다.

콘크리트가 또다시 건축 재료로 각광을 받기 시작한 때는 19세기 후반이다. 다만 인장력이 약하고 금이 잘 간다는 단점이 있었는데, 이 단점을 극복하기 위해 고안된 것이 콘크리트의 내부에 철근을 심는 방법이었다. 독보적으로 저렴한 건축 재료이며 형상을 자유롭게 변형시킬 수 있는 철근 콘크리트는 건축의 상식을 극적으로 변화시켰다.

미오도닉은 그 밖에도 플라스틱, 초콜릿, 흑연, 자기磁器 등 인간의 생활에 폭넓게 사용되고 있는 재료를 소개하고 그 역사와 함께 친절하게 해설했다. 친근한 재료의 이면에 숨겨져 있는 이야기는 참으로 매력적이어서 읽는 이를 몰입시킨다. 게이츠는 "이 책을 읽고 나면 연필이나 면도날이 그전과는 다르게 보일 것이다."라고 말했다. 그만큼 재료를 바라보는 시각과 이해를 크게 바꿔 놓는 책이다.

특히 게이츠가 높게 평가한 부분은 재료의 미래에 관해서 논한 내용으로 이렇게 평했다. "더 큰 재료의 혁신이 탄생할 가능성이 있다. 미오도닉이 말했듯이 미래의 다리는 '자기 치유 콘크리트'로 건설될 가능성이 있으며, 그렇게 된다면 수리나 교환에 들어가는 수십억 달러의 비용을 절약할 수 있을지 모른다."

그 외에도 디지털 정보를 바탕으로 금속과 수지樹脂 등의 재료를 사용해서 물체를 만들어내는 '3D 프린터', 보잉787 등 항공기에서 쓰이고 있는 강도 높고 가벼운 '탄소 섬유 강화 플라스틱', 세상에서 가장 얇고 강하며 딱딱한 물질인 '그래핀', 나노(nano, 10억 분의 1을 나타내는 말)라는 분자 층위의 기술인 '나노테크놀로지' 등 차세대 기술의 미래에 관해서도 언급되어 있다.

생명의 기원과 에너지, 진화의 본질

"닉은 이 세상에 관해 많은 것을 설명하는 위대한 이론을 전개하는 재레드 다이아몬드Jared Diamond 같은 작가를 떠올리게 한다. 이 사람의 작품을 더 많은 사람이 알아야 한다." 게이츠가 이렇게 평가하는 생물학자 닉 레인Nick Lane이 쓴 책이 《바이털 퀘스천: 생명은 어떻게 탄생했는가》이다. 레인은 유니버시티 칼리지 런던의 유전·진화·환경 부문 교수로, 2015년에 영국 생화학회상을 수상했다.

"생물학의 중심에는 블랙홀이 있다. 솔직히 말하면 오늘날 생명이 왜 이런 모습이 되었는지 모른다." 이 책은 이런 말로 시작된다. 레인의 이야기에 따르면 지구상의 복잡한 생명은 모두 공통의 조상을 가지며 그 조상은 단순한 세균 중에서 40억 년에 딱 한 번 찾아오는 기회를 살린 하나의 세포였다고 한다.

현미경을 사용해서 자신의 세포와 버섯의 세포를 분간하라는 지시를 받았다고 가정하자. 사실 양쪽의 세포는 거의 같다. 물론 버섯과 인간은 전혀 다른 생물이지만 세포만을 보면 놀랄 만큼 닮았다. "그렇게 많은 독특한 특징들이 하나의 조상에 축적된 이유나 그 특징들 중 어떤 것도 세균에서 독립적으로 진화했다는 징후가 나타나지 않는 이유에 대해서는 아직도 의견이 분분하다." 레인은 이렇게 말했다.

세균은 형태상으로는 40억 년 이상 줄곧 단순한 상태를 유지하고 있다. 그러나 다양한 식물과 동물, 균류, 해조류, 아메바 등의 단세포 원생생물은 15억~20억 년 전에 탄생한 유일한 조상으로부터 탄생했다고 한다. 이 조상은 새로운 시대의 세포로, 정밀한 내부 구조와 그전까지는 없었던 분자 메커니즘을 가졌으며 세균에서는 거의 알려지지 않았던 수천 개의 새로운 유전자가 코딩하는 고도의 나노머신을 원동력으로 삼았다. 그러나 현재 진화의 중간체로서 살아남은 것은 없으며 그것이 어떤 형태로 태어났는지를 말해 주는 '미싱 링크(잃어버린 고리)'도 존재하지 않기 때문에 '진화의 블랙홀'이 생긴 것이다.

이 책은 이런 생물학의 가장 큰 수수께끼에 다가가기 위해 쓰였다. 레인은 최신 연구 성과를 소개하면서 자신의 연구를 바탕으로 진화 이론을 전개한다. 이를테면 '복잡한 생명은 고세균이라는 숙주 세균과 미토콘드리아가 되는 세균의 단 한 번의 내부 공생을 통해서 탄생했다'라는 진화생물학자 빌 마틴의 연구를 소개하고, 생명의 수수께끼를 풀 열쇠는 "세포 내에서의 생물학적 에너지 생성의 특이한 메커니즘에 있다고 생각한다."라고 말했다.

레인의 이야기에 따르면 거의 모든 생체 세포는 프로톤proton, 즉 양성자(양의 전하를 띤 수소 원자)의 흐름을 통해서 에너지를 얻는다. 이를 테면 인간이 호흡으로 음식물을 연소시켜서 얻는 에너지는 막을 통해서 프로톤을 퍼내고 막의 한쪽에 저장고를 형성하는 데 사용된다. 이 '프로톤 파워'는 온갖 생명에 없어서는 안 될 것으로, 생물에 작은 발전소가 설치되어 있는 셈이라고 한다. 레인은 "에너지는 진화의 요체이며, 에너지를 방정식에 포함시킬 때 비로소 생명의 특질을 이해할 수 있다."라고 주장했다.

이 책은 내용이 전문적이고 어려운 부분도 있어서 이해하기가 쉽지 않을 수도 있다. 그래도 '생명이란 무엇인가?', '삶이란 무엇인가?', '생명의 기원이 되는 에너지란 무엇인가?', '복잡한 세포의 기원은 무엇인가?' 같은 생물의 근원적인 수수께끼를 파고드는 명저로서 많은 것을 발견할 수 있다. 암컷과 수컷의 유성 생식이 왜 존재하는지, 죽음의 기원은 무엇인지, 조류가 오랫동안 하늘을 나는 힘을 만들어낼 수 있는 이유는 무엇인지, 노화는 왜 일어나는지 같은 흥미로운 주제가 가득하다.

게이츠는 "이 책을 읽고 충격을 받았다."라고 말했다. 특히 레인이 생물과 에너지의 관계에 주목하고 열심히 연구하고 있는 데 흥미를 느꼈다고 한다. 게이츠는 '세계가 에너지를 적절히 이용하는 것, 즉 저렴하고 신뢰할 수 있는 클린 에너지를 개발하는 것이 빈곤이나 기후 변화와 싸우는 데 얼마나 도움이 되는가?'에 관심이 있으며, 자신의 재단에서도 클린 에너지의 개발에 힘을 쏟고 있다.

이 책을 읽고 레인의 연구에 실용성이 있다고 생각한 게이츠는 그에게 직접 연락했으며, 미토콘드리아가 암 등의 병에 대한 대책에 유용하게 활용될 가능성이 있다는 생각에서 게이츠 재단의 글로벌 헬스 팀이 영양 실조 등을 주제로 레인과 이야기를 나눴다고 한다.

MIT 교수의 행복한 물리학 특강

물리학은 어려워서 다가가기 힘들다고 생각하는 사람이 적지 않다. 학교에서 물체의 운동이나 빛의 성질, 전기와 자력, 천체의 움직임 등에 관해 배우지만 문과 계열을 중심으로 "따라가기가 힘들었다."라고 말하는 사람도 많다. 솔직히 말하면 나도 그런 사람 중 한 명이었다. 세계적으로 유명한 물리학자인 알베르트 아인슈타인의 상대성 이론도 난해하고 이해하기 어렵다는 인상이 있다.

그러나 물리학은 우리 주변의 여러 가지 수수께끼를 풀어 줄 뿐 아니라 인간의 생활을 편리하게 만들어 온 다양한 발명의 근간에 자리하고 있는 학문이다. 스마트폰이나 컴퓨터에 사용되는 반도체, 전차나 전기자동차의 모터, 주택이나 빌딩의 조명도 전부 물리학이 밝혀낸 원리나 법칙을 통해서 만들어졌다.

그런 물리학의 매력을 전해 주는 책이 《물리학을 위해For the love of physics》이다. 저자인 월터 르윈Walter Lewin은 네덜란드의 천체물리학자로, 미국으로 건너가 MIT의 교수가 되었다. 엑스선 천문학 분야에서 활약한 뒤 MIT의 케이블 TV에 출연해 물리학 강의를 하게 되었는데 자신을 실험대로 사용하는 열정적인 강의가 인터넷상에 공개되면서 세계적으로 유명해졌다.

일례로 진자를 이용해서 에너지 보존 법칙을 설명하는 수업은 이런 식으로 진행된다. 먼저 교실의 천장에 매단 쇠공을 들어 올린 다음 놓아서 반대편에 설치한 유리를 깬다. 그리고 다음에는 그 쇠공을 자신의 턱 앞에 위치시킨 뒤 놓는다. 교실에서는 반대 방향으로 갔다가 돌아온 쇠공이 턱에 부딪히지 않을까 걱정하는 비명이 터져 나오지만, 돌아온 쇠공은 처음에 놓았던 높이 이상 올라오지 않으므로 교수는 무사하다. 여기에 자신이 직접 와이어에 매달려서 진자가 되어 커다란 호를 그리며 몇 번씩 왕복하기도 한다.

솔직히 말하면 정도가 지나쳐 보이기도 하지만, 자신의 몸을 바치는 오락성이 풍부한 수업은 보는 사람에게 강렬한 인상을 준다. 물리학은 참으로 자극적이고 재미있는 학문임을 많은 사람에게 전하려 하는 그의 강의는 매우 매력적이다. 르윈은 "대부분의 학생은 물리학자가 되지 않을 터이므로 복잡한 수리 계산을 시키기보다 발견의 기쁨을 가슴에 새길 수 있게 하는 편이 훨씬 중요하다고 생각한다."라고 말한다.

'우주에서 빅뱅이 일어났을 때 어떤 소리가 났을까?', '스노클(물속에서 숨을 쉴 수 있게 해 주는 대롱—옮긴이)의 길이를 5미터로 늘리면 5미터 더 깊게 잠수할 수 있을까?', '우리집 정원에 무지개가 걸리도록 만들 수 있을까?', '겨울철에 손잡이에 손을 대면 충격을 받는 이유는 무엇일까?' 같은 여러 가지 의문을 직접 실험도 하면서 생각해 보는 그의 강의는 매우 재미있다.

게이츠는 르윈의 강의를 좋아해 "르윈은 물리학의 아름다움과 세상을 바라보는 관점으로서의 힘에 열정을 쏟는 훌륭한 스승이다. 그는 과학에 생명을 불어넣는다."라고 말했다. '왜 별이 존재하는가?', '왜 전화가 작동하는가?' 같은 수수께끼를 먼저 소개하고 물리학을 바탕으로 해설하는 강의 진행 방식도 마음에 들었다고 한다.

르윈 강의의 진수는 단순히 깜짝 놀라게 하는 실험을 하는 것이 아니라 그런 다음 물리학의 본질이나 이론을 최대한 알기 쉬운 표현으로 전한다는 데 있다. 그중에서도 우주에 관한 다섯 강의는 저자의 전문 분야이기도 한 까닭에 매우 흥미롭다. 빛 이외의 파동으로 우주를 파악하려 하는 천문학을 소개한 다양한 챕터로 꾸려져 있어 우주에 관심이 있는 사람이라면 그의 책을 꼭 읽어 볼 것을 권한다.

아주 엉뚱한 질문에 과학적인 답변을 한다면…

《위험한 과학책》은 수많은 엉뚱한 질문을 과학적 사고에 근거해서 대답해 주는 독특한 책이다. 저자는 NASA의 연구소에서 로봇 개발에 종사한 뒤 웹툰 작가가 된 랜들 먼로Randall Munroe다. 먼로는 자신이 운영하는 웹사이트에 올라온 별나고 때로는 성가신 질문에 대답해 줌으로써 주목을 받게 되었는데 그중에서 자신의 마음에 들었던 질문과 답변을 모아 책으로 만들었다.

이 책에 등장하는 질문 중 하나는 이렇다. "광속의 90퍼센트 속도로 던진 야구공을 치려고 하면 어떤 일이 일어날까?" 결론부터 말하면 온몸의 털이 곤두설 만큼 무서운 일이 일어난다. 공이 초고속으로 이동하기 때문에 공 앞에 있는 공기 분자는 옆으로 비킬 시간적 여유가 없다. 공은 분자에 격렬하게 충돌하고, 공기 분자는 공 표면의 분자와 핵융합을 한다. 그리고 대량의 감마선이 방출되며, 핵융합을 통해서 생겨난 입자가 주위에 흩어지는 것이다. 야구장으로부터 1.5킬로미터 이내에 존재하는 모든 것이 소멸하고 거대한 크레이터가 형성될 뿐 아니라 주변의 시가지 전체가 화염에 휩싸인다.

"평범한 '사용 후 핵연료' 저장조에서 수영을 하면 어떻게 될까?"도 답변이 궁금해지는 질문인데 의외로 "사용 후 연료봉에 부주의하게 다가가지만 않는다면 수영을 해도 안전하다."라는 것이 먼로의 대답이다.

사용 후 핵연료가 방출하는 방사선은 물속을 7인치(약 17.8센티미터) 나아갈 때마다 선량이 절반으로 줄어들기 때문이라고 한다. 물론 연료봉을 넣은 용기가 부식되지 않았다는 등의 전제 조건은 달려 있다.

"스테이크를 얼마나 높은 곳에서 떨어트려야 지면에 도달했을 때 딱 먹기 좋은 정도로 구워질까?"라는 질문도 재미있다. 우주 공간과의 경계로 여겨지는 고도 100킬로미터에서 떨어트리면 스테이크는 마하 2가 넘는 속도를 1분 30초 동안 유지하므로 표면은 살짝 탈지도 모르지만 먹을 수 있을 만큼 구워지지는 않는다고 한다. 고도 250킬로미터에서 떨어트려도 스테이크의 내부는 전혀 익지 않지만 이보다 높은 곳에서 떨어트리면 스테이크 앞쪽의 충격파로 표면이 완전히 불타서 탄소 덩어리나 마찬가지가 되어 버린다고 한다.

그 밖에도 이 책에는 "지구에 있는 모든 인간이 최대한 가까이 달라붙어서 점프하고 동시에 착지한다면 어떤 일이 일어날까?", "머신건을 몇 정 묶어서 아래를 향해 발사하면 제트팩(인간의 몸에 부착시키는 형태로 쓰는 분사식 비행 장치)처럼 하늘을 날 수 있을까?", "(〈스타워즈〉의) 요다는 어느 정도의 포스를 방출할 수 있을까?", "런던과 뉴욕을 연결하는 다리를 지으려면 레고 블록이 몇 개나 필요할까?" 같은 결과가 궁금해지는 질문이 가득하다. 웹툰 작가 특유의 개성적인 그림도 어떤 원리가 배경에 자리하고 있는지 시각적으로 이해하는 데 도움을 준다.

"먼로의 화려하고 파격적인 과학 수업에 흥분했다." 게이츠는 이 책에 이런 찬사를 보냈다. 그리고 전 세계의 과학자나 전문가와 접촉해 과학적으로 검증하려 노력하는 먼로의 자세를 높게 평가했다.

이 책의 원서에 쓰인 부제는 '엉뚱한 가정의 질문에 대한 진지하고 과학적인 답변Serious Scientific Answers to Absurd Hypothetical Questions'
이다. 엉뚱한 질문이라 해도 과학적으로 검증하면 놀라운 발견이 있음
을 가르쳐 주는 자극적인 책이다.

에너지의 미래와 지정학적 갈등의 확산

《더 퀘스트The Quest》는 석유나 천연가스의 권익을 둘러싼 세계적인 분
쟁, 원자력과 재생가능에너지 같은 기술의 진보에 관한 책이다. 최근 우
크라이나 위기를 계기로 천연 가스와 원유의 가격이 급등하면서 에너지
문제에 대한 세계의 관심이 높아지는 상황이기에 읽어 볼 가치가 높은
책 중 한 권이라고 말할 수 있다.

저자인 대니얼 예긴Daniel Yergin은 에너지 문제의 권위자로 알려진 인
물이며, 경제사 연구자이기도 하다. 1991년에 출판한 《황금의 샘》으로
퓰리처상을 받았다. 석유부터 에너지 안보, 천연가스, 전력, 재생가능에
너지 등 에너지 문제 전반에 관해 탁월한 식견을 지닌 저자의 날카로운
통찰력이 빛나는 책이다.

예긴은 먼저 석유나 천연가스 등 에너지의 권익 확보를 둘러싸고 여
러 국가와 기업이 벌이는 거대한 싸움을 이야기한다. 특히 1991년에 소
비에트 연방이 붕괴된 것이 세계의 에너지 지도를 극적으로 바꿔 놓았
다. 새로 독립 국가가 된 아제르바이잔, 카자흐스탄, 투르크메니스탄 등
은 풍부한 에너지 자원을 보유하고 있었다. 과거에 소련의 일부였기 때
문에 서방 국가들이 손댈 수 없었던 이들 국가의 에너지 권익을 두고 쟁
탈전이 시작된 것이다. 활발히 움직이는 미국·서유럽 국가들과 에너지
기업, 권익을 지키고 싶은 러시아, 인접국으로부터 에너지의 수입을 노

리는 중국, 일본도 뛰어든다.

이렇게 해서 중앙아시아는 에너지 권익을 노리는 세력들의 표적이 되었는데 여기서 중요한 사실은 러시아가 그 상황을 매우 불쾌한 심정으로 바라보고 있었다는 것이다. 러시아 제국과 소련의 후계자라는 의식이 강한 러시아는 과거의 영토에서 많은 나라가 독립함에 따라 자신들이 보유하고 있었던 권익을 빼앗겼다고 느끼고 있다. 그리고 이런 피해자 의식이 높아진 것이 과거에 러시아 제국의 일부였던 지역에 대해 군사력까지 사용하며 지배를 넓히는 '레콩기스타(Reconquista, 국토 회복 운동)'적인 움직임으로 이어졌다. 2022년에 발생한 우크라이나 침공도 그 연장선상이라고 말할 수 있다. 만에 하나 우크라이나 침공이 성공한다면 러시아는 소련의 일부였던 다른 독립국을 자신들의 지배하에 두려는 움직임을 가속화할 가능성이 있다. 특히 외화 획득의 열쇠가 되는 자원을 보유한 국가들이 러시아의 관심의 대상이다.

중국의 경제 성장이 에너지를 둘러싼 분쟁에 불을 붙인 측면도 있다. 세계의 공장으로서 중국의 생산 능력이 급증해 전력을 공급하는 발전소가 증가하고 자동차도 단기간에 보급된 결과, 중국 내 원유와 천연가스의 수요가 급속히 높아진 것이 에너지 가격 상승의 한 가지 원인이 되었다. 중국은 에너지도 싹쓸이하게 된 것이다. 그러나 미국과 캐나다 등에서 천연가스의 일종인 '셰일 가스'의 개발이 진행됨에 따라 에너지 가격의 상승은 일단 제동이 걸렸는데, 이 상황을 다시 격변시킨 것이 러시아의 우크라이나 침공이었다.

이 책에서는 러시아와 우크라이나의 대립에 얽힌 에너지 문제도 다뤘다. 러시아에서 유럽으로 천연가스를 보내는 파이프라인은 우크라이나를 지나간다. 양국이 대립하면서 2006년에는 러시아가 우크라이나에 대한 가스 공급을 끊는 사건도 일어났다. 그러자 우크라이나는 대항 조치로 유럽에 보내는 러시아산 천연가스의 파이프라인을 막아 버렸다. 이 위기는 수일 만에 해결되었지만, 유럽과 러시아 모두에게 충격을 안겼다. 그래서 러시아는 우크라이나나 폴란드를 경유하지 않고 독일에 천연가스를 보낼 수 있는 해저 파이프라인인 '노르트스트림'의 건설에 나선다. 에너지 문제를 둘러싼 이런 역사를 아는 것은 우크라이나 위기를 이해하는 데도 도움이 된다.

이 책에서는 '에너지 안보'나 '전기의 시대', '기후 변화' 같은 주제도 다룬다. 또한 제5부인 '새로운 에너지'에서는 풍력과 태양광으로 대표되는 재생가능에너지의 부활과 테크놀로지의 진보에 관해 자세히 설명한다. 여기에서 예긴은 "재생가능에너지 산업의 역사는 혁신, 대담무쌍한 창업가 정신, 정쟁, 논쟁, 실의와 절망, 회복과 요행의 이야기다."라고 말했다. 재생가능에너지에 관해서는 기대가 높아졌다가 실망으로 바뀌는 사이클이 반복되어 왔기 때문이다. 재생가능에너지는 현재 일대 산업이 되었지만, 상업적으로 거대한 규모로 성장할지 그 미래가 시험대에 오를 시련의 순간이 찾아오고 있다고 한다.

또한 많은 사람이 주목하는 전기 자동차도 다뤘다. 예긴은 "만약 전기 자동차에 경쟁력이 있음을 실증하는 데 성공한다면 에너지의 세계는 크게 변화할 것이다."라고 지적했는데, 현재 이미 세계적으로 전기 자동차의 보급이 가속되고 있으며 에너지뿐 아니라 자동차 산업의 구조도 근본부터 바뀌려 하고 있다.

게이츠는 〈월스트리트저널〉이 주최하는 컨퍼런스에서 예긴과 대담을 나눴다. 두 사람은 에너지 혁신에서 정부의 역할과 중국의 새로운 리더십, 비용 경쟁력 있고 안전한 신세대 원자로의 가능성, 사하라 이남의 아프리카가 석유와 가스의 중요한 공급원으로 성장할 기회 등에 관해 이야기했다. 특히 게이츠는 클린 에너지로서 원자력에 깊은 관심을 보이고 있다. 원자력 벤처 기업인 테라파워의 회장도 맡고 있는데, 테라파워는 2021년 6월에 나트륨 냉각형의 차세대 원자로 1호기를 와이오밍 주에 건설한다고 발표했다.

AI, 로봇, 자율형 병기와 미래의 전쟁

"'로봇 묵시록(로보칼립스)'이 가까워지고 있다." 빌 게이츠가 2018년에 선정한 '올 여름에 읽어야 할 필독서 5'에 꼽힌 《새로운 전쟁》은 읽는 이를 전율에 빠트린다. AI를 탑재한 드론이나 지상 전용 로봇이 극적인 변화를 이룩하여 냉혹하고 비정한 살인 기계가 실용화되고 이에 20세기에 일어났던 두 차례의 세계대전과는 비교도 되지 않는 잔혹한 전쟁이 현실화될 수 있음을 경고하는 내용이다.

저자인 폴 샤레Paul Scharre는 미국의 군사 평론가로, 미 육군의 레인저 부대에 소속되어 이라크와 아프가니스탄에 총 네 번 파견되었다. 2008년부터 2013년에는 미 국방부에서 자율형 병기에 관한 법적·윤리적 과제와 정책을 연구했고 현재는 '신 미국 안보 센터CNAS'의 부센터장 겸 연구부장을 맡고 있다.

이 책의 서장에서 샤레는 1983년 9월에 일어난 제3차 세계대전으로도 이어질 수 있었던 사건을 언급했다. 당시의 레이건 미국 대통령은 같은 해 초봄에 '스타워즈'라고 불리는 전략 방위 구상SDI을 발표했다. 동서 양 진영이 대량의 핵무기를 보유함으로써 균형이 유지되고 있었던 냉전 구도를 바꿔 놓을 수 있는 기술의 등장에 당시의 소비에트 연방은 신경이 날카롭게 곤두서고 있었다. 그런 상황에서 미사일 발사를 감시하는 소련의 위성 시스템이 미국의 미사일 발사를 감지했다고 잘못 인식한 사건이 발생했다. 시스템이 한 발도 아니고 다섯 발이 발사되었다며 '미사일 발사' 경보를 발령한 것이다.

다행스러웠던 점은 미국에 대해 핵미사일로 반격할지 말지를 판단하는 주체가 인간이었다는 것이다. 미국이 전면전을 벌일 생각이라면 미사일을 다섯 발만 발사했을 리가 없다고 생각한 담당자는 지상 레이더의 오퍼레이터에게 연락해 상황을 확인했다. 그러자 오퍼레이터로부터 레이더에 포착된 미사일은 없다는 답변이 돌아왔고, 이에 책임자는 시스템이 오류를 일으켰을 가능성이 있다고 판단했다. 그리고 오작동일 가능성이 있음을 상관에게 보고하여 아슬아슬하게 핵전쟁을 회피할 수 있었던 것이다. 훗날 밝혀진 바에 따르면 구름에 반사된 햇빛을 포착한 소련의 위성이 미사일로 잘못 인식하고 경보를 발령한 것이었다고 한다.

만약 인간 대신 기계가 자동으로 판단하는 방식이었다면 어떻게 되었을까? 물론 핵미사일이 오가는 전쟁을 피할 수 없었을 것이다. 당시는 기계를 완전히 신뢰하는 것은 생각할 수 없는 시대였다. 그러나 약 40년이 지나면서 기술은 비약적인 진화를 이루었다. 1990년대에 도입된 무인 공격기는 인간이 원격으로 제어하는 방식이었지만 그 후 AI의 진화로 자율화가 가속되었다. 인간이 관여하지 않아도 기계가 자율적으로 상황을 판단하며 비행해 목표를 파괴하는 기술이 실용화되고 있다.

하늘뿐 아니라 지상에서도 무인 로봇 병기가 전쟁터에 투입되고 있다. 로봇 청소기 '룸바'로 유명한 미국 아이로봇사는 정찰용 로봇과 지뢰 처리용 로봇을 개발했고, 이들 로봇은 아프가니스탄 등의 전장에서 실제로 사용되었다. 《새로운 전쟁》에서 수없이 언급되는, 1980년대에 아널드 슈워제네거가 주연을 맡았던 영화 〈터미네이터〉 시리즈에 등장하는 AI를 탑재한 로봇 병기는 비록 인간형은 아닐지언정 실용화가 착실히 진행되고 있다.

이 책의 저자인 샤레가 지적하는 무인 병기의 위력은 실전에서도 증명된 바 있다. 2020년 9월 말부터 11월에 걸쳐 아제르바이잔과 아르메니아 사이에서 벌어진 나고르노카라바흐 전쟁에서다. 아제르바이잔군은 터키제 드론과 함께 이스라엘제 배회형 자폭 병기 '하롭' 등을 활용했는데, 보도에 따르면 수백 대에 이르는 아르메니아군의 전차와 전투 차량을 포획·파괴하고 병사 수천 명을 살해하는 데 커다란 역할을 했다고 한다.

아제르바이잔 당국이 SNS에 올린 영상은 충격적이었다. 전차와 자주포 등을 발견한 드론이 차례차례 '먹잇감'을 향해 달려들어 순식간에 표적을 파괴한 것이다. 핀포인트 공격에 병기 주위의 병사들이 살육당하는 모습은 시선을 돌리고 싶어지는 광경이었다. 자식을 잃은 아르메니아인 어머니들이 울부짖는 영상도 보는 이들의 마음을 아프게 했다.

이런 무인 병기는 유인이 아니라 무인으로 공격할 수 있는 까닭에 사용에 대한 저항감은 한없이 낮아진다. 나고르노카라바흐 전쟁처럼 무인 드론을 사용해 인간을 공격하는 '비대칭'적인 전쟁은 주로 비슷한 장비를 갖춘 교전국의 일반 병사들이 싸우는 형태였던 20세기의 전쟁과는 다른 새로운 형태의 전쟁이다. 2022년에 발생한 러시아의 우크라이나 침공에서도 양쪽 진영이 무인 드론을 활용하고 있다.

무인 드론은 이전까지 전쟁에서 사용되어 온 유인 항공기와 비교했을 때 훨씬 저렴하며 혹독한 훈련도 필요가 없다. 그렇기에 간편한 대량 파괴 병기로서 주목도가 높아지고 있다. 문제는 이런 무인 자율형 병기의 개발과 조달이 어렵지 않기에 핵무기처럼 일부 국가만이 독점할 수 있는 것이 아니라는 점이다.

기술의 진보는 인류에 이익도 안겨주지만 동시에 공포도 불러온다. 특히 AI는 현재로서는 예측할 수 없는 진화를 이룰 가능성이 있다. 게이츠는 "AI의 사용이 민간인 희생자를 줄이고 더 많은 군대를 위험으로부터 멀리 떨어뜨려 놓을 것이라는 큰 기대가 있지만, 주의를 게을리하면 의도치 않은 결과를 낳을 가능성도 있다."라고 말했다. 머스크도 "AI의 우위성을 둘러싼 국가 층위의 경쟁은 제3차 세계대전을 일으킬 것이다."라는 경고를 보내고 있다.

#자기계발

(5)

몸과 마음을
건강하게 만드는 법

book 《당신의 삶에 명상이 필요할 때》 《1년 만에 기억력 천재가 된 남자》 《마인드셋》 《우리는 왜 잠을 자야 할까》 《인간의 품격》

마음을 이완시킬 수 있는 명상의 힘

나는 명상에 대해 수상쩍은 것이라는 인상을 갖고 있었다. 1990년대 전반에 아시아와 중남아메리카, 아프리카, 중동, 유럽 등을 배낭 여행했을 때 돈을 아끼려고 묵은 싸구려 숙소에서 만난 여행자 중에 인도에서 명상을 했던 이야기를 하는 사람이 종종 있었기 때문이다. 명상 합숙에 참가해 누구와도 눈을 마주치지 않고 대화도 하지 않은 채 명상이나 요가에 몰두했더니 깨달음이 찾아왔다는 식의 이야기였다. 장발에 수염도 덥수룩해서 빈말로라도 청결하다고는 말할 수 없는 신기한 분위기의 사람이 많았던 기억이 난다.

그러나 지금은 명상이 지극히 당연한 건강법으로서 시민권을 얻게 되었다. 종종 명상과 한 세트로 이야기되는, 지금 일어나고 있는 일에 의식을 집중하는 '마음챙김mindfulness'의 인지도도 최근 들어 높아지고 있다. 《당신의 삶에 명상이 필요할 때》는 그런 명상과 마음챙김에 관해 알기 쉽게 해설한 책으로, 저자는 앤디 퍼디컴Andy Puddicombe이라는 불교 승려 출신의 임상 명상 컨설턴트다.

대학교 시절에 스포츠 과학을 공부했던 퍼디컴은 끊임없이 불필요한 걱정과 욕구 불만에 시달려 마음을 통제할 수 없는 상태가 되었다. 그리고 어느 날 아시아로 가서 승려가 되자고 결심했다. 물론 친구와 가족은 그런 퍼디컴의 결정을 걱정했고 학년 주임도 "자네는 그 결정을 평생 후회하게 될 걸세."라고 말했지만 퍼디컴의 마음은 바뀌지 않았다.

인도, 타이, 미얀마, 러시아, 폴란드, 오스트레일리아 등지의 사원에서 생활한 퍼티컴은 그곳에서 명상에 매료되어 승려가 되었다. 그러나 서양 사회는 머리를 삭발하고 치마 비슷한 복장을 입은 사람을 이해하지 못했다. 또한 승복을 입으면 아무래도 종교적인 이미지가 따라올 수밖에 없었다. 그래서 퍼디컴은 승려를 그만두고 속인으로서 '일상생활에 명상 도입하기'를 사회에 확산시키자고 결심한다.

명상의 기원은 불교에 있지만 마음챙김은 명상이 서양으로 들어와 종교와는 분리된 형태로 연구되어 발전한 것이다. 퍼디컴은 "마음챙김은 그저 눈을 감고 앉아 있는 형식을 초월한, 명상의 테크닉의 중심이 되는 요소입니다. 주의를 다른 곳으로 돌리지 않고 자신이 '지금, 이곳'에 존재함을 의식합니다. 마음을 가라앉힌 채 모든 집착과 예단을 버리고 자연스러운 의식을 유지하는 것이지요."라고 말했다.

퍼디컴이 추천하는 방법은 '머리를 텅 비우기 위해 매일 10분 동안 앉아서 명상하는 것'이다. 고작 10분의 명상으로 스트레스가 완화되고 마음이 이완되어 차분하고 편안한 기분을 얻을 수 있다고 한다.

그렇다면 '10분 명상'이란 어떤 것일까? 그 전 단계인 여섯 가지 연습의 요점을 간단히 소개하겠다. 전부 가볍게 눈을 감고 2분 정도만 하면 되는 것이므로 관심이 있는 사람은 실천해 보기 바란다.

연습 1은 '아무것도 하지 않기'다. 편하게 앉아서 가볍게 눈을 감고 2분 동안 그대로 있으면 된다. 이렇게만 해도 상당히 마음을 이완시킬 수 있다고 한다. 연습 2는 '오감을 의식하기'다. 처음에는 청각이나 시각 등 오감 중 하나에 가볍게 의식을 집중한다. 예를 들어 시각이라면 벽의 한 점에 의식을 집중하는 식이다.

연습 3은 '신체 감각에 집중하기'다. 엉덩이가 의자를 누르고 있는 감각, 발바닥이 바닥에 닿아 있는 감각, 책 위에 올려놓은 손의 감각 같은 것이다. 그리고 연습 4는 '유쾌하거나 불쾌한 감정에 집중하기'다. 몸 어딘가의 기분 좋은 감각, 또는 불쾌한 감각에 집중한다. 팔이나 다리가 가볍게 느껴지거나 어깨의 결림이 느껴질지도 모른다.

연습 5는 '자신의 감정을 알아차리기'다. 눈을 감고 자신이 지금 어떤 기분인지, 몸은 무겁게 혹은 가볍게 느껴지는지, 마음은 차분한 상태인지 답답한 상태인지 등을 자신에게 물어보고 20~30초 동안 대답한다. 연습 6은 '몸에 대한 의식적 관찰'이다. 머리끝부터 발끝까지 온몸을 마음속으로 관찰하는 것이다. 처음에는 10초 동안 빠르게, 다음에는 20초 동안 진행하고, 마지막은 30~40초에 걸쳐 천천히 관찰한다.

실제 10분 명상은 이미 소개한 여섯 가지 연습과 매우 비슷하다. 다만 시작하기 전에 주의할 점, 도입할 때 의식할 점, 더 깊게 명상하기 위한 호흡법, 명상을 마친 뒤에 할 일 등의 주의점이 있다. 10분 명상에 관심이 있고 마음챙김의 요체를 좀 더 자세히 알고 싶다면 이 책을 읽어 볼 것을 권한다.

게이츠는 10분 명상을 일주일에 2~3회 정도 하고 있으며 "명상은 스포츠를 할 때 근육을 단련하는 것과 같은 마음의 운동임을 깨달았다."라고 말했다. 또한 퍼디컴에게 연락해 자신과 가족의 명상 훈련도 부탁했다고 한다. "명상은 나의 집중력을 향상시키기 위한 훌륭한 도구다." 이것이 게이츠의 명상에 대한 평가다.

평범한 사람이 특별한 기억력을 갖고 싶다면

《읽기만 해도 기억력이 몇 배로 높아진다》, 《최강의 기억술》… 아마존의 검색창에 '기억'이라는 키워드를 입력하면 이런 제목의 책을 다수 발견할 수 있다. 시험 점수를 높이고 싶다, 자격시험에 합격하고 싶다, 건망증을 줄이고 싶다는 등의 이유에서 기억력을 높이고 싶어 하는 사람이 많기 때문일 것이다.

《1년 만에 기억력 천재가 된 남자》는 그런 기억력을 주제로 쓰인 책이다. 저자는 조슈아 포어Joshua Foer라는 프리랜서 저널리스트로, 본인이 실제로 미국 기억력 대회에서 우승하기까지의 1년 동안을 그린 논픽션 작품이다.

포어가 기억력을 향상시키기 위해 사용한 방법은 '기억의 궁전'이라는 것이다. 약 2,500년 전에 고대 그리스의 시모니데스라는 인물이 천장이 무너져 내린 연회장에서 목숨을 잃은 손님들이 앉아 있었던 위치를 떠올리기 위해 만들어낸 방법으로 알려져 있다.

기억의 궁전은 '장소법'으로도 불리는 기억술로, 키케로와 퀸틸리아누스 등의 고대 로마인이 개량, 체계화했다고 알려진다. 그리스와 로마의 정치가들은 이 방법을 사용해 연설을 암기하고, 시민의 이름을 기억했고, 중세 유럽의 학자들도 이 방법으로 책을 통암기했다고 한다.

구체적으로는 기억을 할 때 자신이 잘 아는 자기 집이나 태어나고 자란 마을 등의 장소를 사용한다. 자기 집이라면 테이블, 침대, 발코니, 공부 책상, 식기 선반 등 어디에 무엇이 있는지 쉽게 상상할 수 있다. 또 고향 마을이라면 슈퍼마켓, 술집, 주유소, 학교, 우체통 등 세세한 부분까지 쉽게 떠올릴 수 있을 것이다.

그리고 머릿속에 있는 이런 '장소'에 기억을 불러일으키기 위한 '열쇠'가 되는 강렬한 이미지를 그린다. 포어는 "뇌는 생각지 못했던 새로운 것에 자극을 받는다. 저속한 것, 입 밖에 내기가 망설여지는 것, 보통은 생각할 수 없는 것, 대단한 것, 믿을 수 없는 것, 웃긴 것 등은 오랫동안 기억에 남는다."라고 말했다.

이를테면 파티를 개최하기 위해 필요한 '마늘 피클', '코티지치즈', '훈제 연어', '백포도주 여섯 병', '양말 세 켤레', '홀라후프 세 개', '스노클', '드라이아이스 제조기', '소피아에게 이메일 보내기', '딱 맞는 점프수트', '폴 뉴먼의 영화 DVD', '소시지', '확성기와 감독 의자', '기압계'를 기억하려면 어떻게 해야 할까? 자기 집을 기억의 궁전으로 삼을 경우는 코티지치즈가 채워져 있는 거대한 욕조에 슈퍼모델이 몸을 담그고 있는 모습을, 그리고 덮개를 연 피아노의 피아노줄 위에 훈제 연어를 놓은 모습을 떠올린다. 이런 작업을 반복하는 것이다. 가급적 비상식적인 장면을 떠올리는 편이 기억에 잘 남는다.

'정말 그런 방법으로 기억을 할 수 있을까?'라고 의문을 품을지도 모르는데 속는 셈 치고 시험해 보기 바란다. 나도 해 봤는데 40분 정도 시간을 들이자 기억할 수 있었고 일주일이 지나도 잊어버리지 않았다.

사실은 나도 고등학생 시절에 영어 단어를 이미지화해서 기억했다. 'compensate(배상하다)'라는 단어를 외운다면 발음이 컴펜세이트이므로 칸페이(코미디언)가 공중목욕탕에서 난동을 부려 손해를 배상한다는 이미지를 만들어서 기억하는 식이다. 이미지화가 잘 된 영어 단어는 30년이 넘게 지나도 잊어버리지 않는다. 기억의 궁전은 이런 이미지화와 장소를 결합한 수법이라고 할 수 있다.

기억의 궁전은 영화 〈양들의 침묵〉의 속편인 〈한니발〉에서 천재적인 두뇌의 살인마 한니발 렉터가 사용한 수법으로도 유명하다. 렉터는 머릿속에 방이 1,000개나 되는 궁전을 지어 놓고 각각의 방을 방문해 과거의 어떤 기억이든 떠올릴 수 있었다.

디지털 시대에 기억력이라는 가치

그런데 지금은 스마트폰이나 컴퓨터에 방대한 정보를 기억시킬 수 있는 시대이다 보니 기억력을 갈고닦은들 의미가 있느냐는 의문도 생긴다. 최근에는 자신의 스마트폰 번호조차 외우고 있지 않은 사람이 적지 않다. 일정은 구글 캘린더 같은 일정 관리 서비스가 가르쳐 주고, 학생은 교사가 칠판에 판서를 하면 수업 내용을 스마트폰으로 촬영하게 되었다.

무엇보다 알고 싶은 것이 있을 때는 구글 같은 검색 엔진에 키워드를 입력하면 즉시 검색할 수 있다. 전철을 타고 목적지에 갈 때도 30년 전이라면 노선도를 보면서 어떤 역에서 갈아타야 가장 편하게 갈 수 있을지 궁리해야 했다. 역에 도착한 뒤에는 소형 지도를 보면서 목적지를 찾고, 한 번 갔던 장소라면 경로를 외워 놓았다.

물론 기억력을 요하는 시험은 지금도 다수 존재하며, 학생들은 기억 능력이 높은가 낮은가에 따라 다른 평가를 받는다. 그래도 스마트폰이나 컴퓨터에 내장된 기억 장치와 클라우드상의 데이터 보관 서비스를 통해 인간은 거의 무한에 가까운 기억 저장고를 손에 넣었다. 기억력을 묻는 시험은 장기적으로는 지금만큼 중시되지 않게 될 가능성이 있다. 디지털의 '대리 기억'으로 뇌 안의 기억을 보완하는 것이 당연해지고 있기 때문이다.

그런 오늘날에 기억력은 대체 어떤 가치를 지니고 있을까? "기억의 본질을 알고 그 능력을 키운다는 것은 서로 다른 개념들을 연결하기 위한 이미지를 순식간에 창조하는 능력을 개발하는 것이다." 세계 기억력 대회를 창설한 토니 부잔은 이 책에서 이렇게 말했다.

기억과 창조가 동전의 양면이라는 발상은 잘 이해가 안 될 수도 있는데 머릿속의 서랍에 수납되어 있는 방대한 기억을 연결할 수 있다면 창조적인 아이디어가 탄생할 가능성이 높아진다는 의미다. "새로운 아이디어를 만들어내고자 한다면 일종의 연금술을 사용해 기존의 아이디어를 섞는 수밖에 없다. 발명을 하기 위해서는 먼저 목록, 즉 꺼낼 수 있는 기존의 아이디어가 많아야 한다." 포어는 이렇게 말했다.

물론 스마트폰이나 컴퓨터의 기억 장치에 들어 있는 정보를 기억 대신 사용할 수도 있다. 그러나 자신의 머릿속에 많은 정보가 기억되어 있으면 어떤 순간에 그 정보들이 조합되어서 훌륭한 아이디어가 탄생할 가능성이 높아진다는 의견은 일정 수준의 설득력을 지닌다.

천재로 불리는 게이츠는 이 책에서 무엇을 느꼈을까? "이 책이 대단한 점은 기억과 이해가 별개의 것이 아님을 명확히 제시했다는 것이다. 추론하는 능력과 정보를 기억하는 능력의 구축은 서로 밀접하게 연관되어 있다." 게이츠는 이렇게 평가했다.

마음가짐이 인생과 성공을 결정한다

'마음가짐이 인생을 크게 좌우한다.' 이것이 베스트셀러가 된 《마인드셋》의 주제다. 저자인 캐럴 드웩Carol Dweck은 스탠퍼드 대학교의 심리학 교수로 성격, 사회 심리학, 발달 심리학의 세계적인 연구자이자 권위자로 알려져 있다.

드웩은 인간의 마인드셋을 크게 두 가지로 나눠서 생각했다. '고정 마인드셋'과 '성장 마인드셋'이다. 고정 마인드셋을 가진 사람은 '내 능력은 돌에 새겨진 것처럼 고정적이고 바뀌지 않아'라고 믿는 사람을 가리킨다. 지능도, 인간적 자질도 일정하고 변화하지 않는다고 생각하며, 교실에서나 직장에서나 사교의 장소에서나 자신의 유능함을 과시하고자 여념이 없다.

한편 성장 마인드셋을 가진 사람은 '인간의 기본적 자질은 노력 여하에 따라 더 성장시킬 수 있다'라는 신념을 갖고 있다. 타고난 재능, 적성, 흥미, 기질은 개개인이 전부 다르지만 노력과 경험을 쌓으면 누구나 크게 성장할 수 있다고 생각하는 사람이다. 드웩은 성장 마인드셋이 있으면 뜻대로 잘 안 풀리거나 실패했을 때 끈기 있게 노력할 수 있다고 주장한다.

똑같은 사건에 직면해도 고정 마인드셋인 사람과 성장 마인드셋인 사람은 사건을 바라보는 관점이 다르다. 예를 들어 학교에서 중간고사를 봤는데 성적이 상당히 나빴다고 가정하자. 고정 마인드셋인 사람은 '나는 너무 무능해', '나는 불행한 인간이야'라고 생각한다. 한편 성장 마인드셋인 사람은 '이건 좀 더 집중해서 공부하라는 경고야. 아직 기말고사가 남아 있으니 열심히 공부해서 성적을 높이자', '어떤 부분의 공부가 부족했는지 알아내서 약점을 극복하자'라고 생각한다. 드웩은 "고정 마인드셋인 사람은 타인이 자신을 어떻게 평가하고 있는지를 신경 쓰는 데 비해 성장 마인드셋인 사람은 자신을 향상시키는 데 관심을 쏟는다."라고 말했다.

학생뿐만 아니라 기업의 CEO도 어떤 마인드셋이냐에 따라 큰 차이가 생긴다. 자신의 결점 또는 실패를 직시하고 그것을 극복하려 노력한다면 자신도 성장하고 경영도 성공할 확률이 높아질 것이다. 한편 자신의 결점으로부터 눈을 돌리고 그것을 지적해 주는 사람을 멀리하며 주위에 예스맨만을 남기고 비판하는 사람들은 내쫓는다면 무슨 일이 일어날까? 드웩은 그 예로 포드 자동차의 전 사장이자 1978년부터 크라이슬러의 최고 경영자가 되었지만 경영에 실패했던 리 아이아코카를 언급하며 자신의 결점과 마주하지 않는 '배우려 하지 않는 자'가 되는 것이 얼마나 위험한 일인지 설명했다.

고정 마인드셋인 사람은 성공이냐 실패냐, 승리냐 패배냐 같은 '결과'를 중시하는 반면에 성장 마인드셋인 사람은 승패나 성패보다 '깨달음' 또는 '배움'을 얻었는지를 중시하는 경향이 있다. 그래서 드웩은 아이가 성장 마인드셋을 갖도록 키우고 싶다면 '결과'나 '능력'이 아니라 '노력'을 칭찬해야 한다고 주장한다. 능력을 칭찬하면 학생의 지능이 낮아지고, 노력을 칭찬하면 학생의 지능이 높아진다는 조사 결과도 있다. 이와 관련해 드웩은 "자녀에게 '너는 머리가 좋은 아이야'라고 말해 버리면 그 아이는 자신이 똑똑한 것처럼 보이려고 어리석은 행동을 하게 된다."라고 지적했다.

《마인드셋》에서는 연애, 부부 관계, 집단 괴롭힘 등 인간관계에 도움이 되는 마인드셋을 소개하고, 나아가 부모나 교사가 아이들의 마인드셋을 어떻게 키워 나가야 하는지, 어떻게 해야 성장 마인드셋이 되는지를 구체적인 사례와 함께 정성껏 설명한다. 매우 읽기 쉽게 써서 단숨에 끝까지 읽게 된다.

재능은 유전자에 좌우되므로 '타고난 천재가 있다'고 생각하는 사람이 적지 않다. 분명히 유전자는 지성이나 재능에 영향을 끼친다. 그러나 인간의 능력은 계속된 노력을 통해 꽃을 피우는 경우가 많다. 자신을 무한히 성장시키고 싶다면 성장 마인드셋을 가져야 한다는 것이 드웩의 주장이다.

최근 들어 타고난 능력이나 용모, 가정환경이 인생을 크게 좌우한다는 통념이 대두되고 있다. 어떤 부모에게서 태어나느냐에 따라 인생의 결과가 결정된다는 운명론처럼 이야기되는 경우도 적지 않다. 드웩의 이론에 대입한다면 그러한 발상은 고정 마인드셋이라고 할 수 있다. 물론 부모나 가정환경이 불행하다면 자녀의 인생에 영향을 끼치지만 그것을 원망한들 문제는 해결되지 않는다. 오히려 어떻게 해야 자신의 능력을 높일 수 있을지 궁리하고 어려움이 있어도 긍정적으로 노력해 나가는 편이 인생을 풍요롭게 만들 가능성을 높여줄 것이다.

게이츠는 《마인드셋》을 높게 평가했다. "내가 이 책을 좋아하는 이유는 해결책을 제시하기 때문이다. 책의 마지막 장에서 드웩은 학생들을 고정 마인드셋에서 성장 마인드셋으로 바꾸기 위해 개발한 워크숍에 관해 설명했다. 이런 워크숍은 성장의 개념에 관해 공부하는 것만으로도 사람들이 자신과 자신의 인생에 관해 생각하는 방식을 크게 바꿀 수 있음을 보여준다."

마지막으로 내가 좋아하는 드웩의 말을 소개하겠다. "마인드셋이 변화한다는 것은 사물을 바라보는 시각이 근본부터 바뀐다는 의미다. 성장 마인드셋이 되면 부부, 부모자식, 교사와 학생 같은 인간관계의 형태가 바뀐다. 평가하는 자와 평가받는 자라는 관계에서 배우는 자와 배움을 돕는 자라는 관계로 바뀌는 것이다."

수면은 심신을 지키는 최고의 약이다

《우리는 왜 잠을 자야 할까》는 내가 지금까지 읽었던 수면에 관한 서적 가운데 독보적으로 훌륭한 책이다. 수면에 관해 많은 사람이 갖고 있는 의문을 대부분 과학적으로 설명해 준다. 문자 그대로 '눈이 번쩍 뜨이는' 내용이다.

저자인 매슈 워커Matthew Walker는 수면학자이자 캘리포니아 대학교 버클리 캠퍼스의 신경학과와 심리학과 교수다. 수면·신경 이미지 연구소의 소장이기도 하며, 고금동서의 위대한 과학자들조차도 지금까지 풀지 못했던 '사람은 왜 잠을 자는가?'라는 수수께끼를 밝혀내기 위해 장장 20년에 걸쳐 연구를 계속해 왔다. 수면을 주제로 한 책은 그전에도 많았지만 다양한 과학적 근거를 분명하게 제시하기에 이 책은 설득력이 있다.

워커는 먼저 "수면 부족은 수명을 단축시킨다."라고 지적했다. 선진국에 사는 성인 중 3분의 2가 건강에 좋다고 알려진 8시간의 수면 시간을 확보하지 못하고 있다. "수면 시간이 6시간 또는 7시간을 밑도는 상태가 오래 계속되면 면역 기능이 쇠퇴해 암에 걸릴 위험성이 두 배 높아진다."고 한다. 알츠하이머병이나 심혈관 질환, 뇌졸중, 울혈성 심부전 등에 걸릴 위험성도 높아진다. WHO는 "수면 부족은 선진국의 유행병이다."라고 선언했다.

워커는 수면이 몸과 마음의 건강을 유지시켜 주는 최강의 약이며 "식사, 운동, 수면 가운데 건강을 위해 가장 중요한 것은 수면"이라고 말한다. 수면은 학습, 기억, 합리적 판단과 선택 같은 기능을 강화시키고 면역이나 병에 대한 저항력도 키워 주며 신진대사와 식욕을 정상화하고 고혈압을 예방할 뿐만 아니라 심장의 기능도 정상적으로 유지시킨다.

워커는 이 책에서 수면에 관한 여러 가지 의문에 대답한다. 이를테면 '왜 아침형 인간과 저녁형 인간이 있는가?'도 많은 사람이 궁금해하는 것 중 하나다. 오전 중에 각성이 정점에 이르고 밤의 이른 시각에 졸음이 오는 소위 아침형 인간은 인구의 약 40퍼센트를 차지한다. 한편 저녁형 인간은 인구의 약 30퍼센트이며, 나머지 30퍼센트는 아침형과 저녁형의 중간이라고 한다. 그리고 아침형이냐, 저녁형이냐 아니면 그 중간이냐는 '거의 유전적으로 결정된다'고 한다.

'밤에 커피를 마시면 잠이 안 온다'라는 것도 궁금한 주제다. 깨어 있는 동안 인간의 뇌에는 '아데노신'이라는 화학 물질이 계속 증가하며 아데노신이 증가하면 자고 싶다는 욕구가 강해져 '수면압'이 높아진다. 그런데 커피 등에 들어 있는 카페인은 아데노신으로부터 나오는 수면 신호를 지우는 역할을 한다. 몸속의 카페인 양은 커피를 마신 지 30분 뒤에 정점을 맞이하며 반감기(¥減期)는 평균적으로 5~7시간이다. 다시 말해 오후 7시 반쯤에 커피를 마시면 새벽 1시 반이 되어도 아직 카페인이 절반이나 몸속에 남아 있는 것이다. "카페인은 정신 자극제다." 워커는 이렇게 지적했다.

이 책에 나오는 렘수면과 비렘수면에 관한 설명도 매우 흥미롭다. 렘수면은 얕은 잠이고 렘수면을 하는 동안 꿈을 꾼다는 사실은 잘 알려져 있다. 그런데 렘수면으로 꿈을 꿀 때는 시간 감각이 남아 있으며, 그사이에 흐르는 시간은 '실제 시간보다 길어진다'고 한다. 고작 5분 동안 선잠을 잤을 뿐인데 1시간이 지난 듯이 느껴지는 것은 이 때문이다.

한편 비렘수면은 깊은 잠이다. 의식이 사라진 것 같은 상태로, 뇌파가 느려져서 마취로 잠든 환자의 뇌파와 매우 비슷해진다. 그러나 이때 뇌가 활동하지 않는다고 생각한다면 완전한 오해다. 실제로는 뉴런(뇌를 구성하는 신경 세포)이 고도의 연대 활동을 하고 있다. 워커의 이야기에 따르면 깊은 비렘수면 중의 느린 뇌파는 기억한 정보가 가득 담긴 파일을 이동시키는 역할을 맡고 있다고 한다. '깊은 잠의 느린 뇌파가 단기 기억이 보관되어 있는 장소에서 새로운 기억이 들어 있는 짐을 맡아 장기 기억을 보관하는 장소에 전달하는' 상태로, 비렘수면을 하는 동안 정보를 정리하고 기억을 뇌에 확실히 각인시킨다.

한편 렘수면의 뇌파는 깨어 있을 때의 뇌파와 똑같으며 '정리된 정보를 통합한다'고 한다. 새로 얻은 정보들이 서로 연결되고, 보존되어 있는 과거의 기억과도 연결된다. 독창적인 영감이나 문제 해결을 위한 작업도 한다.

또한 워커는 인간이 본래 분할 수면(두 번 자기)을 하는 생물이라고 지적했다. 1980년대까지 스페인이나 그리스에서는 낮잠을 자는 '시에스타'라는 습관이 유명했다. 그러나 최근에는 그리스에서도 낮잠을 자는 습관이 줄어들고 있다. 그래서 20~83세의 약 2만 3,000명의 그리스인을 대상으로 낮잠 자는 습관을 버린 사람과 그렇지 않은 사람을 비교하는 조사를 실시했다. 그랬더니 낮잠 자는 습관을 그만둔 사람은 심장병으로 사망할 위험성이 그렇지 않은 사람보다 37퍼센트나 높았다고 한다. 특히 일하는 남성의 경우는 사망의 위험성이 60퍼센트 이상 상승했다고 한다.

그 밖에 '돌고래는 뇌의 절반씩만 잠을 잔다', '하늘을 나는 중인 철새는 몇 초라는 지극히 짧은 시간만을 잔다', '고령자의 건강 상태가 악화되는 이유는 깊은 수면이 줄어들기 때문이다' 같은 해설도 흥미롭다.

딸인 제니퍼 게이츠와 벤처 캐피털리스트인 존 도어의 추천으로 이 책을 읽었다는 게이츠는 "프로그래밍을 위해 밤늦게까지 깨어 있거나 밤을 새우기도 했던 과거를 반성하고, 수면이 건강에 얼마나 소중한지를 통감했다."라고 말했다.

단 한 번뿐인 인생을 살아가는 데 중요한 것

단 한 번뿐인 인생을 어떻게 살아야 할까? 《인간의 품격》은 이 문제를 생각할 때 많은 참고가 되는 책이다. 저자인 데이비드 브룩스David Brooks는 〈뉴욕타임스〉의 보수파 칼럼니스트로, TV 시사 프로그램 해설자로도 유명하며 예일 대학교에서 강의도 하고 있다.

브룩스는 인간의 덕목에는 크게 두 종류가 있다고 말한다. '이력서 덕목'과 '조문 덕목'이다. 이력서 덕목은 학력이나 비즈니스의 성공 등 돈

보이고 취직(이직) 활동에 도움이 되는 것들이다. 한편 조문 덕목은 친절함, 용감함, 정직함, 성실함 등 당신의 장례식에 모여든 사람들이 당신과의 추억을 이야기할 때 말하는 것들이다.

브룩스는 이 두 가지 덕목을 조셉 솔로베이치크라는 랍비가 《고독한 신앙인Lonely Man of Faith》이라는 책에서 말한 인간의 본성의 두 가지 측면인 '아담 I'과 '아담 II'에 대입했다. 아담 I은 우리 내면의 야심적이고 커리어를 지향하는 측면이다. 외향적이며 인생에서 성공하기 위해 높은 지위나 승리를 추구하는 이력서적인 측면이라고 할 수 있을 것이다. 한편 아담 II는 마음속에 어떤 도덕적 자질을 가지려 한다. 온화하면서도 선악 관념이 굳건하고 선한 존재일 것을 추구하며 타인에게 봉사하기 위해 자신을 희생하기를 바라는 측면으로서 조문 덕목에 가깝다.

솔로베이치크의 이론에 따르면 우리는 모두 서로 모순되는 두 명의 아담 사이에서 갈등하며 살고 있다. 자신의 이익을 추구하고 주위의 평가를 높이려 하는 외향적인 아담 I과 도덕의 논리를 따르고 타인에게 봉사하는 겸손하며 내향적인 아담 II다. 브룩스는 "영원히 이 두 자신의 대립으로부터 벗어나지 못한다."라고 말했다.

"현대 사회에서는 아담 I만이 우선되고 아담 II가 잊히는 경향이 있다." 브룩스는 이렇게도 지적했다. 지위나 수입 같은 직업적인 성공이 주목 받는 반면에 인생의 의미를 생각하고 인격이나 내면을 갈고닦는 것에 대한 관심은 낮아지고 있다. 나이를 먹어도 자신의 마음속 깊은 곳을 유심히 들여다보지 않고, 자신의 마음을 뜻대로 제어하지도 못한다. 그래서 막연한 불안감을 느끼고 있으며 이대로는 의미 없는 인생이 될 것 같다고 느끼는 사람도 적지 않을 것이다. 브룩스는 그렇기에 더더욱 아담 II에 관한 책을 써야겠다고 생각했다며 이렇게 밝혔다. "나는 이 책을 내 마음을 구하기 위해 썼다."

먼저 제1장에서는 제2차 세계대전 직후부터 미국 사회에서 주류를 차지한, 겸손을 미덕으로 삼고 결점을 극복하려 노력하는 도덕관에 관해 이야기한다. 최근 '너는 특별한 사람이야', '너는 지금 있는 그대로도 충분히 멋져' 같은, 자신을 특별시하고 변화하지 않아도 된다고 생각하는 가치관과는 대조적이다. 그러면서 브룩스는 "자신을 과신하지 말고, 나는 부족한 사람이므로 겸손하게 배우자는 자세가 중요하다."라고 지적한다. 제2장 이후로는 실존했던 인물을 소개하며 그들이 인생을 살면서 어떻게 인격을 갈고닦았는지를 전기 형식으로 묘사했다. 매력적인 인물이 많이 등장하는데 그중에서도 특히 인상적이었던 사람을 몇 명 소개하겠다.

'아이크Ike'라는 애칭으로 유명한 드와이트 아이젠하워는 제2차 세계대전의 영웅이자 1953년부터 8년 동안 미국 대통령을 역임한 인물이다. 대통령이라고 하면 화려하고 화술이 뛰어난 인물을 떠올릴지 모르지만, 아이젠하워는 그런 사람이 아니었다. 1915년에 웨스트포인트(육군사관학교)를 164명 중 125등으로 졸업했으며, 제1차 세계대전이 끝나기 직전인 1918년에 중령이 되기는 했지만 다음 진급은 거의 20년 후인 1936년이 되어서야 할 수 있었다. 그러나 불우한 나날을 보내면서도 아이젠하워는 끊임없이 배우려는 자세를 잃지 않았다. 그의 상관은 이런 자세를 높게 평가해 그를 육군 지휘 참모 학교에 보냈는데, 이번에는 245명 중 수석으로 졸업했고 이후 필리핀에서 더글라스 맥아더의 부하가 되었다. 아이젠하워는 위대한 인물이자 요즘 식으로 말하면 '갑질 상사'였던 맥아더 밑에서 6년 이상을 견뎌내며 성실하고 겸손한 인품으로 높은 평가를 받았다.

마침내 참모 본부로 영전한 아이젠하워는 뛰어난 작전 입안 능력을 인정받아 유럽 지역의 연합군 최고 사령관으로 발탁되었다. 자신을 낮춤으로써 불쾌감을 주는 사람들과도 양호한 관계를 쌓는 능력은 영국 등 다른 연합국 군대와의 높은 조정 능력으로 발휘되었다. 조지 패튼이나 영국의 버나드 몽고메리 같은 자기주장이 강한 장군들의 신뢰를 받았고, 현장의 병사들로부터도 신뢰받는 존재가 되었다.

제2차 세계대전이 끝난 뒤 아이젠하워는 컬럼비아 대학교 학장, 북대서양 조약 기구NATO 최고 사령관을 거쳐 1953년에 미국 대통령이 되었다. 그가 훌륭했던 점은 겸손하고 끊임없이 배우려 하는 자세뿐 아니라 뛰어난 품격과 양식을 지녔다는 것이다. 군인 외길을 걸었음에도 대통령직을 퇴임할 때 민간 기업과 군, 정부가 결탁하는 군산 복합체를 날카롭게 비판했다. 1957년에 아칸소 주에서 그전까지 백인만이 입학할 수 있었던 고등학교에 흑인 학생이 입학하는 것을 방해하기 위해 주지사가 주 방위군을 동원하는 사건이 일어났을 때는 대통령의 권한으로 미 육군 제101공수사단을 파견해 흑인 학생들을 호위하기도 했다.

인간의 덕목을 깊게 파헤친다

책에서 또 소개되는 사회주의 운동에서 가톨릭 노동자 운동에 몸을 던졌던 사회활동가 도러시 데이의 인생도 매우 흥미롭다. 세계 대공황 이후인 1933년에 〈더 가톨릭 워커〉라는 신문을 창간해 노동자 계급을 결속시키고 가톨릭의 가르침을 바탕으로 좋은 사회를 만들려 했다. 무료

급식소를 운영하고 빈곤층을 위한 숙박 시설의 설치에도 나서 미국과 영국에 30곳 이상 설치했다. 데이는 직접 숙박 시설에서 가난한 사람들과 함께 생활했다. 또한 미국 각지에 농업 공동체도 설립했다.

데이는 구약성서의 이사야서에 나오는 "진정한 신앙이란 정의를 위해 일하고, 가난한 자, 학대받는 자를 불쌍히 여기는 것"이라는 말을 실천했다. 젊은 시절의 데이가 즐겨 읽었던 책은 도스토옙스키와 톨스토이의 소설이다. 데이의 활동은 19세기 말에 일어났던 크리스트교 공산주의적인 '톨스토이 운동'과 비슷한 부분이 있다. 인도의 마하트마 간디는 대표적인 톨스토이 운동가로, 농업 공동체를 건설하고 비폭력 운동을 외쳤다. 데이도 비폭력 평화주의를 호소했다.

브룩스는 그 밖에도 많은 인물을 소개했다. 제2차 세계대전 중에 육군 참모 총장을 역임했고 전쟁이 끝난 뒤에는 국방장관이 되어 유럽을 부흥시키는 마셜 플랜을 제창한 조지 마셜, 《고백록》, 《하나님의 도성》 등을 썼고 로마 가톨릭교회의 이념을 확립한 아우렐리우스 아우구스티누스, 프랭클린 루스벨트 정권에서 미국 역사상 첫 여성 각료로서 1933~45년에 걸쳐 노동부 장관을 역임했던 프랜시스 퍼킨스 등이다. 모두 자기 내면을 바라보며 결점과 마주하고 강한 신념을 바탕으로 활약했던 사람들이다.

특히 챕터 10은 현대 사회의 가치관과 도덕관의 시각을 날카롭게 파고든, 이 책에서 가장 가치 있는 부분이라고 할 수 있다. 자신을 '크다', '대단하다'라고 생각할 것을 요구받으며, '나는 뛰어나다', '힘이 있다'라고 진심으로 믿어야 한다. 자기주장을 강하게 해야 하며 자신을 과시해야 한다. 브룩스는 이런 경향이 두드러지고 있는 현대의 미국 사회를 날카롭게 비판한다. "이 사회에서는 사람의 시야가 좁아질 수밖에 없다. 세속적인 성공 이외의 것에 시선을 향할 수가 없는 것이다."

물론 브룩스가 이력서 덕목(아담 I)을 중시하는 것 자체를 부정하는 것은 아니다. 자기애나 자신을 소중히 생각하는 것은 당연히 중요하며, 성과를 중시하고 사회적 성공을 지향하는 것도 중요하다. 다만 그와 동시에 조문 덕목(아담 II) 같은 내면적인 세계에도 관심을 갖고 자신의 결점과 마주하며 인격을 갈고닦는 자세를 잊어서는 안 된다. 중요한 것은 둘의 균형이라고 주장한다.

그리고 마지막으로 브룩스가 제시하는 열다섯 가지 도덕률은 저자의 뜨거운 메시지가 담긴 것으로, 이상주의적이기는 하지만 깊은 인상을 준다.

"모든 사람은 그저 쾌락을 위해서 사는 것이 아니라 거대한 목적을 위해서 살아간다. 그리고 올바름, 미덕을 추구하며 살아간다.", "유의미한 인생이란 이상을 내걸고 그 이상을 향해서 끝까지 투쟁하는 인생이다.", "약점을 극복하기 위해 싸우면 평소의 사소한 행동, 선택도 더욱 신중히 하게 되며 끊임없이 깊게 생각하게 된다. 그러는 사이에 마음은 점차 좋은 방향으로 성장한다."

게이츠는 "이 책은 매우 자극적이며, 나의 동기와 한계를 새로운 방법으로 생각하는 계기가 되었다."라고 말했다. 또한 브룩스는 아담 I과 아담 II를 대조적으로 묘사했지만 게이츠는 "한쪽이 어디부터 시작되고 다른 한쪽이 어디에서 멈추는지가 반드시 명확한 것은 아니다."라고 지적했다. 마이크로소프트에서 게이츠가 이룩했던 것은 아담 I의 이력서 덕목으로 생각되기 쉽지만, 전 세계 사람들의 가능성을 해방시키는 일을 함으로써 내면적인 깊은 만족감도 얻었다고 한다. 반면에 게이츠 재단을 통해 펼치는 사회 공헌적인 활동은 '조문 덕목'으로 받아들여지는 경향이 있지만 아담 I에 가까운 만족감도 얻을 수 있고 한다. 그러면서 게이츠는 "두 덕목의 균형을 적절히 유지할 방법을 생각하는 것이 중요하다."라고 말했다.

#역사
⑥

인류와 세상의
이야기를 모험하라

book 《빅 히스토리》《기원 이야기》《사피엔스》《호모 데우스》《21세기를 위한 21가지 제언》《총, 균,
쇠》《어제까지의 세계》《대변동: 위기, 선택, 변화》《이성적 낙관주의자》《유전자의 내밀한 역사》

빌 게이츠의 독서 목록을 보면 역사 관련 서적이 특히 많다는 사실을 깨
닫게 된다. 실제로 게이츠는 "나는 오래전부터 점과 점을 연결해서 역
사의 흐름을 이해하려 하는 작가의 팬이었다."라고 말했다. 그는 한정된
국가나 지역, 특정 시대에 초점을 맞춘 것보다 인류의 장대한 역사를 전
체적으로 바라보며 커다란 흐름이나 본질을 이해하는 데 도움이 되는
책을 많이 읽는다. 자국 중심의 관점에서 기술된 역사 교과서와 달리 전
인류적인 관점에서 기술된 역사에 강한 관심을 보이는 것이다.

우주, 지구, 생명, 인류를 담은 빅 히스토리
그런 게이츠가 열광적으로 지지하는 책이 《빅 히스토리》다. 우주의 빅
뱅부터 현재 그리고 미래에 걸친 방대한 시간 속에 '인류의 역사'를 위치

시키는 장대한 책으로, 수많은 사진과 일러스트도 실려 있다. 저자는 역사가인 데이비드 크리스천David Christian으로, 오스트레일리아의 맥쿼리 대학교에서 이 내용을 가르치다 '빅 히스토리'라는 말을 떠올렸다고 한다. 우주, 지구, 생명, 인류의 연구를 통합한 포괄적인 코스로, 기존의 역사 수업과는 크게 다른 내용이었다.

게이츠는 크리스천의 《빅 히스토리》에 강한 감명을 받아 "감격했다. 이것은 과학, 인문과학, 사회과학을 횡단하며 하나의 프레임워크로 정리한 것이다. 나도 어렸을 때 빅 히스토리를 배웠다면 좋았을 텐데…. 특히 과학을 흥미로운 역사적 문맥에 대입한 것이 훌륭하다."라며 이 책을 절찬했다.

게이츠는 크리스천에게 1,000만 달러(약 130억 원)의 자금을 기부해 고등학생을 대상으로 한 코스를 만들고 무료 온라인 학습 프로그램으로 제공하게 했다. 빅 히스토리를 세계의 대학생이 필수로 배우는 표준 과정으로 만들려는 활동도 이미 시작되었다고 한다.

《빅 히스토리》에서는 우주가 탄생하고 138억 년이 흐르는 동안 '문턱Threshold'이라고 불리는 거대한 전환점이 여덟 번 있었다고 주장한다. 문턱은 우주(세계)의 복잡함이 급격히 증가해 다른 단계로 나아가는 것을 가리킨다.

먼저 첫 번째 문턱은 '빅뱅 우주론과 우주의 기원'이다. 우주는 원자보다 작은 점에서 시작되었는데, 그 점 속에 오늘날의 우주에 존재하는 모든 에너지가 들어 있었다고 한다. 이 아주 작은 고온의 물체가 약 138억 년 전에 '폭발'했고, 순식간에 엄청난 속도로 팽창했다. 그리고 이와 동시에 공간, 시간, 물질, 에너지가 생성된 것으로 여겨진다. 일순간에 우주가 현재의 은하계 하나의 정도의 크기가 되었다고 한다.

두 번째 문턱은 '은하와 별의 기원'이다. 빅뱅으로부터 수십만 년이 지난 초기의 우주에는 항성도, 행성도, 생명체도 존재하지 않았다. 그러나 암흑 물질과 원자 물질로 구성된 거대한 구름이 응축되어 열을 지니기 시작했다. 밀도가 높아진 장소에서는 열이 원자에 에너지를 줘서 원자끼리 격렬히 부딪치게 되었고 온도가 약 1,000만 도에 이르러 임계값을 넘어서자 핵융합 반응이 일어났다. 이 과정이 곳곳에서 반복되면서 수많은 항성이 탄생했다.

이렇게 해서 탄생한 항성은 방대한 에너지의 흐름을 일으켰을 뿐 아니라 세 번째 문턱인 '화학 원소의 생성'에도 중요한 역할을 담당했다. 네 번째 문턱은 '태양, 태양계, 지구의 출현'이다. 태양계가 탄생한 시기는 45억 6,800만 년 전으로 생각되고 있다. 거대한 분자구름(분자운)의 붕괴로 태양이 탄생하고, 지구와 달을 포함한 행성계도 형성되었다.

그리고 다섯 번째 문턱에 이르러 비로소 지구의 이야기가 시작된다. 여기에서는 지구가 형성된 뒤 10억~20억 년 사이의 어느 시기에 일어난, 바닷속의 화학 물질에서 탄생해 생명의 발단이 된 '생명의 출현'을 소개한다. 그리고 호모 사피엔스의 탄생에서 시작되는 '사람아과 Homininae, 사람, 구석기 시대', 이어서 '농경의 기원과 초기 농경 시대', '도시, 국가 농경 문명의 출현'에 관해 자세히 설명한다.

《빅 히스토리》에서 특히 재미있는 부분은 마지막 장인 '미래의 역사'다. 여기에는 세 가지 미래 예측이 나오는데, 첫째는 100년 후의 근미래다. 인구 증가, 석유연료 공급의 한계, 기후의 불안정화, 손상된 생태계 등 다양한 문제를 검증하는데 인간은 수많은 어려움을 극복해 왔으므로 밝은 미래도 가능하다고 말한다. "인간은 너무나도 창의력이 뛰어난 생명종이며 우리가 구사하는 집단적 학습은 문제 해결을 위한 뛰어난 시스템이라고 말할 수 있다." 크리스천은 이렇게 주장했다.

다음은 향후 수천 년의 예측이다. 비관적인 예측이 있는 반면에 수명이 증가하고 더욱 건강하게 살게 된다든가 무한하고 실질적으로 무료인 에너지를 손에 넣는다는 등의 유토피아적인 예측도 있다. 여기에는 기술의 진보를 통해 여러 가지 과제를 극복하며 지속적인 성장을 향해 나아가는 시나리오와 인구를 줄여서 양호한 생활을 유지한다는 시나리오가 존재한다.

마지막은 5,000만 년에서 2억 년 후의 '먼 미래'다. 대서양이 확대되는 반면에 태평양은 축소되고, 아프리카 대륙은 분열될 것으로 예측되고 있다. 그리고 다양한 대륙이 모여서 '아메이지아'라는 초대륙이 형성된다고 한다. 나아가 30억~40억 년 후에는 태양의 연료가 바닥나 팽창하기 시작하며, 적색 거성이 되어서 지구를 집어삼킨다.

또한 태양계를 포함한 '우리 은하'는 인근의 안드로메다은하와 충돌할 가능성이 크다고 한다. 그래도 우주는 계속 팽창하며 팽창 속도는 점점 빨라진다. 항성의 수는 줄어들고, 그와 함께 행성도 없어지며 생물도 없는 세상이 된다. 우주는 죽음의 세계가 되며, 블랙홀에 집어삼켜지고 최종적으로는 그마저도 증발한다고 한다.

크리스천은 《빅 히스토리》에 새로운 정보를 추가해서 138억 년의 이야기를 정리한 《기원 이야기Origin Story》라는 책도 출판했다. 기원 이야기란 만물의 기원에 관한 이야기라는 의미다. 이 책을 읽어 보면 내용 면에서 많은 부분이 《빅 스토리》와 겹친다는 인상을 받는다. 그래도 사진과 도표가 적고 텍스트가 중심이라는 장점도 있어서 단숨에 읽고 흐름을 파악하기 쉬운 책이다. 이 책에서 가장 인상에 남았던 것은 '머리말'이다. 크리스천은 작가인 H. G. 웰스가 제1차 세계대전 후에 했던 다음과 같은 말을 소개했다.

"우리는 깨달았다. 이제 전 세계 공통의 평화 이외에 평화는 있을 수 없으며 전체의 번영 이외에 번영은 있을 수 없다. 그러나 공통의 역사 인식이 없다면 공통의 평화와 번영은 있을 수 없다. (…) 도량이 좁고 이기적이며 서로 다투기만 하는 내셔널리즘의 전통밖에 없다면 인류와 민족은 자신들도 모르는 사이에 전쟁과 파괴를 향해 나아가는 운명에 처할 것이다."

많은 나라가 내셔널리즘의 시점에서 애국심을 높이는 수단으로서 역사를 사용하고 있다. 정부의 입맛에 맞는 역사를 국민에게 가르쳐서 자신들이 위대하다고 믿게 만들려 하는 정치가가 적지 않다. 그러나 애국심을 높이는 역사 교육에는 위험성도 있다. 자신들이 국가 혹은 민족으로서 우수하다는 식의 주장을 하는 것은 외국이나 외국인을 부정하는 결과로 이어질 수 있기 때문이다. "지구 전체가 연결된 오늘날의 세계에서 내셔널리즘은 특정 국가의 내부에서 국민을 연결시키는 동시에 인간 사회를 분열시킨다." 크리스천은 이렇게 지적했다.

내셔널리즘의 역사와 달리 《빅 히스토리》나 《기원 이야기》는 우주 속의 지구에서 사는 모든 인류의 관점에서 역사를 이야기한다. 전 세계의 인간 사회와 문화를 받아들이는 새로운 역사는 전쟁이나 분쟁이 끊이지 않는 오늘날 더더욱 중요해지고 있다.

왜 사피엔스만이 살아남아 발전했는가?

다음에 소개할 것은 게이츠가 추천하는 유발 노아 하라리Yuval Noah Harari의 책 세 권이다. 하라리는 옥스퍼드 대학교에서 세계사와 군사 역사를 전공해 박사 학위를 취득한 역사학자이자 철학자로, 현재는 예루살렘히브리 대학교의 역사학 교수다. 인류의 과거를 그린 《사피엔스》, 인류의 미래를 예측하는 《호모 데우스》, 현재의 인간 사회의 과제를 분석한 《21세기를 위한 21가지 제언》의 세 권은 세계에서 누계 3,500만 부가 넘게 팔리며 경이적인 베스트셀러가 되었다.

《사피엔스》는 250만 년에 이르는 인간의 역사라는 장대한 주제를 다룬 책이다. 《사피엔스》라는 제목을 선택한 이유는 '인류'라는 말의 진짜 의미가 '사람속(호모)으로 분류되는 동물'이며 사피엔스 이외의 종이 과거에 존재했기 때문이다.

인류가 처음으로 모습을 드러낸 것은 지금으로부터 약 250만 년 전의 동아프리카로 여겨지고 있다. 그 후 긴 세월을 거쳐 호모 네안데르탈렌시스(네안데르탈인), 호모 루돌펜시스, 호모 에렉투스, 호모 에렉투스 솔로엔시스, 호모 데니소바 등 다양한 종이 탄생했지만 모두 절멸했고, 과거 1만 3,000년 동안 지구상에 존재한 인류는 사피엔스뿐이었다.

왜 인류 가운데 사피에스만이 살아남아 경이적인 발전을 이룩할 수 있었을까? 하라리는 7만~3만 년 전에 새로운 사고와 의사소통 방법이 등장하면서 '인지 혁명'이 일어났다고 말했다. 때마침 유전자의 돌연변이가 일어났다는 설이 유력한데 중요한 것은 그 변화가 사피엔스의 DNA에서만 일어났다는 사실이다. 네안데르탈인에게서는 같은 변화가 일어나지 않았다.

인지 혁명을 통해 사피엔스는 '세상 이야기'를 할 수 있을 만큼 커뮤니케이션 능력이 높아졌지만, 하나의 집단으로서 활동할 수 있는 자연스러운 규모의 상한선은 150명 정도였다. 이 숫자는 사회학 연구를 통해서도 증명되었다고 한다. 고대 로마 군대의 기본 단위가 100명(켄투리아)이었음을 생각해 봐도 서로의 얼굴을 알고 원활히 커뮤니케이션을 할 수 있는 인원수에는 한계가 있음을 알 수 있다.

그럼에도 사피엔스가 수만 명 규모의 군대나 수십만 명이 사는 도시, 수억 명을 지배하는 제국을 구축할 수 있게 된 이유는 무엇일까? 하라리는 "그 이유는 아마도 허구虛構의 등장일 것이다."라고 주장한다. 방대한 수의 면식이 없는 사람들끼리도 공통의 신화를 믿음으로써 협력할 수 있게 된다. 근대 국가도, 중세의 교회도, 고대의 국가와 도시도, 대규모 사람들의 협력은 전부 공통의 신화에 뿌리를 두고 있다는 것이 하라리의 주장이다.

이 '공통의 신화'라는 지적은 매우 흥미롭다. 게다가 하라리의 이야기에 따르면 공통의 신화는 교체가 가능하다. "사람들이 협력하는 방식은 신화의 교체, 즉 다른 이야기를 함으로써 변경 가능하다." 이를 테면 1789년의 혁명에서 프랑스인들은 왕권신수설을 버리고 국민 주권이라는 신화를 믿게 되었다. 공산주의라는 새로운 신화가 탄생한 러시아 혁명이나 덴노가 절대적인 군주가 된 일본의 메이지 유신도 같은 현상이다. 낡은 신화는 순식간에 새로운 신화로 교체되었다.

《사피엔스》에서 재미있었던 하라리의 또 다른 주장은 수렵채집인이 농업인보다 행복했다는 것이다. 하라리는 "화석화된 골격을 조사하면 고대의 수렵채집인은 자손인 농업인보다 굶주리거나 영양 부족에 시달리는 일이 적었으며 일반적으로 키가 크고 건강했음을 알 수 있다."라고 말했다. 수렵채집인은 나무열매, 과일, 달팽이, 고기, 생선, 채소 등 수십 종류나 되는 음식을 일상적으로 먹었다. 그래서 식량을 구하기가 어려워지면 다른 토지로 이동해 먹을거리를 구하기가 쉬웠다. 한편 농업인은 동아시아의 경우에 쌀, 유럽이나 중동의 경우 밀을 사용한 빵을 주식으로 먹었다. 그러나 단일 종류의 음식에 대한 의존도가 높으면 가뭄이나 화재, 지진 등으로 주식이 흉작이 되었을 때 기근이 발생해 큰 타격을 입는다. 하라리는 "우리가 밀을 재배한 것이 아니라 밀이 우리를 가축화한 것이다."라고 지적했다. 밀의 재배는 매우 번거로워서 물을 주고, 잡초를 뽑고, 돌 등을 치워야 하기 때문이다. 농업 노동의 결과 헤르니아(탈장)나 관절염 등의 질환에 시달리는 사람도 증가했다고 한다. 또한 밀이나 쌀을 재배하게 되면서 인간의 노동 시간은 수렵채집 시대보다도 길어졌다.

'농업 혁명으로 인류는 번영과 진보의 길을 걷기 시작했다'라는 이미지가 강하기에 하라리의 견해는 매우 흥미롭다. 농경 시대에 들어와서 인간이 행복해졌느냐에 관해서는 논의의 여지가 있지만 사피엔스의 인구가 급증한 것은 사실이다. 많은 사람이 모여서 살게 되면 왕이나 관리, 성직자, 군인, 학자 같은 지배층이 탄생하고 부족에서 국가로 발전하게 된다.

공통의 신화를 바탕으로 한 대규모의 협력 네트워크가 탄생해 신전이나 성벽, 피라미드 같은 거대한 건조물도 지어지게 되었다. 다만 협력이라는 듣기 좋은 표현과 달리 그 실태는 엘리트층의 가혹한 지배였다. 인간의 90퍼센트 이상은 농업민이었는데, 그들은 왕이나 관리들에게 지배당해 아침부터 밤까지 밀이나 쌀이나 재배해야 했으며 때때로 노예적인 노동이나 군역에 동원되었다.

그럼에도 농업 혁명은 잉여 식량을 만들어내 문명의 발전을 가속화했다. 특히 문명의 진보에 크게 기여한 것은 문자와 숫자의 발전이다. 수확된 곡물의 양을 서기가 계산해 문자로 남긴 기록은 고대 메소포타미아 시대부터 존재한다. 그리고 이윽고 책이 탄생해 인간의 지식이 보존되게 되면서 기술이나 사상이 발전하게 된다.

《사피엔스》는 인류란 무엇인지, 왜 다른 동물과 달리 문명을 만들어내고 지구를 지배하는 존재로 발전해 왔는지를 파고든 훌륭한 책이다.

"호모 사피엔스가 성공한 이유는 대규모 협력이 가능한 유일한 동물이기 때문이다. 우리는 국가, 기업, 종교를 통해 자신들을 조직화할 방법을 알고 있으며 복잡한 작업을 실행할 수 있는 힘을 부여받았다." 게이츠는 《사피엔스》를 읽고 이렇게 느꼈다고 한다. 특히 "하라리가 사람들을 연결시키는 이야기나 신화의 힘에 초점을 맞춘 것이 독특했다."라고 평가했다. 공통의 신화를 통해 수백만이나 되는 서로 면식도 없는 사람들을 단결시킬 수 있다는 것은 인간만의 특징이다. 게이츠는 "자유, 인권, 신, 법률, 자본주의 등의 아이디어는 상상 속에서 존재하지만 이런 것들은 우리를 연결시키고 복잡한 과제를 해결하기 위해 협력할 동기를 부여한다."라고 말했다.

인류가 '신'이 되는 미래를 예측하다

《사피엔스》가 인류의 과거를 주제로 삼았다면 《호모 데우스》는 정보 기술과 바이오테크놀로지가 진화하는 시대의 인류 미래에 초점을 맞췄다.

역사가 시작된 이래 수천 년에 걸쳐 인류를 괴롭혀 온 것은 '기근'과 '역병', '전쟁'이었다. 물론 이 세 가지 문제는 지금도 극복되지 않고 있지만 과거에 비하면 상황은 놀랄 만큼 나아졌다. 이 책이 집필된 시기는 코로나 팬데믹과 우크라이나 위기가 발생하기 이전이지만《팩트풀니스》등에서도 언급되었듯이 세계는 전반적으로 나아지고 있다고 하라리도 생각하고 있다.

"전례가 없는 수준의 번영과 건강과 평화를 확보한 인류는 과거의 기록이나 현대의 가치관을 생각했을 때 불사와 행복, 신성神性을 다음 목표로 삼을 가능성이 크다." 하라리는 이렇게 주장했다. "다음에는 인간을 신으로 업그레이드해 호모 사피엔스를 호모 데우스Homo Deus로 바꾸려 할 것이다."《길가메시 서사시》나《리그 베다》, 그리스 신화, 시황제의 일화가 상징하듯이 불로불사는 고금동서를 막론하고 인류의 꿈이었다. 물론 노화와 죽음은 인간의 운명인 것이 현실이지만 말이다.

그러나 기술이 진화하는 가운데 최근 들어 '불로'와 '불사'를 연구하는 움직임이 가속되고 있다. 2013년에 구글은 불로장수를 연구하는 '칼리코Calico'라는 스타트업을 설립했다. 구글 벤처 투자 부문의 최고 책임자였던 빌 메리스가 주도한 프로젝트다. 대학 시절에 신경 과학을 연구했던 메리스는 "인간이 500세까지 살 수 있냐고 내게 묻는다면 내 대답은 '예스'다."라고 확신하는 사람으로, 칼리코 이외에도 수많은 생명 과학 벤처에 투자해 왔다.

불로불사를 연구하는 움직임은 확대되고 있으며 제프 베이조스나 피터 틸도 노화 세포 제거제(세놀리틱스)를 개발하는 유니티 바이오테크놀로지사에 투자했다. 틸도 영원히 사는 것에 강한 관심을 보이고 있다.

일론 머스크는 인간을 사이보그화하는 기술인 BMIBrain Machine Interface를 연구하는 스타트업 '뉴럴링크Neuralink'를 2016년에 설립했다. 뇌에 전극을 심어서 AI와 공생시키는 세상을 목표로 삼고 있으며, 마비나 실청, 실명 등 인간이 어떤 능력을 잃더라도 재생할 수 있는 기술의 개발을 시야에 두고 있다. 노화에 따른 기능 저하를 극복하는 데 도움을 줄 수 있는 기술이라고 할 수 있다.

'영원한 생명'에 관심이 많은 인물로는 발명가이자 미래학자인 레이 커즈와일이 유명하다. AI가 진화하면 인간의 지능을 초월하는 기술적 특이점에 도달할 것임을 누구보다 먼저 지적한 것으로도 유명한 인물이다. 커즈와일은 기술적 특이점 이후에 '포스트 휴먼'의 시대가 찾아올 것이라고 주장한다. 인간과 AI가 공생하며, 인간의 정신은 컴퓨터 같은 기계에 전송하고 육체적으로는 기계나 바이오테크놀로지를 통해 사이보그화 되는 세계다. 그 결과 인간은 불로불사가 될 뿐 아니라 테크놀로지를 통해 다양한 기능을 확장할 수 있게 된다는 것이 커즈와일의 미래 예측이다. 현대인의 감각으로는 '신' 같은 존재가 된다고도 할 수 있을 것이다. 하라리는 "2050년의 시점에 건전한 육체와 풍부한 자금을 보유한 사람이라면 누구나 죽음을 10년 단위로 연기해서 불사를 성공시킬 가능성이 충분히 있다."라는 커즈와일의 주장을 소개했다.

물론 인간이 영원한 젊음을 손에 넣기에는 넘어야 할 장애물이 많다. 그래도 만약 21세기 중에 인간의 수명을 150년으로 늘릴 수 있게 된다면 인간 사회는 격변할 것이다. 90세에 이직을 하고 100세에 재혼을 하는 것도 가능해지며, 손자가 아니라 증손자, 고손자도 만날 수 있는 세계가 찾아옴을 의미하기 때문이다.

물론 불로불사에 가까운 장수 사회가 도래하더라도 인간이 행복하지 않다면 의미가 없다. 인생이 길어질수록 '인간의 행복이란 무엇인가?'라는 본질적인 주제가 더욱 중시될 것이다. 선진국에서는 경제적으로 풍요해져도 행복감을 느끼지 못하는 사람이 상당 비율을 차지하고 있다. 하라리는 "21세기 두 번째 대형 프로젝트로는 영속적인 쾌락을 즐길 수 있도록 호모 사피엔스를 다시 만드는 것이 필수로 보인다."라고 말했다.

또한 하라리는 "21세기의 세 번째 대형 프로젝트는 창조와 파괴를 하는 신의 능력과 같은 힘을 획득해 호모 사피엔스를 호모 데우스로 업그레이드하는 것이 될 것이다."라고 주장했다. 신성神性이란 전지전능함을 의미하는 것이 아니라 고대 그리스나 힌두교의 신들 같은 능력을 가리킨다. 신화에 나오는 신들은 생물을 만들어내거나 변신하거나 환경 또는 날씨를 마음대로 바꾸거나 상대의 마음을 읽거나 먼 곳에서 생각을 전달하는 등의 초능력을 지니고 있었다. 그런데 이런 능력 중에는 이미 기술의 진보를 통해 실현되어 당연해진 것도 많다.

인간의 신성 획득은 AI나 나노테크놀로지, 유전자 공학 등의 기술이 진화함에 따라 한층 가속될 것이다. 하라리는 "업그레이드된 인간은 고대의 신들보다 뛰어난 '초인'이 되어 세계를 다시 만들어 나갈 가능성이 크다. 그리고 그 흐름에 제동을 걸기는 어려울 것이다."라고 말했다.

인간이 신이 되는 미래를 그리는 《호모 데우스》는 매우 자극적인 책이다. 최신 테크놀로지와 연구를 바탕으로 우리에게 어떤 미래가 기다리고 있는지 상상하는 데 도움을 줄 것이 틀림없다.

그렇다면 게이츠는 이 책을 어떻게 읽었을까? 게이츠는 "불사, 행복, 신성이라는 꿈을 실현하는 것은 인류에게 나쁜 소식이 될 가능성이 있다."라고 말했다. 부유한 소수의 엘리트가 바이오테크놀로지와 유전자 공학을 이용해 자신을 업그레이드하고는 일반 대중의 위에 신처럼 군림할 가능성도 있기 때문이다.

그래도 게이츠는 테크놀로지의 미래에 관해서는 역시 낙관적이다. "불공평이나 격차가 존재하는 것은 사실이지만, 돈을 가진 사람과 그렇지 못한 사람의 격차를 메운다면 혁신이 확산되기까지 걸리는 시간을 단축할 수 있다."라고 주장한다. 게이츠는 자신의 재단에서 선진국이나 신흥국의 경제적으로 하위에 있는 사람들에게 다양한 테크놀로지를 제공하는 활동을 오랫동안 계속하고 있는데, 이런 활동도 게이츠의 주장을 실현하는 데 효과가 있을지 모른다.

현대 사회가 안고 있는 문제를 파고들다

게이츠가 추천한 하라리의 책 가운데 마지막은 《21세기를 위한 21가지 제언》이다. 이미 소개한 두 권은 인류의 과거와 미래를 파고든 것이었는데 이 책은 '현재'에 초점을 맞추고 있으며 현대 사회가 안고 있는 여러 가지 문제를 날카롭게 파고들었다.

제일 먼저 다루는 것은 20세기에 대두한 과거를 고스란히 설명하는 동시에 전 세계의 미래를 예측하게 해 주는 세 가지 장대한 이야기다. 그것은 '파시즘', '공산주의', '자유주의'의 이야기로, 하라리는 다음과 같이 설명한다.

파시즘의 이야기는 역사에 대해 서로 다른 국가들 사이의 투쟁으로 설명하고, 하나의 집단이 다른 온갖 인간의 집단을 힘으로 정복해 지배하는 세계를 그려냈다. 공산주의의 이야기는 역사를 다른 계급 사이의 투쟁으로 설명하고, 자유를 희생해서라도 평등을 확보하는 중앙집권화된 사회 제도를 통해 온갖 집단이 통일되는 세계를 그려냈다. 자유주의의 이야기는 역사를 자유와 압정의 투쟁으로 설명하고, 모든 사람이 자유롭고 평화적으로 협력하며 평등은 어느 정도 희생하더라도 중앙의 통제를 최소한으로 억제하는 세계를 그려냈다.

세 가지 이야기의 싸움은 먼저 제2차 세계대전을 통해 파시즘이 패배한다. 그리고 제2차 세계대전 이후에는 공산주의와 자유주의가 2대 진영으로서 경쟁하지만, 베를린 장벽의 붕괴와 구소비에트 연방의 붕괴를 거치며 자유주의가 승리했다는 이미지가 전 세계에 확산된다. 과거의 커다란 정치적, 경제적 문제는 해결되고, 민주주의와 자유주의 자유 시장이 유일한 선택지가 되었다고 많은 사람이 생각했다.

그러나 2008년의 세계 경제 위기를 거치면서 전 세계의 사람들이 자유주의에 환멸을 느끼게 된다. 양극화가 심화되는 가운데 이민자나 자유 무역에 대한 반발이 강해져 자유주의 국가에서도 내셔널리즘을 내거는 정당이 대두했다. 한편 중국이나 러시아 등 독재적인 국가가 경제력을 배경으로 존재감을 높여 왔다.

하라리는 자유주의가 결코 단일한 것이 아니라고 날카롭게 지적했다. 과거에 자유주의는 민주주의와 한 세트로 이야기되어 왔다. 그러나 최근에는 권위주의적인 독재 국가라 해도 경제의 측면에서는 자유주의를 채용하는 경우가 많다. 일례로 중국은 공산주의 독재 체제로 국민의 자유를 제한하고 있지만 자유 무역을 지지한다. 러시아는 2022년의 우크라이나 침공으로 세계 경제로부터 고립되기 전까지는 WTO에 가입하고 적극적으로 자유 무역을 했다. 이처럼 민주주의라고는 말할 수 없는 사실상의 독재 국가도 자유주의라는 뷔페에서 입맛에 맞는 메뉴를 고름으로써 경제 성장을 실현할 수 있음이 21세기에 들어와 판명되었다. 민주주의와 한 세트로 이야기되는 20세기적인 자유주의의 이야기는 이제 통용되지 않게 되었다고 말할 수 있다.

하라리의 혜안은 그 밖의 주제에서도 빛을 발한다. '고용'에서는 AI와 로봇이 수많은 직업을 빼앗을 가능성이 있다고 지적했는데, 동시에 "그보다 더 우려해야 할 것이 있다."라고 말했다. 인간이 AI에게 판단을 맡기게 되어 인간으로부터 알고리즘으로 권한 이행이 진행되는 것이다. 이와 관련해 하라리는 "자신의 인생을 뜻대로 살 수 없게 되는 것이 훨씬 두려운 시나리오다."라고 경고했다.

민주적 선거의 투표는 개인의 '자유 의지'에 따른 것이다. 그러나 오늘날의 사람들은 쇼핑, 영화, 음악, 만남 사이트에서 AI의 알고리즘을 통한 추천에 점점 의지하고 있다. 하라리는 "무엇을 공부해야 할지, 어디에서 일해야 할지, 누구와 결혼해야 할지 등을 일단 AI가 결정하기 시작하면 인간의 일생은 의사 결정의 드라마가 아니게 된다. 민주적인 선거나 자유 시장은 의미를 거의 잃어버릴 것이다."라고 지적했다.

'내셔널리즘', '종교', '이민', '테러', '전쟁', '정의' 같은 사회나 정치의 문제부터 '겸손함', '무지', '명상' 같은 개인적 주제까지 역사와 철학에 관한 깊은 교양에 바탕을 둔 하라리의 시각은 독특하고 자극적이다.

게이츠도 이 책에서 하라리가 다양한 주제에 대해 역사적, 철학적인 관점을 제공하는 것에 감명을 받은 듯하다. 또한 마음에 안식을 주고 집중력도 높이는 마음챙김과 명상이 중요하다고 주장하는 것에도 공감을 느꼈다고 한다. "하라리는 걱정을 그만두는 것이 불안감에 종지부를 찍는 비결임을 암시해 줬다. 중요한 것은 무엇을 걱정할 필요가 있는지, 얼마나 걱정할 필요가 있는지 아는 것이다." 게이츠는 이렇게 말했다.

유럽은 어떻게 아메리카 대륙을 쉽게 정복했는가

게이츠가 "열렬한 팬이다."라고 극찬하는 또 다른 역사가는 재레드 다이아몬드다. 게이츠는 다이아몬드의 책 세 권을 추천했는데 《총, 균, 쇠》와 《어제까지의 세계》, 《대변동: 위기, 선택, 변화》다.

다이아몬드는 캘리포니아 대학교 로스앤젤레스 캠퍼스의 사회과학부 지리학과 교수로, 진화물리학자이자 인류학자로도 알려져 있다. 조류와 침팬지 등 동물의 생태에 해박하며 인류가 어떻게 다른 동물과는 크게 다른 진화를 이룩했는지를 연구해 왔다.

그런 다이아몬드가 인류 역사의 의문을 파고든 책이 《총, 균, 쇠》다. 다이아몬드가 이 책을 쓴 계기는 조류의 진화를 연구하기 위해 뉴기니에 체류했을 때 현지의 정치가에게 받은 질문이었다. "당신들 백인은 많은 것을 발달시켜서 뉴기니에 가지고 왔는데 우리 뉴기니인에게는 우리의 것이라고 말할 수 있는 것이 거의 없소. 어째서 그런 것이오?" 이 질문에 대해 25년 동안 생각해 왔다는 다이아몬드는 왜 유럽인이 아메리카 대륙이나 오세아니아 대륙, 아프리카 대륙 등을 정복하고 원주민을 지배할 수 있었는지, 왜 그 반대의 일이 일어나지 않았는지를 주제로 책을 쓰자고 마음먹었다.

특히 재미있었던 것은 '총, 균, 쇠'라는 제목의 유래이기도 한 프란시스코 피사로의 잉카 제국 정복에 관한 이야기다. 피사로가 이끄는 고작 168명의 스페인군은 수백만 명이나 되는 신민을 보유한 거대한 제국을 침공해 잉카인을 수천 명을 살육하고 황제인 아타우알파까지 붙잡으며 순식간에 잉카 제국을 정복해 식민지로 만들었다.

이처럼 피사로가 잉카 제국을 일방적으로 정복할 수 있도록 힘이 되어 준 것은 총, 철제 검과 갑주 그리고 유럽에서 유입된 병원균이었다. 잉카인은 총을 몰랐고, 주력 무기는 곤봉이었으며, 방어구도 빈약했다. 게다가 스페인군에게는 잉카인이 본 적도 없는 말을 능숙하게 부리는 기병도 있었다. 그러나 총이나 철보다 훨씬 무서웠던 것은 바로 병원균이었다. 스페인인과 함께 천연두, 인플루엔자, 티푸스, 페스트 등의 전염병이 아메리카 대륙에 처음으로 유입되었다. 이들 감염증에 면역이 없었던 아메리카 대륙의 원주민들은 문자 그대로 픽픽 쓰러져 목숨을 잃어 갔다.

아타우알파 이전의 잉카 황제는 2대 연속으로 천연두에 목숨을 잃었다. 잉카보다 먼저 스페인의 에르난 코르테스에게 정복당한 중앙아메리카의 아즈텍 제국에서도 천연두의 대유행으로 많은 사람이 목숨을 잃었다. 유럽인이 가져온 역병은 단기간에 남북아메리카 대륙의 원주민들 사이에 퍼졌고, 다이아몬드의 이야기에 따르면 "콜럼버스가 대륙을 발견하기 이전 인구의 95퍼센트를 감소시켰다."고 한다. 아메리카 대륙의 원주민들은 절멸의 위기에 놓였던 것이다. 너무나도 많은 사람이 죽어서 식민지를 운영할 노동력이 부족해지자 아메리카 대륙의 식민지에서는 아프리카 대륙에서 노예를 들여오게 되었다.

이런 비극은 유럽인이 이주한 오스트레일리아나 뉴질랜드에서도 일어났다. 면역이 없는 역병이 새로 유입된 결과 그전까지 번성하고 있었던 애버리지니와 마오리 같은 수많은 원주민이 목숨을 잃었다.

물론 총, 쇠, 병원균뿐 아니라 문자를 이용한 커뮤니케이션이나 발전된 정치 기구를 보유하고 있었던 것도 유럽인이 아메리카 대륙과 오스트레일리아 대륙 등을 손쉽게 정복할 수 있었던 요소였다.

지금의 세계가 건설되기까지 이뤄진 역사

《어제까지의 세계》는 600만 년에 걸친 인류의 역사 중 대부분을 차지하는 수렵채집형의 전통적 사회의 수수께끼와 본질을 파고든 책이다. 다이아몬드의 이야기에 따르면 수렵채집 사회에서 농경 사회로 이행이 시작된 시기는 불과 1만 1,000년 전이라고 한다. 또한 다이아몬드는 "처음으로 금속기가 제작된 시기는 약 7,000년 전이며, 처음으로 국가가 성립하고 문자가 출현한 시기는 약 5,400년 전에 불과하다."라고 말했다.

요컨대 현대적인 사회로 발전한 시기는 인간 전체의 역사로 보면 찰나의 순간에 불과한 것이다. 그렇기에 다이아몬드는 '어제까지의 세계'라고도 말할 수 있는 전통적인 사회를 다시 바라보고 이해하는 것이 중요하다고 생각했다. "현대 사회가 전통적인 사회로부터 무엇을 배울 수 있는지 알 수 있는 흥미로운 책이다." 게이츠는 《어제까지의 세계》를 이렇게 평가했다.

다이아몬드는 전통적인 사회의 일례로서 뉴기니를 주목했다. 많은 원주민이 비교적 최근에 들어와서야 서양 문명과 본격적으로 접촉한 까닭에 전통적인 사회의 흔적이 많이 남아 있기 때문이다.

인상적이었던 것은 제3장과 제4장에서 다룬 전쟁이다. 수렵채집이 중심이었던 시대에는 국가나 직업 군인이 존재하지 않았으며 그래서 대규모 전쟁이 없었다는 이미지가 있다. 일본의 조몬 시대(기원전 13,000

년부터 기원전 2,300년에 걸친 시대. 신석기 시대에 해당한다—옮긴이)도 싸움이 적었던 평화로운 시대로 종종 그려진다. 그러나 다이아몬드는 "전통적인 시대가 평화로웠다는 설은 근거가 없다."라고 지적한다. 예를 들어 1961년에 뉴기니 고지에서 두굼 다니족의 전쟁이 벌어졌다. 다니족 사람들이 각각 인구 5,000명 정도의 두 부족 연합 동맹으로 나뉘어서 싸운 것이다. 전투는 수개월 동안 계속되었고, 기습과 잠복 공격 등으로 11명이 사망했으며 수많은 부상자가 발생했다. 게다가 그로부터 5년 후에 일어난 학살 사건에서는 125명이 목숨을 잃었다.

이것은 숫자만을 보면 적은 수로 생각되지만 인구 대비로 생각하면 상당한 사망률이다. 게다가 학살 사건에서는 성인뿐만 아니라 어린이도 희생되었다. 그리고 사실은 독일 남부에 있는 수렵채집 시대인 기원전 5,000년경의 분묘에서도 도끼 등에 학살된 수십 명의 시체가 발견되었다. 전통적인 사회에도 명백히 잔혹한 측면이 존재하는 것이다.

물론 전통적인 사회에는 여러 가지 장점이 있으며 배워야 할 점도 있다. 그중 하나가 육아다. 다이아몬드는 "전통적인 사회의 육아를 연구하면 우리의 육아 선택지도 보이게 된다."라고 말했다. 많은 전통적인 사회에는 생물학적 부모 이외의 주변인이 아이를 돌보는 '대리 양육 Alloparenting'이라는 양육 스타일이 있다. 대리 양육을 통해 아이는 어렸을 때부터 사회성을 익히고 주위 사람들과 협력하며 집단에 공헌하는 법을 배워 나간다.

고령자는 육아나 오랜 삶의 경험을 활용한 나무열매 등의 채집, 바구니와 무기 등의 제작 같은 분야에서 활약한다. 현대의 서양 사회처럼 고령자를 요양 시설에 보내는 일은 물론 없다. 고령자는 풍부한 지식을 갖춘 선배로서 젊은 세대의 존경을 받는 경우가 많다. "문자 체계가 없는 사회에서는 모든 것이 인간의 기억에 의지하게 된다. 그런 사회에서 고령자는 사회의 살아 있는 사전이다." 다이아몬드는 이렇게 말했다.

물론 전통적 사회에는 몸이 약해져 돌보기가 힘들어진 고령자를 버리는 '고려장' 같은 풍습도 적지 않게 존재한다. 수렵채집인에게 식량이 있는 장소까지 이동하지 못하는 고령자는 걸림돌이 되기 때문이다. 잔혹한 풍습이지만 집단이 살아남기 위해서는 어쩔 수 없었다고 생각된다.

전통적인 사회의 잔혹함과 장점을 모두 소개하는 이 책은 인간 사회의 원류와 본질을 파고드는 양서라고 할 수 있다.

인류는 위기와 어떻게 마주해 왔을까?

한편 《대변동: 위기, 선택, 변화》는 개인적 위기라는 렌즈를 통해 국가의 위기를 해설한 책이다. 다이아몬드가 이 접근법을 택한 이유는 "역사가가 아닌 사람에게는 개인적 위기가 더 친숙하고 이해하기 쉽기 때문"이라고 한다. 또한 다이아몬드는 주장에 따르면 개인적 위기의 해결을 좌우하는 열두 가지 요인은 대부분 그대로 국가적 위기에 적용할 수 있다고 한다.

그 열두 가지 요인은 ①위기 상태의 인정(국가가 위기에 빠졌다는 국민적 합의), ②무엇인가 해야 한다는 개인적 책임의 수용(무엇인가 해야 한다는 국가적 책임의 수용), ③울타리 세우기, ④다른 사람과 지원 단체의 물질적이고 정서적인 지원(다른 국가의 물질적이고 경제적인 지원), ⑤문제 해결의 본보기로 삼을 만한 다른 사람의 사례(문제 해결의 본보기로 삼을 만한 다른 국가의 사례), ⑥자아 정체성(국가 정체성), ⑦정직한 자기평가(국가의 위치에 대한

정직한 자기평가), ⑧과거에 경험한 위기(역사적으로 경험한 국가 위기), ⑨인내
(국가의 실패에 대응하는 방법), ⑩유연한 인격(상황에 따라 유연하게 대응하는 국
가의 능력), ⑪개인의 핵심 가치(국가의 핵심 가치), ⑫개인의 제약으로부터
의 해방(지정학적 제약으로부터의 해방)이다.

다이아몬드가 소개한 다양한 국가적 위기 사례 가운데 특히 인상적이
었던 것은 제2장의 '핀란드와 소련의 전쟁'이다. 핀란드는 1939~40년
과 1941~44년, 두 차례에 걸쳐 소련과 전쟁을 벌였다. 소련은 거대한
군사력과 핀란드의 50배나 되는 인구를 보유하고 있었지만, 핀란드인
은 격렬히 저항해 독립을 유지하는 데 성공했다.

1939년에 핀란드는 절망적인 상황에서도 소련의 영토 할양과 기지
건설 요구를 거부하고 전쟁의 길을 선택한다. 그만큼 소련과 공산주의
에 대한 공포가 컸기 때문이다. 항공기와 전차 등 근대적인 병기를 갖춘
소련군은 50만 병력을 동원해 핀란드를 침공했다. 한편 핀란드군은 모
두 합쳐도 12만 명에 불과했으며 항공기도 전차도 없었다.

그럼에도 핀란드군은 스키를 사용해 게릴라 공격을 펼치고 이탈하는
전술, 화염병을 던져서 전차의 발을 묶고 파괴하는 전법, 견고한 방어 진
지를 쌓고 돌파를 꾀하는 적을 효율적으로 쓰러트리는 전술 등을 통해
소련군에 막대한 피해를 입혔다. 그 결과 핀란드군 병사 한 명을 사망할
때마다 소련군 여덟 명이 죽는 엄청난 손실 차이가 발생했다. 상황이 이
렇다 보니 스탈린도 어쩔 수 없이 정전 협정을 맺게 되는데, 강화 조건으
로 핀란드는 제2의 도시를 잃는다.

그 후 1941년에 나치 독일이 소련을 침공하자 핀란드는 독일 쪽에 붙
음으로써 잃어버렸던 영토를 일단 되찾는다. 그러나 스탈린그라드 공

방전에 승리한 소련은 기세를 되찾아 반격에 나섰고, 다시 핀란드를 공격한다. 이때도 핀란드군은 경악스러울 정도의 용감함과 교묘한 전술로 소련군의 침공을 저지한다. 물론 오래는 방어할 수 없음을 알고 있었던 핀란드 정부는 소련과 강화를 맺었고, 그 결과 영토를 일부 할양했을 뿐 아니라 배상금도 지급하게 된다. 굴욕적인 조건이었지만, 핀란드의 정치 지도자들은 냉정하고 강인했다. 서방 국가들의 눈에는 비굴하게도 보이는 고분고분한 자세를 계속 보임으로써 소련의 점령과 공산화를 피한 것이다.

교묘한 외교 정책으로 소련과 양호한 관계를 유지한 핀란드는 자유주의를 지키면서 질 높은 교육에 힘을 쏟아 우수한 노동력을 키워내 경제 발전을 이룩한다. 전체 인구에서 엔지니어가 차지하는 비율이 세계에서도 가장 높은 수준으로, 과학 기술 분야에서 세계를 선도하게 되었다.

다이아몬드는 핀란드의 위기 극복이 열두 가지 요인 중 ②책임의 수용, ③울타리 세우기, ⑥국가 정체성, ⑦국가의 위치에 대한 정직한 자기 평가 등 일곱 개 항목에 적용된다고 말했다.

그 밖에도 이 책은 칠레의 군사 쿠데타나 인도네시아의 1965년 위기, 독일의 재건, 미국의 강점과 문제점 등 다양한 국가의 위기를 다뤘다. 인류의 역사에 해박한 다이아몬드의 깊은 통찰력이 책 전체에 걸쳐서 빛을 발하니, 관심이 있는 사람은 꼭 읽어 보기 바란다.

인류에 번영을 가져다준 교환과 교역

인류의 역사에 대한 게이츠의 관심은 끝이 없다. 다음에 소개할 책은 《이성적 낙관주의자》다. 저자인 매트 리들리Matt Ridley는 영국의 귀족으로, 영국 〈타임스〉에 칼럼을 쓰고 있으며 저명한 과학 저널리스트로도 활약하고 있다. 이 책은 10만 년이나 되는 인류의 역사를 다루면서 인류가 다른 종과 무엇이 다르고 왜 번영할 수 있었는지를 파고든다. 리들리가 그리는 장엄한 이야기는 인류가 성공할 수 있었던 이유가 '상품의 교환'에 있다는 아이디어에 바탕을 두고 있다.

이 책의 첫머리에서 리들리는 애덤 스미스가 《국부론》에서 한 말을 소개한다. "분업에서는 참으로 많은 이익을 얻을 수 있는데 본래 이 분업이 시작된 것은 이것이 세상 전체를 풍요롭게 만든다는 사실을 인간의 지혜가 예측하고 그 실현을 의도했기 때문이 아니다. 이렇게도 광범위한 혜택을 누릴 수 있으리라고는 아무도 생각하지 못했다. 분업은 인간이 지닌 어떤 성향 덕분에 매우 천천히, 조금씩이기는 하지만 필연적으로 달성되었다. 그것은 물건과 물건을 교환한다는 성향이다."

앞에서도 언급했듯이 《국부론》에서는 핀의 제조를 예로 들며 분업이 노동 생산성을 비약적으로 향상시킴을 설명했다. 그리고 스미스는 분업이 물물교환을 하려고 하는 인간의 성향을 통해서 발전했다고 주장했다. 《국부론》이 발단이 되었다는 의미에서 리들리의 아이디어는 고전적이라고 할 수 있지만 분업과 교환을 인간의 기나긴 역사에 적용한 결과 여러 가지 발견이 있는 책이 되었다.

애초에 인간이 물물교환을 하는 이유는 무엇일까? 리들리의 이야기에 따르면 침팬지는 어떤 음식을 다른 종류의 음식과 교환하려 하지 않는다고 한다. "고기와 나무 열매를 교환하는 일은 있을 수 없다."는 것이다. 그러나 인간은 고기와 생선을 교환하고, 음식을 도구나 장식품과 교환하기도 한다. 교환을 통해 자신들이 손에 넣지 못하거나 만들지 못하는 가치 있는 물건을 다른 사람에게서 얻으려 하는 성향은 분업화를 가속시켰다. 이를테면 전문성을 지닌 사람이 만든 성능이 뛰어난 도구는 가치가 있으므로 많은 양의 음식과 교환할 수 있게 된다.

"인간은 교환을 통해 '분업'을 발견했다. 노력과 재능을 전문화시켜 서로가 이익을 얻는 시스템이다." 리들리는 이렇게 말했다. 그리고 전문화는 혁신을 촉진했다. 편리한 도구를 손에 넣을 수 있으면 시간을 절약할 수 있으며 그 시간을 자유롭게 사용할 수 있기 때문이다.

이성적 낙관주의가 가져오는 희망적인 미래

리들리는 "번영이란 단적으로 말하면 절약된 시간이며 절약되는 시간은 분업에 비례해서 증가한다."라고 주장한다. 인간이 소비자로서 다양화되고 생산자로서 전문화되어 많은 것을 교환할수록 경제는 발전하고 사람들의 생활도 풍요로워진다는 발상이다.

상품의 교환을 대규모화한 교역은 고대부터 많은 국가의 번영과 문명의 발전을 뒷받침해 왔다. 기원전 15세기부터 기원전 8세기경에 번성했던 페니키아인은 2단 노열의 대형 갤리선을 건조해 해상 교역에서 저비용으로 대량의 물자를 운송함으로써 번영했다. 이에 따라 역사상 최초로 해상 운송을 통한 대규모 분업이 가능해졌고 곡물, 포도주, 벌꿀, 기름, 수지, 향신료, 상아, 피혁, 양모, 천, 납, 철, 은, 말, 노예 등이 지중해 전역에서 거래되는 시대가 찾아왔다.

고대 그리스나 로마 제국의 번영도 페니키아인이 쌓은 해상 교역이라는 기반이 있었기에 실현되었다고 할 수 있다. 페니키아인이 건설한 도시 국가 카르타고는 세 차례에 걸친 포에니 전쟁을 통해 로마 제국과 사투를 벌였지만 결국 멸망하고 만다. 그러나 페니키아의 유산이라고도 할 수 있는 해상 교역은 로마 제국의 경제적인 성공을 뒷받침하는 시스템의 일부가 되어 계속 발전했다. 로마 제국은 인도와도 교역해 포도주, 주석, 납, 은, 유리 제품을 수출하고 무명이라든가 당시의 인도인이 중국에서 수입한 비단, 공작 등을 수입했다고 한다.

그 후에는 서로마 제국의 멸망과 동로마(비잔틴) 제국의 쇠퇴로 새로 대두한 이슬람교 국가가 교역의 패권을 잡았으며, 11세기경이 되자 베네치아와 제노바가 교역으로 번성하게 된다. 그리고 15~16세기의 대항해 시대 이후에는 신대륙을 식민지로 삼은 포르투갈과 스페인이 해상 무역을 통해서 번성했으며, 17세기가 되자 네덜란드, 다음에는 영국이 해외 식민지를 확대하고 교역을 활성화시킴으로써 번영을 누리게 된다. 중국의 한, 당, 송 같은 왕조도 무역으로 경제를 발전시켰다.

한편 리들리는 상품의 교환(무역)이 활발할수록 경제가 발전한다는 관점에서 중국의 명 왕조를 비판했다. "명의 황제는 산업과 교역의 대부분을 국유화하고 소금, 철, 차, 술, 대외 교역 그리고 교육을 국가 독점 사업으로 만들었을 뿐 아니라 시민 생활에도 간섭해 전체주의의 관점에서 표현을 검열했다." 관료 기구가 비대화되는 반면에 급여는 낮았기 때문에 관료들의 부정이 횡행했고, 민간 교역을 통한 경제의 역동성도 사라졌다고 한다.

15세기 전반에는 정화가 대함대를 이끌고 일곱 차례에 걸쳐 항해해 동남아시아, 인도, 아라비아 반도까지 교역로를 넓혔지만 그 후 명은 내향적으로 변해 대규모 함대를 파견하지 않게 되었다. 교역을 제한하고 규제에 의존한 명은 그 후 쇠퇴의 길을 걸었으며, 때때로 이민족의 침입을 허용하다 결국 만주족에게 멸망한다.

이 책에서 리들리의 또 다른 중요한 아이디어는 '이성적 낙관주의'다. 인류의 역사에서는 언제나 어두운 미래 예측이 존재했지만 그런 어두운 미래 예측들은 실현되지 않았다. 인류는 다양한 혁신을 통해 어려움을 극복하고 수명, 영양, 식자율, 부 등의 측면에서 큰 폭으로 개선되었다. 리들리는 이렇게 거듭 주장했다.

게이츠는 "비관적인 예상을 비판하고 이성적인 낙관주의를 외치는 리들리의 자세는 찬사를 보낼 만하다."라고 평가했지만 그의 아프리카 개발이나 기후 변화에 관한 견해에는 비판적이다. 게이츠는 "리들리의 의견은 '아프리카에 대한 원조는 기능하고 있지 않으며 앞으로도 기능하지 않을 것이다' 같은 일부 연구에 지나치게 경도되어 있다."라고 지적했다. 원조가 말라리아나 에이즈의 백신을 현지에 보급하는 데 도움이 되고 있다는 것이 게이츠의 생각이다.

또한 기후 변화에 대한 우려에 부정적이며 "온실 가스의 감축에 투자해서는 안 된다."라고 주장하는 리들리의 의견에도 비판적이다. 게이츠는 친분이 있는 과학자에게 《이성적 낙관주의자》에서 기후 변화에 관한 부분을 읽게 하고 의견을 부탁했다고 한다.

물론 리들리가 주장하듯이 과거의 비관론은 종종 틀린 경우가 있다. 그러나 게이츠는 "바이오테러나 팬데믹 등을 포함한 위협의 가능성과 잠재적인 영향을 최소한으로 억제하기 위한 조치를 강구하는 것은 중요한 일이다."라고 말했다. 이성적 낙관주의자라 해도 현실에서 일어날 가능성이 있는 위협에 대해서는 올바르게 걱정하고 리스크를 검증하며 필요한 대책을 강구해야 한다는 것이 게이츠의 생각이다.

유전자의 비밀을 벗기다

게이츠가 추천한 역사 서적 중에서 마지막으로 소개할 책은 《유전자의 내밀한 역사》다. 19세기에 탄생해 20세기 이후에 커다란 발전을 이룩한 '유전자'가 어떻게 발전해 왔는지를 다룬 역사서다. 저자는 싯다르타 무케르지Siddhartha Mukherjee라는 의사로, 컬럼비아 대학교 메디컬 센터의 준교수이며 암을 연구하고 있다.

이 책은 프롤로그에서부터 읽는 이의 마음을 사로잡는다. 무케르지 집안의 충격적인 정신 질환 이야기로 시작되기 때문이다. 무케르지의 아버지는 오형제 중 막내였는데 형 두 명이 마음의 병을 앓다 젊은 나이에 세상을 떠났다고 한다. 그뿐 아니라 다른 형의 아들, 즉 무케르지의 사촌도 조현병으로 진단되어 정신 질환 환자를 위한 시설에 들어갔다. 이 때문에 무케르지는 '광기는 적어도 두 세대에 걸쳐 무케르지 집안에 계속 존재했다'라고 생각하게 되었다.

상황이 이렇다 보니 무케르지의 가족은 '유전, 병, 정상 상태, 가족, 정체성' 같은 주제의 대화를 자주하게 되었다고 한다. 무케르지 본인도 자신 또한 광기의 유전자를 지니고 있지는 않은지, 자신의 딸도 검사해 봐야 하는 것은 아닌지 고민했다.

그러나 이러한 정신 질환의 가족력은 종양 생물학자인 무케르지가 유전자의 정상과 비정상에 강한 관심을 품고 연구에 열정을 기울이도록 만들었다. 유전자에 매료된 무케르지는 '과학의 역사에서 가장 강력하고 위험한 개념인 유전자의 탄생과 성장, 미래에 관한 이야기'를 책으로 쓰자고 결심하고 《유전자의 내밀한 역사》를 펴냈다.

제1부에서는 먼저 '유전학의 아버지'로 불리는 그레고어 멘델에 관해

서 이야기한다. 멘델은 현재의 체코 브르노에 있는 브르노 신학대학교에서 공부했지만 사제로서의 평판은 좋지 못했다. 독일계 출신으로 체코어가 서툴렀고, 겁쟁이인 데다가 자신감이 없는 인물이었다. 고등학교 교사가 되려고 했지만 시험에 떨어진 멘델은 자연과학을 다시 공부해야겠다는 생각에서 수도원의 도움으로 빈 대학교에 입학해 생물학을 공부한다. 그리고 빈 대학교에서 2년 동안 공부한 뒤 다시 교사 채용 시험을 봤지만 또다시 낙방하고 만다. 이 일은 멘델에게 충격이었겠지만 유전학을 위해서는 다행스러운 일이었다. 실의에 빠진 멘델은 완두를 심기 시작했다. 34개 품종의 완두를 근처의 농가에서 조달해 잡종 교배 실험을 반복했다. '키가 큰 품종과 키가 작은 품종을 교배하면 키가 중간 정도인 완두가 될까?', '두 가지 대립하는 형질(큰 키, 작은 키)은 융합할까?' 같은 의문을 실험으로 검증하려 한 것이다.

멘델은 1857년부터 1864년에 걸쳐 잡종 교배 실험을 반복해 방대한 데이터를 수집했다. 2만 8,000개의 묘목, 4만 송이의 꽃, 40만 개에 가까운 종자를 키운 결과, 다양한 패턴이 발견되었다. 잡종 1세대에서는 키가 큰 것과 작은 것을 교배시키면 반드시 키가 큰 것만 탄생하고, 종자가 매끄러운 것과 주름 진 것을 교배하면 매끄러운 종자만 탄생함을 알 수 있었다. 멘델은 부모에게서 자식에게 계승되는 형질을 '우성', 계승되지 않는 형질을 '열성'이라고 이름 붙였다.

다음으로 멘델은 이렇게 해서 생긴 잡종끼리 교배해 잡종 2세대를 만들었는데 놀라운 결과가 나왔다. 잡종 교배로 탄생한 키가 큰 잡종끼리 교배했음에도 2세대에서는 키가 작은 형질이 완전한 형태로 재출현한 것이다. 멘델은 '잡종'이라는 것이 실험 결과에서 겉으로 드러나는 우성 형질과 겉으로 드러나지 않는 열성 형질의 혼합물임을 깨달았다. 그리고 방대한 조사 데이터를 분석함으로써 형질의 유전을 설명하기 위한 모델을 만드는 데 성공했다.

찰스 다윈도 멘델과 거의 같은 시기에 활약한 인물이다. 어렸을 때부터 곤충 채집을 좋아했던 다윈은 어른이 된 뒤에도 생물 표본의 수집에 계속된 관심을 품고 있었다. 그래서 남아메리카의 여러 지역을 돌아다니며 동물의 뼈와 가죽, 식물뿐 아니라 절멸한 동물의 화석도 수집했다. 그런데 갈라파고스 제도에서 채집한 작은 새의 시체를 계통적으로 분석하던 다윈은 어떤 사실을 깨닫는다. 개똥지빠귀에는 2~3종의 아종이 존재했는데 아종마다 특징이 명백히 달랐으며 모든 아종이 각각 어떤 특정한 섬에서만 발견되었다는 것이다. 여기에 열세 개 종류의 핀치라고 불리는 새와 아르마딜로 등을 연구하는 과정에서 어떤 가설을 떠올리게 된다. '모든 핀치가 공통된 선조의 자손이었다면?'이라는 가설이다. 공통의 선조라는 줄기에서 나뭇가지처럼 점차 갈라져 나와서 현재의 다양한 핀치가 된 것은 아닐까 생각하게 된 것이다. 그리고 이 생각을 '(자연 선택이라는) 상황에서 유리한 변이체가 살아남고 불리한 변이체는 절멸하며 그 결과 새로운 종이 형성된다'라는 아이디어로 발전시켜 '진화론'이라는 새로운 이론을 구축한다. 다윈이 1859년에 출판한 《종의 기원》은 순식간에 주목을 받게 되었다.

그러나 인간이 원숭이를 닮은 조상으로부터 진화했을 가능성을 암시하는 이 충격적인 이론에는 메워야 할 '넓은 공백'이 있었다. 바로 '유전'이라는 공백이었다. 유전의 메커니즘을 해명할 실마리는 멘델의 〈식물의 잡종에 관한 실험〉이라는 논문에 있었지만 당시는 거의 주목을 받지 못했다. 멘델의 논문이 과학자들에게 '재발견'되어 각광받게 된 것은 20세기에 들어와서다. 1900년이 되어서야 비로소 많은 생물학자가 멘델의 이론에 주목하게 되었고, 실험을 통해 멘델의 이론이 옳다는 것이 증명되면서 '유전학'으로 발전하게 된다.

유전학으로 생겨난 인류의 흑역사

그러나 진화론이 확산되는 것과 같은 시기에 어떤 무서운 학문이 힘을 얻기 시작했다. 바로 '우생학'이다. 다윈의 사촌인 프랜시스 골턴은 1883년에 《인간의 능력과 발달에 관한 연구》라는 책을 출판했다. 자연선택의 메커니즘을 흉내 내서 인류를 개량하자는 전략을 담은 책이다.

20세기에 들어와 전 세계로 퍼진 우생학은 무서운 방향으로 발전한다. 이에 대해 무케르지는 "약자의 선택적인 단종(소극적 우생학)을 통해 강자의 선택적 번식(적극적 우생학)을 증강할 때 비로소 우생학이 제대로 기능한다는 발상이다."라고 지적했다.

우생학은 미국과 독일에서 급속히 확산되었다. 미국에서는 1920년대부터 지적 장애가 있다고 감정된 사람을 격리시키고 자녀를 낳지 못하도록 수술하는 단종 조치가 시작되었다. 인디애나 주에서는 상습적인 범죄자, 지적 장애인 등에 대해 단종을 실시하는 법률이 시행되었고, 이런 움직임은 다른 주로도 확산되었다. 심지어 가장 좋은 유전적 특성을 지닌 아기를 결정하는 품평회인 '우량아 선발대회'도 개최되었다.

한편 독일에서는 '민족위생'이라는 말이 생겨났다. 무케르지의 이야기에 따르면 "개인위생이 몸에서 더러움이나 배설물을 매일 제거하는 작업이듯이 민족위생은 유전적인 더러움을 제거함으로써 더욱 건강하고 불순물이 없는 민족을 만들어내는 작업이었다."고 한다.

1920년대에 이와 같은 우생학자들의 사상을 접하고 우생학에 매료된 인물이 있었다. 바로 아돌프 히틀러다. 히틀러는 1933년에 정권을 잡자 '유전성 질환 자손 방지법(단종법)'을 제정한다. 곧 유전적 질환의 목록이 작성되었고, 지적 장애, 조현병, 간질, 우울증, 전맹, 청각 장애, 언어 장애, 기형이 그 대상에 포함되었다.

그 후 나치의 정책은 단종에 그치지 않고 안락사로 발전한다. 먼저 3세 이하의 장애가 있는 아이를 살해하기 시작했고, 다음에는 사춘기의 아이와 성인까지 대상을 확대해 나갔다. 그리고 독일 전역에 이를 위한 안락사 시설이 건설되었다. 이 프로그램은 베를린의 티어가르텐 4번지에 본부가 있었기 때문에 'T4 작전'으로 불리게 된다. T4 작전으로 안락사를 당한 사람은 1941년까지 25만 명에 이르렀고, 1933~43년에 걸쳐 단종법으로 강제적인 단종 수술을 받은 사람도 40만 명이나 되었다.

독일 민족이 우수한 유전자를 지니고 있다고 믿는 나치는 그들이 '열등'하다고 간주하는 민족의 학살에도 나섰다. 유대인 600만 명과 로마니(집시) 20만 명, 소련과 폴란드의 시민 수백만 명이 나치의 대량 학살의 희생자가 된 것으로 추정되고 있다.

이처럼 '흑역사'도 존재하는 유전학은 제2차 세계대전 이후 연구가 진행되기 시작해 최근에는 IT의 진화와 함께 급속한 발전을 이루고 있다. 유전자 조작 농산물은 일반 농산물에 비해 수확량이 많고 해충에 강해서 농약의 사용량을 줄일 수 있다는 등의 이점이 있어서 콩이나 옥수수, 목화, 유채 등의 생산 확대에 기여했다. 또한 유전자 조작 의약품도 인간의 인슐린이나 성장 호르몬, B형 간염 백신부터 여러 가지 의약품과 백신에 이르기까지 이용이 확대되고 있다.

유전자 변이로 인류의 미래는 달라질 것인가

21세기에 들어서자 인간의 전체 유전자(게놈)의 해석이 완료되었다. 게놈 공학은 단기간에 눈부신 발전을 이루고 있으며 무케르지는 이와 관련해 "우리는 인간의 게놈을 의도적이고 영구히 바꾸는 기술을 만들어냈고 그와 동시에 게놈을 바탕으로 개인의 운명을 예측하는 능력을 비약적으로 진보시켰다."라고 말했다. 게놈 공학은 암 등의 난치병 치료에 도움이 될 것이 기대되고 있다.

인간의 게놈을 '읽을' 수 있고 '쓸' 수도 있는 기술이 탄생한 것은 동시에 위험한 시대가 찾아왔음을 의미한다. 게놈 공학으로 유전자를 조작해 인간을 개조할 수 있게 되었기 때문이다. 윤리적인 문제가 지적되고 있기는 하지만, 중국에서는 인간의 수정란의 유전자 조작을 통해 병에 대한 내성, 뇌 기능, 인지 능력을 강화하는 '맞춤아기Designer Baby'가 탄생했다는 보도도 있었다.

게이츠는 《유전자의 내밀한 역사》의 제6부가 특히 마음에 들었다고 말하며 게놈 편집의 어려운 윤리적 문제에 초점을 맞춘 훌륭한 내용이라고 평가했다. 그리고 '출산 전 검사에서 게놈 편집을 하지 않는 이상 자녀의 IQ가 낮을 확률이 높다는 사실이 밝혀졌다면 어떻게 할 것인가?', '자녀의 IQ를 크게 높일 수 있다면 어떻게 할 것인가?' 같은 문제가 일어날 수 있음을 예상하는 동시에 "특히 부유한 사람들만이 이 기술을 이용할 수 있을 경우, 이미 커다란 문제가 되고 있는 불평등을 악화시킬 위험성이 있다."라고 지적했다.

또한 자폐 스펙트럼 장애의 발생률을 극적으로 줄이는 게놈 편집이 실용화된다면 인류의 다양성을 '위험한 방향'에서 줄이는 결과로 이어지지 않을까 우려했다. 자폐 스펙트럼 장애를 가졌지만 제2차 세계대전 중에 나치 독일의 에니그마 암호를 해독하는 활약을 보였던 앨런 튜링 같은 천재가 탄생할 가능성도 배제될 수 있기 때문이다.

인간과 세상은 어떻게 발전해왔는가?

부유한 나라와 가난한 나라의 존재

《국가는 왜 실패하는가》는 국가가 번영하고 쇠퇴하는 이유를 깊이 있게 파고든 책이다. 고대 로마부터 마야 문명, 베네치아 공화국, 영국, 소비에트 연방, 멕시코, 미국 등 다양한 나라를 살펴보고 어떤 정치적, 경제적 제도가 번영과 쇠퇴에 영향을 끼쳤는지 고찰했다.

저자는 MIT의 교수이자 경제학자인 대런 애쓰모글루Daron Acemoglu와 시카고 대학교의 교수이자 정치학자인 제임스 로빈슨James Robinson이다. 아르메니아계 터키인이며 미국 국적도 보유한 애쓰모글루는 2005년에 뛰어난 젊은 경제학자에게 수여하는 '존 베이츠 클라크 메달'을 받은 인물이며, 논문에 많이 인용되는 것으로도 유명하다.

이 책은 '세계에는 왜 경제적으로 풍요로운 나라와 가난한 나라가 있는 걸까?'라는 의문으로 시작된다. 제1장에서는 먼저 미국과 멕시코의 국경을 사이에 두고 둘로 분단되어 있는 노갈레스라는 도시가 등장한다. 본래는 멕시코의 도시였지만 19세기 중반에 미국이 구입한 토지에 노갈레스의 북쪽 절반이 포함되어 있었기 때문에 반으로 갈라지고 말았다.

같은 조상에게서 태어났고, 같은 음식을 먹으며, 같은 음악을 듣고, 같은 문화를 가졌지만 노갈레스의 평균 세대 수입을 살펴보면 미국 쪽이 멕시코 쪽의 세 배나 된다. 미국 쪽에서는 대부분의 청소년이 학교에 다니고 성인의 대부분이 고등학교를 졸업했지만, 멕시코 쪽은 그렇지 못하다. 또한 평균 수명이나 유아 사망률, 범죄율에서도 양쪽의 격차가 두드러진다. 애쓰모글루는 한국과 북한도 예로 들며 같은 민족이고 본래는 하나의 나라였음에도 "불과 반세기 정도가 지난 1990년대 말에 이미 열 배나 되는 경제 격차가 발생했다."라고 지적했다.

격차가 발생하는 이유를 '지리'나 '문화'에서 찾는 학설도 적지 않다. 그러나 애쓰모글루는 이런 견해를 부정하고 국가의 경제 제도의 차이에 주목했다. 그것이 '포용적inclusive 경제 제도'와 '착취적extractive 경제 제도'다. 포용적 경제 제도에서는 대다수가 경제 활동에 참여할 수 있으며 안전한 사유 재산과 공평한 법체계, 공공 서비스의 제공을 보장받는다. 자유주의적이고 새로운 기업이 비즈니스에 참여할 수 있으며 사람들이 자신의 커리어를 선택할 수 있다. 미국이나 영국, 독일, 한국, 일본 등이 포용적 경제 제도를 채택한 나라에 해당한다.

한편 착취적 경제 제도에서는 일부 엘리트에게 권력과 부가 집중된다. 독재적인 정권 그리고 그들과 유착한 기업이 강한 힘을 갖는 경우가 많으며 자유로운 경쟁은 제한된다. 착취적인 제도에서는 엘리트가 자신의 이익을 우선할 뿐 국민 전체의 삶이 풍요로워지는 것을 그다지 중시하지 않는다. 게다가 사유 재산도 보호되지 않는 경우가 적지 않다. 러시아나 북한 그리고 페루, 베네수엘라 같은 라틴아메리카의 일부 국가도 여기에 해당한다.

두 가지 경제 제도를 비교한 애쓰모글루와 로빈슨은 다음과 같은 일반 원칙이 있다고 주장한다. "포용적 경제 제도는 경제 활동, 생산성의 향상, 경제의 번영을 촉진한다. 안전한 사유 재산권이 중요한 이유는 그런 권리를 가진 사람만이 투자하거나 생산성을 향상시키려 생각하기 때문이다."

또한 애쓰모글루는 포용적 경제 제도의 채택 여부가 국가의 번영과 쇠퇴에 어떤 영향을 끼치는지를 여러 가지 사례와 함께 설명한다. 영국에서 산업혁명이 일어난 데는 17세기 중반부터 후반에 청교도혁명과 명예혁명이 일어나 국왕의 권력이 제한된 것이 그 배경에 자리하고 있다. 이에 대해 애쓰모글루는 "국가가 멋대로 과세를 하거나 개인의 권리 또는 재산을 몰수하지 못하게 된 것이 민간의 투자를 촉진하고 혁신을 가속시키는 결과로 이어졌다."라고 말했다.

일본에서 도쿠가와 가문의 통치도 절대적이고 착취적이었지만 페리의 내항을 계기로 사쓰마 번과 조슈 번 등의 반대 세력이 결집해 메이지 유신이라는 정치 혁명이 일어난다. 그 결과 포용적인 경제 제도로 이행하고 시부사와 에이이치나 이와사키 야타로로 대표되는 민간 기업가들이 대두하면서 경제가 급속히 발전했다.

한편 애쓰모글루는 "로마 제국이나 베네치아 공화국은 포용적인 제도로 교역 등의 자유로운 경제 활동을 촉진해 번영했지만 점차 착취적인 제도로 이행한 결과 끝내 쇠퇴했다."라고 지적했다. 소련에서도 공산주의 엘리트가 지배하는 착취적인 제도가 혁신과 경제적 발전을 저해했다. 지속적인 성장을 실현할 수 없게 되자 경제가 붕괴됐고, 결국 소련은 1991년에 해체된다.

그런데 미국의 많은 지식인이 높게 평가하는 《국가는 왜 실패하는가》에 대한 게이츠의 평가는 좋지 않다. 게이츠는 "저자의 분석은 모호하고 단순화되어 있다. 정치적, 경제적인 제도에 관한 '포용적' 대 '착취적'이라는 시각에 사로잡혀 다른 모든 요인을 거의 무시했다."라고 비판했다. 특히 로마 제국이나 베네치아 공화국, 마야 문명의 쇠퇴의 경우 무시해서는 안 될 다른 요인이 있다고 지적했다.

또한 게이츠는 독재적인 지도자가 국가의 성장으로 이어지는 올바른 선택을 하는 경우도 있으며 그 후 국가가 더욱 포용적인 체제를 갖추는 형태로 진화할 가능성이 있다고 생각한다. 한국이나 대만, 싱가포르가 그 좋은 예라고 할 수 있을 것이다.

게이츠는 "경제 성장은 정치 시스템과는 관계가 없으며 자본주의 경제를 받아들이는 것과 깊은 상관관계가 있다."라고 주장한다. 이를테면 중국은 공산주의 엘리트가 지배하는 독재 국가이고 국민의 자유도 제한하지만 자본주의 시스템을 교묘히 도입해 지속적인 성장을 실현해 왔다. 정치 체제와 상관없이 국가가 인프라의 정비나 교육의 개선에 힘을 쏟고 시장 원리를 따르는 자유주의적인 경제 정책을 채용한다면 성장할 가능성은 커진다.

나도 게이츠의 견해에 동의하는데 주의해야 할 포인트가 하나 있다. 그것은 미국의 지식인들이 애쓰모글루와 로빈슨의 의견을 지지하는 이유다. 이 책에 찬사를 보낸 인물로는 케네스 애로, 게리 베커, 피터 다이아몬드, 마이클 스펜스, 로버트 솔로라는 노벨 경제학상 수상자 5인과 《역사의 종말》로 유명한 보수파 정치학자 프랜시스 후쿠야마, 역사학자 스티븐 핀커스 등이 있다. 보수파 지식인들이 이처럼 《국가는 왜 실패하는가?》를 추천하는 이유는 애쓰모글루와 로빈슨의 주장이 '미국의 입맛에 맞기' 때문이다. 포용적인 경제 제도의 이상형이 되는 국가는 물론 미국이다. 그렇기에 "개인의 자유와 사유 재산을 보호해 혁신을 촉진하는 것이 국가를 풍요롭게 만든다. 많은 나라가 이 제도를 도입하는 것이 세계의 번영으로도 이어진다."라는 주장에 찬동하는 사람이 많다고 할 수 있다.

중국의 부상 속 미국은 무엇을 해야 하는가

《미국 쇠망론》은 여러 가지 과제를 안고 있는 미국이 급속한 경제 발전을 이룩해 초강대국으로 대두하는 중국에 어떻게 대처하고, 경쟁력을 높여야 할지에 관해 논한 책이다. 세계화의 동향을 분석한 《세계는 평평하다》로 베스트셀러 작가가 된 〈뉴욕타임스〉 칼럼니스트이자 저널리스트 토머스 프리드먼Thomas Friedman과 존스홉킨스 대학교의 국제 정치학 교수인 마이클 만델바움Michael Mandelbaum이 공동으로 집필했다.

이 책에서는 먼저 급성장하는 중국의 위협에 관해 이야기한다. 거대한 컨벤션 센터, 고속철도, 고속도로망, 공항, 고층 아파트로 상징되는 중국의 인프라와 고도의 과학 기술, 학생들의 높은 학력 등을 열거하며 '미국의 전성기는 끝나고 중국의 전성기가 찾아왔다'라는 의식이 미국 내에서 높아지고 있다고 지적했다. 중국의 대두를 1980년대의 일본에 대입하는 움직임도 있지만 프리드먼과 만델바움은 "일본은 냉전 중에 지나간 하나의 토네이도였다. 반면에 중국과 세계화는 냉전 이후의 세계의 바다에 자리를 잡고 있는 카테고리 5에 해당하는 초대형 허리케인이다."라고 말했다.

그러나 미국이 중국의 방식을 흉내 내는 것은 아무런 해결책이 되지 못한다. 두 저자는 오히려 "미국이 세계에서 가장 활기찬 경제와 민주주의를 실현한 '번영의 비결'에 다시 주목하고 이를 강화해야 한다."라고 주장했다. 미국의 번영 비결에는 다섯 개의 기둥이 있다. '국민을 대상으로 한 충실한 공공 교육', '인프라의 정비', '이민자에 대한 문호 개방', '기초 연구·개발에 대한 정부의 지원', '민간 경제 활동에 필요한 규제의 실행'이다. 프리드먼과 만델바움은 이 비결들이 "최근 20년 사이에 거의 모든 측면에서 썩어 버린 채 방치되고 있다."라고 강하게 비판하면서도 다시 노력한다면 미국은 경쟁력을 되찾을 수 있다고 말한다.

교육에 관해서는 새로운 가치를 만들어내는 '크리에이터'를 더 육성할 필요가 있다고 말한다. 크리에이터는 발명가와 엔지니어 등 비정형적이고 고도의 기술을 지닌 인재다. 정형적이고 중간 수준의 기술이 요구되는 화이트컬러의 업무는 AI나 임금이 저렴한 외국의 인재에게 점점 빼앗길 것이다.

이민에 관해서는 2001년의 동시 다발 테러 이후 엄격해진 규제를 재검토함으로써 다시 전 세계에서 훌륭한 인재가 모여들도록 만들어야 한다고 주장한다. 이민자는 미국의 전체 인구에서 불과 12퍼센트를 차지할 뿐이지만 실리콘밸리의 IT 산업의 52퍼센트에 해당하는 기업을 창업했으며 미국 특허의 25퍼센트 이상에 공헌했다는 데이터도 있다고 한다.

미 정부의 기초 연구·개발에 대한 지원은 미국의 의료와 항공 우주, 통신·인터넷 등의 기술 발전에 공헌해 왔다. 지금은 전기 자동차나 전지를 포함한 클린 에너지에 대한 지원을 강화해야 한다는 것이 프리드먼과 만델바움의 주장이다. 또한 중국에 비해 떨어지는 노후화된 인프라도 쇄신해야 한다고 말한다.

《미국 쇠망론》은 '좋은 의미'에서 애국적인 책이다. 중국의 위협을 조금 과장했다는 인상은 있지만 미국의 과제는 무엇이고 강점은 어디에 있는지, 어떤 수를 써야 부활할 수 있을지를 다양한 팩트와 함께 상세히 설명한다. "《미국 쇠망론》은 훌륭한 책이니 꼭 읽어 보기 바란다. 미국의 경제적 과제에 대한 답은 과거에서 발견할 수 있다는 두 저자의 메시지에는 나도 거의 동의한다." 게이츠는 이 책을 이렇게 평가했다. 미국이 어떤 과제를 안고 있는지 잘 설명했으며 무엇을 해야 할지에 관해서도 훌륭한 제안을 했기 때문이다.

다만 게이츠는 미국에 국한되지 않은, 좀 더 지구적인 시각으로 사물을 바라본다. 그래서 "미국 이외의 국가가 성장해 빈곤에서 벗어나는 것은 미국에 나쁜 일이 아니다. 다른 나라의 번영은 미국에도 플러스가 된다."라고 말했다. 게이츠는 신흥국이 더욱 풍요롭고 건강해진다면 미국의 상품이나 서비스의 새로운 고객이 탄생하는 일이 세계 전체가 더욱 안정된다고 믿는다.

인간은 어떻게 계몽하고 발전하는가

21세기의 사회에서 '계몽주의(계몽사상)'라는 말을 들을 기회는 좀처럼 없다. 사전을 보면 계몽사상은 '유럽에서 17세기에 발생해 18세기에 전성기를 맞이했던 혁신적 사상. 합리적·비판적 정신을 바탕으로 전통적 권위나 과거의 사상을 철저히 비판하고 이성의 계발을 통해 인간 생활의 진보·개선을 꾀하려 했다'라고 소개되어 있다.

《지금 다시 계몽》은 언뜻 보면 구닥다리 사상으로 생각되는 계몽주의가 또다시 중요해졌다고 주장하는 책이다. 하버드 대학교의 심리학 교수인 저자 스티븐 핑커Steven Pinker는 '이성', '과학', '휴머니즘', '진보' 같은 계몽주의의 이념을 되돌아보지 않는다면 무서운 사태가 일어날 것이라고 경고한다.

이성에 입각해 과학적인 시각으로 사물을 파악하지 않고 근거가 없는 음모론이나 불운을 누군가의 책임으로 돌리는 위험한 주장을 믿는 사람들이 늘어나고 있기 때문이다. "(트럼프의) 당선에 기초가 되었던 생각들은 좌파와 우파를 막론하고 지식인들과 일반인들 사이에 널리 퍼져 있다. 예를 들어 세계가 나아가고 있는 방향에 대한 비관론, 근대적인 제도에 대한 냉소, 종교가 아닌 다른 무언가에서는 고귀한 의미를 상상하지 못하는 좁은 시야가 그것이다." 핑커는 이렇게 말했다.

이성을 갈고닦아 세상을 이해한다는 계몽주의의 이념은 과학을 통해 무지와 미신으로부터 벗어나려 했다. 17세기까지만 해도 많은 사람이 호우나 번개, 가뭄, 지진 등을 신의 분노라고 믿었으며 유럽에서는 마녀사냥과 이단 심문 같은 비과학적인 박해도 당연하다는 듯이 벌어져 왔다. 과학의 발전 덕분에 비로소 이런 미신적인 세계가 변화했던 것이다.

계몽주의를 통해 종교를 대신하는 새로운 도덕 기반으로서 휴머니즘도 확산되었다. 부족이나 국가, 종교의 영광보다 개인의 행복을 중시하는 사고방식이다. 제러미 벤담이 제창한 '최대 다수의 최대 행복'도 개인을 기초 단위로 삼았다. 그리고 개개인이 지닌 기뻐하거나 괴로워할 수 있는 능력이 타인에 대한 공감으로 이어졌으며, 가족이나 부족에서 이윽고 인류 전체로 확대되어 '코스모폴리타니즘(세계시민주의)'으로 발전한다. 휴머니즘이 발전하면서 노예 제도와 잔혹한 형벌이 폐지되는 등 사회도 진보하게 되었다.

그런데 계몽주의의 발전으로 주술적인 세계관과 결별한 줄 알았던 인류에게서 최근 들어 '반계몽주의'라고도 부를 수 있는 움직임이 두드러지고 있다고 핑커는 지적했다. "2010년대가 되어 계몽주의의 이념을 명백히 부정하는 포퓰리즘 운동도 대두했다. 이 운동을 확산시키는 사람들은 코스모폴리타니즘보다 부족주의, 민주주의보다 권위주의를 숭상하고, 지식을 존중하지 않으며, 전문가를 경시하고, 더 나은 미래를 기대하기보다 소박한 과거를 그리워한다."

가장 중요한 것은 집합체의 영광이며, 인간은 이를 형성하는 일회용 세포에 불과하다는 내셔널리즘으로 상징되는 사상도 다시 세력을 키우고 있다. 자신들의 국가(민족)만 잘 되면 다른 나라(민족)는 어찌 되든 상관없다는 식의 독선적인 사고방식은 휴머니즘과는 양립할 수 없다.

핑커는 그렇기에 더더욱 이성적이고 과학적인 계몽주의 이념으로 되돌아가야 할 때라고 주장한다. 언론이 빈번히 보도하는 '세상이 나빠지고 있고 있는 듯한' 인식을 주는 비관적인 뉴스를 믿지 않고 '숫자'에 입각해 과학적으로 검증해 보면 사실과 다를 때가 종종 있기 때문이다.

핑커는 다양한 통계를 제시하며 세계가 놀라운 진보를 이루고 있는 현실을 명확히 보여준다. 이 부분은 《팩트풀니스》 등이 다룬 내용과 겹치기 때문에 자세한 내용은 생략하지만 대부분의 나라에서 평균 수명은 대폭 증가했고 유아 사망률은 감소했으며 임산부 사망률도 낮아졌다. 세계 인구가 증가했음에도 식량 사정은 개선되고 있으며 굶주림으로 죽는 사람의 수는 극적으로 감소했다.

물론 20세기를 되돌아보면 대규모 기근이 발생한 적도 있다. 모두 합치면 약 7,000만 명이 사망했는데 핑커는 "그중 80퍼센트는 공산주의가 초래했다."라고 지적했다. 구소련의 집단 농장화나 스탈린이 우크라이나에서 일으킨 계획적인 대기근, 마오쩌둥의 대약진 정책, 캄보디아의 독재자 폴 포트의 압정, 북한의 독재 체제에서 일어난 대기근 등이 있었지만 1990년대 이후에는 많은 나라에서 필요한 식량이 골고루 전달되게 되었다.

최근에는 중국이나 동남아시아, 동유럽, 아프리카의 국가들에서도 경제의 급속한 성장이 두드러지게 되었다. 국민이 풍요로워지고 해외여행도 당연해져서 중국인이나 태국인 관광객이 "일본은 뭐든지 싸다."라며 싹쓸이 쇼핑을 하는 시대다. 많은 나라에서 부가 증대되고 빈곤이 감소한 것은 틀림없는 사실일 것이다.

또한 핑커는 과거와 비교하면 세계가 평화로워졌으며 환경 문제도 해결할 수 있다고 주장했다. SDGs(지속가능발전 목표)라는 개념이 수용되고, 외국인에 대한 편견이나 여성 차별, 동성애 차별이 줄어들었으며 아동 노동도 감소하고 있다.

게이츠는 《지금 다시 계몽》을 높게 평가하며 이렇게 평했다. "세계가 나아지고 있는 이유를 강력하게 설명한다. 가장 흥미로운 부분은 진보의 척도들을 탐구하는 제15장이다. 1차 정보를 깊게 파고들어 예상치 못한 진보의 징조를 이끌어내는 필력이 뛰어나다."

　다만 AI와 로봇에 관한 핑커의 견해는 지나치게 낙관적인 측면이 있다고 지적했다. 게이츠는 AI 로봇이 인류를 멸망시키려 하는 영화 〈터미네이터〉 같은 위험이 찾아오리라고는 생각하지 않지만 "그 공포의 밑바닥에 있는 의문, 즉 누가 로봇을 통제하느냐는 의문은 타당하다. 어떤 시점이 되면 누가 AI를 통제할 것인가는 중요한 문제가 될 것이다."라고 말했다.

세계를 바꾼
거인들의 삶에
빠져들다

book 《덩샤오핑 평전》《FED, 우리가 믿을 수 있는》《스트레스 테스트》《레오나르도 다빈치》

중국 현대사를 알기 위해 봐야 할 덩샤오핑

한 사람이 국가의 운명을 아무도 상상할 수 없을 만큼 크게 바꾼 예는 세계사를 전부 살펴봐도 손가락에 꼽을 정도일 것이다. 1978년부터 1989년까지 중국의 최고 지도자였던 덩샤오핑의 이야기다. 1970년대의 중국은 가난한 나라였지만 덩샤오핑의 지도 아래 개혁 개방을 추진해 세계적인 경제 대국으로 발전하는 길을 열었다.

《덩샤오핑 평전》은 그런 덩샤오핑의 전기다. 저자는 하버드 대학교의 사회학 교수였던 에즈라 보걸Ezra Vogel로, 일찍부터 일본이 경제 대국으로서 발전한 과정과 그 구조에 관심을 품고 분석했던 보걸은 중국에 관한 책을 쓰는 것이 아시아의 다음 변화를 이해하는 데 가장 도움이 되리라고 생각했다. 그리고 다양한 사람의 의견을 들은 뒤 '현대 중국의 궤도에 가장 영향을 끼친 인물'이라고 느낀 덩샤오핑에게 초점을 맞추기로 했다. 집필에 10년이라는 시간을 들인 이 책은 덩샤오핑이라는 인물을 깊이 파고든 대작으로, 언론에 제약이 있는 중국에서도 출판이 허가되어 베스트셀러가 되었다.

덩샤오핑의 고난으로 가득한 장절한 인생은 읽는 이의 마음을 매료시킨다. 지금은 영광만이 이야기되고 있지만 그는 세 차례의 실각을 경험했으며 1966년에 시작되었던 문화 대혁명 시대에는 자본주의를 추종하는 '주자파'라는 비판을 받고 모든 관직을 박탈당했다. 지방으로 추방당해 트랙터 공장에서 일하는 굴욕도 맛봤다. 본인뿐 아니라 자식들도 혹독한 비판과 공격을 당해 아들은 하반신불수가 되었다. 그러나 덩샤오핑은 이런 역경을 극복하고 권력을 되찾았으며 중국의 최고 지도자가 되었다.

애초에 덩샤오핑은 어떤 인물이었을까? 1904년에 쓰촨 성의 지주 집안에서 태어난 그는 유년기부터 영리한 아이였다. 5세에 유교 교육을 받기 시작했고 현에 하나밖에 없는 고등소학교에 입학했으며 초등 중학교에도 진학했다. 조숙했던 덩샤오핑은 불과 14세였던 1919년에 '5·4 운동'이라는 일본의 제국주의에 반대하는 운동의 일환으로 전개된 시위에 참여했다. 그리고 바로 그 무렵, 제1차 세계대전으로 노동력이 부족했던 프랑스에 중국인 청년을 파견해 일하면서 공부하게 하는 '근공검학勤工儉學'이라는 프로그램이 시작되었다. 덩샤오핑은 충칭에 설립된 유학 준비를 위한 예비 학교에 합격했고 16세에 프랑스로 떠난다. 그리고 1920년에 프랑스에 도착하지만 이미 전쟁이 끝나서 살아남은 프랑스 청년들이 직장에 복귀한 뒤였다. 그런 프랑스에서 중국인이 일자리를 찾는 것은 쉬운 일이 아니었고, 엎친 데 덮친 격으로 인플레이션까지 진행되는 바람에 도착한 지 불과 3개월 만에 자금 부족으로 프로그램이 속행될 수 없는 상황이 되고 말았다.

덩샤오핑은 몇몇 공장을 전전하며 집게로 쇳덩이를 끄집어내는 일, 조화를 만드는 일, 고무 신발바닥을 만드는 일 등을 했다. 그러나 중노동이 많았음에도 중국인에게 지급되는 급여는 적었던 탓에 좀처럼 돈이 모이지 않았고 덩샤오핑은 결국 자금 부족으로 대학 진학을 단념하게 된다.

프랑스에서 소련으로, 다시 중국으로

앞날이 불투명한 상황에서 덩샤오핑은 프랑스에 있는 중국 공산당의 하부 조직 멤버가 시작한 공부 모임에 참석하게 되고, 그곳에서 훗날 중화인민공화국의 초대 총리가 되는 저우언라이를 만난다. 저우언라이의 밑에서 덩샤오핑은 공산주의 사상을 홍보하는 잡지의 인쇄 등을 한다.

그리고 1924년, 덩샤오핑은 정식으로 공산당에 입당한다. 열의와 능력을 인정받아 리옹의 당 조직의 지도자로 취임하지만 프랑스 정부의 단속이 심해지자 소련으로 도피할 것을 결심한다. 1926년에 모스크바에 도착한 덩샤오핑은 마르크스와 레닌이 쓴 책이나 역사적 유물론 등 공산주의 사상과 이론을 가르치는 모스크바 중산 대학에서 공부했다.

1927년에 중국으로 돌아온 덩샤오핑은 마오쩌둥과 만났으며 당 내에서 점차 존재감을 키워 나갔다. 항일 전쟁 이후에 시작된 국민당과의 싸움(국공 내전)에서는 수많은 사상자를 내면서도 부대를 전진시켜 지배 지역을 확대함으로써 공산당의 승리에 공헌했다.

1949년에 중화인민공화국이 수립돼 사회주의 국가 건설이 시작되자 덩샤오핑은 마오쩌둥의 신뢰를 얻어 점차 중역을 맡게 되었다. 1956년 이후에는 공산당 중앙 서기처의 총서기로서 대외 관계에서 가장 중요했던 타국 공산당과의 연대를 담당한다. 그리고 마오쩌둥과 함께 소련을 방문해 공산주의의 위대한 이론가로 평가받았던 미하일 수슬로프와 격론을 벌이는 등의 활약으로 마오쩌둥의 신뢰를 한층 높였다.

덩사오핑은 마오쩌둥의 충실한 측근으로서 당에 비판적인 약 55만 명의 지식인을 공격한 '반우파 투쟁'이나 경제와 사회를 단기간에 개조하려 한 '대약진 운동'을 지도한다. 그러나 반우파 투쟁은 과학 기술에 해박한 중국의 우수한 두뇌를 파멸시켰고, 대약진 운동은 흙으로 만든 작은 철로를 사용해 질이 떨어지는 쇠를 생산하는 수법(토법고로)으로 상징되는 비과학적인 접근법이 실패해 1,600만 명 이상이 굶어 죽는 비참한 결과를 초래했다고 평가받는다.

대약진 운동의 실패가 분명해지는 가운데 마오쩌둥의 구심력은 흔들리게 된다. 국가 주석이었던 류사오치와 덩샤오핑은 개혁이 불가피하다고 생각해 경제를 재건하기 위한 여러 가지 시도를 시작했다. 그러나 자신의 말을 듣지 않게 된 부하들에게 화가 난 마오쩌둥은 자신의 혁명적인 시각을 지지하지 않는 간부들을 제거하려 한다.

덩샤오핑의 굴곡진 정치 역사

그리고 1966년에 '문화 대혁명'이 시작된다. 마오쩌둥을 전적으로 따르지 않는 사람에게 '자본주의의 길을 걷는 실권파(주자파)'라는 꼬리표가 붙었고, 다수의 상급 간부가 지도자 지위에서 추방당한 뒤 농촌으로 보내겨 육체노동을 하거나 재교육을 받았다. 《마오쩌둥 어록》을 손에 든 홍위병이라는 젊은이들은 지주와 지식인을 주자파나 반혁명분자로 간주하고 공격했다.

제일 먼저 표적이 된 사람은 국가 주석인 류사오치였다. 마오쩌둥은 대약진 운동이 실패하고 대기근이 일어난 뒤인 1962년에 열린 회의에서 류사오치에게 비판받았던 것을 잊지 않고 있었다. 그래서 류사오치와 덩샤오핑이 대약진 운동으로 침체된 경제를 되살리기 위해 시장 경제를 도입한 경제 정책을 실시한 것 등을 비판한 것이다. 두 사람은 무서운 집중포화를 받게 된다.

"마오쩌둥의 공격은 집요하고 가혹했다. 1966년 말 이후 수개월 동안 언론은 매일 류사오치와 덩샤오핑에 관한 비판을 전개했다. 감금당한 류사오치는 필요한 치료도, 가족의 간호도 받지 못한 채 다른 감방에 수감되어 있는 아내를 두고 세상을 떠났다." 보걸은 이렇게 말했다.

마찬가지로 적으로 간주된 덩샤오핑과 아내도 자택에 감금되었고 집 밖으로 내쫓긴 자식들의 소식을 2년 동안 알지 못했다. 덩샤오핑의 자식들은 홍위병의 박해를 받았으며 농촌으로 보내져 노동을 해야 했다. 1969년이 되자 덩샤오핑과 아내도 장시 성의 난창 시로 보내져 육체노동을 하면서 마오쩌둥 사상의 재교육을 받게 된다. 덩샤오핑 부부는 트랙터 수리 공장에서 기계공으로 일했고 채소밭에서도 일하게 된다. 마오쩌둥은 극좌파의 폭력으로부터 덩샤오핑을 보호하기 위해 그를 군의 숙소에서 살게 하는 등 일정 수준의 배려는 했지만 총서기로 활약하던 시절과는 완전히 다른 비참한 감금 생활이 계속되었다.

덩샤오핑이 끔찍이도 사랑했던 큰아들 덩푸팡은 문화 대혁명 당시 극좌파의 공격을 피해 고층에서 뛰어내렸다가 척추를 다쳤는데 병원에서는 비판의 대상이었던 그를 치료하려 하지 않았다. 간신히 인민 병원으로 이송되기는 했지만 척추가 부서지고 흉추도 골절 상태였던 덩푸팡은 사흘 동안이나 사경을 헤맸고, 결국 배설 기능도 제어하지 못하는 심각한 마비 장애가 남게 되었다. 훗날 중국의 최고 지도자가 되는 인물과 그의 가족이 이렇게까지 잔혹한 취급을 당했다는 것은 충격적이다. 그러나 덩샤오핑은 그런 고난의 나날을 놀라운 인내력으로 극복했다. 정세의 변화를 파악하면서 마오쩌둥에게 편지를 써서 다시 공산당을 위해 일하고 싶다는 뜻을 전했다.

마오쩌둥이 덩샤오핑을 다시 베이징으로 부른 것은 1973년이 되어서였다. 6년 만에 마오쩌둥과 만난 덩샤오핑은 부총리로 임명되었고, 총리인 저우언라이와 함께 외국의 요인을 만날 수 있게 된다. 1971년에 닉슨이 중국을 방문한 뒤로 저우언라이는 미국과 대화를 계속해 왔다. 1973년에는 미국의 국무장관이었던 헨리 키신저가 중국을 방문해 저우언라이와 수십 시간이나 토론을 나눴다. 그러나 이 보고를 들은 마오쩌둥은 미국의 의견에 양보하는 듯한 저우언라이의 태도에 불만을 표시했고, 이번에는 저우언라이에 대한 격렬한 비판이 시작되었다.

그 뒤로는 덩샤오핑이 저우언라이를 대신해 미국과의 교섭을 맡게 되었다. 1974년에는 유엔 총회에서 중국 대표로 연설해 국제적인 주목을 받게 되는데 덩샤오핑은 성공적으로 연설을 마쳤고, 많은 나라의 지도자와도 개별적으로 회담한다. 그리고 1975년이 되자 암 투병을 하고 있었던 저우언라이가 사실상의 은퇴를 함에 따라 덩샤오핑이 실권을 잡게 된다.

덩샤오핑은 마오쩌둥의 의견을 배려하면서도 개혁을 계속 추진해 나갔다. 인민 해방군의 총참모장으로 임명되자 재정을 압박하고 있었던 군의 규모 축소에 나섰고 철도의 운송 능력을 강화했으며 석탄·철강 산업을 확대하고, 중국 과학 기관의 재건에도 힘썼다. 이와 같은 개혁들은 서서히 결실을 보게 된다.

그러나 개혁을 서두르는 덩샤오핑이 자신을 완전히 지지하지 않는 것은 아닌지 의심한 마오쩌둥은 문화 대혁명이 기본적으로 옳았음을 인정하도록 압박한다. 또다시 비판에 직면한 덩샤오핑은 실각을 각오하면서도 이번에는 압력에 굴하지 않았다. 몸을 숙였다면 자신의 지위는 지킬 수 있었을지도 모르지만 그러지 않았던 것이다.

이에 대해 보걸은 "덩샤오핑이 문화 대혁명의 정책을 긍정한다면 지금까지 일으켜 온 개혁도 대부분 원래대로 되돌려야 했다. 결국 잘못된 정책을 지지했다는 쪽으로 기록에 남기 때문에 자신이 필요하다고 생각했던 일도 실행할 수 없게 된다고 생각했을 것이다."라고 설명했다.

1976년 1월, 덩샤오핑은 사표를 제출하고 다시 실각한다. 저우언라이가 세상을 떠난 직후였다. 같은 해 4월에 저우언라이와 덩샤오핑을 지지하는 수많은 사람이 베이징의 천안문 광장에 모였지만 진압당했고 그후 덩샤오핑은 모든 직위에서 해임된다.

그러나 1976년 9월에 마오쩌둥이 심장 발작으로 사망하고 만다. 절대 권력자가 사라지면 반드시 권력 투쟁이 일어나기 마련이다. 저우언라이를 이어서 총리가 되었던 화궈펑 등은 마오쩌둥의 부인이었던 장칭 등 사인방으로 불렸던 간부들을 체포해 실각시킨다.

경제 자유화의 길을 연 덩샤오핑 리더십

덩샤오핑은 1977년에 부활한다. 그리고 외교 경험이 없으며 지도자로서 능력이 부족했던 화궈평을 대신해 1978년에 중국의 최고 지도자가되었다. 마침내 자신의 뛰어난 수완을 발휘할 수 있는 시대가 찾아온 것이다. 덩샤오핑은 일본과 미국을 직접 방문해 제철소와 자동차 등의 공장, 농업 현장을 시찰했고 공산주의를 지키면서도 서방 세계로부터 우수한 기술과 시스템을 도입해 중국을 발전시키려 한다.

"흰 고양이든 검은 고양이든 쥐를 잘 잡는 고양이가 좋은 고양이다."라는 덩샤오핑의 말은 유명하다. 그는 철저한 실용주의로 서방 세계의원조를 이끌어내고 최신 기술을 도입함으로써 뒤처져 있었던 중국 경제를 발전시키려 했다. 덩샤오핑은 미국도 방문해 당시의 지미 카터 정권으로부터 열렬한 환영을 받았다.

공산주의를 지키면서 자유주의, 자본주의의 좋은 점을 받아들인다는노선은 덩샤오핑의 권력이 확대됨에 따라 한층 선명해졌다. 이것은 매우 어렵고 리스크도 있는 정책이었다. 과거에 주자파로 비판받았듯 공산주의의 위대한 희생을 부정하는 것으로 받아들여질 수 있었기 때문이다. 그러나 덩샤오핑은 마오쩌둥을 전면 부정하지 않고 중화민국을 존중하며 군부도 장악하는 노련한 수완을 발휘해 자신의 권력을 계속해서유지·확대해 나갔다.

덩샤오핑의 리더십 아래에서 중국의 개혁·개방 노선은 되돌릴 수 없는 장기적인 정책으로 확립되었고, 경제 발전으로 이어졌다. 덩샤오핑은 90세를 눈앞에 둔 1992년에도 선전과 우한, 상하이 등 각지를 시찰하고 경제의 개혁·개방의 중요성을 호소하는 '남순강화'를 발표했다.

1989년에 민주화의 움직임을 탄압한 천안문 사건은 오점으로 평가받지만 현대 중국의 발전에 매우 크게 기여한 인물이라고 말할 수 있다.

게이츠는 "마오쩌둥 이후의 현대 중국에 관한 책을 딱 한 권 읽는다면 이 책을 읽어야 한다."라고 말할 만큼 현대 중국의 아버지 덩샤오핑을 높게 평가한다. 그리고 덩샤오핑의 공적에 대해 "천안문 광장에서 학생들의 항의 운동을 저지하기 위해 실시했던 잔인한 접근법과 그에 대한 평가를 분리시킬 수는 없지만, 덩샤오핑의 경제 개혁은 수많은 사람의 생활을 개선했다."라고 말했다.

세계적인 금융 위기와 싸운 벤 버냉키

《FED, 우리가 믿을 수 있는In FED We Trust》은 미국의 중앙은행Fed에 해당하는 FRB(미 연방준비제도이사회)의 벤 버냉키 등이 2007년부터 2008년에 걸쳐 일어난 세계적인 금융 위기에 어떻게 대처했는지를 그린 책이다. 저자인 데이비드 웨슬David Wessel은 퓰리처상을 두 번이나 받은 〈월스트리트저널〉의 저명한 저널리스트다.

이 책을 읽으면 흔히 '리먼 쇼크(리먼 브러더스 사태)'라고 부르는 말이 위기를 과소평가할 수 있는, 오해를 부르는 표현임을 알게 된다. 그 흐름을 간단히 설명하면 다음과 같다. 2007년에 미국에서 서브프라임 모기지론 위기가 수면 위로 드러났고, 그 후에 주택 담보 대출 관련 투자가 많았던 미국의 투자 은행 베어스턴스가 경영 위기에 직면했음이 밝혀진다. 베어스턴스는 2008년 3월에 FRB의 자금 지원을 받았고 며칠 후 JP모건체이스에 인수된다. 여기에 미국의 주택 금융 전문 기관인 연방저당권협회(패니메이)와 연방주택금융저당회사(프레디맥)도 파산 위기에 몰려 정부가 2,000억 달러(약 260조 원)라는 거금을 투입해 국유화한다.

이런 흐름 속에서 일어난 것이 리먼 브러더스의 파산이다. 베어스턴스의 구제가 세금 낭비라고 비판 받는 가운데 버냉키가 이끄는 FRB는 리먼 브러더스를 구제하지 않기로 결정했다. 이 사실이 공표되자 주가는 대폭락했고, 신용 불안이 들불처럼 확산되었다. 주택 담보 대출 관련에 거액을 투자했던 회사가 많았던 까닭에 거대한 금융 기관이 잇달아 도산할지 모른다는 우려가 커지면서 시장이 공황 상태에 빠진 것이다.

리먼 브러더스의 파산에 대한 시장의 반응을 본 버냉키는 미국의 대형 보험 회사인 아메리칸 인터내셔널 그룹AIG의 구제에 나선다. 850억 달러(약 110조 원)를 긴급 융자해 AIG를 국유화한 것이다. 그러나 시티그룹 등 위기에 빠진 금융 기관이 속출했고 '다음은 누구냐?'라는 의심이 시장에 퍼졌다.

낭패를 본 투자자들은 미국의 MMF(머니마켓펀드)에서 1,440억 달러(약 187조 원)를 인출한다. 전자적인 뱅크런이 일어날 수 있는 상태가 되자 '신용 시장이 완전한 멜트다운(붕괴)에 가까워졌다'라고 인식한 버냉키와 재무 장관 헨리 폴슨은 당시 미국 하원 의장이었던 낸시 펠로시를 만나 7,000억 달러(약 910조 원)의 구제 프로그램을 실시하도록 요구했다. 그러나 이 프로그램이 포함된 '긴급 경제 안정화법'이 하원에서 부결되면서 시장은 더욱 동요했고, 그 결과 다우존스 산업 평균 지수와 나스닥 종합 주가 지수가 바닥이 없는 듯한 대폭락을 기록했을 뿐 아니라 세계 각국의 주식 시장도 붕괴되었다. 그 후 하원에서 법안이 겨우 통과되기는 했지만 세계 경제의 대혼란은 수습되지 않았다.

세계 경제가 파멸할지 모르는 절체절명의 위기에서 버냉키는 폴슨과 당시 뉴욕 연방준비제도의 의장이었던 티모시 가이트너 등과 협력해 주말과 심야에도 회의를 열며 긴급 대책을 속속 마련했다. 버냉키 등이 내놓은 대책은 전례가 없는, 기존의 FRB의 권한을 대폭 초월한 것이었다. 일례로 베어스턴스는 FRB가 감독하는 은행이 아니라 SEC(미국 증권거래위원회)가 감독하는 증권 회사(투자 은행)다. 그럼에도 금융 위기에 대처하기 위해 평소라면 월권 행위라는 사실도 알면서 감수하고 '루비콘 강을 건너는' 방침 전환을 결단했다.

그리고 버냉키는 금융 위기를 극복하기 위해서라면 "필요한 것은 무엇이든 한다."라고 선언했다. 베어스턴스 구제는 이를 위해 내놓은 첫 번째 묘수였으며, 문자 그대로 온갖 수단을 실행해 나갔다. 거액의 국비를 투입한 패니메이와 AIG 등의 구제도 평상시라면 생각할 수 없는 일이었다.

"무엇이든 한다."의 상징이라고도 할 수 있는 것은 '헬리콥터 머니'라고 불리는, 공중에서 현금을 뿌리는 것처럼 시중에 대량의 자금을 공급하는 정책이다. 재정 적자를 국채 발행이 아니라 통화 발행으로 메우는 재정 정책을 단행했다. 게다가 금리를 단기간에 크게 떨어트려 사실상의 제로 금리 정책도 실시했다. 물론 이런 전례가 없는 정책은 강한 비판을 받았다. '헬리콥터 벤'이라는 비아냥거림을 들었고 제로 금리의 연속이 하이퍼인플레이션을 초래할 수 있다는 비판도 받았지만 버냉키는 동요하지 않았다.

왜 버냉키는 이렇게까지 대담한 위기 대응을 단행했을까? 그것은 자신이 경제학자로서 1980년부터 대공황의 원인을 연구했으며, 신용 붕괴를 단호히 저지해야 한다고 생각했기 때문이다. 버냉키는 대공황을 연구한 내용을 담은 《대공황론Essays on the Great Depression》이라는 책을 2004년에 출판했다.

그는 어떻게 대공황을 빠르게 빠져나왔나

'대공황 마니아'를 자처하는 버냉키는 과거에 밀턴 프리드먼 등도 주장했듯이 화폐 공급의 수축이 대공황의 장기화를 초래했다고 생각했다. 그래서 화폐를 무제한으로 공급한 것이다.

또한 '신용'이라는 화폐 공급 이외의 요인도 대공황이 일어난 한 요인이었다고 생각했다. 그래서 우려되었던 신용 붕괴가 리먼 브러더스의 파산 이후 일어나려 하자 온갖 수단을 동원해 대형 금융 기관을 구제하며 신용 회복에 힘을 쏟았다.

그렇다면 버냉키의 판단은 정말로 옳았던 것일까? 물론 여러 가지 판단 오류도 있었다. 2006년에 FRB 의장직에 취임하자마자 좀 더 재빠르게 행동했어야 했다거나 리먼 브러더스를 파산시키지 말고 구제했어야 했다는 등의 지적을 하는 사람이 적지 않다. 그래도 버냉키 등은 리먼 브러더스 파산 이후 신속히 행동했으며 공황에 빠진 시장에서 신용 불안을 해소하기 위해 대담한 정책을 속속 내놓았다. "버냉키가 대공황을 연구하지 않았다면 어떻게 되었을까?", "제2의 대공황을 막기 위해서는 무엇이든 하겠다고 결심하지 않았다면 어떻게 되었을까?" 저자인 웨슬은 이렇게 묻는다. 그 질문에 대한 답은 명확해서 그렇지 않았다면 경기는 더욱 악화되어 경제에 파멸적인 결과를 가져왔을 가능성이 있다.

"이 책의 저자는 (금융 위기 당시) 버냉키가 어떻게 행동했는지, 그리고 FRB가 실시한 조치가 얼마나 참신했는지를 매우 잘 설명해 준다." 게이츠는 이 책을 이와 같이 평가했다.

금융 위기에 맞선 또 한 명의 투사, 가이트너

2007~08년에 일어난 금융 위기에 버냉키와 함께 맞섰던 인물이 티모시 가이트너Timothy Geithner다. 가이트너는 2003~2009년에 걸쳐 뉴욕 연방준비제도의 의장을, 2009년부터 2013년에 걸쳐 미국의 국무장관을 역임했다. 그런 가이트너가 쓴 책이 《스트레스 테스트》다.

가이트너도 세계적인 금융 위기에 정면으로 맞서 싸웠다는 강한 자부심을 품고 있으며 버냉키는 그의 둘도 없는 친구다. 가이트너는 "이 전쟁을 계속 함께 싸웠던 주된 전투원은 나를 제외하면 연방준비제도에 근무하고 있었던 시절에나 재무장관이 된 뒤에나 나의 가장 친한 동료였던 벤 버냉키뿐이었다."라고 말했다.

미국과 세계에 행운이었던 점은 버냉키가 대공황을 연구했으며 가이트너는 과거에 일어났던 복수의 금융 위기에 대응한 경험이 있었다는 것이다. 가이트너는 미국 재무부와 IMF에서 1994~95년의 멕시코 통화 위기와 1997년의 아시아 통화 위기, 1998년의 롱텀 캐피털 매니지먼트 LTCM 파산 등을 경험한 바 있다.

가이트너는 이런 경험을 쌓은 뒤 2003년에 뉴욕 연방준비제도의 의장에 취임했다. 흥미로운 점은 취임 초기부터 가이트너가 FRB의 관할 밖이고 안전망도 적용되어 있지 않은 '섀도뱅크'나 '논뱅크'는 위험하다고 생각했다는 사실이다. 투자 은행이나 주택금융전문 회사인 패니메이나 프레디맥 등이 여기에 포함된다. 이와 관련해 가이트너는 "전체적으로 보면 미국의 금융 채무 중 절반 이상이 FRB의 시선이 직접 닿지 않는 은행 밖으로 이동하고 있었다."라고 말했다.

이와 같은 위험성을 우려한 미국의 금융 당국은 패니메이와 프레디맥에 엄격한 규제를 실시했지만 그것으로는 충분치 못했다. 두 회사는 저금리의 레버리지(지렛대3의 원리)를 이용해 금융 상품을 대량으로 사들였는데 이것을 규제하지 않았던 것이다. "두 회사 모두 의회에 당을 초월한 절대적인 영향력이 있었던 까닭에 개혁은 어려웠지만, 그래도 했어야 했다." 가이트너는 당시를 되돌아보며 이렇게 후회했다.

2007년 여름이 되자 서브프라임 모기지론 문제가 수면 위로 드러나고, 시장의 붕괴가 현실이 된다. 금융 위기는 눈앞으로 다가왔지만 가이트너는 "우리는 세계적인 금융 위기의 가혹한 밑바닥도, 금융 시스템의 문제와 경제 전체의 문제가 공진해 악화되는 환경도 예상하지 못했다." 라고 반성했다.

지옥의 불구덩이가 열리며 이미 이야기한 연쇄적인 위기가 찾아왔지만 가이트너는 버냉키 등과 협력해 의연하게 대응한다. 《스트레스 테스트》를 읽어 보면 그 당시 상황은 마치 '두더지 잡기'와 같아서 금융 기관의 심각한 문제가 연달아 발견되었음을 엿볼 수 있다. 아슬아슬한 상황에서 가이트너와 버냉키 등이 나누는 대화는 긴박감이 있으며 위기 상황에서 큰 결단을 신속하게 내리려면 강한 의지와 행동력이 요구됨을 알 수 있다.

리먼 브러더스의 파산과 그 후의 대응에 관해서는 앞서 소개했기에 더 이상 다루지 않지만 가이트너는 2009년에 버락 오바마 정권이 발족하자 재무 장관에 임명된다. 그리고 FRB를 이끄는 버냉키와 계속 힘을 합쳐서 금융 위기 후의 경제를 이끌기 위해 분주히 노력한다. 그리고 버냉키는 2010년에 계속해서 FRB 의장을 맡게 된다. 가이트너의 재무장관 취임과 버냉키의 연임에는 반대도 많았지만 당시 대통령이었던 오바마가 두 사람의 수완을 높게 평가했다고 말할 수 있을 것이다.

지금 되돌아보면 금기를 두려워하지 않고 '무엇이든 한다'라는 방침을 세운 버냉키 등의 결단은 금융 위기의 충격을 단시간에 극복하는 힘이 되었다. 광범위한 신용 불안이 불식되고 고용도 회복되면서 미국 경제는 2010년부터 빠르게 회복된다. 물론 7년 동안 계속된 사실상의 제로 금리 정책과 산더미 같은 부채가 당연해져 재정 규율이 크게 저하된 것에 관해서는 많은 비판이 있다. 그러나 온갖 수단을 총동원해 무서운 금융 위기를 극복했다는 의미에서는 버냉키도, 가이트너도 일정 수준의 평가를 받아야 할 것이다.

2013년에 미국의 저명한 투자자인 워런 버핏은 버냉키에 대해 "5년 전에 공황이 발생한 뒤로 훌륭히 일해 왔다."라고 평가했으며, 임기가 만료되었을 때 텔레비전의 인터뷰에서 "나라면 그를 연임시킬 것이다."라고 말하기도 했다. 버냉키는 2022년에 노벨 경제학상을 받았다.

이 책을 읽은 게이츠는 "가이트너, 그리고 FRB와 재무부에서 일하는 그의 동료들이 세계 경제가 벼랑 아래로 굴러떨어지는 것을 막은 것에 찬사를 보낸다. 파멸적인 불황이 미국은 물론 세계를 덮칠 위험성이 있었기 때문이다. 게다가 금융 기관의 구제는 미국의 납세자에게 상당한 이익을 가져다줬다."라고 평가했다. 당시 금융 기관을 구제하기 위해 투입되었던 공적 자금은 대부분의 경우 예정보다 빠르게 상환되어 미국 정부에 이익을 가져다줬다.

'천재' 레오나르도 다빈치라는 사람

레오나르도 다빈치는 인류 역사에 찬란한 업적을 남긴 천재다. 그는 '모나리자'와 '최후의 만찬'이라는 유명한 명화를 그린 화가일 뿐 아니라 너무나도 다재다능한 인물로, 해부, 화석, 조류, 심장, 비행 장치, 광학, 식물학, 지질학, 물의 흐름이나 병기 등 실로 광범위한 분야에 흥미를 품고 독창적인 연구를 했다.

《레오나르도 다빈치》는 월터 아이작슨이 쓴 다빈치의 전기다. 스티브 잡스와 아인슈타인의 전기로도 유명한 아이작슨이 다빈치의 전기를 쓴 이유는 자신이 전기 작가로서 일관되게 추구해 왔던 주제를 가장 잘 보여주는 인물이라고 생각했기 때문이었다.

"예술과 과학, 인문학과 기술 같은 서로 다른 영역을 연결하는 능력이야말로 혁신, 상상력 그리고 비범한 영감의 열쇠다." 아이작슨은 이렇게 말했다. 앞에서도 언급했듯 잡스는 문과와 이과의 교차로에 서서 예술과 기술을 결합한 인물이었다. 다빈치는 그런 잡스의 영웅으로, 잡스는 다빈치에 대해 "예술과 테크놀로지 양쪽에서 아름다움을 찾아내서 둘을 연결하는 능력을 통해 천재가 되었다."라는 이야기를 했다고 전해진다. 다빈치라고 하면 몽상가라는 이미지도 있지만, 사실 그는 관찰과 실험을 거듭해서 얻은 지식을 활용해 예술 작품을 만들어낸 매우 과학적인 사람이었다.

아이작슨은 기적적으로 현재까지 남아 있는 7,200페이지나 되는 다빈치의 방대한 노트를 출발점으로 삼아 다빈치의 실상을 추적했다. 그 노트에는 수학 계산식부터 물의 흐름, 두개골, 혈관, 심장, 새, 비행 장치, 식물, 눈과 광학 등 놀랄 만큼 다채로운 주제에 대한 스케치와 깨알 같은 글자가 채워져 있다. 이것을 보면 다빈치가 호기심을 사람이라는 유형의 본체로 만든 듯한 인물로서 집착에 가까운 호기심으로 생물이나 자연의 근본적인 원리에 다가가려 했음을 엿볼 수 있다. 이런 관찰과 실험의 성과는 물론 다빈치가 만들어낸 예술 작품에 활용되었다. 모나리자에서는 자연스러운 미소를 그려냈고, 최후의 만찬에서는 원근법과 명암법을 구사했다.

다빈치는 사생아였는데 아이작슨은 이것이 오히려 행운이었다고 서술했다. 안 그랬다면 다빈치 가문을 봤을 때 5대 전까지의 일족의 적자가 그러했듯이 공증인이 되었을 가능성이 크기 때문이다. 정규 교육을 받지는 못했지만 반대로 틀에 얽매이지 않은 발상으로 독학을 하며 경험과 실천을 중시하는 자세를 익혔다.

14세가 된 다빈치는 예술가이자 기술자이기도 한 안드레아 델 베로키오의 공방에 제자로 들어간다. 당시의 피렌체는 메디치 가문의 지배 아래 예술의 수도로 번성하고 있었으며 그 공방에서도 보석 장식품과 조각, 회화, 가구 등 다양한 작품을 만들고 있었다. 이곳에서 스케치와 기하학 등의 기술을 익힌 다빈치는 스승을 경악시킬 정도의 재능을 발휘하게 된다.

관찰과 해부를 통해 생물의 특징을 깊게 이해한 다빈치는 당시로서는 독보적인 수준의 사실적인 회화를 그리는 능력을 갖췄다. 원근법이나 명암법 등 그림을 그릴 때의 방법론도 발전시켰으며, 나아가 내면의 감정의 움직임을 외형적으로 표현하는 일에도 도전했다. 실제로 다빈치는 "그려진 움직임은 인간의 심리 상태에 합치해야 한다. 인간의 움직임이나 자세는 진짜 마음의 상태를 그대로 비춰야 하며, 동작은 마음의 움직임을 나타내야 한다."라는 메모를 남겼다. 그는 심지어 뇌를 해부해 지각과 감정과 동작이 어떻게 연결되어 있는지까지 조사하려 했다.

이처럼 다빈치가 감정 표현에 빠져든 이유 중에는 그가 정신적으로 불안정했다는 것도 있다. 우울증을 앓았던 적도 있으며 '동방박사의 경배'나 '황야의 성 히에로니무스' 같은 작품을 완성하지 못한 것은 우울증의 영향이었을 가능성이 있다고 아이작슨은 지적했다.

빌 게이츠가 390억으로 사들인 다빈치의 노트

30세가 된 다빈치는 피렌체를 떠나 밀라노로 향한다. 리라라는 악기의 연주자이기도 했던 다빈치는 '외교상의 선물'로서 현지에 파견되었다. 당시 밀라노의 지배자였던 루도비코 스포르차는 원하는 것을 손에 넣기 위해 아낌없이 돈을 쓰는 인물이었는데 다빈치는 자신을 무기 전문가로 홍보했다. 사다리를 사용해 성벽을 오르려 하는 적을 떨어뜨리는 장치, 큰 낫을 바퀴에 장비한 전차, 거대한 석궁 등 다양한 아이디어를 갖고 있었지만 본인이 군사 경험이 없었기도 한 탓에 실제로는 대부분 채용되지 않았다.

결국 밀라노에서 17년을 보낸 다빈치는 무기 개발자가 아니라 여흥의 프로듀서로 활약한다. 당시 밀라노의 궁정에서는 귀한 손님을 대접하는 성대한 쇼가 활발히 열렸기 때문에 이를 위한 무대 설계, 의상, 무대 장치, 자동 기계와 소도구 등을 제작할 필요가 있었다. 다빈치는 예술과 과학 양쪽의 기술을 유감없이 발휘해 가동식 회전 무대나 배우가 마치 하늘을 나는 것처럼 보이게 하는 공중 부양 장치 등을 개발했다.

다빈치가 이런 경험을 살려서 몰두했던 것이 비행 장치의 연구다. 아이작슨에 따르면 "1490년경부터 20년 이상에 걸쳐 다빈치로서는 보기 드물게 새의 비상과 인간을 위한 비행 장치의 연구에 지속적으로 몰두했다. 이 주제에 관한 500점이 넘는 스케치와 열 권이 넘는 노트의 곳곳에는 도합 3만 5,000개의 단어에 이르는 문장이 적혀 있다."라고 한다.

이처럼 뜨거운 열정을 쏟아부었음에도 결국 비행 장치를 실현하지는 못했지만 그래도 열정적인 연구는 다양한 성과를 낳았다. 일례로 "이동하는 공기가 정지한 물체에 끼치는 작용은 움직이는 물체가 정지한 공기에 끼치는 작용과 같다."라는 메모를 남겼는데 아이작슨은 이것을 "갈릴레오 갈릴레이가 발견한 상대성 원리의 전조라고 말할 수 있는 통찰이다."라고 평가했다. 또한 다빈치는 비행기의 날개에 양력이 발생하는 것은 날개 위를 흐르는 공기가 날개 아래를 흐르는 공기보다 빠르게 흐르기 때문이라는 '베르누이 정리'를 암시하는 발견도 했다고 한다.

게이츠도 다빈치에게 높은 관심을 품고 있다. 1994년에 현존하는 다빈치의 노트 32권 중 한 권인 〈레스터 사본〉을 약 3,000만 달러(약 390억 원)에 구입했을 정도다. "레오나르도에게 매료되었던 나는 아이작슨의 새로운 레오나르도 다 빈치 전기를 읽고 싶어 견딜 수가 없었다. 이 책은 내가 과거에 읽었던 다른 레오나르도의 책보다 그가 얼마나 특별했는지를 이해하는 데 도움이 된다." 게이츠는 아이작슨이 쓴 전기를 이처럼 평가했다. 이 책을 읽으면 다빈치의 천재성이 그가 남긴 작품 구석구석에 깃들어 있음을 알 수 있기 때문이다. "무엇보다 두드러지는 레오나르도의 특성은 경이적인 호기심이다. 심장을 지나가는 혈관의 흐름이든 딱따구리의 혀의 생김새이든 그는 무엇인가를 이해하고 싶다고 생각하면 그것을 주의 깊게 관찰하고 생각을 글로 적은 다음 모든 것을 이해하려 했다."

병적일 만큼 강한 호기심으로 관심을 품은 대상을 철저히 관찰하며 그 구조와 메커니즘을 연구한 다음 예술 작품으로 표현하거나 기계적으로 재현하려 한 다빈치. 예술과 과학을 연결한 그의 희대의 재능은 잡스뿐 아니라 게이츠도 포로로 만들었다.

인생의 희노애락을 있는 그대로 받아들이는 법

`book` 《모스크바의 신사》《숨결이 바람 될 때》

절망적인 상황에서 인생을 즐기는 방법

절망적인 상황에서도 인생을 즐기는 방법은 있을까? 에이모르 토울스 Amor Towles가 쓴 《모스크바의 신사》는 인간이 코로나 팬데믹 같은 역경 속에서 어떻게 살아야 할지를 생각하기 위한 힌트가 가득 담겨 있는 신기한 소설이다. 게이츠가 이 책을 2019년과 2020년, 2년 연속으로 '올여름에 읽어야 할 필독서 5'에 선정한 이유는 코로나 팬데믹이라는 상황에 직면한 사람들이 다시 한번 읽어 봐야 한다고 느꼈기 때문일 것이다.

이야기는 1922년의 모스크바에서 시작된다. 1917년에 러시아 혁명이 일어나고, 2월 혁명과 10월 혁명을 거쳐 소비에트 연방이 성립된다. 러시아 제국에서 마지막 황제가 된 니콜라이 2세 일가는 어린아이들을 포함해 전원이 볼셰비키의 총탄에 목숨을 잃었다. 많은 귀족도 인민의

적으로 간주되어 국외로 추방당하거나 총살되는 시대였다.

주인공은 러시아의 명문 귀족인 알렉산드르 일리치 로스토프 백작이라는 인물이다. 혁명이 일어남에 따라 로스토프 백작도 조상 대대로 소유해 왔던 저택과 영지를 빼앗기게 된다. 그리고 혁명 위원장이 주재한 재판에서 총살형은 면했지만 혁명이 발발한 뒤 4년 동안 살고 있었던 고급 호텔 '메트로폴'의 화려한 스위트룸에서 쫓겨나 같은 호텔의 다락방에서 평생 외출을 금지당한 채 생활하기 시작했다.

이런 이야기의 설정에서는 소련 시대의 수용소에서 생활한 인내의 나날을 그린 알렉산드르 솔제니친의 《수용소 군도》와 같은 비참한 이야기를 떠올릴지도 모르지만 이 책은 전혀 다르다. 위트와 유머가 넘치는 로스토프 백작은 불우한 환경에서도 씩씩한 자세를 잃지 않는다. '자신이 놓인 환경의 주인공이 되지 않는다면 그 사람은 평생 환경의 노예가 된다'라는 신조를 배반하지 않고, 귀족으로서 또 신사로서 긍정적으로 살아간다.

책을 읽어 나가면 로스토프 백작의 인품에 점점 매료되어 간다. 귀족이라면 내려다보는 시선으로 바라볼 것 같은 호텔의 종업원이나 레스토랑에서 만난 9세의 소녀에게도 결코 잘난 체하지 않고 경의를 담아서 친근하게 대하고, 그 결과 서로를 이해하는 관계를 쌓아 나간다.

뛰어난 인간 관찰력, 문학과 음식에 관한 깊은 지식과 교양을 갖췄으면서도 그것을 과시하지 않는 태도. 진정한 신사라고 할 수 있는 그의 씩씩하고 밝은 모습은 참으로 인상적이다. "지혜의 가장 분명한 증거는 늘 쾌활한 것이다."라는 말은 백작의 인품을 잘 표현한다.

로스토프 백작은 30대부터 60대까지 32년 동안을 호텔에서 단 한 발도 나가지 않은 채 생활하지만 수많은 사람을 만나 우정을 쌓고 자신의 딸처럼 애정을 쏟는 소녀를 만났으며 일생에 걸쳐 우정과 애정을 쏟게 되는 여성도 만난다.

물론 실제로는 러시아 혁명 이후의 소련에서 로스토프 백작처럼 우아하게 살 수 있었던 귀족은 거의 없었다. 영국의 역사가인 사이먼 시백 몬테피오리의 《스탈린, 붉은 황제와 신하들》에 자세히 나오지만 스탈린 시대의 소련에서는 '체카'와 그 후신에 해당하는 'NKVD' 같은 비밀경찰이 활개쳤다. 이들은 니콜라이 예조프와 라브렌티 베리야 같은 비정한 장관의 지휘 아래 끔찍한 잔학성으로 '반혁명 분자'를 적발·고문했으며, '굴라크'라고 불리는 강제 수용소로 보낼 뿐 아니라 인정사정없는 처형을 거듭했다. 피로 얼룩진 소련의 역사적 사실에 비추어보면 《모스크바의 신사》는 어디까지나 픽션으로 읽어야 할 것이다.

그래도 이 신기한 소설은 역경 속에서 어떻게 살아야 할지 생각하게 해 주는 좋은 책이다. 신형 코로나 바이러스의 영향이 장기화되면서 외식이나 여행·교통 관련 기업은 전에 없던 역경에 직면했다. 코로나 팬데믹이 아니더라도 인생을 살다 보면 자신의 힘으로는 어떻게 할 수 없는 상황에 놓일 때가 있다. 그럴 때 미래를 비관하거나 자포자기하는 사람이 적지 않다. '운명에 몸을 맡기는 수밖에 없어'라며 생각하기를 멈추는 사람도 있을 것이다. 그러나 절망적일 때일수록 로스토프 백작처럼 '자신이 놓인 환경의 주인공이 되지 않는다면 그 사람은 평생 환경의 노예가 된다'라고 긍정적으로 생각했으면 한다.

피할 수 없는 죽음과 어떻게 마주할 것인가

많은 사람이 자신의 조부모님이나 부모님, 친척 혹은 친구를 암으로 떠나보낸 경험을 했을 것이다. 그러나 죽음에 이를 가능성이 지극히 높은 이 병마와 싸우는 생활이 어떤 것인지는 본인이 직면하지 않는 이상 실감하기가 어려운 법이다. 어느 날 갑자기 말기 암이라는 진단을 받는다면 나의 삶은 어떻게 될까? 죽음이 착실히 다가오는 절망적인 상황에서 무엇을 희망으로 여기며 살아야 할까? 가족이나 친구에게는 무슨 말을 해야 하며, 어떻게 대해야 할까? 《숨결이 바람 될 때》에는 모든 사람이 미리 생각해 놓아야 할 암이라는 병과 마주하는 자세가 현실감 넘치는 묘사로 극명하게 담겨 있다. 읽다 보면 본인이나 가족, 친구가 어떤 기분이 되는지가 가슴이 아플 만큼 생생하게 전해진다.

"무척 감동했다. 나는 눈물이 많은 사람이 아님에도 눈물을 참을 수가 없었다. 이 책은 내가 지금까지 읽었던 책 가운데 최고의 논픽션이다." 게이츠는 이 책을 이렇게 절찬했다.

저자는 폴 칼라니티Paul Kalanithi로, 1977년에 태어난 뇌신경 외과의다. 인도계인 그는 부모님부터 친척에 이르기까지 수많은 의사를 배출한 집안에서 태어나 성장했지만 처음에는 의사가 아닌 다른 길을 걸으려 했다. 어렸을 때부터 독서를 좋아했고, 특히 문학에 관심이 많았기 때문이다. 그런 까닭에 미국 스탠퍼드 대학교에서 영문학 학사 학위와 석사 학위를, 영국 케임브리지 대학교에서 '과학과 의학의 역사와 철학' 석사 학위를 받았다. 그러나 이 과정에서 의학에 대한 관심이 커져 예일 대학교 메디컬스쿨에 진학했고, 그곳에서 미래의 아내와도 만났다. 그 후 칼라니티는 스탠퍼드 대학교로 돌아가 뇌신경 외과의로 일하면서 뇌 과학 연구에 힘썼다.

미국 신경외과 학회에서 최우수 연구상을 받는 등 찬란한 빛을 발하던 이 엘리트 의사는 36세에 말기 암이라는 청천벽력 같은 현실을 마주한다. 폐가 무수한 종양으로 뒤덮인 상태에 척추도 변형되었으며 간에도 암이 전이되어 있었다. 몸무게는 크게 줄어들었고, 기침이 끊임없이 나왔다.

의사로서 매일 같이 환자의 삶과 죽음에 관여했던 칼라니티는 "죽음과 능동적으로 관계를 맺고, (…) 죽음과 싸우는 훈련을 받았으며 그러는 가운데 인생의 의미와 마주해 왔다."라고 말했다. 그래서 죽음이란 무엇인지, 환자나 가족은 어떤 기분을 느끼는지, 어떻게 용기를 북돋아 줘야 하는지 등에 관해서는 일반인보다 훨씬 경험이 풍부했다. 그러나 이런 칼라니티조차도 암이 수많은 장기에 전이되어 죽음이 확실히 다가오고 있다는 현실과 직면하자 냉정함을 유지할 수 없게 된다. 아내와 헤어질 것을 각오하고, 마음이 크게 동요한다. 직장에서는 친숙했던 죽음이 자신을 향해서 다가오자 의사가 아니라 한 명의 인간으로 돌아가 버린 것이다.

냉정하고 특출한 외과의였던 칼라니티가 자신의 병에 동요하는 모습은 가슴이 아플 만큼 애처롭다. 그는 "지금까지의 인생을 재생하고자, 혹은 새로운 인생을 발견하고자 나 자신의 죽음과 마주하면서 발버둥 쳤다."라고 말했다. 그러나 절망적인 상황 속에서 긍정적으로 인생을 살자고 결심하고 '자전거를 탈 수 있게 되자', '러닝을 할 수 있게 되자'는 목표를 정한다. 또한 재활을 위해 반복 운동의 횟수와 웨이트 트레이닝 시간을 늘리고 힘든 운동으로 구토를 할 만큼 자신을 몰아붙인다.

처절한 투병 생활을 계속하는 가운데 암의 증상이 안정되고 체력도 일정 수준 회복되자 칼라니티는 직장에 복귀한다. 암으로 진단받은 지 약 반년 후에 외과의로서 다시 수술을 할 수 있을 만큼 몸을 회복한 것이다. 외과의는 지름이 1밀리미터도 안 되는 혈관을 손상시키지 않으면서 다룰 수 있는 섬세한 기술과 빠른 속도가 요구되는 매우 힘든 직업이다.

또한 놀랍게도 투병 생활을 계속하는 가운데 아내인 루시와 대화를 나눠 아이를 갖기로 결정한다. 자신이 죽은 뒤에 아내가 남편도, 아이도 없이 홀로 세상에 남겨지는 것은 칼라니티에게 견딜 수 없는 일이었다. 그러나 아이를 가질지 말지는 물론 칼라니티 혼자서 결정해도 되는 문제가 아니었다. 아내 그리고 양측 가족의 동의가 필요했다. 만약 암이 다시 진행된다면 아내는 남편과 아이를 동시에 돌봐야 하는 힘든 상황에 몰리기 때문이다.

나에게 가장 중요한 것은 무엇인가

나라면 이런 죽음과 마주하는 상황에서 어떻게 행동할까? 솔직히 상상도 가지 않지만 칼라니티의 아내는 체외 수정이라는 수단을 통해 아이를 갖는 것에 동의한다. 이렇게 해서 두 사람은 케이디라는 사랑스러운 딸을 얻는다. 물론 칼라니티는 딸이 성장할 때까지 살아 있을 수가 없다. 그런 딸에 대한 마음을 담은 칼라니티의 글은 읽는 이를 감동시킨다. "딸이 나에 대해 어떤 기억을 가질 수 있게 될 때까지 살아 있고 싶다. 말은 나와 달리 수명이 길다. 딸에게 편지를 몇 장 남길까 생각도 해 봤다. 하지만 대체 뭐라고 써야 할까?" 또 그는 이렇게 글을 남긴다. "앞으로 인생을 살다 보면 너 자신에 관해 설명하거나 네가 그때까지 어떤 사람이었는지, 무엇을 하며 살아 왔는지, 세상에 어떤 의미를 지녀 왔는지 적은 기록을 만들어야 할 기회가 수없이 있을 것이란다. 그럴 때 부디 죽어 가는 사내의 하루하루를 기쁨으로 가득 채워 줬다는 사실을 잊지 말고 적어 주렴. (⋯) 편안하고 충만한 기쁨을 말이지. 지금 이 순간, 이보다 기쁠 수가 없단다."

담당의가 칼라니티에게 이렇게 당부하는 장면도 인상적이다. "자신에게 가장 소중한 것은 무엇인지 생각하셔야 합니다." 당연한 말로 들리겠지만 사실은 매우 중요한 질문이다. 피할 수 없는 죽음을 각오했을 때 남겨진 시간을 어떻게 살아갈지 생각하는 데 도움이 되는 귀중한 책이다.

인생과 성공의
힘이 되는
교양을 기르자

"책의 새로운 장을 한 페이지 한 페이지 읽을 때마다 나는 더 풍요로워지고 더 강해지며 더 높아진다."

19세기에 활약한 러시아의 극작가이자 소설가 안톤 체호프는 이런 격언을 남겼다. 그의 말대로 일론 머스크와 제프 베이조스, 빌 게이츠는 수많은 책을 읽고서 얻은 방대한 지식을 자신의 인생과 일에 녹여서 활용하고 있다.

게이츠가 추천한 책 《우리는 왜 잠을 자야 할까》에 따르면 뇌는 인간이 깊게 잠들어 있는 동안 정보를 정리하고 기억을 확실히 각인시킨다고 한다. 새로 얻은 지식은 이미 인간의 뇌에 보존되어 있는 수많은 정보와 연결되어 '영감'을 낳는 힘이 된다.

사전을 찾아보면 영감이란 '멋진 생각 등이 순간적으로 떠오르는 것'
이라고 한다. 독서를 통해 지식의 양과 폭이 넓어지면 '지금 알게 된 지
식을 이전부터 답을 찾고 있었던 다른 분야에 활용할 수 있을 것 같아!'
하는 영감이 떠오르고 그 결과 혁신이 탄생할 가능성도 높아진다.

인간은 어떤 정보를 얻었을 때 '재미있네', '그렇구나!', '굉장해!' 같은
생각이 들면 뇌의 내부에서 발화라고 불리는 현상이 활발히 일어난다고
한다. 뇌는 약 860억 개의 신경 세포로 구성된 거대한 네트워크를 이루
고 있으며, 흥분해서 세포 내부의 전위가 문턱값을 넘어서면 어떤 신경
세포에서 다른 신경 세포로 정보가 전달된다. 이것을 발화라고 부른다.
요컨대 새로운 발견이나 놀라움이 많은 책을 읽으면 뇌에서 발화가 빈
번하게 일어난다고 말할 수 있다.

책이 없는 방은 혼이 없는 육체와 같다

옛날부터 인간은 독서를 통해 수많은 지식을 얻어 왔다. 고대 로마의 정
치가인 키케로는 "책이 없는 방은 혼이 없는 육체와 같다."라고 말하기도
했다. 방대한 정보를 문자의 형태로 기록할 수 있게 된 것은 문명의 발
전에 크게 공헌했다. 로마 제국이 멸망하고 문명이 쇠퇴한 중세에도 고
대로부터 계승된 인류의 예지는 크리스트교의 수도원 등에 보존되어 왔
다. 움베르토 에코의 소설 《장미의 이름》에는 중세의 수도사들이 사본
을 제작하는 스크립토리움(필사실)의 모습이 묘사되어 있으며 '지식의
보고'로서 책이 중요하게 여겨졌음을 엿볼 수 있다.

12~13세기가 되자 유럽 각지에 대학교가 생기고 교수와 학생들 사이
에 독서가 확산되었다. 그리스·로마 시대의 문화를 재발견함에 따라 르

네상스가 일어나 예술과 과학이 발전했다. 또한 15세기가 되자 요하네스 구텐베르크가 고안한 활판 인쇄 기술을 통해 대량의 책이 유통되게 된다.

책의 수가 폭발적으로 증가한 것은 유럽에서 과학 기술의 발전을 가속시켰다. 인터넷 시대의 정보 폭발과도 비견되는 현상이 일어났다고 말할 수 있을 것이다. 학자가 최신 연구 내용을 정리해 책으로 출판하면 많은 사람이 금방 입수할 수 있게 되었다. 대량 인쇄로 저렴해진 책을 손쉽게 구할 수 있게 되자 '지식의 공유'가 빠르게 진행된다. 고전부터 최신 연구 성과에 이르기까지 다수의 책을 읽고 "영감을 얻었다!"라고 외치는 사람이 속출하는 시대가 찾아왔다. 그 결과 16~19세기에 걸쳐 과학 기술의 발전이 가속화된 유럽은 중동이나 아시아, 아프리카 등 다른 지역을 압도하는 힘을 갖게 된다. 지식이 축적된 대량의 책의 보급이 그 원동력 중 하나였던 것이다.

20세기까지 인간이 지식을 얻는 가장 좋은 수단은 책을 읽는 것이었다. 그러나 21세기가 되어 인터넷이 보급되자 방대한 정보를 누구나 간단히 얻을 수 있는 시대가 찾아온다. 스마트폰이나 컴퓨터로 검색을 하면 정보를 손쉽게 얻을 수 있는 시대에 책을 읽을 의미가 있을까? 젊은 세대를 중심으로 이렇게 말하는 사람도 많다. 인터넷 검색을 통해서 찾아낸 정보만으로 무엇이든 충분히 이해할 수 있다고 생각하는 사람도 적지 않다.

그러나 사물의 본질을 파고드는 깊은 정보를 얻기에는 역시 책 만한 것이 없다고 생각한다. 단편적이거나 근거가 모호한 경우도 있는 인터넷상의 정보와 비교하면 전문적인 연구를 바탕으로 쓴 책에는 근거가 있으며 많은 깨달음을 얻을 수 있다. 불명확한 정보가 범람하는 시대이기에 더더욱 좋은 책의 가치가 높아지고 있다는 것이 나의 생각이다.

종이책이 다시 인기를 끌고 있는 이유

최근의 책에는 종이책과 e북의 두 종류가 있다. 디지털화가 진행되고 있는 시대이지만 나는 이 책에서 소개할 책 100권을 읽기 위해 종이책을 구입하기로 했다. 포스트잇을 페이지에 붙이거나 메모를 적을 수 있다는 종이책만의 장점이 크기 때문이다. 디지털 혁명의 기수였던 게이츠도 "여백에 메모를 할 수 있기에 책은 역시 종이책이 좋다."라고 말한 바 있으며 연간 50권이 넘는 종이책을 읽고 있다고 한다.

미국에서는 e북의 성장세가 주춤하는 반면에 종이책의 판매량은 계속 호조를 보이고 있다. 출판 업계의 정보지인 〈퍼블리셔스 위클리〉에 따르면 2021년에 미국의 종이책 판매량은 전년 대비 9퍼센트 증가한 약 8억 2,600만 부로 과거 최고 수준에 이르렀다. 2007~2008년에 금융 위기가 발생한 뒤로 침체에 빠지기도 했지만 2013년 이후로는 거의 일관되게 성장을 거듭하고 있다.

세계 최첨단의 디지털 강국 미국에서 종이책이 또다시 인기를 끌고 있다는 사실은 많은 것을 암시한다. 물론 휴대성이 뛰어난 e북은 여행이나 출장, 출퇴근 등의 상황에서 편리하지만 현 시점에서는 종이책을 보완하는 존재에 그치고 있다.

나는 어렸을 때부터 도서관과 서점을 매우 좋아했다. 특히 서점은 생각지도 못했던 책과 만날 수 있는 멋진 장소다. 지금도 매주 서점에 가서 여러 가지 신간이나 점원이 추천해 주는 책을 살펴보는 것이 취미다.

머스크, 베이조스, 게이츠도 어렸을 때 문턱이 닳도록 다녔던 도서관이나 서점에서 수많은 매력적인 책과 만나 독서를 인생의 습관으로 삼게 되었다.

책은 인생을 끝없이 공부하게 만든다

많은 책을 읽는다는 것은 공부를 계속한다는 의미다. "배우기를 그만둔 순간 우리는 진정한 의미에서 나이를 먹기 시작한다. 모든 책은 내게 어떤 새로운 것을 가르쳐 주거나 사물을 바라보는 시각을 바꾸는 데 도움을 준다. 독서는 세상에 대한 호기심을 자극하고 그것이 나의 커리어와 사업을 전진시키는 힘이 되었다." 게이츠는 이런 말을 한 적이 있다.

이 책을 읽고 디지털의 변혁을 선도해 온 세계적인 CEO들이 얼마나 독서를 사랑하는지 느꼈다면 참으로 기쁠 것이다. 그리고 인터넷에 방대한 정보가 범람하는 시대에도 훌륭한 책에서 얻을 수 있는 지식은 결코 빛을 잃지 않는다는 점 또한 다시 한번 강조하고 싶다. 일론 머스크, 제프 베이조스, 빌 게이츠가 읽은 책 100권의 대부분은 역사를 바탕으로 현재를 이해하거나 미래를 예상하는 데 도움을 주는 '진짜 교양'이 되는 것들이다. 업무에 활용할 수 있는 경영론부터 역경에 직면했을 때 도움이 되는 인생의 교과서까지 모두 갖춰져 있다. 이 책을 읽고 흥미를 느낀 책이 있다면 꼭 읽어 보기 바란다.

마지막으로 이 책의 구성과 내용에 관해 여러 가지 유익한 조언을 해 주신 많은 분께 진심 어린 감사의 인사를 전한다.

참고문헌

※국내 미출간작은 정보를 원문으로 표기하였다.

애슐리 반스, 《일론 머스크, 미래의 설계자》, 안기순 옮김, 김영사, 2015.

Hamish McKenzie, 《Insane Mode: How Elon Musk's Tesla Sparked an Electric Revolution to End the Age of Oil》, 2018.

토마스 라폴트, 《피터 틸》, 강민경 옮김, 앵글북스, 2019.

브래드 스톤, 《아마존, 세상의 모든 것을 팝니다》, 야나 마키에이라 옮김, 21세기북스, 2014.

브래드 스톤, 《아마존 언바운드》, 전리오 옮김, 퍼블리온, 2021.

제프 베이조스, 《제프 베이조스, 발명과 방황》, 이영래 옮김, 위즈덤하우스, 2021.

스티브 앤더슨, 《베이조스 레터》, 한정훈 옮김, 리더스북, 2019.

빌 게이츠, 《빌 게이츠, 기후재앙을 피하는 법》, 김민주·이엽 옮김, 김영사, 2021.

James Wallace, Jim Erickson, 《Hard Drive: Bill Gates and the Making of the Microsoft Empire》, 1993.

사이먼 시백 몬테피오리, 《젊은 스탈린》, 김병화 옮김, 시공사, 2015.

J. G. A. Pocock, 《Barbarism and Religion: Volume 1》, 1999.

애덤 스미스, 《도덕감정론》, 김광수 옮김, 한길사, 2022.

카를 마르크스, 프리드리히 엥겔스, 《공산당 선언》, 이진우 옮김, 책세상, 2018.

사이토 고헤이, 《지속 불가능 자본주의》, 김영현 옮김, 다다서재, 2021.

斎藤 幸平, 《カール・マルクス《資本論》(NHK100分de名著)》, 25/12/2021.

대니얼 카너먼, 《생각에 관한 생각》, 이창신 옮김, 김영사, 2018.

댄 애리얼리, 《상식 밖의 경제학》, 장석훈 옮김, 청림출판, 2018.

매트 리들리, 《혁신에 대한 모든 것》, 이한음 옮김, 청림출판, 2023.

Ayn Rand, 《We the Living》, 2007.

로버트 A. 하인라인, 《스타십 트루퍼스》, 기상훈 옮김, 황금가지, 2014.

William Durant, 《The Story of Philosophy》, 1926.

Michael. Handel, 《Sun Tzu and Clausewitz: The Art of war and On war compared》, 1991.

James C. Collins, William C. Lazier, 《Beyond Entrepreneurship: Turning Your Company into an Enduring Great Company》, 1992.

Eliyahu M. Goldratt, Efrat Goldratt-Ashlag, 《The Choice》, 2009.

닐 스티븐슨, 《스노 크래시 1, 2》, 남명성 옮김, 문학세계사, 2021.

Neal Stephenson, 《Cryptonomicon》, 1999.
스티븐 핑커, 《우리 본성의 선한 천사》, 김명남 옮김, 사이언스북스, 2014.
토머스 L. 프리드먼, 《세계는 평평하다》, 이건식 옮김, 21세기북스, 2013.

세계 3대 CEO가 읽고 추천한 필독서 100 리스트

※국내 미출간작은 파란색으로 표기한 후 원서명을 직역하고 원문을 병기하였다.
※일론 머스크와 제프 베이조스가 공통적으로 선택한 책은 별도 표기(*)하였다.

일론 머스크의 서재

1. 《제로 투 원》(피터 틸·블레이크 매스터스, 이지연 옮김, 한국경제신문, 2021.)
2. 《로마 제국 쇠망사 1, 2》(에드워드 기번, 윤수인·김희용·송은주 옮김, 민음사, 2008.)
3. 《역사 속의 영웅들》(윌 듀런트, 안인희 옮김, 김영사, 2011.)
4. 《역사의 교훈Lessons Of History》(Will Durant, Simon&Schuster, 2010.)
5. 《아인슈타인 삶과 우주》(월터 아이작슨, 이덕환 옮김, 까치, 2007.)
6. 《스티브 잡스》(월터 아이작슨, 안진환 옮김, 민음사, 2015.)
7. 《스탈린, 붉은 황제와 신하들Stalin: The Court of the Red Tsar》(Simon Sebag Montefiore, W&N, 2021.)
8. 《예카테리나 대제 한 여인의 초상Catherine the Great: Portrait of a Woman》(Robert K. Massie, Random House Trade Paperbacks, 2012.)
9. 《파운데이션 1~7》(아이작 아시모프, 김옥수 옮김, 황금가지, 2013.)
10. 《듄 1~6》(프랭크 허버트, 김승욱 옮김, 황금가지, 2021.)
11. 《낯선 땅 이방인Stranger in a Strange Land》(Robert A. Heinlein and Neil Gaiman, Penguin Classics, 1900.)
12. 《달은 무자비한 밤의 여왕》(로버트 A. 하인라인, 안정희 옮김, 황금가지, 2009.)
13. 《은하수를 여행하는 히치하이커를 위한 안내서 1~6》(더글라스 애덤스, 김선형 옮김, 책세상, 2005.)
14. 《아틀라스 1~3》(에인 랜드, 민승남 옮김, 휴머니스트, 2013.)
15. *《게임의 명수The player of games》(Iain M. Banks, Little Brown Book Group, 1989.)
16. 《스테인리스 스틸 쥐Stainless Steel Rat》(Harry Harrison, Gateway, 2012.)
17. 《데몬Daemon》(Daniel Suarez, Dutton, 2009.)
18. 《기계가 멈추다The Machine Stops》(E. M. Forster, Penguin Classics, 2011.)
19. 《반지의 제왕 1~3》(J. R. R. 톨킨, 김보원·김번·이미애 옮김, 아르테, 2021.)
20. 《왕좌의 게임 1~2》(조지 R. R. 마틴, 이수현 옮김, 은행나무, 2000.)
21. 《왕들의 전쟁 1~2》(조지 R. R. 마틴, 이수현 옮김, 은행나무, 2017.), 《드래곤과의 춤 1~2》(조지 R. R. 마틴, 이수현 옮김, 은행나무, 2020.)

22. 《빅 픽처》(션 캐럴, 최가영 옮김, 사이런스북, 2019.)

23. 《우주에 외계인이 가득하다면 모두 어디에 있지?If the Universe Is Teeming with Aliens··· WHERE IS EVERYBODY?》(Stephen Webb, Springer, 2015.)

24. 《점화!: 액체 연료 로켓 추진제의 개발 비화Ignition!: An Informal History of Liquid Rocket Propellants》(John Drury Clark, Rutgers University Press, 2018.)

25. 《의혹을 팝니다》(나오미 오레스케스·에릭 M. 콘웨이, 유강은 옮김, 미지북스, 2012.)

26. 《구조》(제임스 에드워드 고든, 반상철 옮김, 시공문화사, 2022.)

27. 《맥스 테그마크의 라이프 3.0》(맥스 테그마크, 백우진 옮김, 동아시아, 2017.)

28. 《슈퍼인텔리전스》(닉 보스트롬, 조성진 옮김, 까치, 2017.)

29. 《우리의 마지막 발명품Our Final Invention》(James Barrat, St. Martin's Griffin, 2015.)

30. 《심층 학습》(이안 굿펠로·요슈아 벤지오·에런 쿠빌, 류광 옮김, 제이펍, 2018.)

31. 《국부론(상·하)》(애덤 스미스, 김수행 옮김, 비봉출판사, 2007.)

32. 《자본론(상·하)》(카를 마르크스, 김수행 옮김, 비봉출판사, 1989.)

33. 《전쟁론》(카를 폰 클라우제비츠, 류제승 옮김, 책세상, 1998.)

34. 《손자병법》(손자, 김원중 옮김, 휴머니스트, 2016.)

35. 《생각 정리를 위한 손자병법》(제시카 해기, 김성환 옮김, 생각정리연구소, 2018.)

36. 《메이 머스크, 여자는 계획을 세운다》(메이 머스크, 김재성 옮김, 문학동네, 2021.)

37. 《잘못은 우리 별에 있어》(존 그린, 김지원 옮김, 북폴리오, 2019.)

38. 《고도를 기다리며》(사뮈엘 베케트, 오증자 옮김, 민음사, 2000.)

제프 베이조스의 서재

39. 《성공하는 기업들의 8가지 습관》(짐 콜린스·제리 포라스, 워튼포럼 옮김, 김영사, 2002.)

40. 《좋은 기업을 넘어 위대한 기업으로》(짐 콜린스, 이무열 옮김, 김영사, 2021.)

41. 《혁신 기업의 딜레마》(클레이튼 M. 크리스텐슨, 이진원 옮김, 세종서적, 2009.)

42. 《성장과 혁신》(클레이튼 M. 크리스텐슨·마이클 E. 레이너, 딜로이트컨설팅코리아 옮김, 세종서적, 2021.)

43. 《더 골 1, 2》(엘리 골드렛·제프 콕스, 강은덕·김일운·김효 옮김, 동양북스, 2019.)

44. 《린 싱킹Lean Thinking》(James P. Womack·Daniel T. Jones, imon & Schuster UK, 2013.)

45. 《리워크ReWork》(David Heinemeier Hansson·Jason Fried, Vermilion, 2010.)

46. 《블랙 스완》(나심 니콜라스 탈레브, 차익종·김현구 옮김, 동녘사이언스, 2008.)

47. 《맨먼스 미신》(프레더릭 브룩스, 강중빈 옮김, 인사이트, 2015.)
48. 《마케팅 평가 바이블》(마크 제프리, 김성아 옮김, 전략시티, 2015.)
49. 《눈먼 시계공》(리처드 도킨스, 이용철 옮김, 사이언스북스, 2004.)
50. 《피터 드러커 자기 경영 노트》(피터 드러커, 조영덕 옮김, 한국경제신문, 2019.)
51. 《샘 월튼, 불황 없는 소비를 창조하라》(샘 월튼, 김미옥 옮김, 21세기북스, 2008.)
52. 《다이아몬드 시대》(닐 스티븐슨, 황나래 옮김, 시공사, 2003.)
53. 《남아 있는 나날》(가즈오 이시구로, 송은경 옮김, 민음사, 2021.)

빌 게이츠의 서재

54. 《늦깎이 천재들의 비밀》(데이비드 엡스타인, 이한음 옮김, 열린책들, 2020.)
55. 《팩트풀니스》(한스 로슬링·올라 로슬링·안나 로슬링 뢴룬드, 이창신 옮김, 김영사, 2019.)
56. 《경영의 모험》(존 브룩스, 이충호 옮김, 이동기 감수, 쌤앤파커스, 2015.)
57. 《슈독》(필 나이트, 안세 옮김, 사회평론, 2016.)
58. 《디즈니만이 하는 것》(로버트 아이거, 안진환 옮김, 쌤앤파커스, 2020.)
59. 《더 박스》(마크 레빈슨, 이경식 옮김, 청림출판, 2017.)
60. 《OKR》(존 도어, 박세연 옮김, 세종서적, 2019.)
61. 《힘든 시대를 위한 좋은 경제학》(아비지트 배너지·에스테르 뒤플로, 김승진 옮김, 생각의힘, 2020.)
62. 《가난한 사람이 더 합리적이다》(아비지트 배너지·에스테르 뒤플로, 이순희 옮김, 생각연구소, 2012.)
63. 《21세기 자본》(토마 피케티, 장경덕 외 옮김, 이강국 감수, 글항아리, 2014.)
64. 《위대한 탈출》(앵거스 디턴, 이현정·최윤희 옮김, 김민주 감수, 한국경제신문, 2014.)
65. 《슈퍼 괴짜 경제학Superfreakonomics》(Steven D. Levitt·Stephen J. Dubner, Penguin Books Ltd, 2010.)
66. 《괴짜 경제학》(스티븐 레빗, 스티븐 더브너, 안진환 옮김, 웅진지식하우스, 2007.)
67. 《어번던스》(피터 디아만디스·스티븐 코틀러, 권오열 옮김, 와이즈베리, 2012.)
68. 《신호와 소음》(네이트 실버, 이경식 옮김, 더퀘스트, 2021.)
69. 《틀리지 않는 법》(조던 엘렌버그, 김명남 옮김, 열린책들, 2016.)
70. 《현실, 그 가슴 뛰는 마법》(리처드 도킨스, 김명남 옮김, 김영사, 2012.)
71. 《사소한 것들의 과학》(마크 미오도닉, 윤신영 옮김, MID, 2016.)
72. 《바이털 퀘스천: 생명은 어떻게 탄생했는가》(닉 레인, 김정은 옮김, 까치, 2016.)

73. 《물리학을 위하여For The Love Of Physics》(Walter Lewin, Taxmann Publications Private Limited, 2012.)

74. 《위험한 과학책》(랜들 먼로, 이지연 옮김, 이명현 감수, 시공사, 2015.)

75. 《더 퀘스트The Quest》(Daniel Yergin, Penguin Books, 2012.)

76. 《새로운 전쟁》(폴 샤레, 박선령 옮김, 커넥팅, 2021.)

77. 《당신의 삶에 명상이 필요할 때》(앤디 퍼디컴, 안진환 옮김, 스노우폭스북스, 2020.)

78. 《1년 만에 기억력 천재가 된 남자》(조슈아 포어, 류현 옮김, 갤리온, 2016.)

79. 《마인드셋》(캐럴 드웩, 김준수 옮김, 스몰빅라이프, 2023.)

80. 《우리는 왜 잠을 자야 할까》(매슈 워커, 이한음 옮김, 열린책들, 2019.)

81. 《인간의 품격》(데이비드 브룩스, 김희정 옮김, 부키, 2015.)

82. 《빅 히스토리》(데이비드 크리스천·신시아 브라운·크레이그 벤저민, 이한음 옮김, 웅진지식하우스, 2022.)

83. 《기원 이야기Origin Story》(David Christian, Penguin, 2019.)

84. 《사피엔스》(유발 하라리, 조현욱 옮김, 이태수 감수, 김영사, 2020.)

85. 《호모 데우스》(유발 하라리, 김명주 옮김, 김영사, 2017.)

86. 《21세기를 위한 21가지 제언》(유발 하라리, 전병근 옮김, 김영사, 2018.)

87. 《총, 균, 쇠》(재레드 다이아몬드, 김진준 옮김, 문학사상, 2013.)

88. 《어제까지의 세계》(재레드 다이아몬드, 강주헌 옮김, 김영사, 2013.)

89. 《대변동: 위기, 선택, 변화》(재레드 다이아몬드, 강주헌 옮김, 김영사, 2019.)

90. 《이성적 낙관주의자》(매트 리들리, 조현욱 옮김, 김영사, 2010.)

91. 《유전자의 내밀한 역사》(싯다르타 무케르지, 이한음 옮김, 까치, 2017.)

92. 《국가는 왜 실패하는가》(대런 애쓰모글루·제임스 A. 로빈슨, 최완규 옮김, 장경덕 감수, 시공사, 2012.)

93. 《미국 쇠망론》(토머스 L. 프리드먼·마이클 만델바움, 강정임·이은경 옮김, 21세기북스, 2011.)

94. 《지금 다시 계몽》(스티븐 핑커, 김한영 옮김, 사이언스북스, 2021.)

95. 《덩샤오핑 평전》(에즈라 보걸, 심규호·유소영 옮김, 민음사, 2014.)

96. 《FED, 우리가 믿을 수 있는In Fed We Trust》(David Wessel, Currency, 2010.)

97. 《스트레스 테스트》(티모시 가이트너, 김규진·김지욱·홍영만 옮김, 인빅투스, 2015.)

98. 《레오나르도 다빈치》(월터 아이작슨, 신봉아 옮김, 아르테, 2019.)

99. 《모스크바의 신사》(에이모 토울스, 서창렬 옮김, 현대문학, 2018.)

100. 《숨결이 바람 될 때》(폴 칼라니티, 이종인 옮김, 흐름출판, 2016.)

옮긴이 김정환

건국대학교 토목공학과를 졸업하고 일본외국어전문학교 일한통번역과를 수료했다. 21세기가 시작되던 해에 우연히 서점에서 발견한 책 한 권에 흥미를 느끼고 번역의 세계를 발을 들였다. 현재 번역 에이전시 엔터스코리아 출판기획자 및 일본어 전문 번역가로 활동하고 있다.

경력이 쌓일수록 번역의 오묘함과 어려움을 느끼면서 항상 다음 책에서는 더 나은 번역, 자신에게 부끄럽지 않은 번역을 하도록 노력 중이다. 공대 출신의 번역가로 논리성을 살리면서 번역에 필요한 문과적 감성을 접목하는 것이 목표다. 역서로는 《MBA 마케팅 필독서 45》, 《사장을 위한 MBA 필독서 50》, 《MBA 리더십 필독서 43》, 《사장을 위한 회계》, 《회사개조》 등이 있다.

세계 3대 CEO 필독서 100

초판 1쇄 발행 2023년 7월 10일
초판 2쇄 발행 2023년 7월 24일

지은이 야마자키 료헤이
옮긴이 김정환
펴낸이 정덕식, 김재현

책임편집 김민혜
디자인 Design IF
경영지원 임효순

펴낸곳 (주)센시오
출판등록 2009년 10월 14일 제300-2009-126호
주소 서울특별시 마포구 성암로 189, 1711호
전화 02-734-0981
팩스 02-333-0081
메일 sensio@sensiobook.com

ISBN 979-11-6657-113-8 (03320)

소중한 원고를 기다립니다. sensio@sensiobook.com